Bauernfänger

Das Buch

Sein Faible für Architekturfotografie führt Journalist Robert Walcher in eine Jugendstilvilla nahe Wasserburg am Bodensee. Von den Bewohnern ist nichts zu sehen.

Walcher betritt von Neugier getrieben und mit der Kamera im Anschlag das Haus – und stößt auf einen Toten. Unter dem Körper ragt ein aufgeschlagener Aktenordner hervor. Der Journalist in Walcher zögert nicht und nimmt den Ordner mit der Aufschrift »Die Company« an sich.

Was Walcher zu diesem Zeitpunkt noch nicht ahnt: In seinen Händen hält er Informationen über einen Komplott, der den deutschen Staat Millionen kostet und Menschen das Leben. Auch Walcher gerät in das Visier der *Company* und setzt damit nicht nur sein eigenes Leben aufs Spiel, sondern auch das der Frau, die er liebt ...

Der Autor

Joachim Rangnick, geboren 1947, ist studierter Grafiker und lebt in Weingarten.

Mittlerweile kann er sich ganz dem Schreiben von seinen beliebten Kriminalromanen um den Journalisten Robert Walcher widmen. *Bauernfänger* ist der erste Fall in der Serie.

Von Joachim Rangnick ist in unserem Hause
bereits erschienen:
Der Ahnhof
(Robert Walchers sechster Fall)

Fiktion ringt mit Realität
Fiktion gewinnt und frisst Realität

Rituale

Walcher liebte Rituale. Sie waren die Eckpfeiler seines Wohlbefindens. Eines dieser Rituale hieß Frau Zehner, die Eigentümerin des letzten kleinen Gemischtwarenladens in Weiler, einem überschaubar großen Touristenort im Allgäu.

Jeden Samstagvormittag besuchte Walcher Frau Zehner in ihrem Ladengeschäft, das sich mitten in Weiler befand, im Parterre eines zunehmend renovierungsbedürftigen Patrizierhauses, das aus der Zeit der vorletzten Jahrhundertwende stammte.

Neben dem Kauf von Lebensmitteln und sonstigen Dingen, die man zum Leben brauchte, kam der Besuch bei Frau Zehner dem kulturellen Erlebnis eines Museumsbesuchs mit angeschlossener Informationsbörse gleich. Das Warenangebot auf ihrer knapp zwanzig Quadratmeter großen Ladenfläche, die Nebenräume wie Keller, Dachboden oder den Schuppen im Hinterhof nicht mitgerechnet, entsprach einem mittelgroßen Supermarkt. Wer die Ladentür geöffnet und angesichts des gewaltigen Glockengeläuts über seinem Kopf nicht in Panik die Flucht ergriffen hatte, sondern mutig weiter in den halbdunklen Raum schritt, bekam die Chance, eine längst vergangen geglaubte Welt zu entdecken.

Der Fußboden aus roh behauenen Dielen knarrte, und die gewaltige Duftmischung aus Bohnerwachs, Kernseife, Vanillepulver, Melkfett, Haarwasser, essigsaurer Tonerde, schwarzem Tee, Kaffeeersatz, Heublumenmischungen, Kautabak und manch anderen Gerüchen erstickte den zaghaften Orientierungsversuch einer durchschnittlichen Nase im Keim.

Der Besucher wurde gleichsam aufgesogen von den Düften und bewegte sich schüchtern im spärlichen Raum zwischen den Waren. Die türmten sich auf dem Boden, quollen aus überfüllten Regalen und hingen teilweise an Schnüren von der Decke wie die Gewinne in Jahrmarktsbuden: Lederschuhe, Gummistiefel, graue und blaue Arbeitsmäntel, schwere Grobkordhosen, wollene Unterwäsche oder Filzhüte mit und ohne Gamsbärte.

Dieses wundersame Durcheinander im geheimnisvollen Halbdunkel des kleinen Ladens erregte bei jedem Besuch aufs Neue Walchers altmodische Seele und zwang ihn zur Verlangsamung. Ruhe breitete sich in ihm aus. Manchmal mischte sich auch Trauer darunter, denn in absehbarer Zeit drohte die Schließung dieses zauberhaften Fensters in die Vergangenheit. Frau Zehner ging auf die neunzig zu, und im gegenüberliegenden Supermarkt des Ortes, einem von drei weiteren modernen Einkaufsstempeln, lag im Büro des Geschäftsführers schon ein Grabkranz mit Schleife bereit – nur das Datum fehlte noch. Entgegen allen Prognosen der Marketingberater machte Frau Zehner nämlich einen beachtlichen Umsatz. Diesen förderten vor allem die treuen älteren Kunden, aber auch neugierige Touristen kauften in dem kleinen Geschäft ein.

»Ja, der Herr Walcher. Grüß Gott.« Frau Zehner nahm Walchers Lottoschein und ließ ihn durch die Scannerkasse laufen, die in scharfem Kontrast zur sonstigen Ladeneinrichtung und auch zu Frau Zehners Alter stand. Diese bediente das Gerät mit absoluter Selbstverständlichkeit und bekam deshalb von ähnlich alten Kunden zu hören: »Also wie duu dees kansch.«

Die Scannerkasse, die mittlerweile schon seit drei Jahren in Betrieb war, verweigerte jedoch die Annahme des inzwischen durch häufigen Gebrauch zerfaserten Lottoscheins. Trotzdem steckte Frau Zehner ihn kommentarlos in die ebenfalls abgegriffene Schutzhülle, gab Walcher das etwas schmuddelig wirkende Ensemble wieder zurück und nahm von ihm zwölf Euro entgegen. Dabei lächelte Frau Zehner ihren Kunden geradezu liebevoll an und wünschte: »Also viel Glück auch, diesmal klappt's sicher, gell.« Walcher antwortete mit einem knappen »Wird auch Zeit«, und lächelte ebenfalls.

Ein uneingeweihter Beobachter hätte sich sicherlich gewundert, dass Walchers Spielgebühr nicht in die Lottokasse, sondern in eine verschrammte Blechbüchse gesteckt wurde, die wieder unter dem Ladentisch verschwand. Es handelte sich aber nicht etwa um das Spiel zweier Landdeppen, sondern um ein abgesprochenes und liebgewonnenes Ritual zwischen zwei Menschen, die beide davon profitierten. Seit Walcher zu rauchen aufgehört hatte, spielte er auch nicht mehr Lotto, denn auf einen Lottogewinn zu hoffen fand er ebenso blödsinnig, wie sich zu belügen, eine tägliche Rauchvergiftung durch über zwanzig Zigaretten würde keine Gesundheitsschäden verursachen. Abschreckende Beispiele von Menschen, die sich vor jeder Lottoziehung der Vision hingaben, bald Millionär zu sein, kannte Walcher zur Genüge. Bei manchen hatte sich die Hoffnung so sehr in den Köpfen eingebrannt, dass sie bis ins hohe Alter überzeugt waren, das nächste Mal, bei der nächsten Ziehung, endlich ein Millionär zu sein. Dostojewskis Spielsucht in abgeschwächter Form. Nichts anderes trieb unzählige Menschen zu teilweise abenteuerlichen wöchentlichen Geldausgaben.

Auch sein Vater war so ein Lottospieler gewesen, der seine Finanzen nie im Griff hatte, sondern seine Hoffnung auf ein besseres Leben von Samstag zu Samstag verschob. »Wenn wir im Lotto gewinnen«, war einer seiner Standardsätze zu seiner Frau, »dann erfüll ich dir jeden Wunsch.« Lotto, Toto, Zusatzwetten, alle angebotenen Systeme spielte er regelmäßig, jedoch ohne jemals groß gewonnen zu haben. In höchster Anspannung und aggressiv auf jede kleinste Störung reagierend, hatte er die Ziehungen samstags im Fernsehen verfolgt, um dann den restlichen Abend stocksauer und nicht mehr ansprechbar seinen Frust in einigen Gläsern Wein zu ertränken. Mehr, als er vertrug.

Auf diese Weise verspielte er nicht nur seine Einsätze, sondern auch die Sympathie und Achtung seiner Frau, bis nichts mehr davon übrig war. Eines Tages war die Mutter mit Walchers Schwester, dem jüngsten der drei Kinder, verschwunden. Einen Zettel, mit nur wenigen dürren Worten drauf, hatte sie dem Vater in die Schublade gesteckt, bezeichnenderweise dort, wo er seine Lottoscheine aufbewahrte.

Das war für den Vater zu viel gewesen. Drei Samstagsziehungen später sprang er in Köln-Deutz vom Bahnsteig eins vor den durchrasenden Schnellzug *Lohengrin*, Innsbruck–München–Hamburg.

Ein Grund mehr für Walcher, das Lottospiel sein zu lassen. Allerdings fehlte ihm nach seiner Entscheidung der liebgewonnene Kontakt mit Frau Zehner. Den versuchte er durch gelegentliche Einkäufe zu pflegen, aber bald stapelten sich mehrfach Kernseifen, Nagelbürsten, Kehrbesen, Lederfette, Schuhcremes und dergleichen nützliche Dinge in seiner Garage, bis Frau Zehner ihm eines Tages von ihrer privaten Hilfskasse erzählte. Sie unterstützte heimlich einige Bauersfrauen, die von besonders geizigen Ehemännern wie Sklavinnen gehalten wurden.

Walcher und Frau Zehner vereinbarten daraufhin das besagte Ritual: Er kam einmal in der Woche und tat so, als spiele er Lotto und Frau Zehner tat so, als würde sie den Lottoschein registrieren. Sein Spielgeld verschwand jedoch nicht in der Lottokasse, sondern in der Spendenbüchse. Dafür brauchte Walcher dann nicht mehr »unnützes Zeug« zu kaufen, wie Frau Zehner durchaus scharfsinnig bemerkt hatte.

Nach dem Lotto-Ritual eröffnete Frau Zehner dann jeweils mit einem »Ham'S schon g'hört?« den zweiten Teil des Rituals, die Informationsbörse. Nachdem Walcher verneinte, erfuhr er das Neueste aus Dorf und Landkreis.

»Ham'S schon g'hört«, flüsterte Frau Zehner auch an diesem Samstag mit verschwörerisch klingender Stimme und sah dabei über ihre linke Schulter, als drohe aus der Dunkelheit des Nebenraums das Tratschmonster. Oder hatte Frau Zehner auch eine Vaterstimme im Kopf, die sie schalt: »Tratsch'st schon wieder?!«

Drei Affen

Wasserperlen tropften von den kühlen Flaschen und sammelten sich in kleinen Pfützen auf dem Dielenboden. Die blaue Bierkiste stand an der offenen Küchentür und hinderte sie daran, ins Schloss zu fallen. An der Bierkiste lehnte die erste von sechs prall gefüllten Einkaufstüten. Sie standen in einer Linie zur Küchenmitte hin, ausgerichtet wie die Beutestrecke einer Treibjagd.

Obwohl er kein Jäger war, kam Walcher genau dieses Bild in den Sinn. Vermutlich der Jagdgesellschaft wegen, die auf dem

Parkplatz des Supermarktes lärmend eine Schnapsflasche hatte kreisen lassen, während er seinen Einkauf verstaut hatte. Nach dem Besuch bei Frau Zehner war Walcher nämlich zurück in die Jetztzeit gesprungen und hatte im neuen *Bio-Allgäu-Markt* am Ortsrand all das eingekauft, was es bei Frau Zehner nicht gab, und das war leider einiges.

Zufrieden musterte Walcher seine Beute. Lebensmittel einzukaufen und sie in seinem Haus, in seinem Vorratskeller zu horten gab ihm das unverschämt gute Gefühl der Versorgtheit. Sonst eher sparsam, liebte er bei Nahrungsmitteln die Verschwendung. Allein vom Eingelagerten in seinem Keller hätte er sich problemlos ein halbes Jahr ernähren können: Oliven- und Nussöle, Essige, geräucherte Würste, in luftdichte Gläser abgefüllte Mehlsorten unterschiedlicher Feinheitsgrade, vakuumverpackter Reis, Körner, Nüsse, Nudeln, eingelegte Tomaten, Früchte, Sauerkraut, saure Gurken, Gummibärchen, Schokolade, etliche Weinkisten und einige Brände in Flaschen, ein Fässchen Sherry, eines mit Calvados – ein Hamster hätte seinen Vorrat nicht umsichtiger anlegen können oder, unter psychologischen Gesichtspunkten betrachtet: Walcher lebte eine Mischung aus steinzeitlichem Sammlertrieb und einer abgeschwächten Form des Nachkriegs-Mangel-Traumas aus, unbewusst übertragen von seinen Eltern.

Das alte, heruntergekommene und abbruchreife Bauernhaus hatte er seiner herrlichen Aussichtslage auf die Alpen und gleichermaßen des Kellergewölbes wegen gekauft. Als wären die ungewöhnlich burgdicken Mauern des Hofes einzig zum Schutz des Gewölbes gebaut, hatte er ein Glücksgefühl besonderer Art empfunden, als er zum ersten Mal das einsturzgefährdete Haus betrat und in den Keller hinunter gestiegen war. Er hatte sich geborgen gefühlt wie in seiner elternumarmten frühen Kindheit.

Mit großem Aufwand renovierte er das Haus und widmete dabei speziell dem Kellergewölbe – seinem Gewölbe – viel Zeit. Tage verbrachte er mit dem Konzept für eine ausgeklügelte Be- und Entlüftung, die ohne elektronische Regeltechnik, sondern allein durch die Schwankungen der Tag- und Nachttemperaturen funktionierte. Aberl Meinhardt, ein Maurer aus dem nächsten Dorf und spezialisiert auf den Bau von Käskellern, wie sie heute nur noch wenige bauen können, versorgte ihn dabei mit derart viel Wissen, dass die Bauzeit einer Kurzlehre glich. Wie viele Stunden er in seinem Gewölbe verbracht hatte, wusste er nicht mehr. Oft hatte er nur in einer der Ecken gesessen und das extrem flache, statisch vermutlich im Grenzbereich liegende, optisch jedoch makellose Kreuzgratgewölbe bewundert. Ein wahrer Künstler, der dieses Meisterwerk von einem Keller unter dem einfachen Bauernhaus geplant und gebaut hatte.

Walcher nahm eine Bierflasche aus dem Kasten und kühlte mit ihr kurz seine Stirn, bevor er den Bügelverschluss ploppen ließ. Er liebte den Geruch von Süße, Hopfen und Hefe, der aus einer frisch geöffneten Flasche Bier duftete. Das Bier hatte er sich verdient und eine kleine Pause ging auch in Ordnung. Der Tag war heiß und schwül. Früh aufgestanden war er außerdem. Walcher stellte die Flasche auf die Arbeitsplatte neben der Spüle und schleuderte schwungvoll mit dem Fuß den alten Bandelteppich zur Seite. Dann griff er nach dem vertieft liegenden, handtellergroßen Metallring und zog die Bodentür auf. Sie war so konstruiert, dass sie senkrecht stehend arretierte.

Mit der ersten der Einkaufstüten, deren Boden er vorsichtshalber mit der zweiten Hand sicherte, trat Walcher auf die erste, dann auf die zweite Holzstufe. Auf der dritten blieb er stehen und schnupperte in die kühle Kellerluft, die ihm entgegenströmte.

Es stank bestialisch. Ruckartig drehte er sich um, sprang die Treppenstufen wieder hinauf, stellte die Einkaufstüte achtlos auf dem Küchenboden ab, trat mit dem Fuß heftig auf den Arretierriegel und beschleunigte mit der Hand den Fallvorgang der schweren Bodentür derart, dass sie mit einem dumpfen Wummern in den Rahmen rammte.

Der Fußboden bebte. Die Erschütterung hatte feinen Staub aus den Ritzen gepresst, der sich wabernd ausbreitete und kniehoch über den Dielen schwebte, Morgennebel über den Wiesen gleich.

Breitbeinig wie ein Ringer stand Walcher vor der Bodentür und starrte sie an. Der Gestank aus dem Keller hatte sich in der Küche ausgebreitet. Es roch schwer, süßlich und faulig, wie eine schlecht versorgte Wunde. Walcher kämpfte gegen den Würgereiz in seinem Hals, gleichzeitig explodierte eine Hitzewelle in seinem Kopf. Diesen Gestank kannte er, hatte ihn in seinem Geruchsarchiv gespeichert, nein, er war dort eingebrannt. Bevor Walcher aus der Küche in den Hof hetzte, riss er das Fenster auf und schleuderte die Bierkiste wie einen Eisstock auf die Bodentür. Er kniete dann am Brunnen, spritzte sich mit fahrigen Bewegungen kaltes Wasser ins Gesicht und schnäuzte sich die Nase, um den Gestank herauszublasen.

1996, ein Kiefernwald in der Nähe eines zerschossenen Zehnhäuserdörfchens, unweit von Jasenica, im damaligen Jugoslawien. Eine Reportage über die Arbeit der Blauhelme sollte er, der junge Journalist, schreiben. An das Dorf konnte er sich nicht mehr groß erinnern, aber an den bestialischen Gestank, als die Blauhelme das Massengrab öffneten. Arbeiter, Soldaten, die Journalisten und Fotografen, internationale Militärbeobachter, Einheimische, alle hatten sie Mühe, nicht einfach wegzurennen. Einige kotzten, andere weinten still oder starrten dumpf vor sich hin. Einer drehte durch und schrie im Krampf. Bilder, wie Walcher sie hauptsächlich aus Büchern über die Konzentrationslager der Nazis kannte, erweiterten sich an diesem Grab in Jugoslawien um eine neue Dimension: den Gestank von verwesenden Leichen. Und nun war ihm dieser entsetzliche Gestank aus seinem eigenen Keller entgegengeströmt, hatte ihn angefallen wie ein Wesen aus der Unterwelt.

Angst. Wahnsinnige Angst galoppierte durch seine Blutbahnen, krampfte den Bauch und hämmerte hinter den Schläfen. Was war da im Keller? Warum stank es so bestialisch nach Verwesung? Er lagerte nichts da unten, was auf solch unverwechselbare Art stinken konnte.

Allmählich beruhigte er sich und versuchte wieder klar zu denken. Noch etwas unsicher schlurfte er ins Haus zurück und ging zum Barschrank im Wohnzimmer. Die Mühe, sich ein Glas zu nehmen, sparte er sich. Er trank den Calvados – ein guter, alter Tropfen – direkt aus der Flasche. Es hätte auch einer der Schwarzbrände aus der Nachbarschaft sein können, in diesem Moment wäre ihm alles recht gewesen.

Der Magen krampfte noch einmal kurz, entspannte sich dann aber merklich. Walcher nahm die Flasche mit zum Telefon und rief Josef an, seinen Schnapsnachbarn, wie er ihn nannte. Mit Josef verband ihn, seit dessen Einzug in den Nachbarhof, eine wohlwollende, kumpelhafte Nähe. Es gab keinen wirklich treffenden Begriff für den Grad dieses Verhältnisses. Halbfreund oder Nachbarfreund vielleicht, mehr als eine Bekanntschaft, aber weniger als eine Freundschaft, irgendwo dazwischen.

Walcher brauchte jetzt Beistand, denn allein würde er sich nicht in den Keller trauen, das war ihm klar; er hatte sich immer nur als Held aus der zweiten Reihe gefühlt.

Zehn Minuten später wummerte Josef mit seinem alten, höllisch lärmenden Bulldog auf den Hof, als drehe er eine Trainingsrunde in Monza. Durch den aufwallenden Staub ging Walcher ihm entgegen und wiederholte, was er bereits am Telefon erklärt hatte, nämlich, dass es im Keller furchtbar nach Verwesung stinken würde. Vielleicht wäre es ja ein Gas, von dem man ohnmächtig werden könne – und das ganz allein im Keller! Walcher reichte Josef erst einmal die Flasche.

»Kamalau«, kommentierte Josef den Calvados, was mit »ist trinkbar« übersetzt werden kann, und nahm noch einen Schluck. Josef spielte gern den einfachen Eingeborenen und ließ keine Gelegenheit aus, zu betonen, dass er durch Verwandtschaft quasi ein Hiesiger wäre.

Walcher schätzte Josefs Alter auf Ende vierzig, gefragt hatte er ihn noch nicht. Den vom Onkel geerbten Hartrigelhof bewohnte Josef mit einem unglaublich verschlafenen Hund, einer Mischung aus Panther und Schildkröte. So jedenfalls beschrieb Josef ihn, wurde er nach der Rasse des schwarzen Phlegmas auf vier Beinen gefragt. Mit 12 Hühnern, einem Hahn und genau 31 Schafen erfüllte der Nachbar die Mindestmenge, um steuerlich als Schafzüchter anerkannt zu werden. Im Austragshaus seines Hofes lebte ein älteres Ehepaar, mietfrei, wie Josef betonte. Er verschwieg dabei, dass die beiden den ganzen Hof in Schuss hielten, als seien sie dafür angestellt. Eigentlich war Josef ein hohes Tier bei einer Baugesellschaft in München und deshalb viel unterwegs und selten auf seinem Hof, wo er sofort und übergangslos in Kleidung, Gang, Haltung, Gestik und Sprache zu einem Landwirt mutierte und dabei sogar den typischen Stallgeruch annahm. Vielleicht lag das auch nur an seinem Arbeitsgewand, das im Schafstall hing und intensiv nach den blökenden Bewohnern stank.

In der Küche schob Walcher den Bierkasten zur Seite. Josef blieb still. Seine Mimik verbarg sich unlesbar unter seinem Mehrtagebart. Langsamer als das vorige Mal zog Walcher die Bodentür auf, ließ sie aber auf halber Höhe wieder zufallen und stöhnte auf. Schweißperlen standen auf seiner Stirn, er wischte sie weg und meinte zu Josef: »Wir sollten uns Tücher vor die Nase halten.«

Josef, der sich vorgebeugt und ebenfalls den Gestank wahrgenommen hatte, nickte eifrig.

Mit feuchten Küchentüchern auf Mund und Nase gepresst – Walcher hatte etwas Calvados darauf getröpfelt, bevor er sie unter den Wasserstrahl hielt –, öffnete er erneut die Bodentür. Langsam stieg er die Treppen hinunter. Josef folgte ihm, die rechte Hand auf Walchers rechte Schulter gelegt. Walcher drückte den Lichtschalter, der in die Türfassung eingearbeitet war, duckte sich und verschwand unter der Kellerdecke.

Da hing es: Keine vier Wochen alt. Das kleine Maul war mit einer groben, roten Paketschnur zugenäht. Zickzackstich. Das hätte dem Köpfchen Ähnlichkeit mit einem Krokodil aus dem Kasperletheater gegeben, wären da nicht die gespenstisch leeren Augenhöhlen gewesen, die den Betrachter aus jedem Winkel scheinbar drohend fixierten. Die Vorstellung, dass die Schlächter die Augen mit Absicht brutal eingedrückt hatten, ließ Walcher frösteln. Das verkrustete Blut, dort, wo die Ohren gewesen waren, vervollständigte das Bild von den drei Affen, die nicht hören, nicht sehen und nicht sprechen sollten. Eine ebenso ekelhafte wie beängstigende Botschaft. Die aufgedunsene Tierleiche drehte sich langsam mit dem Fleischerhaken, der in einem Metallring an der Decke hing und malte, angestrahlt vom Kellerlicht dahinter, einen riesigen Schatten auf Wand und Decke, der seine Form veränderte, als sei er lebendig.

Ein Blick auf die Pfütze unter dem Schwein verstärkten Ekel und aufkeimende Panik, die in Wellen anrollte und Walcher aus dem Keller trieb. Josef folgte ihm dicht auf den Fersen.

Wieder rammte die Bodenklappe mit voller Wucht in ihren Rahmen und wieder vibrierten die Dielen. Die Ursache des bestialischen Gestanks war gefunden und nicht nur von ihnen. Fliegen tanzten einen schwarzen Kreis. Nicht zwei oder zehn, da kreisten Hunderte. Es waren keine normalen kleinen Stubenfliegen, sondern fette, grün und blau schillernde Schmeiß- und Aasfliegen. Sie warteten hektisch darauf, die lockende Geruchsquelle endlich sichten und anlanden zu können.

Würgereiz krampfte erneut in Walchers Bauch. Wieder flimmerten in seinem Kopf die Bilder aus Jugoslawien. Von fetten Fliegen, die als schwarze Schwärme in der Luft brummten, sich auf den Tüchern, den Leichen, den Ausgräbern niederließen. Die rannten wild fuchtelnd davon und waren erst zur Weiterarbeit bereit, als sie Schutzkleidung bekamen, wie Imker sie tragen. Unwillkürlich fuchtelte auch Walcher mit den Armen, als er eine Fliege auf seiner Stirn fühlte.

Das Haus am See

Am Abend saß Walcher an seinem Schreibtisch, vor sich einen Leitz-Ordner, in dem der Inhalt aus dem anderen Ordner eingeheftet war. Er hatte ihn schon einmal durchgeblättert und den Inhalt als das Werk eines Spinners abgetan. Aber nun, nach der unheimlichen Botschaft im Keller, würde er seine Meinung wohl ändern müssen. Das Schwein bedeutete auch, dass jemand offensichtlich problemlos und unerkannt in sein Haus eingedrungen und in den Keller spaziert war. Ein grässliches Gefühl. Er musste bei seiner Foto-Tour beobachtet worden sein, eine andere Alternative gab es nicht, sonst wäre es auch nicht möglich gewesen, seinen Wohnsitz derart schnell ausfindig zu machen. Der Leitz-Ordner, beziehungsweise dessen Inhalt, den er in dem Haus am See eingesteckt hatte, musste demnach so wichtig sein, dass dieser Jemand derart drastische Mittel anwendete und womöglich statt des Schweins lieber ihn aufgehängt hätte.

Am Montag vor genau vier Tagen war Walcher an den Bodensee gefahren. Nicht dass er hoffte, mit dem lang geplanten Bildband Geld zu verdienen, es war neben seinem Broterwerb als Journalist mehr ein Hobby, die wundervollen alten Häuser am See zu fotografieren. Sie faszinierten ihn, diese stilvollen Zeugen aus vergangenen Zeiten, in denen vor Zweckdienlichkeit, Isolierung und Kostenminimierung noch das Lebensgefühl der Menschen an oberster Stelle stand. Es gab nicht mehr viele im Original erhaltene Häuser der vorletzten Jahrhundertwende, die meisten hatten Neubauten weichen müssen oder waren modernisiert, um- und ausgebaut worden. Ohnehin hatten sich nur Wohlhabende wirklich sehenswerte Häuser bauen können. Ein Haus am See musste man sich leisten können. Obwohl der See unseren Vorfahren den Vorzug kurzer Wege zum anderen Ufer bot, sie mit Fisch als Nahrung und mit Schilf oder Binsen als Baumaterial für Dächer und Körbe versorgte, wurden die Fischer, Schiffer, Dachdecker oder Korbflechter von ihren Handwerken nicht reich. Eine Binsenweisheit, dass sie davon leben konnten, aber den Nachkommen großartige Grundstücke oder Häuser vererben, das konnten sie nicht. Das gelang nur den Blaublütigen und in deren Windschatten dem aufsteigenden Wirtschaftsadel. Zwar standen zwischen den schlossähnlichen Anlagen mit Park, Mehrfachgaragen und eigenen Hafenanlagen noch das eine oder andere kleine Fischerhäuschen mit angebautem Kleinviehstall, aber auch der war längst zur Ferien-Zweitwohnung umgebaut und im Besitz kaufkräftiger Großstädter. Die Nachfrage nach naturnahen Domizilen in respektabler Seelage schien ungebrochen. Verständlich, denn auch für Walcher war jeder Besuch am See eine Art Kurzurlaub und das, obwohl er im Allgäu lebte.

An klaren Sonnentagen, bei guten Lichtverhältnissen setzte er sich morgens ins Auto und fuhr die halbe Stunde von seinem Hof hinunter an den See. Mit der Kamera auf Bilderjagd, spazierte er dann durch die Randgebiete der kleinen Dörfer und der Handvoll, um den See verteilten Kleinstädte, in deren Außenbezirken meist die schönsten Häuser standen. Manchmal waren es nur Feldwege, die zu abgelegenen Grundstücken führten, deren bevorzugte Lage kein Bebauungsplan, sondern Beziehungen geregelt hatten. Dichte, ungepflegte Grünhecken und alte, verfallene Mauern regten seine Neugier und Phantasie besonders an.

Auch am vergangenen Montag war er unterwegs gewesen, am Ortsrand von Wasserburg, eine der letzten Ortschaften auf bayerischem Gebiet hinter Lindau. Lange Zeit entdeckte er kein lohnendes Motiv und so steckte die Kamera noch immer im Rucksack. Deshalb nahm er sich vor, nur noch diesen einen Feldweg vor ihm bis zum Ende zu schlendern und dann umzukehren, zumal der Weg an dem vor ihm liegenden Wäldchen zu enden schien.

Auf der rechten Seite, zum See hin, standen neue Häuser, die ihn nicht interessierten. Vielleicht würden deren modernistische Hässlichkeiten in hundert Jahren zu einem beliebten Fotomotiv werden. Nach dem letzten Haus folgte eine Schilfbucht mit einem eingezäunten Streifen Wiese, auf der sechs Kühe lagen, die ihn anglotzten und nur kurz ihre wiederkäuenden Mäuler anhielten. Nachdem ihre Neugier befriedigt war, kauten sie weiter, schlugen mit den Schwänzen nach Fliegen und hatten ihn vermutlich vergessen, noch ehe er aus ihrem Blickfeld gewandert war.

Die Wiese links am Weg, ohne Kühe, grenzte an ein Neubaugebiet, auf dem frische Hausfundamente und bereits gepflanzte Hecken die künftige Idylle erahnen ließ. Bevor er zu seinem Auto zurückging, das er auf dem Parkplatz eines Strandhotels im Ort abgestellt hatte, musste Walcher noch dringend seine Blase leeren. Er beschleunigte deshalb sein Tempo. Kurz vor dem Wäldchen, hinter einer Gruppe Holderbüsche, hoffte er einen ungestörten Platz zu finden.

Es war ihm etwas peinlich, als er sich erst hinterher umsah und feststellen musste, dass er vor eine Toreinfahrt gepinkelt hatte. Mit einem raschen Rundblick vergewisserte er sich, dass es keine Augenzeugen gab. »Ein anständiger Mensch uriniert nicht vor dem Haus eines anderen anständigen Menschen«, erinnerte er sich an einen von Vaters Erziehersprüchen, die anscheinend für ein ganzes Leben reichten.

Der Feldweg führte hinter den Holderbüschen in einer fast rechtwinkligen Kurve direkt auf zwei mit Efeu bewachsene Torpfosten zu. Kurz hinter dem Tor musste die Zufahrt erneut abknicken oder an der hohen, dichten grünen Wand aus unterschiedlichen Buscharten enden. Schwache Reifenspuren verrieten, dass dieser Weg zwar selten, aber doch vor kurzem befahren worden war.

Walcher holte seine Kamera aus dem Rucksack und ging auf den linken Torpfosten zu, angezogen von einem sauber frei geschnittenen Rechteck in den ansonsten wuchernden Efeu.

A. L. Mayer stand auf der massiven Kupferplatte, eingraviert in einer typisch floralen Jugendstilschrift.

Beinahe zärtlich betastete Walcher die tiefe Gravur mit dem Zeigefinger. Das edle Graubraun der Kupferpatina erinnerte ihn an sein eigenes Namensschild, ebenfalls aus Kupfer. Mit einer Lötlampe hatte er es so lange erhitzt, bis es endlich alt wirkte, ohne auch nur annähernd mit diesem prachtvollen Exemplar konkurrieren zu können.

Walcher hatte bei seinen Bilderspaziergängen, wie er sie nannte, selten Skrupel gehabt, fremde Grundstücke zu betreten und bat nicht um Erlaubnis, sondern handelte mit einer überzeugenden Selbstverständlichkeit. Ohnehin präsentierten die geschmeichelten Besitzer meist gerne ihr Haus, und schon einige Male hatte er Führungen erhalten, bei denen ihm sogar besonders wertvolle Möbelstücke oder Gemälde gezeigt wurden.

Walcher fotografierte das Namensschild, trat dann ein paar Schritte zurück, um die gesamte Einfahrt aufzunehmen. Vielleicht versteckte sich hinter dieser romantischen Einfahrt ein interessantes Foto-Objekt und seine Fahrt an den See hätte sich doch noch gelohnt. Das offene Tor, auch wenn es nur noch erahnt werden konnte, derart wuchernd hatten Efeu und wilder Wein es umschlungen, betrachtete Walcher als Einladung.

Die Einfahrt, vermutlich früher sauber mit Kies bedeckt, längst aber von Moosen und Gräsern aller Art zurückerobert, bog, wie er vermutet hatte, scharf nach links ab und schien nach etwa zehn Metern erneut an einer grünen Mauer zu enden. Walcher fiel spontan der Begriff Labyrinth ein, wenngleich die Hecken wahrscheinlich so verschachtelt angelegt worden waren, um neugierigen Menschen den Blick aufs Grundstück zu verwehren. Nach einer weiteren, extrem engen Wegbiegung, dieses Mal nach rechts, öffnete sich nicht etwa der Blick auf das Grundstück, sondern auf eine Garage, auch sie vollständig von Efeu und Wein überwuchert. Rechts davon befand sich ein beinahe zugewachsener Durchgang, bei dem Walcher vorsichtig den Vorhang herabhängender Ranken teilte, denn zwischen Efeu und Wein versteckte sich auch tückisches Brombeergeäst. Nachdem Walcher hindurchgeschlüpft war, stand er überrascht und zugleich fasziniert vor einem paradiesischen Garten. Sogar das Fotografieren vergaß er.

Ein riesiges Grundstück lag vor ihm, sicher über fünftausend Quadratmeter groß. Zwischen den unterschiedlichsten Baumarten, die jedem botanischen Garten zu Besucherrekorden verholfen hätten, stand ein Traum von einem Haus. Früher Jugendstil, bewachsen mit Efeu, Wein und Zierlinde. Buntglasfenster über zwei Stockwerke hoch.

Ein kurz gemähter Weg führte in einem leichten Bogen zum Hauseingang. Die Ebenholztür, mit Schnitzereien von Lilienblüten und Lianen verziert, würde eine prächtige Titelabbildung abgeben. Die Oberlichter, traurig blickenden Augen nachgeformt, gaben der dunklen Tür einen eigenen, verträumten, ja mystischen Ausdruck, so als verberge sich in ihr der Schutzgeist des Hauses.

Obwohl die Villa zum Teil im Schatten der riesigen Bäume stand und die Lichtverhältnisse deshalb nicht besonders gut waren, hatte Walcher sich auf den Grund seines Eindringens besonnen und einige Aufnahmen gemacht. Dabei hatte er sich dem Haus genähert und dank des dadurch erweiterten Blickwinkels, links von ihm, an der Rückwand der Garage, ein Gewächshaus entdeckt.

Das Gegenlicht der späten Morgensonne überblendete die filigrane, Liliengewächsen nachempfundene, hoch aufragende

Metallkonstruktion derart intensiv, dass Walcher geblendet die Augen schließen musste. In solch einem Gewächshaus hatte Dornröschen auf den erlösenden Kuss gewartet, da war er sich absolut sicher. Nach einigen Aufnahmen brannte das flirrende Licht noch sekundenlang auf seiner Netzhaut, weshalb er sich wieder dem Haus zuwandte und sich ihm in einem Bogen zum See hin näherte. Das ganze Ensemble wirkte bilderbuchartig traumhaft und strahlte Gelassenheit und Wohlstand aus, liebevoll gepflegt von der Hand des Hausherrn.

Der schien Walcher noch nicht entdeckt zu haben, ansonsten hätte er vielleicht den Hund auf ihn gehetzt, denn dass es einen gab, davon zeugten die vereinzelten Kotspuren im Gras.

Auf der Ufermauer befand sich Walcher dann in direkter Verlängerung der dem See zugewandten Seite der Villa. Die beiden weißen Flügel der Verandatür standen einladend offen. Mit einem freundlichen »Hallo« und leicht an den Türrahmen klopfend, überschritt Walcher die Trennlinie zwischen draußen und drinnen und übertrat damit genau jene Persönlichkeitsrechte, die er für sich selbst vehement reklamiert hätte. Er fühlte sich deswegen auch nicht besonders wohl dabei, aber wie hätte er gute Fotos machen können, wenn er dabei nicht notgedrungen anderen Menschen etwas auf die Füße trat?

Nach diesem kleinen, aber bedeutungsvollen Schritt stand er in einem hellen, großen, hohen Zimmer, das offensichtlich in vier Bereiche unterteilt war: Kaminecke, Couchecke mit Fernseher sowie dem Büro, mit einem einfachen Schreibtisch aus dunkel gefärbten Holz, der die Dimensionen eines Billardtisches besaß. Der Terrassenseite gegenüber war die Wand mit einer durchgängigen Regalfront zugebaut und vom Boden bis unter die Decke mit einer beachtlichen Anzahl Bücher vollgestopft, die dank einer rollbaren Holzleiter in jeder Höhe erreichbar waren: die Bibliothek. Dieser vierte Bereich des Wohnsalons entsprach insgesamt gut und gerne der Fläche einer großzügig geschnittenen Zweizimmerwohnung. Neben der Bibliothekswand verband eine Flügeltür, gleicher Machart wie die Verandatür, nur etwas feiner und leichter gearbeitet, den Salon mit dem Rest des Hauses. Von der stuckverzierten Decke hing ein mächtiger Leuchter, dem umgedrehten Strauß unterschiedlicher Blütenkelchen nachempfunden. Es musste faszinierend sein, dieses Kunstwerk des Jugendstils aus Lilien, Tulpen, Krokussen und Blattranken am Abend in Funktion bewundern zu können.

Walcher hatte die Kamera am Auge und wollte eines der schlanken, gut zwei Meter hohen Buntglasfenster fotografieren, die ihn, von der Sonne angestrahlt, mit einer unglaublichen Leuchtkraft blendeten. Diese Lichtquelle tauchte den Raum in ein unwirklich warmes Kunstlicht, nur vergleichbar mit der Wirkung eines Kirchenfensters. Auf den Bildausschnitt im Sucher achtend, hatte sich Walcher, mit der freien Hand über die lackierte Holzleiste auf der wuchtigen Rückenlehne eines massigen Ohrensessels tastend, seitlich bewegt, um auch die links vom Fenster stehende Fächerpalme mit aufs Bild zu bekommen. Ein Jugendstilfenster ohne Palme zu fotografieren, zumal sie parat stand, das hätte er sich nicht verziehen. Konzentriert auf das Motiv, hatte er unter dem rechten Fuß eine Erhöhung gespürt und war, als er instinktiv das Bein anhob, an etwas Weiches gestoßen. Mit einem leichten Schauder machte er hektisch einen Schritt zur Seite und blickte zu Boden. Was er dabei entdeckte, ließ seinen Adrenalinpegel hochschnellen. Zu seinen Füßen lag ein Mann. Und bei der Erhöhung neben dem Sesselfuß, auf die er getreten war, handelte es sich um dessen linke Hand. Walcher musste tief durchatmen, bevor er den

Liegenden genauer betrachten konnte. Ein älterer Mann, an dessen spärlichen weißen Haarkranz etwas klebte, was dort nicht hingehörte: Blut, schwarz und angetrocknet.

Walcher umrundete den Toten und konnte, als er sich bückte, in dessen Gesicht sehen. Ein müdes, trauriges Gesicht, die Augen geschlossen. Von dieser Seite aus war deutlich eine Vertiefung mitten auf der Stirn sichtbar. Walcher kniete sich vor den Toten und berührte ihn mit dem Zeigefinger an der Wange. Kalt fühlte sie sich an, was bedeutete: Der Mann musste schon einige Zeit tot sein.

Auf dem Boden kniend, machte er eine Nahaufnahme vom Gesicht des Toten und entdeckte dabei die Ecke eines offenen Ordners, der unter dem Oberkörper hervorlugte. Unbequem, auf den harten Metallbügeln liegen zu müssen, dachte er, erteilte sich aber gleich eine Vaterphrase als Strafe für seinen Zynismus: »Du sollst die Toten ehren«.

Als würde sich der Tote dagegen sträuben, musste Walcher kräftig ziehen, um den Ordner, einen normalen Leitz-Ordner, hervor zu ziehen. Warum er das tat, hätte er nur mit dem ausgeprägten Instinkt eines Journalisten begründen können. Genau wie die Tatsache, dass er den Ordner zusammenklappte und versuchte, ihn in seinen Rucksack zu stecken. Dessen Öffnung erwies sich als zu eng, weshalb er die Blätter in drei Packen aus dem Ordner nehmen musste. Etwas unschlüssig, mit dem leeren Ordner in der Hand, stand Walcher auf, ging zum Bücherregal und schob ihn waagerecht in einen Spalt zwischen Büchern und Regalbrett. Dabei fielen ihm die Blockbuchstaben auf dem Ordnerrücken auf: *Die Company*.

Er machte noch eine Aufnahme des Toten aus größerer Distanz, hängte seinen Rucksack um und verließ das Haus, sehr viel schneller, als er hineingegangen war. Bei dem Gedanken, dass plötzlich Menschen oder gar Polizisten durch die Tür stürmen könnten, erfasste ihn eine leichte Panikwelle, die ihn durch den Garten trieb, ohne dass er sich einen letzten Blick auf die architektonischen und botanischen Schönheiten erlaubt hätte. Stattdessen überlegte er, welchen Rückweg er zu seinem Auto nehmen sollte, um möglichst nicht in der Nähe des Grundstücks gesehen zu werden.

Mit jedem Meter, den er sich der Gartengrenze näherte, wuchs seine Unruhe. Nur nicht auf den letzten Metern noch überrascht und angehalten werden, hoffte er. Immerhin hätte er einige Mühe gehabt, seine Anwesenheit sowie das Diebesgut zu erklären. Egal, wie lang der Mann da drin schon tot war, er, Walcher, hätte ja bereits zum zweiten Mal diese Tour machen können. Nein, der Tag hatte zu schön begonnen, um in einer Zelle zu enden.

Walcher wählte deshalb die entgegengesetzte Richtung zum Auto, die durchs Wäldchen, wodurch er sich einem möglichen Beobachter erst recht auffällig und verdächtig gemacht hätte. Als er sich nämlich durch das Wäldchen kämpfte, das eher einem Dschungel glich, verwandelte er sich in einen heruntergekommenen Stadtstreicher und stank wie eine aufgelassene Latrine. Die Hose klebte bis zu den Knien hinauf an den Beinen und war mit einer schwarzen Pampe aus stinkendem Morast beschichtet. Zudem verletzte er sich an messerharten Dornen des dichten, teilweise schon seit Jahren abgestorbenen und trocken-harten Brombeergestrüpps, in das er geraten war. So konnte er nicht zu seinem Auto spazieren, ohne dass halb Wasserburg ihn später als den vermutlichen Mörder identifizieren würde.

Aus dem Wäldchen kommend, stapfte Walcher mit schmatzenden Schuhen zum See und bis über die Morastlinie seiner Hosenbeine hinein ins Wasser. Der schwarze Dreck ließ sich aber nicht abwaschen und mit seiner nun auch noch vollkommen nassen Hose sah er erst recht verdächtig aus. Ein kurzer Blick auf drei festgezurrte Ruderboote an einem, keine zehn Meter entfernten Steg, und sein Rückzugsplan nahm Gestalt an. Minuten später schwamm er in seiner schwarzen Unterhose, die auch als Badebekleidung durchgehen konnte, in Richtung Parkplatz, auch wenn er auf dieser Route am Grundstück vorbeimusste. Hinter sich an kurzer Leine das kleinste der Kunststoffboote ziehend, ohne Ruder die einzige Möglichkeit, seine Kamera trocken durch den See zu transportieren. Die lag, samt seiner verschlammten Hose und dem Rest seiner Habe auf der Sitzbank im Heck.

Das Grundstück samt Villa des A. L. Mayer machte auch von der Seeseite Eindruck. Kein Mensch war zu sehen, deshalb entschloss sich Walcher für ein paar letzte Aufnahmen. Zwei Trauerweiden auf Ufermauer im seitlichen Morgenlicht, gegen neun Uhr, mit altem Haus im Hintergrund – ein perfektes Motiv. Er konnte nur auf gut Glück abdrücken, denn für die hohe Mauer war sein Standpunkt zu tief gewesen. Deshalb hielt er die Kamera hoch über seinen Kopf, so wie Fotografen in den hinteren Reihen stehend umlagerte VIPs fotografieren mussten.

Eigentlich hatte er erwartet, dass auf dem Anwesen inzwischen die Mordkommission durcheinanderwuselte, aber im Haus und auf dem Grundstück herrschte immer noch Stille, Totenstille.

Das Boot am Band ziehend, watete Walcher einige Meter hinaus in den See, um eine bessere Perspektive auf das Haus zu bekommen. Als er den Bereich von der kleinen Anlegetreppe in der Ufermauer bis hin zu den Terrassentüren im Sucher hatte, glaubte er, eine Bewegung hinter einem Fenster im ersten Stock wahrzunehmen. Instinktiv veränderte er den Kamerawinkel und drückte zweimal hintereinander auf den Auslöser. Es mochte ein Vorhang im Wind gewesen sein, vielleicht bewegte sich auch nur der Weidenzweig im Vordergrund, doch es reichte aus, um Walchers Puls hochschnellen zu lassen und ihn selbst hinaus in tieferes Wasser zu treiben.

In seiner Vorstellung sah er sich schon halbnackt im Wasser stehend, ein geklautes Boot am Bändel hinter sich her ziehend, schutzlos und verletzlich im Sucher eines Zielfernrohrs. Deshalb brachte er das Boot zwischen sich und das Haus und ging in die Knie. Die hässliche Vision einer im Wasser schwimmenden Journalisten-Leiche spornte ihn zur Eile an, bis ihm die Bäume des Nachbargrundstücks Deckung boten. Dass sich sein überschüssiges Adrenalin rasch abbaute, dafür sorgte die Wassertemperatur.

»Mami, ist das ein Fischer?«, hörte Walcher einen kleinen Jungen seine Mutter fragen, als er am Strandbad vorbeiwatete. »Nein, Thorsten, das ist kein Fischer. Sonst säße er im Boot und hätte Ruder und Fischernetze dabei«, war die Antwort der attraktiven Mutter. Gute Beobachtungsgabe, dachte Walcher und erwiderte ihren Blick, in dem er ein leicht spöttisches Lächeln zu entdecken glaubte. Gern hätte Walcher zurück gelächelt, aber die Wassertemperatur lähmte seine Wangenmuskulatur. Zudem wanderte seine Gänsehaut von den Beinen hinauf zum Bauch und musste die gefühlte Qualität eines Reibeisens erreicht haben, von der Waschfrauenhaut an den Füßen überhaupt nicht zu reden. Ihn trieb nur die Hoffnung auf eine warme Badewanne an und das verbissene Ziel, seine Rolle als schrulliger Schatztaucher bis zum Ende zu spielen. Alle fünf Meter angelte er sich mit langen Fingern einen Stein vom Seegrund und warf ihn ins Boot, das er lässig hinter sich her zog, als hätte er sein Leben lang nichts anderes gemacht. So schaffte er es bis auf die Höhe des Hotels, auf dessen Parkplatz sein Auto stand. Dort zog er das Boot ein Stück auf den steinigen Strand, raffte sein Bündel zusammen und stakste mit unterkühlter Beinmuskulatur wie auf Stelzen zu seinem Auto.

Tycoon oder Schizophrener

Gegen Mittag war Walcher, noch immer nur in Unterhose bekleidet, zu Hause aus dem Auto gestiegen und mit seinem verdreckten Bündel im Haus verschwunden. Walcher brauchte keine Beobachter befürchten, außer ihm und Bärendreck, dem schwarzen Kater, der eines Tages beschlossen hatte, auf dem Hof zu bleiben, lebte niemand in diesem abgelegenen Allgäuer Paradies. Dass er dennoch nah vor der Haustür geparkt hatte, lag an den spitzen Hofkieseln. Bereits beim Einsteigen in Wasserburg hatte er den Verlust seiner Turnschuhe feststellen müssen. Wahrscheinlich lagen sie beim Steg, an dem er sich das Boot »ausgeliehen« hatte.

Nach einem ausgiebigen heißen Bad wieder halbwegs normal temperiert, einer anschließenden Brotzeit und einem kurzen Mittagsschlaf, hatte Walcher einen Roten aus der Franciacorta geöffnet und sich an den Tisch in seiner Küche gesetzt, einem Platz, den er besonders mochte. Vor sich das Diebesgut und daneben einen neuen Leitz-Ordner, in den er die Loseblattsammlung abheften wollte, sollte es Sinn machen. Bevor er die ersten Blätter in die Hände nahm, trank er von dem Wein, lehnte sich zurück und schloss die Augen.

Ein Genießer bei der Weinprobe, so hätte ein Betrachter wohl vermutet – aber weit gefehlt. Walcher dachte nicht an den Wein, sondern an den toten Mann in seiner wunderschönen Villa am See, entschuldigte sich in Gedanken bei ihm und nahm sich vor, die Unterlagen an die Kripo zu schicken ... nachdem er sie durchgesehen hatte.

Die Company stand auf dem ersten Blatt, wie er es auch auf dem Ordnerrücken gelesen hatte. Allerdings hier mit einer Schreibmaschine getippt und unterstrichen. Das zweite Blatt war zur Hälfte mit Namen beschrieben und scheinbar sehr häufig in eine Schreibmaschine gespannt worden, denn es sah strapaziert aus und die Namen tanzten auf unterschiedlichen Zeilenhöhen über die Seite. Wahrscheinlich hatte es der Verfasser im letzten Drittel sattgehabt, die neu hinzukommenden Namen mit der Maschine zu ergänzen und hatte sie deshalb mit der Hand geschrieben, in einer Schrift aus präzisen, leicht nach links kippenden Buchstaben und deutlich herausragenden Oberlängen. Einige Namen waren unterstrichen, andere durchgestrichen.

Klaus Münzer, Klaus-Jürgen Klaasen, Rainer Barth, Eugen Leptschik, Manfred Büchle, Gerold Meinhardt, Jens Rau, Walter Geberich, Josef Mühlschlegel, Franco Bertoli, Mike Heelingstöm, Wilhelm Wochnau ...

Manche Namen kamen ihm bekannt vor, einer konkreten Person zuordnen konnte er sie jedoch nicht. Er nahm sich vor, im Internet zu suchen, trank einen Schluck Wein und las die nächste Seite. Eine Liste mit Firmennamen samt Adressen, Telefonnummern und jeweils einigen Namen. Zwischen den Zeilen waren die Abstände unterschiedlich groß und es gab keine einheitliche Anfangslinie. Auch dieses Blatt sah ziemlich strapaziert aus. Vermutlich war die Liste nach und nach erweitert worden, getippt in unterschiedlichen Schreibmaschinen. Die fühlbaren Eindrücke und die bei Rundformen teilweise sogar ausgestanzten Löcher kannte Walcher aus alten Manuskripten. Er hörte förmlich das Tack-Tack der hart auftreffenden, metallenen Buchstabenfinger, die das Papier perforierten und die Gummiwalze darunter malträtierten. Gute alte Zeit. Walcher dachte an die *Mercedes* auf dem Dachboden, eine unglaublich schwere, schwarze, Gold verzierte Schreibmaschine mit einem halbrunden Typenkranz, angeordnet wie die Sitzreihen eines antiken Amphitheaters.

Nach einem weiteren Schluck Wein widmete er sich wieder den Aufzeichnungen. Hinter den Firmennamen standen unterschiedlich lange Zahlenreihen, deren jeweils erste Zahl mit der Maschine getippt war. Die daran anschließenden hatte der Verfasser mit Hand geschrieben und bis auf die letzte wieder durchgestrichen. Da es sich durchweg um Aktiengesellschaften handelte, konnten eigentlich nur Stückangaben von Aktien gemeint sein. Aktien, die der Company gehörten.

Nestlé 10 000/70 000/140 000/150 000/190 000/250 000/500 000/80 000 000
Dow Chemical 300 800/520 000/700 000/1 200 000/1 780 000
Coca-Cola 15 000/22 360/53 000/80 000/200 400/230 600/300 500/465 000

Eisenbahnbauer und Eisenbahngesellschaften, Schiffsbaugesellschaften und Schifffahrtsunternehmen, Flugzeugbauer und Fluggesellschaften, Stahlwerke, Baufirmen, Autokonzerne, Schwertransportgewerbe, Transportunternehmen, Ölfördergesellschaften, Chemiekonzerne, Nahrungsmittelunternehmen, Handelsketten, Banken und Versicherungen, Zeitungs- und Buchverlage, Radio- und Fernsehsender, Kaufhäuser, Textil- und Bekleidungsunternehmen, Wohnungseinrichter, Sportkonzerne, Konzerne der Unterhaltungsbranche, Brauereien und Getränkeproduzenten, Hotelketten, Telefonkonzerne, Pharmazeutische Unternehmen, Reaktorbauer und Rüstungsbetriebe, Stromerzeuger, Elektronikunternehmen, Gerätebauer ...

Die Unternehmensnamen lasen sich, als stammten sie aus

einem Lehrbuch über Weltwirtschaft, Produkt- und Marktsegmente.

Auf die Listen der Aktiengesellschaften folgten Blätter mit Aufzeichnungen von weniger bekannten Firmen, die nicht an der Börse notiert waren. Penibel aufgeführt, mit Namen und Positionen der Verantwortlichen sowie deren Privatanschriften und Telefonnummern. Danach folgten Blätter mit Städten, hinter denen Straßennamen und Quadratmeterangaben standen. Die halbe Welt schien in dieses Verzeichnis aufgenommen worden zu sein, alphabetisch nach Ländern geordnet. Selbst exotische Länder waren aufgeführt, winzige Staaten, deren Namen Walcher zwar etwas sagten, deren genaue Lage er nur raten konnte. Wenn sich dahinter Grundstücks- oder Immobilienbesitz verbarg, dann kam da die Fläche eines Kleinstaates zusammen.

Es ging Seite für Seite so weiter. Walcher ordnete die Blätter zu unterschiedlichen Stapeln, nach Aktienbesitz, Beteiligungen, Eigenbesitz, Grundstücken und Immobilien. Was den vermuteten Aktienbesitz dieser Company betraf, so hatte ihn der Ehrgeiz gepackt. Mit einem Blatt ging er hinauf in sein Büro, setzte sich an den PC und rief die aktuellen Börsennotierungen auf.

Allein die 15 Firmennamen auf diesem einen Blatt ergaben ein Aktiendepot im Wert von unglaublichen 4,6 Milliarden Dollar.

Walcher dachte an sein kleines Aktiendepot – er betrachtete es als eine Alternative zu Spielbanken –, das derzeit zirka einem Wert von 7000 Euro entsprach, ihn aber gut das Doppelte gekostet hatte. Kopfschüttelnd ging Walcher wieder an den Küchentisch, zählte die Blätter des Aktienstapels und trank noch einen tiefen Schluck konzentrierter Franciacorta.

Es musste sich um das Hobby eines schrulligen alten Mannes handeln, der den globalen Großunternehmer spielte, denn allein die Blätter mit den börsennotierten Aktiengesellschaften – Walcher hatte 65 Blätter gezählt – ergaben um die 260 Milliarden Dollar, wenn er mit einem durchschnittlichen Wert der Aktienbeteiligungen pro Blatt von 4 Milliarden rechnete. Oder waren das schon Billionen? Wer bewegte sich schon in solchen Bereichen? Selbst die Anzeige des Taschenrechners streikt angesichts solcher Summen. Walcher war ohnehin kein Zahlenmensch und musste überlegen, wie viele Nullen 260 Milliarden hatten. Schon begann er, an das Werk eines größenwahnsinnigen Psychopathen zu glauben, der sich nach seiner Pensionierung in seine eigene Welt zurückgezogen hatte, fiktive Aktienpakete anhäufte, sie ständig vergrößerte, Grundstücke und Firmen kaufte ... alles nur auf dem Papier.

Irritierend daran erschien Walcher die eine oder andere Jahreszahl, die auf einigen Blättern vermerkt war. Wenn dieser Mann nicht normal war, dann war er das schon seit 1948 nicht mehr. Persönlichkeitsspaltung, eine Art von Schizophrenie vielleicht? Tagsüber ein unauffälliger Mitbürger, der sich abends als der große Finanzmagnat gab?

War der Mann normal, dann verbarg sich hinter diesen Aufzeichnungen vielleicht doch eine große Geschichte. Walcher dachte an die Mafia, einen geheimen gigantischen Konzernverbund ... oder hielt er das Manuskript eines Wirtschaftsfachbuchs in der Hand?

Walcher hatte mehr Fragen als Antworten und beschloss, erst einmal herauszufinden, wer dieser Tote war, der vermutlich Mayer hieß, und was es mit den Namen auf der Company-Liste auf sich hatte. Vielleicht sollte er den ganzen Packen kopieren und an Michael schicken, einen befreundeten Wirtschaftsjournalisten, der in Hamburg lebte. Der konnte sicher Sinn oder Unsinn der Aufzeichnungen erkennen, ohne sich das Hirn zu zermartern und haltlose Hypothesen aufzustellen.

In seinem Arbeitszimmer kopierte Walcher die ersten Seiten und steckte sie in einen Umschlag. Er schrieb einige Zeilen mit einer vage gehaltenen Information für den Wirtschaftsfachmann dazu und legte den Umschlag an die Haustüre, um nicht zu vergessen, ihn auch abzuschicken.

Wieder in der Küche, heftete er nun alle Blätter in den neuen Ordner, nahm ihn mit hinauf ins Büro und stellte ihn dort ins Regal. Zwar hätte er liebend gerne im Internet über A. L. Mayer recherchiert, aber Walcher hatte beschlossen, erst den dringlichen Artikel – die gekürzte Fassung eines Dossiers über Forschungsgelder der Zigarettenindustrie, das er im vergangenen Monat abgeliefert hatte – zu beenden. Ohnehin war er mit der Abgabe bereits zwei Tage in Verzug.

Guter Nachbar

Das alles war vor vier Tagen geschehen. Und nun hatte ihm jemand ein totes Schwein in den Keller gehängt. Eines, das offenbar vorher schon einige Tage in der Sonne gelegen hatte. Er nahm sich vor, einen Veterinär zu befragen, ab welchem Tag ein Tierkadaver so entsetzlich zu stinken begann.

Ein grausam zugerichtetes Schwein, eine ziemlich eindeutige Botschaft. Legte nicht die Mafia als Warnung Tierleichen vor die Tür? Also handelte es sich bei dem Ordner wohl nicht um die Spielerei eines verschrobenen Spinners, die Company musste es wirklich geben. Und sie wollte im Dunkeln bleiben, sonst hätte sie sich ja bei ihm melden können. Sie wussten, wer er war und wo er wohnte. Was war die Story wert? Lohnte sich eine Recherche? Diese Frage stand immer am Anfang, aber wie immer konnte sie ihm niemand beantworten. Walcher würde nichts anderes übrigbleiben, als an den Fäden zu ziehen, deren Enden er bereits in der Hand hielt – und das waren einige. Ein Mensch namens A. L. Mayer, im Besitz eines Ordners mit Firmendaten, war umgebracht worden. Die aufgeführten Werte ließen auf ein gewaltiges Firmenimperium schließen. Dann war da noch ein Schwein massakriert worden und als ganz persönliches Geschenk einem neugierigen Journalisten übergeben worden.

Walcher saß in seinem Arbeitszimmer und skizzierte die ersten Schritte seiner Vorgehensweise, brach aber ab und ging hinunter, denn die Luft begann vom wuchtigen Wummern von Josefs Traktor zu vibrieren, der auf den Hof gefahren kam.

»Hab sie gefunden, als ich die alte Kühltruhe im Stadel leer g'macht hab. Man kann's noch trinken.« Dabei hielt er eine graue Steingutflasche hoch, die gut zwei Liter fasste. »Dafür liegt jetzt deine Sau darin!«

Seine forsche Fröhlichkeit ließ vermuten, dass er den überraschenden Fund bereits mehrmals probiert hatte. Aber nach einem solchen Erlebnis ging das auch in Ordnung, dachte Walcher, ergriff die hingehaltene Flasche, nahm einen Schluck und stellte überrascht fest, dass er, statt des erwarteten billigen Fusels, einen außergewöhnlich guten Cognac auf der Zunge hatte.

»Danke dir nochmals, dass du das Tierchen mitgenommen hast, ich hätte es sonst vergraben. Guter Tropfen«, deutete Walcher auf die Flasche.

»Muss noch von meinem Onkel sein«, die Antwort war schwer verständlich, weil Josef gleichzeitig einen Schluck nahm, »sind noch paar Flaschen da, er hatte sie wohl vor der Tante versteckt.

Bin ein bisschen gerührt, ist wie ein Gruß von ihm. Ohne dein Schweinderl wär ich sicher nicht so bald an die Truhe gegangen. Und deswegen bin ich noch mal gekommen. Allein trinken macht keinen Spaß. Hol mal zwei Gläser, wir können doch nicht immer aus der Flasche trinken. Wenn uns jemand beobachtet, was könnt der alles denken.«

Josef setzte sich auf die Hausbank, während Walcher ging, um Gläser zu holen. Beobachten, das war das Stichwort. Jemand musste ihn auf dem Grundstück beobachtet haben. Vielleicht wurde er auch gerade in diesem Moment beobachtet, durchs Fernrohr oder durch das Visier eines Gewehrs. Bei dem Gedanken daran fröstelte es ihn wieder genauso wie vor ein paar Tagen im See vor der Villa. Walcher drehte sich in der Haustür um und sah rundum. Nichts. Der Mond schien, aber weder sein Schein noch das spärliche Hoflicht erhellte die Dunkelheit. Hätte vielleicht doch eine Flutlichtanlage installieren sollen, ging es ihm durch den Kopf.

»Gläser!«

Josefs Befehl trieb Walcher ins Haus.

Sonntagsausflug

Gegen sieben Uhr wachte Walcher mit einem furchtbaren Brummschädel auf. Sein erster Gedanke galt Josef: »Ich verfluche dich und deinen Cognac-Onkel«, murmelte er, dann kehrte trotz Restalkohol die Erinnerung an den Grund des Cognac-Gelages zurück und sofort keimte Unbehagen auf. Der Begriff »Schutz« kam ihm in den Sinn. Schutzlos fühlte er sich. Sein Haus, seine Burg, sein über alles geliebter Vorratskeller, missbraucht!

Ungebeten und unerkannt waren Fremde eingedrungen und hatten diese malträtierte Sau aufgehängt. Es mussten mindestens zwei Eindringlinge gewesen sein. Was ihn da so sicher machte, konnte er nicht sagen. Er meinte nur, dass eine solche Aktion für eine Person allein ein viel zu hohes Risiko darstellte. Fremde in seinem Haus! Und vielleicht hatten sie sogar einen Schluck aus einer seiner Flaschen genommen, von einem Landjäger abgebissen, in seine Toilette uriniert, seinen Rasierapparat benutzt oder, schlimmer noch, ihre Mörderzähne mit seiner Zahnbürste geschrubbt. Vielleicht stammte der trockene Zwetschgenkern in seinem Sherryglas gar nicht von ihm, sondern von einem der Schweineschlächter. Vielleicht hatte einer der Kerle mit dem ungestillten Bildungshunger eines Gossenkillers sogar in seinen Büchern auf dem Nachtkasten geblättert. Langsam, aber stetig wuchs seine Wut auf diese Dreckskerle, wahrscheinlich angeheuerte und bezahlte Killer oder sonst irgendwelche skrupellosen Widerlinge.

Zu seinem Bedauern empfand er gleichzeitig eine große Hilflosigkeit, die seine Wut wieder verdrängte. Er, als Einzelkämpfer gegen diese Company. Er, der Wehrdienstverweigerer, der Pazifist, gegen die Profikiller. Nun, auch David hatte seinerzeit eine Chance gegen den übermächtigen Goliath gehabt, beendete Walcher seine fruchtlose Betrachtung und quälte sich aus dem Bett.

In Bewegung, unberechenbar bleiben ist hier wohl die beste Strategie, überlegte er sich, während das Wasser aus der senkrechten und den beiden waagerecht installierten Intervalldüsen der Dusche seine Haut massierte. Spontan entschloss er sich zu einer Landpartie. Nur dem Anschein nach, für eventuelle Beobachter. In Wirklichkeit würde er Lisa besuchen. Zum einen, weil er es ohnehin vorgehabt hatte, zum anderen, weil es ihn immer dann zu Lisa trieb, wenn er Probleme hatte.

Er packte ein kleines Fernrohr, die handliche Kamera mit dem leistungsstarken, aber sehr leichten Teleobjektiv, Handy, Wasserflasche und Anorak ein. Der Rest schien längst Teil des Tourenrucksacks geworden zu sein, weil Walcher ihn so gut wie nie ausräumte. Der Salzstreuer zum Beispiel, bei dem jeder Benutzer nach vergeblichem Klopfen, Schütteln und Pusten versuchte, die Löcher der Streukappe mit dem dazu gebotenen Zahnstocher aufzubohren oder die Metallkappe ganz aufzudrehen. Was regelmäßig zu einem Scheitern führte, weshalb die Salzmenge seit Jahren dieselbe geblieben war. Der Beutel mit Verbandszeug fristete ebenfalls seit Jahren sein Dasein im Rucksack.

Lisa wohnte auf der anderen Seite des Tals – wenn sie hinter ihrem Haus den Hügel hinaufstieg, konnte sie mit dem Fernglas Walchers Hof sehen – in einer ehemaligen Käserei. Die hatte sie zu ihrem Paradies umgebaut. Ihre Eltern wohnten nur wenige Kilometer entfernt und auch Lisas beide Schwestern lebten in der Nachbarschaft.

Lisas Eltern waren Bauern, die von der Milchwirtschaft lebten. Sie zählten in der Gegend zu den Ersten, deren Hoferbe ein Agrarstudium absolviert hatte. Die Familie galt als gebildet, politisch engagiert, selbstbewusst und redegewandt, zugleich aber auch als scharfzüngig. Darum machten die meisten Nachbarn sowie vor allem die Kommunalpolitiker einen großen Bogen um die Armbrusters, wenn sich das irgendwie einrichten ließ.

Walcher hätte sich auf seine leichte Motocross-Maschine schwingen und einfach auf den Feldwegen zu Lisa hinüberknattern können, aber da gestern dieses Schwein in seinem Keller aufgetaucht war, entschied er sich für ein Täuschungsmanöver. Lisa wollte er unter keinen Umständen in Gefahr bringen. Bevor Walcher aus dem Haus ging, rief er bei Josef an beziehungsweise sprach auf dessen Anrufbeantworter. Es schien ihm nach dem gestrigen Erlebnis nur richtig, Josef mitzuteilen, dass er für einige Tage in die Berge ginge. Sollte jemand nach einem Schwein fragen, versuchte er zu scherzen, habe er sein Handy dabei und würde Bestellungen entgegennehmen.

Dass Walcher nicht das Ziel seiner Bergtour nannte, hatte ebenfalls den Grund, Lisa zu schützen. Josef kannte Lisa nicht und wusste auch nicht von ihr, außer dass Walcher mit einer Frau befreundet war, mit der er sich in unregelmäßigen Abständen traf. Selbst mit guten Freunden hatte sich Walcher nie über die eigene oder deren Freundinnen beziehungsweise Ehefrauen ausgetauscht. Die recht verbreitete Angewohnheit unter Männern, über Mannes- und Frauenleistungen zu prahlen oder Probleme breitzutreten, lag ihm nicht.

Nachdem Unbekannte scheinbar so einfach in sein Haus spaziert waren, schloss er vor dem Weggehen alle Fenster und sperrte die Haustür ab. Dies hielt er nach seiner jüngsten Erfahrung für geboten, auch wenn ihm klar war, dass jemand, der in sein Haus eindringen wollte, auch hineinkam. Er wollte es aber auch nicht leichter als nötig machen, denn so einfach war es auch wieder nicht, in sein Haus einzudringen, wenn es gut verriegelt und verrammelt war.

Walcher verschloss sein Haus sonst nur, wenn er länger als einen Tag fortblieb, denn der Hof war – versteckt hinter Wald und Hügel – von der Straße aus nicht zu sehen. Ein zusätzliches Hindernis bildete der Zufahrtsweg, der in einer unübersichtlichen Kurve von der Landstraße in die Wiese abzweigte. Die tiefen, von Traktorreifen und Regengüssen ausgehöhlten Fahrrinnen des Feldweges mit dem hohen, steinigen Mittelstreifen schreckten die meisten Autofahrer zudem ab. Fremde kamen deshalb nur durch Zufall vorbei. Zu sehen war der Hof erst, wenn man auf der Hügelkuppe oder höher stand – Letzteres war nur von der gegenüberliegenden Hangseite aus möglich.

In der Garage stand die Motocross-Maschine neben dem uralten Fendt, einem Kleintraktor, der mit dem Kauf des Hauses in seinen Besitz übergegangen war. Die Kawasaki, dieses japanische Reitpferd eines modernen Samurais, sprang wie immer auf den ersten Tritt an. In Walcher brach der Krieger durch. Dass er mit der Geländemaschine umgehen konnte, bewies bereits sein bravouröser Ritt den Feldweg hinunter zur Landstraße. Den Rucksack umgeschnallt, donnerte er in Richtung Berge davon, als seien die Schweinehirten hinter ihm her. Walcher trug keinen Sturzhelm, sondern hatte einen verknautschten Filzhut über die Ohren gestülpt. Der galt nicht nur als typische Kopfbedeckung dieser Gegend, sondern wurde zugleich als stiller Protest gegen jedwede Form von Obrigkeit verstanden.

Sollte ihm jemand folgen, musste der fahrtechnisch ordentlich was draufhaben. Walcher übersah dabei, dass Profis längst von wilden Verfolgungsjagden auf gefahrlose und allemal weniger auffallende Überwachung aus der Distanz umgeschult hatten. In seinem Fall raste kein Auto hinter ihm her, und er wurde auch nicht mit einem großen Feldstecher beobachtet, wie er auf der Talstraße in Richtung Berge brauste.

Im Gegenteil, ein Fahrer folgte ihm, eine Zigarette rauchend, in gemütlichem Tempo, den Blick immer auf den Monitor eines Peilgerätes gerichtet, das jede Bewegung des mit einem Sender versehenen Motorrads exakt aufzeichnete.

So knatterte Walcher inzwischen auf der Deutschen Alpenstraße in Richtung Oberstaufen, ohne zu ahnen, dass er einen blinkenden Punkt, auf dem mit einer Straßenkarte unterlegten Monitor abgab. Nichts deutete auf eine Verfolgungsjagd hin, es gab keine quietschenden Reifen, keine riskanten Manöver. Er wurde einfach per Funk observiert. Dass er dann letztendlich doch der Überwachung seiner Verfolger entkam, lag an Walchers guten Ortskenntnissen und an der Topographie der Landschaft. Nicht zuletzt auch an seiner Kawasaki, mit der er von der Bundesstraße abfuhr und in einem ausgedehnten Waldteil verschwand. Spätestens, als er ein Stück im tief eingeschnittenen Bachbett der Weißach ins Österreichische ratterte, brach die Funkverbindung ab.

Jonny

Aus John Lepper, dem gemütlichen Verfolger mit dem Peilgerät auf dem Beifahrersitz, hätte ein zumindest durchschnittlich erfolgreicher Mann werden können, wenn da nicht seine genetisch bedingte, fatale Abnormität gewesen wäre.

Sahen die Eltern dem süßen kleinen blonden Jonny seine Zerstörungswut anfangs noch nach, weil sie diese für einen normalen kindlichen Entwicklungstrieb hielten, so trat die beängstigende Dimension Jonnys Eigenart spätestens ab seinem Eintritt in den gutbürgerlichen *Brentwood-Kindergarten* im Süden Londons zutage. Jonny, der bezaubernde Junge mit dem freundlichen Lächeln, den strahlend blauen Augen und der für sein Alter untypischen, ruhig überlegten Art, die nicht nur Mütter, sondern selbst fremde Väter für ihn einnahm, verbarg unter dieser Maske einen völlig anderen Jonny: ein sadistisches, brutales Monster.

Im Kindergarten dauerte es einige Wochen, bis die Erzieherinnen erkannten, dass sich hinter Jonny der Urheber vieler kleiner Verletzungen sowie unendlich vieler Tränen und schmerzerfüllter Schreie der ihnen anvertrauten Kindern verbarg. In den Gruppenbesprechungen, die jeden Montag ab sechzehn Uhr stattfanden, wenn alle Kinder den Ganztagshort verlassen hatten, stand Jonny bald regelmäßig auf der Tagesordnung. Dem Team, das Jonnys Gruppe betreute, war aufgefallen, dass es bei den Auseinandersetzungen unter den zwanzig Kindern der Gruppe immer nur die Jonny-und-Konstellation gab, nämlich: Jonny und Michael, Jonny und Margarete, Jonny und Max, Jonny und ... Bis auf ein Mädchen, das Jonny offensichtlich verschonte, wurden alle übrigen achtzehn Kinder unterschiedlich intensiv, aber unablässig von ihm gequält. Es schien, als ob Jonny nur ein Ziel kenne: alles zu verletzen oder gar zu zerstören, was sich in seinem Aktionsradius bewegte.

Jonny unterschied dabei auch nicht groß zwischen Mensch und Tier. Die Tiere des kleinen Kindergarten-Zoos – drei Kaninchen, ein Hase, zwei sterilisierte Meerschweinchen, ein Igel und ein Goldfisch im Wasserglas –, von den Kindern liebevoll und mit großem Eifer versorgt, dezimierten sich auf unerklärliche Weise. Binnen eines Monats lebten nur mehr der Igel und ein Kaninchen. Zur großen Trauer der Kinder waren die Tiere »ausgewandert«, wie man ihnen offiziell erklärte, was bei dem Goldfisch sicher viel Phantasie erforderte. In Wahrheit hatte die Leiterin die Tierkadaver der Kriminalpolizei übergeben, wobei die Beamten ihr Erstaunen nicht verbergen konnten angesichts derart verstümmelter Tiere. Sie beschwichtigten sie erst einmal und rieten, Ruhe zu bewahren. Es wurde eine offizielle Ermittlung eingeleitet, die jedoch erfolglos blieb. Jonny war nichts nachzuweisen, auch wenn alle Erzieherinnen ihn so gut wie durchgängig beobachteten.

Der einzige Erfolg der Ermittlung war indirekter Art und

bestand darin, dass Jonnys Eltern endlich gezwungen wurden, sich der Realität zu stellen; denn die meisten Eltern der Kindergartenkinder und auch welche aus der unmittelbaren Nachbarschaft trauten sich nun, die Leppers direkt auf ihren Sohn anzusprechen und den ach so süßen Jonny der übelsten Quälereien zu bezichtigen. Nachdem die Leppers auch noch diverse Male von der Kripo befragt wurden, lagen ihre Nerven blank. Dies hatte immerhin zum Ergebnis, dass sie erstmals einen Kinderpsychologen konsultierten.

Es sollte nicht der letzte erfolglose Versuch bleiben, Jonnys Psyche zu durchleuchten. Während seiner Schulzeit begleiteten Therapeuten, Psychologen, Psychiater, Polizisten, Jugendrichter und Jugendsozialarbeiter Jonnys Entwicklungsschritte. Die Betonung lag auf »Begleitung«, denn einen Veränderungsprozess seiner sadistischen Veranlagungen konnten sie allesamt nicht bewirken. Im Grunde erreichten sie nur, dass Jonny immer raffinierter vorging.

An Jonnys vierzehnten Geburtstag beobachtete der Vater, wie sein Sohn ein an den Händen gefesseltes sieben Jahre altes Mädchen aus der Nachbarschaft zwingen wollte, eine lebende Blindschleiche hinunterzuschlucken. Bei diesem Vorfall rastete Jonnys Vater völlig aus. Mit einer über die Jahre hinweg aufgestauten Wut und voll blankem Entsetzen, was er da mit eigenen Augen beobachtet hatte, verprügelte er seinen Sohn derart, dass Jonny blutüberströmt ins Krankenhaus eingeliefert werden musste. Ab da begann sich der Vater von Jonny zu distanzieren. Die Anzeige vom Jugendamt wegen Kindesmisshandlung und die anschließende Verurteilung zu einer Geldspende von dreihundert Pfund an den Hilfsverein *Missbrauchsopfer*, verstärkte diese Tendenz wesentlich. Auch seine Frau, die sich lange Zeit der entsetzlichen

Realität verschlossen hatte, ging langsam zu Jonny auf Abstand. Dies tat sie zögerlich unter den qualvollen Nöten einer Mutter, die insgeheim noch immer hoffte, alles wäre nur ein Alptraum, ein furchtbarer Irrtum.

Jonny war ein hochbegabter Schüler, der, ohne groß zu lernen, beste Noten erzielte. Seine Merkfähigkeit und sein logisches Denken faszinierten und verblüfften einige seiner Lehrer. Doch auch sie zeigten sich durchweg befreit, als Jonny durch richterlichen Beschluss zum Ende seines vierzehnten Lebensjahres direkt von der Schule in das Erziehungshaus *Three Bells* gesteckt wurde. Die Eltern eines von Jonny mehrfach malträtierten Jungen hatten Anzeige erstattet und dafür gesorgt, dass dieser monströse Jugendliche ein für alle Mal aus der Nachbarschaft verbannt wurde. Da es sich nicht um die erste Anzeige handelte und sie diesmal auch nicht auf Versprechen und Bitten der Eltern hin zurückgenommen wurde, war es zu der ersten aktenkundigen Unterbringung in einem Erziehungsheim für Kinder und Jugendliche gekommen.

Es mag einem gängigen Vorurteil entsprechen, aber damit war Jonnys weiterer Lebensweg vorgezeichnet. Der nächste Vorfall, die nächste Anstalt. Die Gitter wurden enger, die Tore, Schlösser und Mauern immer massiver. Bis Jonny – zwei Tage vor seinem sechzehnten Geburtstag – als entlaufen galt und sein Name aus dem Insassenverzeichnis von *Parkhurst*, einer der übelsten Jugendzuchtanstalten Englands, gestrichen wurde. Jenes *Parkhurst* lag ungefähr zwei Meilen südlich von Cowes auf der Isle of Wight und diente schon seit 1837 der Umerziehung junger Straftäter. Ein halbes Jahr lang war es Jonnys offizieller Wohnsitz gewesen. Von dort war Jonny auch nicht geflohen, sondern von der zweiten Macht im Staate, dem Geheimdienst, zur Ausbildung »entnommen« worden. Offiziell als »Integration schwererziehbarer

Jungendlicher in die Gesellschaft« deklariert, handelte es sich dabei um eine geheimdienstliche Kaderschmiede. Warum, so hatten sich kluge Köpfe im Dienst der Krone gefragt, sollten die Schattenlegionen des Geheimdienstes nicht aus dem übelsten Bodensatz der menschlichen Gesellschaft rekrutiert und deren krankhafte Neigungen zum Wohle des Staates kanalisiert werden?

Dank Jonnys Intelligenz, seines sportlichen Körpers und seines gewinnenden Auftretens, konnte Jonny bereits mit zwanzig Jahren sein Studium abschließen, summa cum laude. Er vereinte in sich alle Facetten des Bösen, und das perfekt in Englisch, Russisch und Deutsch. Damit war er eigentlich prädestiniert für einen Einsatz im sozialistischen Teil Deutschlands mit dessen Anbindung an die UdSSR. Seit einer missglückten Mission, die eine für Spione schwerwiegende Konsequenz nach sich zog, nämlich Jonnys Enttarnung, diente er als Personalreserve. Da sich auch »Dienste« die Erkenntnisse modernen Personalmanagements zunutze machten, zudem sich die politische Situation im Osten durch die Vereinigung der beiden deutschen Staaten gravierend verändert hatte, wurde der glücklose Spion und Sadist Jonny an ein internationales Unternehmen »ausgeliehen«. Seiner exzellenten Deutschkenntnisse wegen setzte ihn sein neuer Arbeitgeber in der deutschen Zweigstelle ein – für ein stattliches Monatsgehalt einschließlich Sozialbeiträge sowie dem Obolus an die englische Krone.

Seit Anfang Mai diesen Jahres hatte sich Jonny in Weiler auf unbestimmte Zeit in der Pension *Alpenglühen* als Wolfgang Braunmüller eingemietet. Er wolle einmal so richtig ausspannen und nebenbei Aufnahmen für den Bildband eines befreundeten Autors machen, der über die Vogel- und Insektenwelt des Allgäus ein Fachbuch schrieb, so hatte er seinen Wirtsleuten erklärt. Eine ideale Tarnung für seinen Spezialauftrag.

Der Herr Wolfgang, so sprach ihn Frau Herbig, die Pensionswirtin an, der Herr Wolfgang verließ regelmäßig bei Sonnenaufgang die Pension und kehrte meist erst spät am Abend zurück. Frau Herbig errötete jedes Mal, wenn sie ihm begegnete, denn der Herr Wolfgang war ein außerordentlich gutaussehender Endvierziger.

Nach dem Frühstück, das ihm Frau Herbig immer schon am Abend vorher herrichtete – samt Kaffee in der Thermoskanne –, fuhr er in dem gemieteten, geländegängigen Lada mit seiner Kameraausrüstung davon. Dass der Herr Wolfgang damit wunderschöne Fotos machte, wusste Frau Herbig von der Frau Mutschler, die im Fotoladen arbeitete und alle Bilder kannte, die ihr von den Touristen zum Entwickeln gebracht wurden.

Natürlich wäre die schwärmerische Frau Herbig niemals auf die Idee gekommen, dass ihre Katze, das Mimerl, nicht von einem Autoreifen zu Brei zermalmt worden war, auch wenn die Katzenleiche auf der Straße vor der Pension lag. Es entsprach auch nicht der Tatsache, dass der Gänserich Ottokar seinen Kopf in selbstmörderischer Absicht durch den engmaschigen Zaun gedrückt hatte, weil ihm sein Leben ohne Gänse zum Halse heraushing. An besagtem Zaun hing er nämlich eines Morgens – gut einen Meter über dem Boden. Jonny war es, der mit diesen kleinen Fingerübungen Druck ablassen musste. Allen Therapien zum Trotz, überkam ihn in unregelmäßigen, nicht berechenbaren Zeitabständen eine unbändige Zerstörungswut. Jonny schluckte dann zwar Neuroleptika, deren Wirkung für kurze Zeit auch den Druck in seinem Kopf reduzierte, aber meist nahm er die Medikamente erst nach einem Anfall.

Es fiel zunächst niemandem in und um Weiler herum auf, dass sich die Zahl der verunfallten Haustiere seit Anfang Mai häuften.

Auch der gerichtsmedizinisch festgestellte gebrochene Schädel und Genickbruch von Manfred Weidel wurde als ein tragischer Unfall mit Todesfolge bezeichnet. Laut Zeugenaussagen war er voll wie eine Haubitze aus der *Engelwirtschaft* heimgetorkelt und dabei wohl von der Brücke bei der Kirche kopfüber die zwei Meter in den Hausbach gestürzt. Der gute Mann wurde damit von seinem traurigen Schicksal erlöst. Weidel hatte nämlich erst vor einem Monat zu saufen begonnen, nachdem seine Frau beim Kräutersammeln in die Hausbachklamm bei Längene gestürzt und mit dem Kopf in der Astgabel eines wilden Kirschbaumes hängengeblieben war, der auf halber Höhe aus dem Abhang ragte.

Er hatte sie sehr geliebt und deshalb wunderte es auch niemanden, dass ihn das grausame Bild vom Tod seiner jungen Frau wie ein Fluch verfolgte. Noch im Fallen musste sie mit der linken Hand verzweifelt versucht haben, sich am Ast eines Haselnussstrauchs festzuhalten. Man fand jedenfalls Blätter fest umschlossen in ihrer verkrampften Hand.

Keiner im Dorf zweifelte am Hergang des tragischen Unfalls. Es war auch den Polizisten nicht aufgefallen, dass an der Unfallstelle kein Haselnussstrauch stand, sondern gut hundert Meter weiter südlich welche wuchsen.

Bei der Beerdigungspredigt des Mannes sprach der Pfarrer von der göttlichen Fügung, dass sich der Kreis wieder geschlossen habe – eine sehr irrige Annahme über das Verscheiden eines einstmals glücklichen Ehepaars.

Lisa

Walcher war einige Kilometer durchs halbe Westallgäu gebrettert, hatte auf die österreichische Seite gewechselt und näherte sich unterhalb des bekannten Aussichtsdorfes Sulzberg wieder dem deutschen Allgäu. Kurz hinter der grünen Grenze, bei der Ansiedlung Eyenbach, preschte er den Hang hinauf zum Trogener Moos, wo er die Maschine unter einem Unterstand abstellte. Dort setzte er sich an die Schattenseite und leerte den Rucksack aus. Wie bei einer Zaubervorstellung griff er in den grünen Rucksack, zog die Innenhülle nach außen und verwandelte ihn damit in ein weithin leuchtendes, rotes Gepäckstück. Dann wanderten die zuvor herausgenommenen Sachen zusammen mit seinem alten Filzhut wieder darin zurück. Walcher setzte sich eine gelbe Golfmütze auf, mit der er sich zwar ziemlich albern vorkam, die aber zur Tarnung in Ordnung war.

Er blieb noch einige Minuten sitzen und dachte an Lisa. In knapp einer Viertelstunde würde er bei ihr sein. Sie hatten sich vor Jahren in der Schweiz kennengelernt: im Tumult nach dem Ende des *Stones*-Konzerts von 1998 in Frauenfeld, bei Zürich. An einem gefährlich engen Zauntor hatte er eine Frau, die gestolpert und gestürzt war, vom Boden hochgerissen. Anschließend hatte er sie durch das Tor geschleppt und hinter einem Baumstamm mit ihr Schutz gesucht. Dort hielt er sie fest in den Armen, bis sich die Panik rundherum gelegt hatte. Es dauerte einige Minuten, dann kamen Sanitäter und kümmerten sich um die Verletzten. Erst da löste Walcher seine Arme, und sie sahen sich an. Lisa flüsterte furchtbar kitschig etwas von »mein Retter«, was er mitten in dem Geschrei zwar nicht hörte, sie ihm später aber erzählte. Dann wurde sie ohnmächtig. Lisa bestand in ihren Erzählungen immer darauf, dass sie nicht wegen des Sturzes oder aus Panik ohnmächtig wurde, sondern allein wegen eines unbeschreiblichen Glücksgefühls, als sie Walcher in die Augen schaute. Walcher hingegen vertrat die Meinung, dass er ihr schlicht die Luft abgedrückt hatte und sie deshalb aus Sauerstoffmangel umgekippt sei. Wie auch immer, so hatte ihre Beziehung begonnen, wild und leidenschaftlich.

Wie in Trance schwebten sie das erste Jahr durchs Leben. Schon nach kurzen Trennungen waren sie versessen darauf, einander wieder nah zu sein. In diesem Taumel erkannten sie nicht die Signale, die sich mehrten und zu wachsenden Auseinandersetzungen über Nebensächlichkeiten führten. Sosehr sie sich liebten und einander begehrten, ihre Vorstellungen vom Leben schienen unüberbrückbar konträr. Während Lisa sich eine Familie mit Kindern, ein festes Zuhause, Überschaubarkeit, Kontinuität und Verlässlichkeit wünschte, wollte Walcher die Welt entdecken, die Geheimnisse des Seins ergründen und verschiedene Lebensmodelle ausprobieren.

Lisa wollte Nähe und litt schon nach kurzer Trennung unter der Angst, verlassen zu werden. Bei Walcher hingegen wuchs die Angst vor Umklammerung, Enge und dem Verlust seiner Unabhängigkeit. Er lehnte Lisas Vorstellungen zwar nicht generell ab, stellte sich ein Leben mit ihr und gemeinsamen Kindern sogar wunderbar vor, aber eben nicht sofort, nicht mit seinen damals achtundzwanzig Jahren.

Über vier Jahre dauerte der Kampf miteinander, gegeneinander und jeder gegen sich selbst. Vor allem Walcher tappte immer wieder in die tückischen Fallen des Selbstbetrugs. Er provozierte Auseinandersetzungen, nur weil er eigentlich allein sein wollte, sich aber nicht traute, seinen Wunsch klar auszusprechen. Zurück blieben zwei Verlierer: ein trauriger und einer mit schlechtem Gewissen. Gegnerschaft statt Partnerschaft war die Folge. Der Bumerang wurde so lange geworfen, bis er nicht mehr zurückkehrte.

Sie verschlissen mehrere Paartherapeuten, verschlangen sämtliche Bücher der landläufig bekannten Therapeuten dieser Zunft, verhackstückten Erfahrungsberichte von anderen Paaren und strapazierten Freunde aus dem Bekanntenkreis, bis sie müde und traurig akzeptierten, sich auf der Stelle zu drehen. Miteinander leben konnten sie nicht, voneinander lassen wollten sie auch nicht. Nach einem wortlosen, traurigen Spaziergang resümierte Lisa resigniert: »Drama, Tragödie – warum fehlt uns nur die Leichtigkeit zur Komödie?«

Sie entschlossen sich, in Freundschaft auseinanderzugehen, dabei aber lockeren Kontakt zu halten – das Übliche halt.

Nach einigen enttäuschenden Versuchen mit neuen Bekanntschaften beschloss Lisa, ohne einen festen Partner zu leben und auf eine Familiengründung in traditioneller Form zu verzichten. Hinzu kam, dass ihr Wunsch nach Kindern schneller erfüllt wurde, als sie sich das hätte vorstellen können. Sandkasten-Freunde von Lisa, denen sie immer sehr verbunden geblieben war, starben bei einer Massenkarambolage auf der Autobahn und hinterließen eine zehnjährige Tochter. Für Lisa war es mehr als nur das Einlösen ihres Patenversprechens, es war ihr ein Herzensanliegen, Irmi bei sich aufzunehmen.

Lisa renovierte die ehemalige Käserei, die ihr Urgroßvater gebaut und betrieben hatte und lebte dort seit nunmehr drei Jahren mit ihrem Patenkind Irmi. Gemeinsam mit einer Freundin betrieb sie im nahe gelegenen Lindau einen Souvenirladen, der beiden ein ordentliches Einkommen sicherte. In vielen Dingen des täglichen Lebens wurde sie zudem von ihren Eltern und Irmis Großeltern, den Brettschneiders, unterstützt.

Wenn Walcher und Lisa sich trafen – und das taten sie seit einem Jahr wenigstens einmal monatlich –, waren beide immer wieder aufs Neue überrascht, wie schnell sie zu ihrer alten Vertrautheit zurückfanden; als sei die Zeit mit all ihrer Liebe und leidenschaftlichem Verlangen stehengeblieben. Häuften sich nach Tagen voller Harmonie die alten Empfindlichkeiten wieder, deuteten sich Kränkungen und Verletzungen an, dann flohen sie erneut auseinander – traurig über ihr Unvermögen, aber auch froh darüber, einen Weg gefunden zu haben. Vielleicht war ihr Modus ja eine Form des Zusammenlebens, die möglicherweise auch vielen anderen Paaren eine endgültige Trennung hätte ersparen können. Immerhin fanden sie diese Art der Beziehung befriedigender, als ständig zu streiten oder sich endgültig zu trennen. Sie hatten vereinbart, an diesem Status nicht mehr zu rütteln und es dem Schicksal zu überlassen, ob und wie es weiter gehen würde.

»Du kommst gerade recht, du schöner Mann mit dem goldenen Helm.«

Walcher grinste etwas gequält, nahm die gelbe Golfkappe ab und beugte sich vor, um sie zu küssen.

»Langsam, edler Lohengrin, mit einer Dame geht man behutsam um«, wich Lisa mit einem Lächeln zurück und gab ihm, der immer noch vorgebeugt dastand und sich merklich enttäuscht versteifte, einen flüchtigen Kuss, nahm ihn am Arm und zog ihn zu den Beeten.

»Jetzt machen wir erst einmal eine Führung durch den schönsten und ertragreichsten Garten der Welt, na ja, wenigstens des westlichen Allgäus.«

Lisa erklärte Walcher ihre neue Schneckenfallenkonstruktion, steckte ihm eine noch unreife Stachelbeere in den Mund, die er artig kaute, um sie heimlich auszuspucken, als sich Lisa abwandte, um eine Himbeere zu pflücken. Auch die bekam Walcher in den Mund geschoben und meinte dazu grinsend: »Ist schön, bei dir zu sein.«

»Wie bist du eigentlich hergekommen? Ich hab gar kein Auto oder Moped gehört.« Lisa ärgerte ihn mit dieser Bezeichnung für seine Kawasaki, seit er sie gekauft hatte. Walcher ging nicht darauf ein, sondern meinte eher beiläufig, »zu Fuß«.

»Wie, den ganzen Weg von drüben her?«, staunte Lisa.

»Nein, ich bin hintenrum mit dem Motorrad gefahren und dann vom Moos rauf gelaufen«, dabei deutete er talwärts hinter sich.

»Seit wann bist du denn unter die Wandersleut' gegangen? Oder hast du etwa kein Benzin mehr gehabt?«

»Erklär ich dir später, könnte eine längere Geschichte werden«, antwortete Walcher, worauf Lisa ihre Gartenführung fortsetzte. Als sie an der Wand mit den Stangenbohnen stolz auf die ersten Bohnen zeigte, deren enormes Wachstum sie mit ihrem Spezialdünger und dem Mondkalender erklärte, nahm Walcher sie an den Schultern, drehte sie um und küsste sie zärtlich auf den Mund. Die beiden gaben ein hübsches Paar ab, wie sie eng umschlungen im Gemüsegarten standen. Zwei große, schlanke, gutaussehende Menschen. Lisa löste sich und strahlte ihn an.

»Bevor du erzählst, was du in der letzten Zeit alles angestellt hast, magst du Tee, Kaffee, Wasser oder Saft?«

»Kaffee aus Mondstaub, aufgebrüht mit Vollmondwasser, nehme ich gern.« Walcher hätte lieber ein kühles Weizenbier oder ein Glas Wein getrunken, in Lisas Gegenwart hielt er sich aber zurück. Sie lehnte regelmäßigen Alkoholkonsum strikt ab, hatte aber nichts gegen ein Gläschen zu besonderen Anlässen. So bekam

Walcher etwas später dann doch ein Glas Wein anstelle des Kaffees, denn Lisa zeigte sich heute durchweg verführerisch.

In der Nacht wachte Walcher auf, schlich sich aus dem Schlafzimmer und ebenso vorsichtig an Irmis Zimmer vorbei, was unnötig war. Denn Lisa hatte Irmi, kurz nachdem Walcher aufgetaucht war, per Telefon gebeten, bei den Großeltern zu bleiben, denen sie an diesem Tag bei der Gartenarbeit geholfen hatte. Auch große Mädchen, hatte sich Lisa gedacht, brauchen ab und zu ein sturmfreies Haus.

Walcher setzte sich an Lisas Schreibtisch, der in einer kleinen Arbeitsecke im Wohnzimmer stand und fuhr den Computer hoch. Er war hellwach und hatte sich überlegt, im Internet ein paar der aufgelisteten Firmen anzusehen. Deshalb hatte er die Kopie einer Seite aus dem Company-Ordner in seinem Rucksack mitgebracht. Wenn er Lisa von diesem ominösen Fund erzählte, wollte er die Dimensionen anhand einer Seite unterstreichen können.

»Da kommst du in meinen Garten geschneit, verführst mich, lässt mich dann allein in meinem Bett, schleichst dich an meinen Computer und surfst schon wieder in der Weltgeschichte herum, während ich noch von dir träume, du Vagabund.« Lisa hatte sich hinter Walcher geschlichen und würgte leicht seinen Hals. Kurz war er vor Schreck zusammengezuckt, so sehr hatten ihn die Bilder auf dem Monitor absorbiert. Vor dem Drucker lag ein Haufen Blätter, von den nachfolgenden Ausdrucken aus dem Ausgabefach geschoben, wie ein Kuckuck seine Stiefgeschwister aus dem Nest stößt. Auf dem Bildschirm lief gerade eine Animation von *Union Carbide*. Lisa stützte das Kinn auf seinen Kopf und schaute ebenfalls auf den Bildschirm. Walcher tastete mit beiden Händen nach ihrem Gesicht und über ihre Wangen.

»Hab erst letzte Woche etwas über den Unfall in Indien von 1984 gelesen und darüber, dass bis heute gerade mal schlappe fünfzig Euro Entschädigung pro Toten und dreißig für eine amtlich nachgewiesene Vergiftung bezahlt wurden. Was obendrein so lange rausgezögert wurde, bis etwa ein Viertel der Betroffenen schon gestorben war und nie auch nur die paar Kröten gesehen hat. Scheußlich, dabei macht die Firma Milliardengewinne. An was für 'ner Sache bist du dran, mein feuriger Weltenbummler? Sag's mir, sonst bist du noch mal dran«, flüsterte sie ihm ins Ohr.

»So reich kann eigentlich niemand sein«, flüsterte Walcher in Gedanken versunken.

Weil Lisa nicht genau wusste, wen er damit meinte, fragte sie nach. »Carbide, du oder ich?«

»Nein«, schüttelte Walcher den Kopf, »von Carbide besitzen die nur Aktien. Ich rede von diesem Weltkonzern – oder was immer dieser Laden sein mag –, an dem ich gerade dran bin.« Walcher löste sich von Lisa, stand auf und reckte sich. »Wenn du magst, erzähl ich dir, was ich bisher weiß. Viel ist es ja nicht, aber wenn da wirklich etwas dahintersteckt, dann bekomme ich Fieberträume von einer wirklich gigantischen Story.«

»Klar, fang an.« Lisa legte sich, nur in ein Handtuch gewickelt, auf das rote Sofa aus Samt, eine Nachbildung der klassischen Liege aus der Römerzeit. Walcher hatte sie kurz vor ihrem ersten Jahrestag heimlich die steile Treppe zu Lisas damaligem Mädchenzimmer hoch geschleppt, das im Hof der Armbrusters unterm Dach lag.

»Darauf will ich dich dein Leben lang lieben«, hatte er erklärt. Sie hatte damals herzlich gelacht, genickt und geflüstert: »Dann tu es.«

Walcher erinnerte sich immer wieder an diesen Moment, wenn er Lisa auf der Liege sah.

In dieser Nacht setzte er sich ans Fußende, überlegte kurz und erzählte dann vom Ordner der Company. Den Toten ließ er in seiner Erzählung weg. In seiner Version lag der Ordner offen auf dem Tisch in der Villa, den er entdeckte, woraufhin er den Zwang spürte, ihn einfach mitgehen zu lassen.

Die Beschreibungen des Jugendstilhauses, des Gartens und des zauberhaften Gewächshauses entsprachen der Wahrheit, weshalb er sie blumig und detailliert ausschmückte. Auch seine Wasserwanderung verschwieg er, weil er Lisa nicht zu der Frage provozieren wollte, warum er grundlos solch einen Zirkus veranstaltet hatte. Er kannte Lisa, sie besaß das Zeug zu einer Kriminalistin.

»Wenn nicht irgendein Verrückter die Liste zusammengestellt hat und es sich tatsächlich um ein Besitzverzeichnis handelt, dann geht es um einen Konzern, dem die halbe Welt gehört«, endete Walcher seinen Bericht und bemühte sich um einen sachlichen Tonfall, weil er merkte, dass die Vorstellung von einem solchen Gigakonzern immer noch seinen Pulsschlag erhöhte. »Ich hab nur mal auf einer von den über sechzig Aktienseiten die Summe addiert, so Pi mal Daumen, und bin bereits bei vier Milliarden Dollar. Wenn ich die hochrechne, dann streicht mir mein Taschenrechner automatisch die Nullen weg. Und dabei sind das nur die Aktien. Da kommen wahrscheinlich noch Beteiligungen dazu sowie Grundstücke und Häuser. Und wenn ich das richtig interpretiere, haben die auch noch eigene Firmen. Einfach verrückt! Um den Wert dieser Company auszurechnen, bräuchte vermutlich selbst ein Buchhalter Wochen. Das ist das gigantischste aller Unternehmen – von dem ich allerdings bisher noch nie etwas gehört habe. Und hätte mir nicht jemand ein Schwein in den Keller gehängt, dann würde ich diese Geschichte auch nicht ernst nehmen und sie als Spinnerei eines verkalkten Trottels abtun.«

»Ein Schwein …?« Lisa ließ ihr Fragefragment sehr eindringlich unausgesprochen.

In seinem Eifer war ihm das Schwein herausgerutscht, obwohl er sich vorgenommen hatte, ihr nicht davon zu erzählen. Nun beschränkte er sich auf eine möglichst sachliche Darstellung und beschrieb dafür ausführlich die freundliche Nachbarschaftshilfe von Josef. Das exzessive Cognac-Gelage reduzierte sich in Walchers Erzählung ebenfalls auf ein Gläschen in Dankbarkeit.

Montag

Hätte jemand der Nachbarn diesen Josef gesehen, wie er – in dunkelgrauem Anzug, blauem Hemd mit lässig offenem weißen Kragen, einer dezent altroten Seidenkrawatte aus einer Schneiderwerkstatt für Earls und Lords in der Londoner Jermyn Street, mit einer schmalen Aktentasche aus feinem rotbraunen Leder unter den Ellenbogen geklemmt und über der Schulter nonchalant einen edlen, sandfarbenen Staubmantel geworfen – in der Seitentür der großen Hofgarage verschwand, er hätte ihn für sonst wen gehalten, nur nicht für den Josef vom Hartrigelhof.

Wesentlich an der Veränderung war neben der Kleidung auch die Frisur. Die sonst zottelig abstehenden Borsten lagen geölt und glatt am Kopf, der dadurch auf den halben Umfang geschrumpft schien. Die Marke der Sonnenbrille, eine Ray Ban, tat ein Übriges. Auch Josefs Bewegungen hatten sich verändert. Raumgreifende, federnde Schritte anstelle des gemütlich schlurfenden Gangs verrieten den zielorientierten Macher, der ohne Umwege auf den Punkt kam. Die kerzengerade Haltung unterstrich diesen Eindruck. Keiner der Nachbarn wusste, dass Josef einen neuen Gelände-Mercedes besaß, der kurz danach aus der Garage rollte. Das Garagentor schloss sich automatisch, noch bevor der schwarze Wagen den Hof verlassen hatte. Die dunkel getönten Scheiben ließen nicht erkennen, wer im Auto saß. Das Kennzeichen für München ließ vermuten, es handle sich um einen gutbetuchten und daher im Allgäu besonders beliebten Touristen.

Der Wagen wurde nicht auf den geteerten Gemeindeweg gelenkt, der direkt am Hof vorbeiführte, sondern auf den Feldweg kurz davor, der um den Hof herum zum dichtbewaldeten Berghang führte. Wenige Meter vor dem Wald begann ein Hohlweg, in dem das Auto verschwand und erst wieder zweihundert Meter tiefer, an der Einmündung zur Bundesstraße auftauchte. Deshalb hatte noch kein Nachbar Josef zu Gesicht bekommen, wenn er auf diesem Schleichweg seinen Hof ansteuerte oder verließ – und das seit sechs Jahren, seit Josef den Hof bezogen hatte. Kein Wunder, terminierte Josef doch Abfahrt und Ankunft meist auf die Nachtstunden.

Auch Walcher hätte diesen Josef nicht erkannt, der eine Stunde später in einem bequemen Sessel sitzend vom Flughafen Friedrichshafen abhob und aus dem Fenster des Privatjets den herrlichen Blick auf Berge und See genoss. Nochmals einige Stunden später saß Josef an einem Konferenztisch und beendete seine Rede einem ähnlich distinguiert gekleideten Herrn gegenüber mit den Worten: »Überlassen Sie alle weiteren Maßnahmen mir. Ich habe die Situation mit meinem Team absolut unter Kontrolle.« Raschelnd schob er dabei einige Papiere in seine Ledertasche und beugte sich kurz mit Oberkörper und steifem Hals vor, als Ansatz zu einer Verbeugung. Sein Zuhörer klopfte mit den Handknöcheln erst auf die Tischplatte und dann auch noch auf Josefs Schulter. Zusammen verließen sie den Raum. Manager, die zu ihrem nächsten wichtigen Termin eilten.

Andrea Mayer

Andrea Mayer hatte eine recht bunte, erste Lebenshälfte hinter sich. Sie besuchte Internate in der Schweiz, in England, Frankreich und Italien, in denen der Geld- und Blauadel seine Zöglinge auf das Leben vorbereiten lässt. Es folgten ein abgeschlossenes Studium der Anglistik in Cambridge, ein abgebrochenes Philosophiestudium an der Pariser Sorbonne und einige Jahre Malerei in Rom, weshalb sie zusammen mit ihrer Muttersprache Deutsch vier Sprachen fast perfekt in Wort und Schrift beherrschte. Danach war sie Pressesprecherin des Museum of Modern Art in New York, Hostess bei den Vereinten Nationen, Repräsentantin einer Versicherung, hatte sieben gescheiterte Beziehungen hinter sich, von denen gleich die erste zu einer anhaltenden psychischen Schädigung geführt hatte.

Schlank, einen Meter fünfundsiebzig groß, sportlich, gepflegt, ovale Gesichtsform mit interessanten, kantigen Zügen, dunkelbraunes langes Haar – ein attraktive Frau, die auffiel. Mit sechsunddreißig suchte Andrea Mayer – wie schon seit ihrem sechzehnten Lebensjahr – noch immer nach einem Lebenssinn.

Nach ihrer ersten großen Liebe, die sie durch alle Höhen und Tiefen einer Zweierbeziehung geführt hatte, war sie, was Partnerschaften betraf, von einem Frust in den nächsten gestrandet. Dazwischen suchte sie mal bei den Esoterikern, mal im Kloster, mal bei den Buddhisten nach dem inneren Licht. Ihr erster Partner war es, ein achtundvierzigjähriger Psychiater, mit ausgeprägt bisexuellen Neigungen und sporadisch sadistischen Anwandlungen, der Andrea bleibende seelische und körperliche Verletzungen zugefügt hatte. Trotz ihrer daraufhin verständlichen Zurückhaltung gegenüber dieser Berufssparte begleiteten seither Therapeuten und Psychiater ihr Leben.

Andrea kannte keine Erinnerung an eine Kindheit voll Wärme und Geborgenheit, sie hatte ihre Batterie nie mit Elternliebe aufladen können. Sie konnte sich bloß an Kindermädchen, Tanten und Onkel erinnern. Von ihrer Mutter besaß sie nur ein Foto und das reichte nicht, um sich ein Bild von ihr zu machen. Ihren Vater kannte sie nur von kurzen Besuchen in den wechselnden Internaten oder in den Ferien, die sie irgendwo auf der Welt in irgendwelchen Hotels, Ferienclub-Anlagen oder gemieteten, anonymen Häusern und Wohnungen verbrachten. Wirkliche Nähe und Wärme hatte sie nie für ihn empfunden. An das elterliche Haus erinnerte sie sich nur schwach anhand von zwei Bildern. Auf dem einen sah man sie auf einer Mauer am Wasser sitzen, auf dem anderen schwebte sie in einem hellen Glashaus auf einer Schaukel durch die Luft.

Andrea lebte von einem Geldkonto, das immer eine beträchtliche Summe aufwies. Selbst bei größeren Ausgaben, meist Spenden für Sekten oder Honorare für Therapien, rutschte es nur kurz ins Minus und war wenige Tage später wieder ausgeglichen. Dafür sorgte eine Treuhandgesellschaft namens *Saveliving Company Ltd., Nassau, Bahamas*, so stand es auf den Kontoauszügen der Bank.

Diese Company war es auch, die Andrea in einem Brief mitgeteilt hatte, welche Vermögenswerte sie besaß und dass sie auf Anordnung ihres Vaters ab sofort selbst darüber zu verfügen habe.

Mit ihren sechsunddreißig Jahren wohl kein übertriebener Wunsch des Vaters, wie sie sich selbstkritisch eingestand.

Die Company empfahl ihr, alles so zu belassen, wie es war. Auf Formularen, die sie unterschreiben und retournieren sollte, konnte sie die Company zur Weiterführung der treuhändischen Verwaltung ihres Besitzes beauftragen. Obwohl Andrea keine Beziehung zu Geld und Sachwerten hatte, wusste sie natürlich, dass die Gesamtsumme ihres Vermögens mit siebzehn Millionen Dollar – wobei einige Werte nur ungefähr angegeben waren, da diese von Kursänderungen beeinflusst wurden – beruhigend und für ihr Leben mehr als ausreichend war. Andreas höchstes selbstverdientes Monatsgehalt betrug nach allen Abzügen 860 Dollar. So viel hatte sie zuletzt beim Museum of Modern Art in New York verdient. Für ihr Apartment, das sie dieses Jobs wegen gemietet hatte, bezahlte sie 4500 Dollar Monatsmiete, kalt, ohne Nebenkosten. Von einer Freundin auf dieses Missverhältnis angesprochen, antwortete sie sarkastisch, dass sie nicht auf der Welt sei, um Geld zu verdienen, sondern, um das ihres Vaters auszugeben, dem sie damit Freude und einen Lebensinhalt schenke.

Die Company wies sie auch darauf hin, dass ihr das besagte Vermögen schon von klein auf gehörte und dass auf den Bahamas korrekt Steuern abgeführt worden seien. Im Übrigen sei sie auf Lebenszeit Staatsbürgerin der Bahamas, weil sie dort geboren war. Ihre deutsche Staatsbürgerschaft werde davon nicht tangiert. Andrea unterschrieb, überlegte aber, warum ihr die Company gerade jetzt diese Eröffnung machte und sie um ihren offiziellen Auftrag zur Kapitalverwaltung bat. Das konnte nur mit ihrem Vater zusammenhängen. Die Company bestätigte dies auf ihre Anfrage hin. Der Vater habe sich aus allen Geschäften zurückgezogen und gewissermaßen als letzte Amtshandlung diese Regelung getroffen.

Da Andrea ja seit achtzehn Jahren volljährig sei, hätte sie schon lange eigenverantwortlich handeln können. Ob etwas mit ihrem Vater sei, wisse man nicht, man informierte Andrea lediglich, dass die Company im Auftrag des Vaters eine deutsche Hausverwaltungsgesellschaft engagiert habe, die das Haus, in dem der Vater bisher gewohnt hatte, zwischenzeitlich vermietete.

Andrea gab nun ihrerseits der Company die Order, den Mietern wieder zu kündigen, da sie selbst in das elterliche Haus einziehen wolle. Den Mietern solle großzügig entgegengekommen werden, Umzugskosten und Auslagen sollten übernommen werden.

Einen Tag später erhielt Andrea die Nachricht, das Haus ihres Vaters stehe ihr zur Verfügung. Er wolle künftig ungestört in einem neuen Domizil irgendwo am Meer leben, seiner angegriffenen Bronchien wegen. Die Adresse bekanntzugeben sei ihnen untersagt worden, mit dem ausdrücklichen Hinweis, dass dies auch der Tochter gegenüber gelte.

Er wünsche keinen Kontakt, wurde ihr ausgerichtet, und bitte sie, dies unwidersprochen zu akzeptieren. Zu gegebener Zeit würde er sich mit ihr in Verbindung setzen. Andrea irritierte dieses Verhalten durchaus nicht. In den letzten fünf Jahren hatte sie ihren Vater gerade zweimal getroffen: einmal im Clubroom irgendeiner Vielfliegergesellschaft auf dem New Yorker Flughafen, das andere Mal in einer Flughafen-Lounge in Houston, Texas. Dorthin war sie eigens geflogen, um flüchtig einen alten Herrn zu umarmen, von dem sie lediglich wusste, dass er ihr Vater war.

Nachdem sie fünf Minuten auf belanglose Fragen geantwortet hatte und ihm in der darauffolgenden Pause anzusehen war, dass ihm keine weiteren mehr einfielen, wurde »Mr Mayer« von einem livrierten Gepäckträger abgeholt, seine Maschine würde in den nächsten Minuten starten. Beide waren froh über das abrupte Ende ihrer oberflächlichen Plauderei. So verlief Andreas letzter Kontakt mit ihrem Vater. Und nun hatte er ihr ausrichten lassen – verschlüsselt und dennoch klar und verständlich –, dass sie ab sofort ihr Leben und ihr Vermögen selbst verwalten und ihn in Ruhe lassen solle.

Andrea hatte schon vor einigen Monaten erkannt, dass ihr ein Ort fehlte, den sie als ihr Zuhause empfand – so etwas wie eine Heimat eben. Beruflich standen ihre Ziele fest. Sie wollte tun, was sie interessierte und wofür sie glaubte, eine Begabung zu besitzen: Malen. Nun hatte sie ihre neue Heimat vor Augen, ihr Elternhaus. Nach einigen Telefonaten stand das Ende ihres Aufenthalts in New York fest.

Reinigung

Walcher hatte Bärendreck bereits wiederholt ein Wannenbad angedroht, sollte sich der Kater nicht zu einer nachhaltigen Hygiene aufraffen. Auch den letzten Ausweg, nämlich die Vertreibung aus dem Paradies, hatte er angedeutet.

Der Kater war nicht grundlos zu seinem Namen gekommen, stank er doch – recht ungewöhnlich für eine Katze – permanent entsetzlich nach Jauche. Das wäre zur Not noch hinnehmbar gewesen, wenn er sich die meiste Zeit im Freien aufgehalten hätte. Schließlich lebte Walcher nun mal auf dem Land, umgeben von Jauchegruben, die hie und da geleert werden mussten. Als wirklich störend empfand Walcher nur Bärendrecks Faible für sein Bett, und dort speziell für sein Kopfkissen, sowie dessen Vorliebe für seine Hemden und Hosen, die Couch, den Sessel und die Sitzpolster, auf denen der Kater intensive Duftmarken hinterließ.

Nicht nur der Gestank störte Walcher, noch mehr brachten ihn die zusätzlichen Waschmaschinenfüllungen in Rage und das damit verbundene Wechseln der Bett- und Kissenbezüge. Eine Tätigkeit, die in Walchers Beliebtheitsskala gleichauf mit der quartalsweise fälligen Vorsteuererklärung rangierte.

Von Lisa zurückgekommen, hatte er Bärendreck in seinem Bett entdeckt, wohlig schnurrend ... und bestialisch stinkend. Damit stand das Urteil fest: Wannenbad. Um Fluchtversuche zu verhindern, setzte Walcher den Delinquenten in der ehemaligen Milchkammer fest, stellte neben den Brunnentrog die alte Zinkwanne, füllte sie auf eine Wasserstandshöhe von zwanzig Zentimetern und reicherte das Wasser mit einer Tube schaumgedämpftem »Tierwasch« an. Da sich Walchers Wut inzwischen abgekühlt hatte, wartete er mit der Zwangswaschung eine halbe Stunde, bis die Sonne das Wasser auf eine katzenfreundliche Temperatur erwärmt hatte.

Mit einer Dose feuchter Katzennahrung – eine Besonderheit, denn Bärendreck sollte Mäuse jagen und wurde deshalb von Walcher nur unregelmäßig mit Trockenfutter oder den seltenen Fleischresten gefüttert, die in seinem Beinah-Vegetarier-Haushalt anfielen – lockte er den Kater aus der Milchkammer zur Zinkwanne. Bärendreck folgte dem verlockenden Duft und fraß den Inhalt der Dose ohne erkennbare Gier, aber sichtlich mit Genuss leer. Als er sich nach dieser kleinen Zwischenmahlzeit träge davonmachen wollte, griff Walcher zu ... und stellte endgültig fest, dass es sich bei Bärendreck um einen Sonderling handelte. Er hätte sich nämlich die Arbeitshandschuhe aus extra dickem Leder sparen können, denn Bärendreck ließ sich ohne jede Gegenwehr ins Wasser setzen, einschäumen und durchwalken. Unglaublich, dieser Kater. Selbst das abschließende Abspritzen mit dem

Schlauch erduldete Bärendreck in stoischer Gelassenheit. Nach dem Abtrocknen legte sich Bärendreck, der nun, jedenfalls kurzfristig, einen anderen Namen verdient hätte, neben seinen Bademeister und ließ sich lobend kraulen.

Inzwischen hatte sich Bärendrecks Gestank auch aus Walchers Büro verflüchtigt, weshalb er beschloss, ernsthaft mit ersten Rechercheschritten über die Company zu beginnen. Bis zum Mittagshunger würde er noch eine gute Stunde arbeiten können. Bis dahin würden auch die Bohnen gar sein, die bei kleiner Hitze bereits auf dem Herd köchelten. Wenn er zu Hause war, kochte Walcher ein bis zwei Mal die Woche und dann meist Gerichte, die er mehrmals aufwärmen konnte. Heute stand auf seinem Speiseplan einer seiner typischen Aufwärmeintöpfe: »Pasta e fagioli«.

Sein Wohn- oder Schlafbüro, wie er es nannte, hatte er gemütlich eingerichtet. Allein der alte Schreibtisch aus dunklem Holz mit viel Schnitzwerk an den beiden Türen wirkte eher wie ein Wohn- denn ein Arbeitsmöbel. An den Wänden stand nur ein einfacher alter Bauernschrank und ein schmales Bücherregal, das neben der Tür vom Boden bis an die offen liegenden Balken und Bretter der Decke reichte. Diese war nicht hoch, sondern nur knapp über zwei Meter. Bauernzimmer waren keine Prunksäle. Aber gerade deshalb mochte er diese niedrigen, gemütlichen Zimmer. Der raue Putz und die knarrenden alten Dielen des Fußbodens – die er nur leicht abgeschliffen und mit Schmierseife geschrubbt hatte – sowie die Klarheit und Proportionen des Zimmers, die auf ein Menschenmaß und nicht auf dessen Geltungsbedürfnis zugeschnitten waren, verliehen dem Raum eine Atmosphäre, die Walcher liebte.

Nur ein Kunstwerk hing an der Wand zwischen den beiden Fenstern. Irmi hatte ein wunderbares Aquarell gemalt, zwischen naiv und expressiv. Walcher mochte das Bild sehr, zeigte es doch den Hof, eingebettet in prächtig grüner Allgäuer Hügellandschaft.

Am Computer begann er mit der Namensliste aus dem Company-Ordner, brach aber nach einer halben Stunde ab, denn für jeden eingegebenen Namen boten die Suchprogramme Tausende Einträge. Ohne Zusatzinformationen würde er keine wirklich sinnvolle Eingrenzung vornehmen können. Nach was suchte er? Firmengründer, Politiker, Erfinder, Wissenschaftler …?

Da zeigten sich die Namensangaben auf den Firmenseiten ergiebiger, einige tauchten in den Firmendarstellungen als Mitglieder der Geschäftsleitung auf. Aber was konnte er mit diesen Informationen anfangen? Zumindest gab es die im Ordner aufgeführten Unternehmen und einige der angegebenen Namen saßen in den Geschäftsführungen. Weiter kam er nicht, denn aus der Küche stieg ein alarmierender Duft herauf. Die angebrannten Bohnen besaßen eine süßliche Komponente und die wiederum erinnerte Walcher an das Schwein. Er beschloss, nach Weiler zu fahren und sich an einen gedeckten Tisch zu setzen.

Keine Leiche, kein Tatort

Nach dem Essen im *Gasthaus zur Traube*, Walcher war zu spät gekommen und hatte nur noch eine leichte Gemüsesuppe bekommen, schaute er bei Frau Zehner vorbei. Er wollte sich die beiden Tageszeitungen der Region, die *Allgäuer Zeitung* und den *Westallgäuer Boten*, kaufen und hoffte natürlich auch auf die ergiebige Informationsbörse von Frau Zehner. Die zeigte sich überraschend wortkarg, weshalb Walcher nach einem zähfließenden

Austausch über die Wetterverhältnisse wieder ging, sich ins Auto setzte und sämtliche Polizeimeldungen durchforstete. Ein gefasster Drogendealer, sechs Autounfälle, ein Arbeitsunfall, vier Einbrüche, ein exhibitionistischer Auftritt vor einem Altenheim, Schlägereien, beschädigter Autolack, geknickte Antennen und die Suche nach Unfallzeugen – gegenüber Ballungszentren schien die Welt im Allgäu noch halbwegs in Ordnung zu sein. Tatsächlich interessierte ihn nur eine Meldung: die von der Entdeckung des Toten in der Villa. Aber nicht eine Zeile war davon zu lesen. Entweder wurde jede Information zurückgehalten, oder die Leiche lag noch immer unentdeckt neben dem Sessel. Das konnte er sich nur schwer vorstellen, immerhin waren seit seinem Besuch schon sieben Tage vergangen. Spontan entschloss er sich zu einem Besuch in Wasserburg.

Hätte Walcher diesen Besuch gleich am Nachmittag seiner Entdeckung des Toten gemacht, wäre er Zeuge eines erstaunlichen Vorgangs geworden. Gegen 15 Uhr war ein weißer Lieferwagen einer Rohrreinigungsgesellschaft in die Einfahrt der Jugendstilvilla eingebogen. Drei Männer, in weiße Arbeitsoveralls gekleidet, hatten unter Mühen den großen Kombi durch die enge, verwinkelte Einfahrt eingewiesen und danach einen erstaunlichen Aktionismus entwickelt.

Bei den Männern saß jeder Handgriff. Zielstrebig und routiniert hoben zwei den Kanaldeckel neben der Eingangstür des Hauses von seinem angestammten Platz, legten ihn halb auf das offene Loch, halb auf den Rasen und stellten vier rotweiß gestreifte, kniehohe Scherengitter im Viereck drum herum auf, bevor sie durch die Terrassentür im Haus verschwanden.

Einige Minuten später kamen zwei der Männer im Laufschritt

wieder heraus, hetzten zum Transporter und hoben ein Bündel von Rohren vom Dach. Die Rohre, deren Öffnungen mit Deckeln verschlossen waren, maßen etwa zwei Meter Länge und waren in vier Lagen neben- und aufeinander geschichtet. Zusammengehalten wurden sie durch breite Gurte. Beim Abladen rutschte einem das Bündel aus den Händen, knallte auf den Boden und öffnete sich an der Längsseite. Dabei wurde sichtbar, dass sich innen ein Transportbehälter verbarg. Schnell schlossen die Männer das kofferartige Röhrenbündel, hoben es auf und trabten wieselflink durch den Garten, über die Terrasse ins Haus und kamen kurz danach wieder damit heraus. Dieses Mal half der dritte Mann beim Tragen. Anscheinend wog das Rohrbündel jetzt deutlich mehr als auf dem Hinweg, denn die Männer machten kurze Trippelschritte. Wieder beim Lieferwagen angekommen, wuchteten sie das Bündel aufs Autodach und schnallten es an der Reling fest. Danach ging es mit blauen Müllbeuteln im Laufschritt wieder ins Haus und mit gefüllten Beuteln zurück zum Transporter. Im Anschluss kamen zwei große Industriestaubsauger zum Einsatz, die hörbar durch alle Stockwerke bewegt wurden.

Als im Haus Ruhe eintrat, sah man die Overallmänner, wie sie Türen und Fenster putzten. Einer von ihnen kam zur Verandatür heraus. In der Linken hielt er einen Müllsack, in der Rechten eine überlange Greifzange, wie Parkreiniger sie benutzen, um Rücken schonend Papiere vom Boden aufzusammeln. Es lag nur wenig auf dem Rasen herum, und die Greifzange war bisher erst zwei Mal zum Einsatz gekommen. Gerade als der Mann einen dritten Gegenstand in den Greifbacken hielt und diesen – mit der Bewegung eines Toreros – in den Beutel stecken wollte, den er mit ausgestrecktem Arm hielt, schlug hinter ihm ein angefaulter Klarapfel dumpf auf den Boden. Mit der nur in Zeitlupe erfassbaren Schnelligkeit einer Klapperschlange wirbelte der Typ herum. Breitbeinig, kampfbereit und mit einer Pistole in beiden Händen stand er da, während der Müllbeutel und die Greifzange hinter ihm noch in der Luft schwebten, bevor sie dem Gesetz der Schwerkraft folgten. Wie ein Greifvogel zuckte er mit seinem Kopf ruckartig nach links und nach rechts, um den vermeintlichen Feind auszumachen. Der zeigte sich, indem erneut ein Klarapfel auf den Boden fiel, fast an derselben Stelle wie der vorherige. Ebenso flink, wie er die Pistole hervorgezaubert hatte, steckte der Saubermann sie wieder zurück in seine Seitentasche und nahm mit Beutel und Greifzange bewaffnet wieder seine Arbeit auf. Im hinteren Gartenteil stieß er auf einen toten Rauhaardackel, den einer seiner Kollegen fotografierte und in einem Müllbeutel zum Wagen trug.

Eine Viertelstunde später wurde die Terrassentür von innen geschlossen und im Wohnzimmer ein Fenster gekippt. Sie zogen die Haustür hinter sich zu, packten das Schutzgitter wieder ein, legten den Schachtdeckel auf seinen Platz zurück, räumten die Staubsauger ins Auto, stießen mühsam rückwärts aus der Einfahrt heraus und fuhren davon. Augenzeugen dieser Szene hätten sich vermutlich gefragt, was diese eifrige Reinigungstruppe überhaupt gereinigt hatte, aber es gab keine solchen Zeugen, weder vom Land noch vom Wasser her. Niemand, auch nicht die angrenzenden Nachbarn, hatte die Aktion bemerkt. Nach kurzer Zeit sanken Haus und Garten wieder in ihren Dornröschenschlaf.

Nun – eine Woche später – fuhr Walcher direkt zur Villa. Weithin sichtbar stand ein großer Möbelwagen vor dem Tor geparkt. Eine Frau, von zwei überdrehten Kindern umtanzt, sprach mit einem der Möbelpacker, während die anderen Männer Umzugskartons auf die Ladefläche hoben. Walcher ging auf die Frau zu und stellte sich als einen Bekannten von Herrn Mayer vor und erklärte, dass er ihn besuchen wolle.

Ein Mayer habe hier mal gewohnt, mehr wüsste sie nicht. Im Übrigen wolle sie dieses Haus so schnell wie möglich aus ihrem Gedächtnis streichen. Die Frau machte einen gestressten Eindruck, weshalb Walcher genauer nachfragte.

»Sie können sich ja nicht vorstellen, was es bedeutet, innerhalb von vier Tagen ein- und wieder auszuziehen.«

Weil Walcher staunend und fragend zugleich schaute, setzte die Frau ihre Erzählung fort.

»Am Freitag letzter Woche sind wir hier eingezogen, am Samstag hat uns der Makler ein anderes Haus gezeigt und heute ziehen wir dahin um, ist das nicht rekordverdächtig?«

Walcher nickte verstehend und wollte wissen: »Warum?«

»Der Makler sagte, dass er das Haus gar nicht hätten vermieten dürfen, da der neue Besitzer selbst einziehen wolle. Und nachdem dieser die Kosten für den Umzug trägt und uns im neuen Haus sogar großzügigerweise ein halbes Jahr umsonst wohnen lässt, haben wir zu diesem Wahnsinn ja gesagt und einen neuen Vertrag unterschrieben. Außerdem wollten wir keinen Ärger haben.«

Jerez de la Frontera

Walcher fuhr ins Allgäu zurück. Er hatte eine Leiche gesehen, über die in den Medien nicht berichtet wurde und einen Nachmieter getroffen, der, kaum eingezogen, wieder vor die Tür gesetzt wurde. Es war schwer, dahinter einen Sinn zu entdecken.

Mit einem Seufzer unterbrach Walcher seine Gedanken, weil sich sein Magen meldete. Die Gemüsesuppe vom Mittag hätte bestenfalls als Vorspeise gereicht. In seinem Kopf baute sich das deutliche Bild einer deftigen Mahlzeit auf: warmer Leberkäs, Halbvegetarier hin oder her, Brezel und Bier. Walcher gab sich trotz der unangenehm hohen Temperatur, die mittlerweile auf zweiunddreißig Grad gestiegen war, diesem lustvollen Bild hin und beschloss, einen Umweg über Wangen zu fahren. Dort wollte er beim *Fidelisbäck* einkehren, einer weit über die Ortsgrenzen hinaus bekannten Bäckereiwirtschaft, in der es zu hervorragenden Laugenbrezeln einen Leberkäs mit einem guten Senf und einem Bier dazu gab. Sünde pur, aber wenn schon, dann mit Stil, sagte sich Walcher und zwängte sich eine halbe Stunde später in der wie üblich gutbesuchten Wirtschaft auf den letzten freien Platz eines bereits besetzten Tisches.

Als er dann eine Stunde später, satt und mit einem dunklen Bier im Bauch, auf seinem Hof ankam, die Haustür aufschloss und ihm der Brandgeruch der Bohnen entgegenströmte, änderte er seinen ursprünglichen Plan. Statt eines Verdauungsschläfchens auf der Couch im Wohnzimmer würde er sich unter einen der alten Apfelbäume auf der Wiese vor der Terrasse legen. Dazu kam es aber erst einmal nicht. Noch im Bad, hörte er das Telefon klingeln, trocknete sich rasch die Hände und griff nach seinem Handy, weil er davon ausging, dass nach dem erfolglosen Anruf über Festnetz gleich sein Handy klingeln würde. Es war Lisa.

»Hast du Lust auf einen herrlich trockenen Sherry?«

Dass Lisa anrief und ihn nach seiner Lust auf einen Sherry fragte, konnte alles bedeuten. Eine Frage ohne Hintergedanken war es nicht, da war sich Walcher absolut sicher: »Natürlich, weißt du doch, Sherry jederzeit.«

»Dann pack deine Sachen. Wir fliegen morgen, kurz nach zehn, von Friedrichshafen ab und sind am Nachmittag in Jerez.« Dabei betonte Lisa das »J« wie die Schweizer das »Ch«, wohl um keinen Zweifel an ihren Spanischkenntnissen aufkommen zu lassen. Nicht zu überhören, die Volkshochschulkurse zeigten Wirkung. Er hütete sich, den Gedanken auszusprechen. »Wie ... morgen nach Jerez? Was meinst du damit?«, fragte er stattdessen.

»Also«, Lisa sprach langsam und akzentuiert, »wenn du magst, dann fliegen wir beide, du und ich, morgen Vormittag ab Friedrichshafen über Frankfurt nach Andalusien und dort nach Jerez de la Frontera, genauer gesagt, dem Herz der Sherry-Produktion, Hauptstadt deiner Lust.«

Lisas Erwartung, Walcher würde begeistert zusagen, erfüllte sich nicht. Ihre Bemerkung »Hauptstadt deiner Lust« fasste Walcher sofort als Kränkung auf. Er hörte darin vor allem den Vorwurf anklingen: »Du trinkst zu viel Sherry.« Wie in alten Zeiten, verdammt noch mal, dachte er und konnte sich nur mit Mühe zügeln. Sein: »Mal kurz nach Spanien? Aha. Hast du im Lotto gewonnen oder was?«, klang etwas gepresst, und das hörte Lisa heraus. Mit einem leichten Lacher erklärte sie: »Nein, das nicht, aber Herr Schütte ist krank geworden und hat mir deshalb seine Reise zum halben Preis angeboten.«

Jetzt wurde es für Walcher verwirrend. »Wer bitte schön ist Schütte?«

Lisa blieb die Ruhe in Person. Sie entschuldigte sich, dass sie vergessen hatte zu erwähnen, dass es sich bei Schütte um ihren Ladenvermieter in Lindau handle. »Jetzt sei nicht so brummig. Zugegeben, es hört sich etwas wirr an, aber ich hab's ja auch gerade erst erfahren und sofort an dich gedacht. Du wolltest doch schon immer mal nach Jerez. Stell dir vor, zehn Tage Sonnenschein und gute Laune und ich und die Bodegas, Flamenco und Sherry pur, ist das nichts?«

Natürlich hörte sich das gut an, aber ganz so einfach mochte er seine Position in der »Gekränkt-sein«-Ecke nicht aufgeben. Immerhin brachte er ein verbindliches: »Ich ruf dich in fünf Minuten zurück, muss erst mal in meinen Terminkalender schauen und überlegen, okay?« zustande und hörte, bevor er die Verbindung beendete, noch ein freundliches »Klar doch!« von Lisa. Walchers Terminkalender lag neben dem Telefon im Hausflur. Es gab nur einen Eintrag in den nächsten zehn Tagen, nämlich bei der Osteopathin, die in regelmäßigen Abständen seinen Rücken bearbeitete. Also sprach nichts gegen Jerez, im Gegenteil, er hatte seit dem Schweinefund schon selbst daran gedacht, sich durch eine Reise aus der Frontlinie zu nehmen, bis er mehr Informationen über diese Company zusammengetragen hatte. Jerez mit Lisa, nichts erschien ihm im Moment verlockender. Seinen Laptop würde er mitnehmen, sicher hatte das Hotel Internetanschluss. Lisa, Sherry und die Angaben der Mayer-Liste recherchieren, genau in dieser Reihenfolge könnten die nächsten Tage ablaufen. Nun freute er sich über die unverhoffte Einladung und sagte das auch Lisa, die einen Jauchzer ins Telefon stieß.

Heimkehr

Während sich die Maschine, in der Walcher und Lisa saßen, von Frankfurt aus in den Himmel quälte, setzte die Boeing aus New York mit Andrea und ihrem sympathischen Zufallsbegleiter an Bord zur Landung an.

Andreas bisheriges Leben hatte in eine handliche Transportkiste gepasst, die längst auf dem Weg in das Haus am See war. Häufige Wohnungswechsel halten einen Singlehaushalt überschaubar. Deshalb beschränkte sich Andreas Reisegepäck auf einen kleinen Handkoffer, der mühelos in der Gepäckablage Platz fand. Trotzdem hatte ihr der Sitznachbar geholfen, als handle es sich um einen schweren Schrankkoffer, den zu verstauen es einen ganzen Mann erforderte, einen amerikanischen Mann. Andrea hatte unwirsch ablehnen wollen, sich dann aber doch helfen lassen, immerhin würden sie die nächsten sechs Stunden nebeneinandersitzend verbringen müssen. Der Sitznachbar erwies sich dann aber als ein ebenso sympathischer wie kultivierter Begleiter. Mit Gesprächen über ihre Reiseziele, über Lieblingsgerichte, Hobbys, Politik und die Kriege in der Welt – die der Amerikaner vehement verteidigte, zumal sein Unternehmen die Army mit wichtigen Elektronikteilen belieferte – verging die Zeit rasch.

Nach dem Zoll trafen sie sich wieder. Weil ihre jeweiligen Anschlussflüge, ihrer nach Friedrichshafen, seiner nach München, erst in einer Stunde starten würden, setzten sie sich in eine der Kaffeebars, mit Blick auf die Anzeigetafeln. Dort unterhielten sie sich weiter und als ihre Flüge aufgerufen wurden, hatte Andrea den deutlichen Wunsch nach unendlicher Verlängerung. Unter Zeitdruck gekommen, wollten sie ihre Adressen und Telefonnummern austauschen, aber Andrea konnte nur ihre Anschrift in Wasserburg bieten, er nur eine Visitenkarte von seinem Wohnsitz in New York und den Namen des Hotels in München. Sein Handy war ihm kurz vor dem Abflug am New Yorker Flughafen geklaut worden und sie hatte ihres wahrscheinlich im leergeräumten Apartment in New York liegenlassen. Voraussichtlich vierzehn Tage würde er sich in München aufhalten. *Jean Delucca* stand auf seiner Visitenkarte, offensichtlich eine private, denn sie war ohne Angaben zu Firma und Job. Sie konnten nichts weiter vereinbaren, jeder musste zu seinem Gate.

Eine Stunde später wurde Andrea Mayer auf dem Flughafen Friedrichshafen von einem jungen Mann mit einem Schild empfangen. Darauf stand: *Willkommen Andrea Mayer*. Als Zusatz war darunter, ebenfalls in handgeschriebenen, krakeligen Großbuchstaben, der Schriftzug *Saveliving Hausverwaltung GmbH Deutschland* zu lesen. Höflich distanziert stellte sich der Repräsentant der *Saveliving* vor und nannte seinen Auftrag, sie sicher nach Wasserburg zu ihrem Haus zu fahren. Das tat er dann auch ohne ein weiteres Wort. Andrea gab es nach einigen Versuchen auf, eine Unterhaltung in Gang zu bringen. Sie verabschiedete den Schweigsamen in deutlicher Ungnade kurz und knapp an der Grundstückseinfahrt. Der Nachwuchs-Chauffeur hatte sich geweigert, in die winkelige Einfahrt zu fahren.

Andrea war aufgeregt, als sie mit dem Schlüssel, den ihr der Mann von *Saveliving* ausgehändigt hatte, vor dem Jugendstilhaus stand. Sie wartete auf eine innere Stimme, auf ein Gefühl, das ihr sagte: Hier ist dein Elternhaus, dein Zuhause. Aber die erhoffte Stimme blieb stumm. Mit einem leichten Seufzer stellte sie ihr Reiseköfferchen vor die Haustür und wandte sich dem Gewächshaus zu. Die Tür ließ sich nur widerstrebend öffnen, Andrea brauchte dazu beide Hände. Moderige, warme Luft wehte ihr entgegen; sie war ihr nicht unangenehm, aber auch hier hörte sie keine Stimme. Andrea wandte sich dem See zu und schlenderte zur Mauer am Wasser.

Es war früher Abend. Die Sonne hatte sich im Westen bereits der Wasserfläche genähert. Die Reflexion der goldenen Strahlen auf dem See war in den Morgen- und Abendstunden besonders stark und konnte eine hypnotische Wirkung ausüben. Andrea genoss die ruhige, getragene Stimmung, wenngleich sich noch immer keine heimatlichen Gefühle einstellten. Allerdings gab ihr die Vorstellung, solche Abende nun häufig erleben zu können, ein gutes, warmes Gefühl wohliger Gelöstheit. Sie dachte kurz an die Schnelllebigkeit der Zeit. Gestern war sie noch in New York gewesen, heute saß sie hier am See. Dabei wurde ihr klar, dass sie nicht erst seit vierundzwanzig Stunden unterwegs war, sondern bereits seit Jahren. Es wurde Zeit, dass sie lernte, an einem Ort zu leben. Sie wandte sich zum Haus um und schrak zurück.

Vor ihr stand, in einem Abstand von ungefähr zwei Metern, eine Frau. Diese hob besänftigend beide Hände und meinte mit einer angenehmen, dunklen Stimme:

»Entschuldigen Sie bitte, ich hoffe, dass ich Sie nicht gestört oder gar erschreckt habe. Ich bin Helga Mehlig. Die Hausverwaltung hat mich als Ihre Haushälterin herbeordert, bis Sie selbst eine Hilfe engagieren.« Nach einer kleinen Pause fügte sie hinzu: »Herzlich willkommen. Ein kleiner Imbiss steht bereit und eines der Gästezimmer habe ich für Sie hergerichtet.«

Diese Hausverwaltung arbeitet wirklich sehr professionell, stellte Andrea fest und lächelte der Frau zu. »Danke, das ist hervorragend. Ich hatte schon befürchtet, allein zu sein. Zeigen Sie mir doch bitte alles, was ich fürs Erste wissen muss, dann werde ich mich frisch machen und gerne auf Ihren Imbiss zurückkommen.« Dabei streckte sie Helga Mehlig, die sie etwa auf ihr Alter schätzte oder vielleicht auch ein oder zwei Jahre älter, die Hand entgegen. Sie hatte das Gefühl, eine alte Bekannte zu treffen. Zusammen gingen sie über die Terrasse ins Haus. Frau Mehlig führte Andrea durch die Doppeltür im Salon in die Diele und die Treppe hoch in den ersten Stock. Hier stieß die großzügige Treppengalerie auf einen breiten Flur, von dem aus die Zimmertüren zu sehen waren. Eine etwas schmälere Treppe führte in die nächste Etage. Frau Mehlig deutete hinauf und sagte: »Da oben sind einige Zimmer für Hausangestellte; da habe ich eines bezogen, ist das in Ordnung für Sie?«

Andrea nickte. »Sicher.«

Frau Mehlig ging voraus und bog nach links in den Flur. Vor der letzten Tür, die halb offen stand, blieb sie stehen. »Dieses Apartment habe ich für Sie hergerichtet. Vielleicht für die erste Nacht? Sie können sich ja morgen umsehen und eines der anderen Zimmer ...«

Andrea unterbrach sie: »Prächtig. So machen wir es«, und ging durch die Tür.

Das Zimmer war riesig, dominiert von vier fast raumhohen Fenstern, wovon man durch zwei auf die Seeseite und durch die anderen beiden auf den Garten schauen konnte. Ein Schreibtisch stand vor den Fenstern zum See, zwei Sessel mit einem kleinen Tischchen befanden sich in der Zimmermitte; Andreas Transportkiste war schon angeliefert worden: Sie stand mitten im Raum.

Durch eine offene Zimmertür neben der Kommode war das Bad zu sehen. In einem großzügig dimensionierten Alkoven standen das Bett und ein mächtiger Schrank, passend zum Haus im Jugendstil.

Andrea nickte zufrieden, das war wirklich ein hübsches Schlafzimmer und die Haushaltshilfe angenehm und aufmerksam. Sie deutete auf ihr Köfferchen, das Frau Mehlig bereits aufs Zimmer gebracht hatte. »Danke, Sie machen das sehr gut. Ich verzichte auf den Imbiss, weil ich merke, wie müde ich bin. Lassen Sie mich ausschlafen. Sollte ich nachts Hunger bekommen, werde ich mich in die Küche zum Kühlschrank schleichen und ihn plündern. Gute Nacht. Es ist schön, dass Sie hier sind. Bis morgen.« Dabei lächelte sie müde.

Frau Mehlig nickte ebenfalls lächelnd und ging. Auch sie freute sich darüber, dass diese Frau Mayer offenbar eine passable Person war. Sie ging in die Küche hinunter und schob die mit Folien bedeckten drei Tabletts in den Kühlschrank. Am Nachmittag hatte sie die Häppchenplatten hergerichtet und liebevoll dekoriert. Mit einem fetten Filzstift schrieb sie in großen Buchstaben auf ein Blatt Papier »Futterstelle« und klebte es mit einem Klebestreifen an die Kühlschranktür.

Mit einer Nietzsche-Biographie, die sie aus einer Bücherkiste gefischt hatte, setzte sich Frau Mehlig auf die Terrasse und genoss den lauen Abend. Nur kurz dachte sie darüber nach, ob diese Selbstverständlichkeit ihrerseits auch für ihre Arbeitgeberin in Ordnung war, nahm es aber an. Schließlich war sie keine Kammerzofe aus der Zeit der vorletzten Jahrhundertwende, sondern Managerin eines Hauses anno 2011. Außerdem hatte sie sich nach der Schufterei der letzten Tage eine kleine Ruhepause verdient. Zusammen mit einer Mannschaft von sieben Lagerarbeitern hatte sie das Haus Zimmer für Zimmer in seinen ursprünglichen Zustand versetzt, und das, obwohl sie es davor noch nie betreten hatte. Die Räume waren auf einem Plan nummeriert gewesen, die zugehörigen Kisten und Möbel ebenfalls, der Rest war Intuition. Trotz der Helfer hatte sie viel getragen, geputzt und geräumt und merkte nun die ungewohnte Anstrengung.

Die Sonne war bereits untergegangen, dennoch leuchtete der See, als hätte er ihre Strahlen eingefangen, um die Nacht abzuwehren, solange es ging.

Warum Andrea im eigenen Haus ihre Zimmertür verschloss,

ließ sich mit der antrainierten Vorsicht als ehemalige Einwohnerin von New York erklären. Vielleicht auch damit, dass dieses Haus ihr Elternhaus, ihr aber dennoch völlig unbekannt war.

Andrea ging in das angrenzende Badezimmer, dessen Abmessungen denen eines großzügigen Zimmers entsprachen. Mit dem gemütlichen Korbstuhl und dem Korbtisch, auf dem ein fünfarmiger Kerzenleuchter stand, einer Kokospalme, die bis an die Decke reichte, dem mit Illustrierten bestückten Zeitungsständer und dem Kleiderständer aus Eisenrohr in den Konturen eines antiken männlichen Körpers, strahlte das Badezimmer eine Wohnlichkeit aus, wie Andrea sie bisher selten erlebt hatte. Der Eindruck, es handle sich um einen Wohnraum, wurde durch die in einem Nebenraum versteckt untergebrachte Toilette verstärkt. Vielleicht lag es auch am warmen Licht des scheidenden Tages und an dem Buntglasfenster, das dem Bad diese zauberhafte Atmosphäre verlieh. Und noch eine Besonderheit entdeckte sie: Lautsprecher. Sie nahm sich vor, beim nächsten Mal Musik zu hören. Andrea ließ sich ein Bad ein, auch wenn es ihr geradezu wie eine grobe Verschwendung vorkam, diese riesige Badewanne nur für eine Badende zu füllen. Bevor sie in das warme Wasser eintauchte, sah sie sich kurz in dem lebensgroßen Spiegel an und fand, dass sie etwas gegen ihre Hüftpolster tun sollte. Da bewunderte sie schon lieber den Wasserhahn, einen freundlich grinsenden Satyr, aus dessen Mund das Wasser in einem breiten Strahl strömte und die Wanne in kurzer Zeit gefüllt hatte. Andrea schwebte in der riesigen Wanne und genoss das Gefühl der Leichtigkeit.

Ihr Reisebegleiter kam ihr in den Sinn. Ein interessanter Mann, bei dem sie nicht abgeneigt wäre herauszufinden, ob er neben seinen Qualitäten als charmanter Gesprächspartner auch ein guter

Liebhaber war. Aber sie war zu müde, um ihn sich im Bett vorzustellen. Nachdem sie zwei Mal kurz eingenickt war, zwang sie sich, aus der Wanne zu steigen, hüllte sich in den bereitliegenden Bademantel ein und ließ sich in ihr gemachtes Bett fallen.

Jerez

Die Luft fühlte sich an wie eine warme Packung Moorerde. Waren im heimischen Allgäu bereits 30 Grad rekordverdächtig, so wurden in Jerez die knapp vierzig Grad durchaus noch als normal empfunden, allerdings nur von den Einheimischen. Schließlich waren Juni und Juli die heißesten Monate im Jahr, in denen manchmal zudem die nachtkühle Brise vom Meer ausblieb. Lisa und Walcher saßen apathisch in einem Taxi und ließen sich durchs offene Fenster die Backofenluft in ihre Gesichter blasen.

Der Klimamantel, den sie aus dem Flugzeug mitgebracht hatten, war bereits Sekunden nach dem Verlassen der Maschine verpufft. Deshalb hatten sie auch nichts dagegen, dass der Taxifahrer die Fahrstrecke ins Stadtzentrum mit der nahe gelegenen Rennstrecke der Formel 1 zu verwechseln schien. Verschwitzt und ermattet, sehnten sich die beiden nach einer Dusche und kalten Getränken und ließen die hektische Autojagd geduldig über sich ergehen. Die ungewohnte Hitze nahm ihnen jegliches Interesse an der Umgebung. Erst als der Wagen vor dem Hotel hielt, kehrte ihr Lebenswille zurück.

Die *Villa de Jerez* war wirklich eine Villa, und Walcher dankte leise dem Herrn Schütte aus Lindau für seinen guten Geschmack. Umgeben von einem gepflegten grünen Park, strahlte das Hotel nicht nur Luxus aus, es war der Luxus schlechthin. Nach der außergewöhnlich herzlichen Begrüßung, so als wären sie schon seit Jahren regelmäßige Gäste, bewunderten sie ihr Zimmer, einen Salon mit ausladendem Himmelbett und weiteren musealen Möbeln. Ein hervorragender Ort, um sich wohl zu fühlen.

Nach einer ausgiebigen Dusche meldete sich auch Walchers Nase wieder zurück in der Welt. »Riechst du ihn auch?«, wollte er wissen und erklärte auf Lisas fragenden Blick:

»Sherry, ich rieche ihn; er liegt in der Luft. Er ruft mich; phantastisch ist das und ich bin mittendrin im Zentrum. Eine gute Idee von deinem Herrn Schütte, krank zu werden.«

Lisa lächelte und ging unter die Dusche.

Als die beiden spät am Abend die Hotelvilla umrundeten und ihre Urlaubswelt erkundeten, entdeckten sie eine Tapas-Bar, die Lisa spontan zu ihrem Basislager erklärte, was Walcher entschieden unterstützte. Eine Bar, wie sie als Klischee für Lebensfreude in Reiseführern abgedruckt wurde. Allein die Keramikkacheln in der Holztäfelung waren eine Augenweide. Der alte Dielenboden, Holzfässer, verstaubte Flaschen und der lockende Schweineschinken auf der Theke verhießen im Verbund mit der lauten Freundlichkeit von Wirt, Kellnern und anderen Gästen angenehme Stunden. Dieses Ambiente und der erste Sherry lösten in Lisa und Walcher eine angenehme Leichtigkeit und Ruhe aus. Mehrere Stunden saßen sie dort zusammen, erzählten und diskutierten wie in der ersten Zeit, als sie sich kennengelernt hatten. Sie sprachen auch über ihr anstrengendes Verhältnis in den letzten Jahren und was sie heute anders machen würden. Erst als der Wirt lächelnd die Sperrstunde ausrief und ihnen eine halbe Karaffe Sherry für den Heimweg aufdrängte, wanderten sie wie frisch Verliebte eng umschlungen zu ihrem Hotel.

Neue Heimat

Andrea hatte ihr Elternhaus in Besitz genommen. Nachdem sie bei der Hausverwaltung angefragt hatte, ob sie freie Hand bei der Einrichtung und Gestaltung des Hauses habe und sie kurz darauf einen Kurierbrief mit der Mitteilung erhielt, dass Herr Mayer ihr völlige Gestaltungsfreiheit gebe, da er nicht mehr vorhabe zurückzukehren, war sie mit ungestümer Energie an die Umgestaltung der Räume gegangen. Mehrere Handwerksbetriebe arbeiteten parallel und wurden mit großzügigen Zulagen zu Höchstleistungen und Überstunden angetrieben.

Das Wohnzimmer wurde leergeräumt, der Parkettboden aufgefrischt, die Wände gestrichen und schließlich wurde nur der schwere Schreibtisch wieder hineingetragen. In Andrea steckte eine Minimalistin. Sie liebte große helle und vor allem leere Räume. Also lagerte sie die Bibliothek kurzerhand in eines der kleineren Zimmer aus. Die meisten Dienstzimmer unterm Dach wurden zu Möbellagern umfunktioniert. Die ganze Einrichtung einfach zu entsorgen, zudem es sich durchweg um wertvolle Jugendstilmöbel handelte, traute sie sich dann doch nicht.

Ihre Liebe zu Musik befriedigte sie durch eine Anlage von Bang & Olufsen mit zwei monströsen Lautsprechern. Diese drei Elemente standen jetzt an der ehemaligen Bücherwand und verwandelten den Raum in einen Konzertsaal. Andrea liebte wuchtige Orgelkonzerte und war froh, dass selbst bei geöffneten Terrassentüren der Schall zum See hinaus und nicht zum Nachbargrundstück drang.

Eine moderne Couchgarnitur im Bauhausstil komplettierte die Einrichtung, und das Wohnzimmer war der erste fertige Raum nach ihrem Geschmack. Die Umgestaltung von Esszimmer, Diele, Küche, Schlafzimmer und einem Gästezimmer folgte. Das Gewächshaus wurde zu einem Atelier umgebaut. Nebenher musste sie sich beim Einwohnermeldeamt anmelden, das Einrichten einer Telefonanlage organisieren, sich um Zugang zu Fernsehen und Rundfunk kümmern, eine Zeitung abonnieren sowie nach einer Putzfrau und einem Gärtner suchen. Die Tage waren angefüllt mit einer Menge Arbeit. Das Zimmer ihrer ersten Nacht behielt sie schon allein wegen des herrlichen Badezimmers. Sie kaufte noch ein neues Bett und einige Kleinigkeiten und war zufrieden mit ihrem Werk.

Mit Frau Mehlig verstand sich Andrea bestens, weshalb sie dieser vorschlug, doch bei der Hausverwaltung zu kündigen und sich von ihr anstellen zu lassen. Helga Mehlig freute sich sehr über das Angebot, wandte aber ein, dass sie ihres Sohnes Thorsten wegen nur eine Halbtagsstelle antreten könne. Nur weil Ferienzeit war und ihre Eltern den Kleinen zu sich genommen hatten, sei es ihr möglich gewesen, diesen Monat ganztags zu arbeiten. Andrea blieb trotzdem bei ihrem Angebot.

An den ruhigen Abenden, wenn die Handwerker aus dem Haus waren, kam ihr Delucca in den Sinn. Sollte sie in seinem Münchner Hotel anrufen und ihn einladen? Unbewusst schüttelte sie den Kopf. Wie sollte sie jemals zur Ruhe kommen, wenn sie bereits nach ein paar Tagen an Unruhe dachte.

Jonny

Jonny saß am Steuer seines Ladas und wartete darauf, dass eine Gruppe gemütlich schlendernder Touristen ihn von seinem Parkplatz vor dem Rathaus abfahren ließ. Er musterte die Gruppe interessiert und gleichermaßen amüsiert und fragte sich, warum die Leute im Urlaub meist in bunten Kinderkleidchen herumliefen oder in Hosen aus Vorhangstoff sowie mit Hüten aus alten Socken, so, als wären sie zu einem Treffen mit dem Karnevalsverein verabredet. Besonders belustigte ihn dabei, dass es sich um Landsleute aus England handelte, wie er an deren Dialekt erkannte.

Jonny hatte kurz vorher im Auftrag der *Saveliving Grund-und-Boden GmbH* mit Sitz in München die notwendigen Unterschriften geleistet, um ein Grundstück mit Haus zu erwerben. Ausgestattet mit notariell beglaubigten Vollmachten und im Besitz sämtlicher notwendigen Akten wie Kaufvertrag, Zahlungsbeleg der Bank und was sonst noch alles für die Eigentumsübertragung eines Hauses vorgeschrieben ist, hatte er den Kauf abgewickelt.

Damit war die *Saveliving GmbH* rechtmäßige Eigentümerin des Weidel'schen Hofes, mitsamt den Wiesen rund um die Hofstelle Hagelstein sowie einem zwei Hektar großen Wäldchen am nahen Flüsschen Rothach. Jonny hatte seinen Vorgesetzten über die günstige Kaufgelegenheit informiert, mit dem Hintergedanken, auf dem Hof zu wohnen und ihn zu einer Zweigstelle seiner Inkassoabteilung zu machen, die vermehrt im Gebiet rund um den Bodensee eingesetzt wurde.

Mit dem Erben des tödlich verunglückten Besitzers vom Weidelhof waren sich die Münchener rasch handelseinig geworden. Zum einen lag angeblich ein Fluch auf dem Hof, vor dem man sich besser hütete, zum anderen zahlten die Münchener einen Preis, der den Bruder und Erben des verunglückten Bauern in die Lage versetzte, seinen Traum, nach Australien auszuwandern, wahr zu machen. Dort, so hatte er Jonny anvertraut, wolle er eine Rinderfarm kaufen. Die sollte so groß sein, dass er mit dem Motorrad einen Tag brauchte, sie zu umrunden. Angesichts der Größe des Weidelhofes war dies ein nachvollziehbarer Wunsch, wie Jonny dem Erben bestätigt hatte.

Dass der Erbe Tobias Weidel nie den reservierten Flug am 12. Juni nach Melbourne mit der Australian Airlines antrat, interessierte niemanden, so wenig wie die Tatsache, dass der schwere Koffer verschwand, in dem Weidel die Hälfte des von der Raiffeisenbank abgehobenen Bargelds mühevoll in Socken, Schuhen und einem ausgehöhlten Buch versteckt hatte. Ebenso vermisste niemand den Geldgürtel, den er unter dem Hemd um den Bauch geschnallt hatte. Mit ihm wollte er die andere Hälfte des Bargelds sicher ans Ziel seiner Reise bringen. Die Fluggesellschaft hatte nicht bei dem zuständigen Reisebüro nachgefragt, warum der bezahlte Flug nicht angetreten worden war, warum auch. Und in Australien gab es niemanden, der Tobias erwartete. Weidel, Einzelgänger der er war, hatte sich nur von einigen wenigen Verwandten verabschiedet und weihte selbst diese nur vage in seine Pläne ein. »Wenn ich gefunden hab, was ich such, schreib ich euch«, hatte er erzählt, mehr nicht.

Dass der freundliche Jonny angeboten hatte, Weidel mit nach München zu nehmen, wo er sowieso geschäftlich am Dienstag hinmusste, wusste außer den beiden niemand. Und dass Weidels Leiche samt Koffer und Geldgürtel, beides geleert, unter vermutlich inzwischen mehreren Hundert Tonnen Müll in der Deponie München-Süd gefunden würde, war eher unwahrscheinlich. Jonny hatte kurz entschlossen zugeschlagen, um die Beute auf die hohe Kante zu legen, wo sich schon einiges angesammelt hatte. Sein tief wurzelndes Misstrauen in Banken und Regierungen hatte ihn ein kleines Vermögen in Scheinen unterschiedlichster Währungen anhäufen lassen. In einem Rucksack verwahrt, war das Geld in einem Banksafe des Stammhauses einer renommierten Schweizer Bank in Zürich sicher hinterlegt. Vielleicht wäre er ja mal gezwungen, seinen Lebensabend unabhängig von der Company oder vom Geheimdienst zu finanzieren.

Kirchen und Bodegas

Deutschland, Mayer, dessen Company und das Schwein – alles schien in ferner Vergangenheit zu liegen. Bei Wärmegraden, die über denen der eigenen Körpertemperatur lagen, reduzierten sich Walchers Bedürfnisse auf Flüssigkeitsaufnahme und die Suche nach kühlen Orten.

Walcher erhob deshalb den Besuch von Kirchen und Bodegas zur probaten Überlebensmethode und lag damit absolut im Trend, was die vielen Einheimischen bewiesen, die ebenfalls in kühlen Kirchen anzutreffen waren und offen zugaben, auch unter der Hitze zu leiden. Jedenfalls übersetzte Lisa es so, wobei Walcher ihr durchaus zutraute, dass sie mogelte, um ihn zum längeren Verweilen in den Kirchen zu bewegen. Was überflüssig war, denn Walcher hatten Kirchen immer schon als besondere Orte interessiert. Dabei faszinierten ihn vor allen Dingen ihre baulichen Dimensionen und die architektonischen Leistungen der alten Baumeister. Allein die zerbrechlich-schlanken Säulen, die in der Apsis der *Iglesia de San Mateo* die filigranen Gewölberippen trugen, beeindruckten ihn. Wie viele Flüche mochten die Steinmetze gen Himmel geschickt haben, als die Segmente der äußeren Säule dreimal nacheinander donnernd auf dem Boden zerschellt waren, wie es im Führer stand?

Lag es an der Hitze, an der Urlaubsstimmung oder hatten sich beide in den letzten Jahren zu partnerschaftstauglichen Menschen entwickelt, fragte sich Walcher, denn seit dem Abflug in Friedrichshafen hatten sie noch keinen Streit miteinander gehabt.

Sie diskutierten zwar hin und wieder hitzig und energisch, aber sie wollten einander nicht mehr überzeugen. Sie hörten einander an, gestanden sich unterschiedliche Standpunkte zu und sprachen offen über ihre Wünsche, Befindlichkeiten und Verletzungen.

»Wenn das zu Hause auch so weitergeht, kannst du mich zu Martini ehelichen«, witzelte Walcher, fand den Gedanken gar nicht einmal so abwegig.

»An Sankt Martin rupft man Gänse, man heiratet sie nicht«, bekam er locker von Lisa zurück, und beide mussten darüber kichern.

Ihre gewohnten Tagesabläufe lösten sich auf, verflüchtigten sich in der Hitze und in der Konzentration auf Dinge, die Körper und Geist guttaten. Auf eine Kirche folgte eine Bodega, als das weltliche Spiegelbild in Stein gemeißelter Spiritualität. »Weingeistkathedralen«, taufte Lisa die säulengestützten Lagerhallen der Bodegas, und Walcher applaudierte begeistert. Nach den Kirchen und Bodegas füllten Abstecher ans Meer, eine Fahrt durch einen Naturpark, die Besichtigung eines Klosters, der Besuch auf einem Gestüt, die Erkundung von Palästen, das Schlendern über Märkte und immer wieder die Einkehr in Tapas-Bars die Tage und Abende. Alles lief locker und ohne Stress. Dazwischen saßen sie in Cafés, lasen, unterhielten sich oder sahen den Leuten zu. So gelöst und leicht wie die Tage verbrachten sie auch die Nächte.

Seine Internetrecherche gab Walcher rasch auf, von spanischem Boden aus auf deutsche Datenbanken zuzugreifen dauerte furchtbar lange. Vielleicht lag es auch nur an seinen mangelnden Sprachkenntnissen, aber es nervte ihn zu sehr. Dafür tauschten sie einige Mails mit Irmi aus, die Lisa zwar sehr vermisste, aber schrieb, dass sie von den vier Großeltern rührend umsorgt wurde und dies als einen gerechten Ausgleich betrachtete.

Flugbegleiter

Andrea wohnte nunmehr seit knapp zehn Tagen in ihrem Elternhaus am See und hatte ihre Entscheidung noch keinen Tag bereut. Heute würde sie ihr Atelier beziehen. Das ehemalige Gewächshaus war gesäubert, ein Fußboden gelegt und eine Heizung eingebaut worden. Auch an diesem Ausbau waren Heerscharen von Handwerkern beteiligt, die das Glashaus in der Rekordzeit von drei Tagen in ein wohnliches Atelier verwandelt hatten.

Die Malutensilien waren eingekauft und Andrea hatte bereits Leinwände auf unterschiedlich große Rahmen ziehen lassen. Dazwischen machte sie Erholungspausen in ihrem neuen Musiksalon, wie sie das ehemalige Wohnzimmer nannte. Mit einer Tasse Tee auf dem Bauch lag sie auf dem Sofa und hörte eine Sonate von einem der Bach-Söhne, als sich unter das Stakkato ein anderes Hämmern mischte. Die Lider nur halb geöffnet, sah sie verschwommen einen riesigen Sonnenblumenstrauß, dessen Träger an die offen stehende Terrassentür klopfte. Als sie die Augen ganz öffnete und den Blumenmann erkannte, sprang sie auf und vergaß dabei die Teetasse. Sie spürte den noch heißen Tee auf ihrem Bauch, aber es war nicht der Zeitpunkt, solchen Kleinigkeiten Raum zu geben. Delucca grinste gespielt unbeholfen und streckte ihr die gelbe Pracht entgegen – beinahe wie einen Puffer gegen die Heranstürmende. Andrea schob den Strauß zur Seite, umarmte Delucca, küsste ihn, als wäre seit Jahren alles klar zwischen ihnen, und hauchte: »Wurde auch Zeit.«

Delucca mochte sich einen derart furiosen Empfang ausgemalt haben, erwartet hatte er ihn nicht und so war er erst einmal sprachlos. Dann holperten seine frisch erworbenen Bayerisch-Kenntnisse heraus: »Bist mei Dirndl, a sakrisch guads.«

Andrea verschob die Einweihung ihres Ateliers und konzentrierte sich auf Delucca, der sich in ihrer Werteskala gerade eine Eins erwarb. Hier trafen zwei Menschen scheinbar zum richtigen Zeitpunkt aufeinander, die sich mehr als nur sympathisch fanden und von denen sich die eine Hälfte, nämlich Andrea, geradezu ausgehungert fühlte nach Sex. So kam es ohne weitere Verzögerung zu einem grandiosen Liebesakt, bei dem die Welt um sie herum zur reinen Kulisse degradiert wurde.

An diesem Tag bekam auch Helga Mehlig in Andreas Denken ein Prädikat, weil sie die Liebenden nicht nur von dem Tagesgeschehen abschirmte, sondern sie auch ganz selbstverständlich und diskret versorgte. Als Andrea nach unten wollte, um Essen und Trinken zu besorgen, stand vor ihrer Zimmertür ein Servierwagen mit einem fantastischen Picknick.

Die Welt versank in einer Woge, zärtlich, wild und orgiastisch. Doch daraus tauchte Andrea ebenso schnell wieder auf, wie ein Luftballon der Sonne entgegenfliegt und zerplatzt.

Andrea besaß empfindliche Sensoren, die auch durch Liebe und Lust nicht ganz auszuschalten waren. Deshalb registrierte sie einige Verhaltensweisen bei Jean Delucca, die sie einzeln genommen nicht unbedingt störten, sich in der Summe jedoch, selbst in der kurzen Zeit ihres Zusammenseins, zu einer wachsenden Abwehrhaltung addierten. Delucca telefonierte häufig und hörte sich dabei völlig anders an als der Liebhaber Delucca. Scharfe Befehle, Flüche und Beleidigungen brüllte er häufig in den Hörer. Und dann kam der Absturz.

Andrea näherte sich einem sehr intensiven und bewusst hinausgezögerten Orgasmus, als Deluccas Handy klingelte und er sich völlig ungerührt abwandte und ein längeres Gespräch führte. Sie fühlte sich derart abrupt in die Welt zurückgeschickt, dass sie fassungslos ihren telefonierenden Liebhaber anstarrte. Das Gespräch mit irgendeinem Russen war ihm wichtiger als das Liebesspiel mit ihr.

Seine Antwort auf ihren Vorwurf konnte sie weder liebevoll noch wenigstens diplomatisch auslegen. Jean Delucca verwandelte sich in Andreas Augen blitzartig in ein unglaubliches Arschloch. Er sah sie mit kalten Augen an, stieß ein »fuck you« heraus, knallte sein Handy an die Wand, fischte aus den zersplitterten Teilen den Speicherchip heraus, sammelte seine Kleider zusammen und verließ wortlos das Zimmer.

Andrea saß auf dem Bett, starrte auf die Tür und spürte den Impuls, irgendetwas hinterherzuwerfen. Dann stand sie wie ferngesteuert auf, verschloss die Zimmertür, legte Beethovens *Eroica* auf und stellte die Lautsprecher im Bad auf volle Leistung. Sie duschte ausgiebig, weinte, tobte und brüllte ihre Wut und Enttäuschung gegen die Kraft Beethovens heraus. Danach empfand Andrea nichts als Leere. Sie kroch in ihr Bett, eingerollt wie eine Schmetterlingspuppe. Es konnte nicht wahr sein, nicht schon wieder und nicht in einem derartigen Tempo. Sie hatte schon einige gescheiterte Beziehungen erlebt, aber dieser »Crash-Kurs« schmerzte besonders, schien sie doch am Anfang eines neuen Lebensabschnitts gestanden zu haben. Da half es auch nichts, dass sich ein paar Stunden später hinter ihrer Tür ein scharrender und gurrender Delucca als zerknirschter Liebhaber ausgab. Andreas

Gefühlswelt war zerbombt. Es würde einige Zeit dauern, bis sie aus diesem Tal heraus und wieder zu ihrer alten Stärke finden würde. So lange wollte sie in ihrem Zimmer bleiben, beschloss sie.

Eine Stunde später stand sie dennoch auf, zog sich nur den Bademantel über, in dessen Tasche ihre Damenpistole steckte, die sie in New York gekauft hatte und ging nach unten, um Frau Mehlig die Anweisung zu geben, Herrn Delucca vom Grundstück zu jagen – notfalls auch mit Hilfe der Polizei. Er solle sich niemals wieder blicken lassen. Dann zog sie sich mit einem Whisky aus der Flaschensammlung in der Küche in ihr Zimmer zurück und verbrachte den Rest des Tages sowie die folgende Nacht in einem Zustand zwischen Wutanfällen mit Schreikrämpfen und Selbstmitleid mit Weinkrämpfen. Im Laufe der Nacht folgten dann noch Magenkrämpfe, weil sie die halbe Whiskyflasche geleert hatte. Schließlich fasste sie den Entschluss, das Unveränderliche mit Würde zu akzeptieren.

Freude und Schmerz zu erleben gehörte nun mal zum Leben, dachte sie mehrfach. Die rationale Seite in ihr beglückwünschte sie, so schnell die wahre Person dieses Herrn Delucca präsentiert bekommen zu haben, und Andrea entschied sich nach dieser heftigen Schnellromanze, künftig allen Lüsten zu entsagen … es sei denn, der Traummann liefe ihr über den Weg.

Rückkehr

Lisa und Walcher vermieden es in den letzten beiden Tagen vor ihrem Rückflug, das jeweilige Datum der Tageszeitung zu lesen. Sie unternahmen auch keine Besichtigungen mehr, sondern suchten sich stille Orte, an denen sie ungestört zusammen sein konnten. Dennoch, der Abflugtermin kam und Jerez, Vertrautheit und Sherry schienen spätestens im Flugzeug bereits wieder Vergangenheit zu sein. Walcher verzichtete sogar auf einen Gin Tonic, seinen üblichen Flugbegleiter. In Gedanken beschäftigte er sich bereits mit seinen ersten Schritten nach der Ankunft im Allgäu und wollte dafür einen klaren Kopf behalten. Auch die Ruhe der vergangenen Tage fiel von ihm ab, kaum dass sie in Frankfurt gelandet waren. Die Company, der Tote, das Schwein im Vorratskeller, all das holte ihn schneller ein, als ihm lieb war. Die Anschlussmaschine ging planmäßig und landete auch pünktlich in Friedrichshafen. Sein Espace stand noch auf dem Parkplatz und sprang sofort an, so als hätte Walcher ihn erst gestern dort abgestellt und nicht schon vor zehn Tagen. Über die Parkgebühr von 300 Euro regte er sich furchtbar auf – er hatte den Wagen einfach auf dem nächstbesten Parkplatz abgestellt, der sich als der teuerste herausstellte. Er fluchte über den hemmungslosen Nepp auf dieser Welt, nahm sich vor, nach Tibet auszuwandern und den Rest seiner Tage mit einem Yak zu verbringen. Lisa bestand darauf, gegen das Yak eingetauscht zu werden. Walcher war einverstanden, er mochte sich ohnehin nicht vorstellen, dass sie beide wieder ihren getrennten Leben nachgingen.

Nach einem traurig-hilflosen Abschied vor Lisas Haustür, empfand Walcher Minuten später seinen Hof als eine furchtbare Ödnis. So deutlich wie noch nie wurde ihm bewusst, dass er nicht zum Solisten taugte. Nicht einmal Bärendreck tauchte zur Begrüßung auf. Vermutlich schmollte er in irgendeiner Ecke wie schon öfter, wenn Walcher ein paar Tage verreist gewesen war.

Noch immer von sentimentalen Gefühlen bewegt, stand Walcher eine Stunde später unter der Dusche, nachdem er den ganzen Hof und natürlich den Keller nach irgendeiner neuerlichen

Schweinerei durchsucht hatte. Erfreulicherweise hatte er nichts gefunden.

Das Sortieren des Postbergs, der sich hinter der Haustür türmte, verschob er auf später: Um sich abzulenken, hatte er sich Aktionismus verschrieben. Die Jugendstilvilla! Wer mochte der neue Besitzer der Jugendstilvilla sein? Wiederholt hatte er sich in der vergangenen Stunde vorgestellt, ein Mitglied der Familie des Toten anzutreffen.

Kurz vor Mittag stoppte er in der Einfahrt des Jugendstilhauses und wunderte sich über die Veränderungen seit seinem letzten Besuch. Die Hecken waren gestutzt, ohne dadurch ihre Funktion als Sichtschutz eingebüßt zu haben, Tor und Garage waren vom wuchernden Wein und Efeu befreit und damit aus dem Dornröschenschlaf geweckt. Ein älterer Herr mit grüner Schürze und Strohhut, eindeutig als Gärtner zu erkennen, kniete auf dem Kiesweg und zupfte Grünzeug aus dem Boden. Etwas mühsam stand er auf und kam Walcher entgegen. Freundlich, aber bestimmt, wimmelte er Walcher ab. Die Hausdame sei beim Einkaufen und die gnädige Frau hätte absolutes Besuchsverbot verhängt. Er solle deshalb entweder in den nächsten Tagen noch mal vorbeischauen oder eine Nachricht hinterlassen. Am sichersten sei es jedoch, wenn er sich mit der Herrschaft vorab telefonisch verabreden würde.

Ganz im Stil der englischen Schule, ließ er jedenfalls keinerlei Hoffnung aufkommen, an ihm vorbei ins Haus zu gelangen. Er nannte auswendig die Telefonnummer der Herrschaft und bat Walcher mit gleichbleibender Freundlichkeit, ihn nun nicht länger von seiner Arbeit abzuhalten. Walcher bedankte sich für die freundliche Auskunft und bat ihn, Frau Hausmann einen herzlichen Gruß auszurichten. Es gäbe keine Frau Hausmann, sondern nur Frau Mayer und die Hausdame Frau Mehlig, fiel der Gärtner auf den kleinen Trick Walchers herein, der sich über seinen Irrtum betroffen zeigte und sich mit dem Wunsch für einen guten Arbeitstag verabschiedete.

Walcher fuhr langsam nach Weiler zurück. Eine Frau Mayer also, entweder Ehefrau, Tochter, Schwester oder sonst ein gleichnamiges Familienmitglied, war in das Haus gezogen. Er dachte über seine nächsten Schritte nach, gab aber erst einmal seinem Hunger nach und steuerte eines der ältesten und geschmackvoll modernisierten Wirtshäuser Weilers an, das *Gasthaus zur Traube*. Dort aß er das Tagesmenü »Rund um die Kartoffel«: Kartoffelsuppe, Kartoffelpuffer mit frischem Apfelmus und zum Nachtisch frittierte Kartoffelschnitten mit Vanilleis – eine schmackhaft umgesetzte und pfiffige Menü-Idee.

Gesättigt, zufrieden und etwas schläfrig, freute sich Walcher auf die Liege im Baumschatten seines Gartens. Er saß bereits im Wagen, als ihm ein Kärtchen auffiel, das unter den Scheibenwischer an der Windschutzscheibe geklemmt war. Er stieg noch mal aus, um es hervorzuziehen. Als häufiger Falschparker hielt er das Papier für einen Strafzettel und war zunächst erleichtert, dass es sich als irgendeine Werbung herausstellte. *Marathon-Mann, Gesunde Füße, Lindau.* Noch während er das Kärtchen in der Hand hielt, begann er sich zu ärgern, wegen so einem Mist extra ausgestiegen zu sein, als er auf der Rückseite folgende Mitteilung las. *Bevor die Meute den Bau verbellt, sollte er verlassen sein. Ich erwarte umgehend Ihren Anruf 08381-803628.* Walcher brauchte einige Sekunden, bis er verstand, dass offensichtlich niemand an der Gesundheit seiner Füße interessiert war, sondern Kontakt mit ihm aufnehmen wollte. Die Nummer sagte ihm nichts, aber bei seinem miserablen Zahlengedächtnis hatte das nichts zu bedeuten.

Er steckte die Karte zu den vielen anderen Zetteln in seine Hemdtasche. Wenn es kein Versehen war, folgerte er, musste der Kartenklemmer ihn und sein Auto kennen und herausgefunden haben, dass er auf diesem Parkplatz stand.

Unbewusst sah sich Walcher um. Er fühlte sich überwacht. Die totale Überwachung und George Orwell fielen ihm dazu ein. Kein gutes Gefühl. Dabei war er erst heute nach zehntägiger Abwesenheit zurückgekommen. Walcher setzte sich in den Wagen und wählte die Nummer, die auf der Karte stand. Er hörte das Klingeln und dann das »Hallo« einer Frauenstimme.

»Ich habe Ihre Nummer von der Visitenkarte eines Fußpflege-Instituts. Sie steckte hinter dem Scheibenwischer meines Wagens. Geben Sie Gymnastikunterricht für müde Zehen oder handelt es sich um ein Versehen?«, fragte Walcher.

»Sagen Sie mir doch bitte erst einmal Ihren Namen«, wurde Walcher in forschem Ton zurechtgewiesen und das, obwohl sich diese Dame auch nur mit einem »Hallo« gemeldet hatte. Das provozierte Walcher zu einem leicht belustigt klingenden: »Hallo, Walcher hier, Alter, Beruf, Wohnort etc. ist Ihnen ja bereits bekannt oder ...?«

Frau Hallo ging nicht auf Walchers Ton ein, sondern machte ihre Ansage vergleichbar der Stimme aus dem GPS: »Bitte merken Sie sich die folgende Adresse und kommen Sie heute pünktlich um siebzehn Uhr zum Sanatorium Münzer, Nebelhornstraße 4, in Lindenberg.«

»Und zu wem soll ich bitte kommen, das müssen Sie mir schon verraten?«

»Zu einem älteren Herrn, der Ihnen etwas erzählen möchte«, erhielt er als Antwort.

»Also, werden Sie kommen?«, fragte sie und fügte nach einer

kurzen Pause hinzu: »Sagen Sie jetzt einfach ja oder nein und fragen Sie nicht, warum und weshalb. Das bringt nichts am Telefon. Entweder Sie sind neugierig und kommen oder Sie lassen es sein, verstanden?«

»Verstanden, ich werde kommen«, echote Walcher ins Telefon und hatte noch nicht Luft geholt, als »Hallo« die Verbindung unterbrach.

Er kramte einen kleinen Fetzen Papier aus der Türablage und schrieb auf dem Knie mit dem halb ausgetrockneten Kugelschreiber die Adresse auf. Dann steckte er den Zettel in die Hemdentasche und startete den Motor, um zu seinem Mittagsschlaf zu fahren. Zwei Stunden hatte er dafür Zeit; außer diesem Termin um 17 Uhr gab es heute nichts Dringendes für ihn zu tun. Der Name, fiel ihm ein – er hatte vergessen, sie nach ihrem Namen zu fragen.

Sanatorium Münzer

Als Walcher vor der Hausnummer 4 in der Nebelhornstraße in Lindenberg hielt, wurde er etwas unsicher, ob er zur richtigen Adresse gefahren war. Denn er stand nicht vor irgendeinem Haus, sondern vor einem Anwesen, vor einem Park mit einem haushohen, schmiedeeisernen barocken Tor, hinter dem auch der Sommerpalast König Ludwig des Bayern hätte vermutet werden können. An den Enden dicht verflochtener schwarzer Äste und Ranken, die spiegelbildlich beide Torflügel ausfüllten, steckten vergoldete Blätter und Blüten aus Eisen. Sollte je ein Mensch vorhaben, über dieses Tor zu klettern, würde er spätestens nach einem Blick nach oben seinen Vorsatz wieder aufgeben und ihn bestenfalls aus suizidalen Absichten in Erwägung ziehen. Dort oben glänzten wehrhaft dichtstehende, blanke Pfeilspitzen gefährlich in der Sonne.

Links und rechts des Tors setzte sich die besucherfeindliche Armierung jeweils etwa hundert Meter weit fort, mit Lanzenstielen, die gut drei Meter hoch und mit Spitzen versehen zu einem wehrhaften Zaun geschmiedet waren. Dahinter wuchs eine exakt geschnittene Hecke, so dicht, dass nicht die winzigste Lücke zu entdecken war. Das glänzend polierte Messingschild mit dem Klingelknopf und den Lautsprecherschlitzen verriet, dass sich hinter dieser Wehranlage das Sanatorium Prof. Dr. Münzer, Nebelhornstraße 4, verbarg, Besuche waren nur nach Anmeldung möglich.

Auf Walchers Schmierzettel, den er aus der Brusttasche zog, stand besagter Straßenname und Hausnummer 4 stimmte auch. Also war er richtig und dieser Münzer offensichtlich kein Sozialhilfempfänger. Wie zur Bestätigung seiner Gedanken bewegte sich eine der beiden Kameras, die auf den drei Meter hohen Steinsäulen die Welt vor dem Tor überwachten, in seine Richtung und fixierte ihn wie das Auge des Zyklopen. Gleichzeitig schwenkte der linke Torflügel nach innen, eine stumme, aber eindeutige Aufforderung, in die Einfahrt zu fahren. Das klappte ohne Probleme, denn auch nur durch einen der beiden Torflügel hätte spielend ein Sattelschlepper gepasst.

Die mit feinem weißen Kies bestreute Einfahrt knirschte und zwang Walcher, kurz nach dem Tor in eine nach links gekrümmte Kurve zu fahren, erst danach hatte er freien Blick auf ein Gebäude, das aus der Entfernung eine gewisse Ähnlichkeit mit dem Weißen Haus der Amerikaner besaß. Es thronte auf einem Hügel, dessen kurzgeschnittener, saftiger Rasen das Herz eines jeden Golfers hätte höher schlagen lassen. Auch sonst war das Anwesen stilvoll gepflegt, wenn es auch wie ausgestorben wirkte. Erst als Walcher vor dem Eingangsbereich hielt, zeigte sich ein menschliches Wesen. Eine Frau in weißem Arbeitsmantel, wie ihn Mediziner tragen, kam aus dem ebenerdigen Glasanbau, der wohl als Empfangshalle seitlich an das Haus gesetzt worden war.

»Sie sind Herr Walcher, wir haben telefoniert«, stellte sie fest, nickte kurz, drehte sich um und ging zurück in ihren Glaskasten. Es gab keinen Handschlag, kein weiteres Wort, keine Geste des Willkommens. Walcher folgte ihr, dachte sich, »Du arrogante Zicke«, und lächelte dabei ihre blonden Haare von hinten an. Selbstmotivation.

Die Dame in Weiß hielt Walcher einladend die Eingangstür auf und lächelte ihn dabei sogar an, als wollte sie ihn dazu bringen, sein Urteil zu revidieren. Was er, überrascht, wie er war, insgeheim auch sofort tat.

»Ich darf Sie zu Herrn Münzer bringen – zum Vater des Herrn Professors«, fügte sie nach einer kleinen Pause erklärend hinzu, womit sie Walchers fragend erhobene Augenbrauen treffend interpretierte. »Bitte sprechen Sie leise, Herr Münzer reagiert empfindlich auf Geräusche. Am besten wird es sein, Sie hören ihm nur zu. Herr Münzer sagte mir, dass er Ihnen vieles erzählen will. Denken Sie daran, dass Herr Münzers Zimmer durch eine Videokamera überwacht wird.«

Sie sagte das, während sie mit leicht zur Seite gedrehtem Kopf vorausging.

Walcher war nicht klar, wie er diesen Hinweis verstehen sollte, ob als Information oder als Warnung. Der Flur, durch den sie ihn führte, war breit wie eine Ladenpassage, und Licht flutete aus dem gläsernen Dach, das sich über dem dritten Stockwerk spannte. Zu den beiden Galerien über ihnen führten am Ende des Ganges jeweils zwei breite Treppen sowie eine Hebebühne, mit deren Hilfe auch Fußlahme und Rollstuhlfahrer in die oberen Stockwerke gelangen konnten. Der Gang und auch die Galerien waren eingerichtet wie Wohnhallen, mit wuchtigen, brokatbezogenen Sitzgarnituren, einer Kaminecke, Bibliotheksregalen und vielen exotischen Pflanzen. Bilder in schweren Rahmen zierten die Wände, die teilweise mit Gobelins sowie chinesischen und französischen Stofftapeten bespannt waren. Plastiken, Statuen und moderne Kunstobjekte standen auf Sockeln oder Säulen und wurden von raffiniert angeordneten Strahlern illuminiert, die selbst als Kunstobjekte hätten gelten können. Walcher fiel dazu der sinnige Werbeslogan einer Kunstgalerie ein: Wohnen als Kunstwerk. Das ganze Sanatorium des Herrn Professor Dr. Münzer strahlte vor allem eines aus: Reichtum.

Als sich Walcher auf der obersten Galerie, die sie erstiegen hatten, gerade überrascht nach einem Tintoretto umsah, jedenfalls glaubte er, einen solchen in einem besonders schweren Goldrahmen erkannt zu haben, stieß er gegen seine Führerin. Sie war vor einer Zimmertür stehen geblieben, die, ohne zu übertreiben, mit dem Nebeneinlass des Kölner Doms hätte konkurrieren können. Sie überging kühl die Berührung wie auch seine Entschuldigung und drückte konzentriert und vorsichtig die Klinke herunter.

Duplizität

Einige Kilometer Luftlinie entfernt, wurde – Duplizität der Ereignisse – im selben Moment ebenfalls eine Türklinke gedrückt, als gäbe es eine übergeordnete Regie.

Jonny betrat das Wohnzimmer seiner Pensionswirtin Herbig,

um ihr seinen Auszug zum Monatsende anzukündigen. Frau Herbig saß im Bademantel da. Sie war frisch geduscht und hatte sich vorgestellt, was geschehen könnte, wenn jetzt der blonde Herr Wolfgang auftauchen würde. Als Jonny dann plötzlich wirklich vor ihr stand, überschnitten sich Wunschvorstellung und Realität derart, dass sie ohne groß zu überlegen ihren Bademantel öffnete und sich Jonny zeigte, knackig und verlockend.

Seine sexuellen Kontakte mit Frauen waren bisher allesamt eher unbefriedigend verlaufen, sowohl für ihn als auch für die jeweiligen Frauen. Entweder entlud sich sein Ejakulat in höchster Erregung, noch bevor er sich entkleiden konnte, oder sein Penis, kraftvoll erigiert, erschlaffte schneller, als er ihn seiner Sexpartnerin präsentieren konnte. Zwei Frauen fielen seiner Schwäche zum Opfer. Aus Wut und Scham brach er ihnen die Halswirbel, weil er glaubte, sie hätten ihn ausgelacht. Es brächte sie nicht ins Leben zurück, hätte er gewusst, dass sie aus Verständnis und Aufmunterung gelächelt hatten und nicht, um ihn zu kränken.

Frau Herbig lächelte immer etwas dümmlich, aber sie gefiel Jonny dennoch und was er nun von ihr zu sehen bekam, erregte ihn sehr. Da war nur diese verdammte Angst zu versagen und sie war auch keine Nutte, aus deren Zimmer und Haus er einfach gehen konnte und in das er nie wieder zurückkehren musste. Außerdem schlug die Kirchturmglocke gerade die fünfte Stunde am Nachmittag.

Selten genug, aber heute ließ ihn sein Kopf nicht im Stich. Jonny ging einen Schritt auf sie zu, fasste mit beiden Händen in Brusthöhe ihren Bademantel, zog sie ein wenig zu sich, küsste ihren Busen ... und verhüllte nach zwei schier unendlich dauernden Sekunden wieder die weißen lockenden Brüste. Dann ließ er sie los, drehte sich um und eilte aus dem Zimmer.

Jonny bekam nicht mehr mit, dass Hermine Herbig keine drei Minuten später dem Herrgott dankte, als ihr Mann ins Wohnzimmer kam und etwas von einer ausgefallenen Probe maulte, da der Chorleiter krank sei. Vor Erleichterung holte sie ihm ausnahmsweise gerne sein Bier, als er sich in seinen Fernsehsessel fallen ließ, den Apparat einschaltete und nach dem Getränk verlangte. Als sie ihm das Glas mit dem eingeschenkten Bier und die noch halbvolle Flasche reichte, öffnete sich ihr Bademantel, worauf Herbert Herbig beschloss, es ihr nach dem Bier ordentlich zu besorgen. Eine Aussicht, die allemal besser war, als in der kalten Kirche zu singen. Es war erst später Nachmittag und Gäste konnten kommen, um nach irgendeinem Scheiß zu fragen, sich zu beschweren oder sonst etwas zu wollen – für heute war erst einmal Feierabend. Außerdem zeigte sich Hermine nicht oft derart zugänglich. Herbert stand auf und verschloss die Wohnzimmertür.

Münzer

Die Dame im weißen Kittel blieb in der halboffenen Tür stehen. Eindringlich fixierte sie Walcher, zischte ein »Psst«, betont durch den auf die Lippen gedrückten Zeigefinger, sah ihn drohend an und runzelte die Augenbrauen. Dann erst forderte sie Walcher auf, in das Zimmer einzutreten, das sich ihm als ein mittelgroßer Saal auftat. Anders als die bisherige Protzigkeit und Fülle des Sanatoriums strahlte dieser Raum Klarheit und Einfachheit aus. In dem etwa zehn mal zwanzig Meter großen Zimmer stand an der linken Wand nur ein Schrank. Der stammte wahrscheinlich aus dem Wohnzimmer von Papst Clemens, um das Jahr 1190 herum. Gegenüber an der rechten Wand stand eine Reihe von Truhen, drei Einzelstücke: gleiche Machart, gleiche Zeit, gleicher Stil. Zwischen diesen wuchtigen Möbeln stand ein Krankenbett wie aus einem Hightech-Operationssaal, ausgerichtet auf die riesige Panoramascheibe, durch die der Patient einen prächtigen Blick auf die Berglandschaft des westlichen Allgäus und den angrenzenden Bregenzerwald besaß.

Neben dem Bett stand wie ein Turm, eine medizinische Versorgungseinheit. Ein zweiter Turm, ebenfalls auf Rollen und mit vielen Kabeln verbunden, die in einem Schacht im Boden unter dem Krankenbett endeten, bestand aus neuesten Geräten der Kommunikationstechnik: zwei übereinander gebaute, große Monitore, Lautsprecher, PC, Tastaturen, Fax, Kamera, Mikrophon, Telefonhörer, Kopfhörer, Handy, Funkgerät – es fehlte nichts.

Ein wunderschön proportionierter Stuhl aus schwerem, schwarz lasiertem Holz, mit geschnitzten Löwenpranken an Beinen und Armlehnen, wie ihn sich Äbte reicher Klöster anfertigen ließen, stand als einziges Sitzmöbel etwas seitlich des Bettes. Trotz der großen Glasfläche wirkte das Raumlicht angenehm gedämpft. Die kühle Luft duftete nach frisch gemähten Bergwiesen. Leise waren sanfte, warme und zugleich traurige Klänge mehr zu erahnen, als deutlich zu hören. Walcher ging auf den Klosterstuhl zu, da seine Begleiterin darauf gezeigt hatte. Sie selbst trat ans Bett und beugte sich zu einem Menschen, der mit einigen Schläuchen und Kabeln mit der rollbaren Versorgungseinheit verbunden war. »Er ist hier«, flüsterte sie.

Bevor sich Walcher setzte, wandte er sich dem Bett zu und konnte erst jetzt den Mann sehen, der ihn hergebeten hatte. Er erschrak heftig. Ein blutleerer, knochiger Totenschädel mit einer Sauerstoffmaske auf der spitzen Nase lag dort. Nur die Augen zeigten, dass in diesem Skelett noch Leben war.

»Es ist gut –, dass Sie gekommen sind«, ertönte eine deutliche Stimme aus dem Lautsprecher des Kommunikationsturms. Wahrscheinlich funktionierte dies mittels eines Kehlkopfmikrophons, überlegte Walcher, der gerade im Begriff war, sich zu setzen.

»Sie sind ein – intelligenter – neugieriger junger Mann – der nicht so leicht – einzuschüchtern ist – genau, wie ich es in Ihrem Alter immer – sein wollte und manchmal auch war ... – manchmal«, fügte die Stimme nach einer kleinen Pause hinzu. Dabei sah der Greis Walcher direkt in die Augen. Es waren kluge, klare Augen, fand Walcher.

»Ich habe Sie nicht aus – Sentimentalität eingeladen –, sondern –, weil ich – damit etwas bezwecke – und weil Sie – vielleicht das – Schicksal ins Spiel gebracht – hat.

Vor einigen Tagen – habe ich eine sehr – kluge Reportage – von Ihnen gelesen – und jetzt – sitzen Sie mir gegenüber, weil – Sie in meinem Leben – herumschnüffeln. Sie schrieben über Spendengelder – und Schweizer Banken und über Politiker. Vermutlich – hätten Sie mehr Geld – für diese Reportage bekommen, wenn – sie nicht erschienen wäre –, aber sie ist erschienen und das ist – sehr mutig, weil längst – auch in Deutschland – die Macht nicht mehr – zimperlich umgeht mit Störenfrieden oder mit – Journalisten – und Aufdeckern –, wie Sie einer sind. Aber genau – deshalb – werde ...« Er brach ab, hatte die Augen geschlossen.

Hoffentlich ist er nicht gestorben, dachte Walcher und sah ein wenig hilflos zur Dame in Weiß, die sich auf dem Weg zur Tür zwar umblickte, aber die Situation offensichtlich als normal einstufte und den Raum verließ. »Werde ...«, fuhr der Vater des Herrn Professor Münzer fort, »werde – ich Ihnen eine Geschichte – erzählen.«

Walcher ahnte, dass ihn diese Sprechpausen ganz schön nerven würden, zwang sich zu Ruhe und Konzentration. Egal, wie lange es dauern würde, die Energie, die dieser Mensch aufbrachte, um ihm eine Geschichte, sein Leben oder was auch immer anzuvertrauen, verdiente etwas Geduld.

»Andy – Andreas Mayer – und ich –, wir haben zusammen die Idee zu unserer Company – ausgesponnen – und umgesetzt. Wir konnten uns aufeinander – verlassen –, absolut. Wenn Sie sich fragen –, warum – ich Ihnen das erzähle –, auch das will ich beantworten. Ich stehe – nein, ich liege«, Walcher glaubte den Anflug eines Lächelns in Münzers Gesicht wahrgenommen zu haben, »am Ausgang meines – Lebens. Wenn der Mensch – beginnt – Stunden –, Tage – nicht – nicht mehr vorauszuschauen –, sondern nur noch – zurück –, dann ist die Lebens- ... uhr – abgelaufen. Ich habe mir – deshalb – vorgenommen, einige Dinge – aufzulösen. Nein, nicht, um mein Gewissen – zu beruhigen –, davon halte ich nicht – viel, sondern weil ich Angst – um meine – um – unsere Company habe – und irgendwie – glaube –, dass Sie – dabei eine – große Rolle – spielen werden. Und dann – habe – ich auch einige Tage lang – vermutet, dass Sie meinen Freund Mayer – erschlagen – haben, aber – das klärte sich – dann auf.«

Walcher fiel es schwer, den Sinn der Wort- und Satzfragmente von Münzer zu verstehen. Zwischen zwei Worten legte Münzer oft mehrere Minuten Pause ein. Walcher hing dann seinen Gedanken nach, mit dem Ergebnis, dass er nicht folgen konnte, wenn Münzer fortfuhr, obwohl der präzise immer genau dort weitersprach, wo er aufgehört hatte, egal, wie lange die Pause dauerte. Er konzentrierte sich deshalb darauf, jedes Wort, das Münzer sagte, zu dehnen, bis Münzer das Gespräch wieder aufnahm. Es funktionierte, auch wenn es ziemlich anstrengend war.

»Aus einer genialen Idee heraus und auch auf ein bisschen auf

Betrug aufgebaut, der aber niemandem geschadet hat, ist ein Unternehmen gewachsen, dem nun Gefahr droht, auseinanderzubrechen, wie Kaiser Karls Reich. All die Fürsten und auch die Bischöfe wollen sich ein Teil aus dem Ganzen sichern. Das gelingt ihnen wahrscheinlich auch, denn es gibt keine Kontrollinstanz mehr, die einschreiten könnte. Ein Machtkampf innerhalb eines der größten Imperien dieser Welt ist entbrannt und kann zum Untergang der Company führen und einen Mann oder eine Gruppe zu den mächtigsten Männern der Welt machen. Mächtiger, als es Könige oder Präsidenten jemals waren oder sein werden. Wie es anderen Firmengründern auch geschieht, wurden wir sozusagen von unserer eigenen Endlichkeit überrascht, bevor die Nachfolge eindeutig geregelt war. Nein, das ist nicht ganz korrekt. Die Nachfolge ist geregelt, die Company könnte sich weiterentwickeln, wenn es da nicht Störenfriede gäbe, die krank sind nach noch mehr Einfluss und Macht, als sie ohnehin schon besitzen. Dass so etwas eintreten könnte, damit haben wir, habe ich nicht gerechnet.

Aber erst einmal zurück an den Anfang, damit Sie verstehen können, was sich hinter unserer Company verbirgt, auf die ich so stolz bin, weil es außergewöhnlich ist, was wir in nur einer Lebensspanne erreicht haben. Nun, vielleicht werden Sie da nicht meiner Meinung sein, aber das kann und will ich gar nicht beeinflussen. Überhaupt ist es ja eine späte Erkenntnis, dass man seine Legende selbst schreiben muss.

Zuerst haben wir alles als eine Art Spiel angesehen. Schon nach einem Jahr waren wir so reich, dass wir für den Rest unseres Lebens ausgesorgt hatten, Andy und ich. Wir waren besessene Spieler. Wie Generäle gründeten wir immer neue Legionen, in unserem Fall Unternehmen, Unternehmen, Unternehmen und eroberten neue Länder. Erst beteiligten wir uns, dann kauften wir auf und dann traten wir in die Phase ein, in der wir neue Unternehmen gründeten. Wir lebten wie in einem Rausch. Der Grundbesitz unserer Company, den wir in den ersten Jahren zusammenkauften, war so gewaltig, dass heute eine internationale Holding notwendig ist, um die in etwa sechzig Ländern tätigen nationalen Grundstücks- und Hausverwaltungen zu koordinieren. Allein dieser Unternehmensbereich der Company beschäftigt heute um die 14 000 Mitarbeiter. Können Sie meinen Stolz verstehen?«

Walcher verstand den alten Mann und hatte das Gefühl, der Beichte Kapitän Nemos zu lauschen.

»Gleichzeitig macht es mich traurig, niemals in einem Atemzug mit Henry Ford, Krupp, Rothschild, Gates, Nobel, Napoleon, Alexander dem Großen oder wem auch immer genannt zu werden. Bestenfalls werde ich die Liste der raffiniertesten Betrüger dieser Welt anführen.«

Münzer machte eine lange Pause, an den medizinischen Kontrollgeräten blinkten einige Lämpchen. Walcher beschloss, sich erst Sorgen zu machen, wenn der Weißkittel in das Krankenzimmer gestürmt käme. Krankenzimmer? Eigentlich war es mehr ein Sterbezimmer. Hoffentlich stirbt er nicht vor dem Ende seiner Beichte, dachte Walcher, denn außer Münzer gab es vermutlich niemanden mehr, der das alles wusste. Münzer und der Tote aus dem Jugendstilhaus, A. L. Mayer, die Gründer der Company. Blanker Wahnsinn war das, wenn all die Namen und Zahlen in dem Mayer'schen Ordner stimmten; dann hatten die beiden tatsächlich ein riesiges Imperium geschaffen, und er bekam eine Story, die ihm von allen Medien aus der Hand gerissen würde. Walcher war in seine Gedanken versunken und schreckte hoch, als Münzers Stimme in seinen Wachtraum eindrang.

»Nehmen Sie das mit den großen Namen dieser Welt nicht so ernst, nur das mit den Betrügern. Wir hatten wirklich eine geniale Idee. Nein, sie stammte nicht einmal von uns. Andy und ich waren bis kurz nach dem Krieg in England, in Leeds, in Gefangenschaft. Die Tommys hatten uns abgeschossen, als wir Agenten auf der Insel absetzen sollten.

Wir sind aus dem Lager abgehauen und haben uns durchgeschlagen. Weil wir beide passabel Englisch sprachen, war das nicht allzu schwer. Aber das ist keine Erzählung wert, sondern wie wir auf die Idee kamen. Wetten. Die Engländer wetten wie die Besessenen. Auf alles. Auf Hunde, Kaninchen, Flöhe, Pferde, Kamele, Krokodile. Es gibt nichts, worauf die Tommys nicht noch schnell eine Wette abschließen würden. Schafft die Oma es über die Straße oder wird sie überfahren? Lässt der Barkeeper das dritte Ale überlaufen? Steckt die *Times* mit dem oberen oder unteren Teil voran im Briefkasten? Wir arbeiteten bei einem Totalisator, einem Wettbüro. Wir mussten die Quoten in die Höhe treiben – regional, im kleinen Stil; das war überschaubar, aber dennoch extrem lukrativ. Die Gruppe arbeitete mit allen erdenklichen Mitteln, betrog und manipulierte ohne Ende. Egal, ob Gaul oder Hund, Ratte oder Schaf, das Viech mit der niedrigsten Quote musste gewinnen. Wir beide – Andy und ich – wurden dann im Auftrag unseres Bosses als Strohmänner eingesetzt und als die glücklichen Gewinner präsentiert. Bald galt unser Wort etwas in dem Kreis der Spieler.

Nun, eines Nachts liehen wir uns, gewissermaßen als Gründungskapital, den Tresorinhalt und machten uns damit auf nach Deutschland. Mit englischen Pfund konnte man damals ordentlich etwas anfangen und dann waren da auch noch unsere Beziehungen und Freunde in der Politik. Mit Sportförderung aus einer Lotterie bekamen wir sie alle.«

Münzer schwieg, mit offenen Augen. Er sah aus, als ob er in die Gründungszeit zurück gewandert wäre.

»1948 war für uns und Baden-Württemberg, nein, damals war es noch Württemberg-Baden, ein historisches Jahr«, erzählte Münzer weiter.

»Der Landtag verabschiedete ein Gesetz, das die Sportwette erlaubte. Dann beauftragte das Finanzministerium die eigens gegründete *Staatliche Sport-Toto GmbH* mit der Durchführung des Sport-Totos. Ich glaube, am dritten Oktober starteten wir das erste Toto mit einer Zehner-Ergebniswette. Der Finanzminister war der Schulfreund meines Vaters, ich nannte ihn Onkel. Andreas und ich hatten die erste Sport-Toto GmbH gegründet. Auch andere politische Führungsmenschen gehörten alle irgendwie zu unserem Bekanntenkreis. Auch den Ministerpräsidenten kannte ich gut, er war ein wirklich großer Politiker. Damals, bei dem Treffen auf dem Hohenneuffen, das muss Anfang August 1948 gewesen sein, da ging es nicht nur um Baden, Hohenzollern und Württemberg, da ging es auch um Sport und Kultur, um deren Förderung und woher das Geld dafür beschafft werden könnte – da ging es auch um Toto. Da hat es so richtig angefangen.

Und nicht nur im jungen Baden-Württemberg waren wir mit unserer Toto GmbH gefragt. Bayern, Hessen, Schleswig – alle diese Bundesländer kamen auf uns zu. Wir waren überall dabei, weil wir das Know-how und das nötige Vertrauen hatten. Es war eine unglaublich aufregende Zeit. Wir arbeiteten manchmal wochenlang bis an den Rand der Erschöpfung – ein großartiges Gefühl übrigens.

Wir legten die Basis zu einem internationalen Unternehmen, denn auch mit den Franzosen und den Amis verstanden wir uns gut wie natürlich auch mit den Engländern. Das war sehr wichtig.«

Walcher versuchte sich jedes Wort einzuprägen und nahm sich vor, gleich nach seinem Besuch so viel wie möglich davon aufzuschreiben. Sonst würde er wahrscheinlich die Hälfte vergessen haben, weil er merkte, dass seine Konzentration nachließ.

»Andrea ...«, als hätte Münzer seine Gedanken gelesen, verstummte er nach seinem Satzanfang und war eingeschlafen. Sekunden später kam die Frau in Weiß ins Zimmer und forderte Walcher mit einer Handbewegung zum Gehen auf.

»Ich rufe Sie an. Sie finden hinaus.« Es war mehr ein Befehl als eine Frage.

Walcher fand hinaus, nicht ohne sich den Tintoretto genauer anzusehen, dessen Signatur eher nach Francesco Guardi aussah, was Walcher zu der Einsicht führte, sich nicht als Kunstfachmann aufzuspielen. Gut, dass er nicht versucht hatte, bei dem Weißkittel Eindruck zu schinden.

Dass Münzer und seine Krankenschwester das Sanatorium nicht alleine bewohnten, belegten eindrucksvoll an die zwanzig weitere Weißkittel, die ihm auf seinem Weg zum Ausgang, aus allen Richtungen auftauchend, begegneten. Walcher nahm sie nur aus den Augenwinkeln wahr, weil er über Münzers letztes Wort nachgrübelte. Hatte der alte Mann Andreas oder Andrea gesagt?

Walcher kam zu dem Schluss, dass diese Frage fürs Erste nicht zu klären war. Zudem erforderte seine bevorstehende Abfahrt höchste Konzentration. Der Platz vor dem Eingang stand nämlich voller wartender Chauffeure in edlen Karossen, und weil Walcher sich nicht traute, einfach über den gepflegten Rasen zu fahren, musste er die Einfahrt in ihrer vollen Länge rückwärts bewältigen, was ihm statt Bewunderung der zuschauenden Chauffeure nichts als Nackenschmerzen einbrachte.

Um den Schmerz zu lindern, hielt er nach der Tordurchfahrt am Straßenrand an. Langsam ließ er seinen Kopf kreisen, von links nach rechts und von rechts nach links, wie er es im Yogakurs gelernt hatte. Dabei bemerkte er im Rückspiegel einen schwarzen Mercedes, den er sicher wieder vergessen hätte, wäre er nicht den ganzen Heimweg hinter ihm hergefahren. Erst kurz vor der Abfahrt zu seinem Hof verschwand die schwarze Limousine. Abgelenkt, durch den ständigen Blick in den Rückspiegel, wäre er kurz vor seiner Hofeinfahrt beinahe mit einem alten grünen Lanz zusammengestoßen, der ihm entgegenkam, dann jedoch bremste, zurücksetzte und ihm so den Weg zum Hof frei machte. Josef schwang sich lässig wie immer von seinem Traktor und stiefelte Walcher entgegen, der seinen Wagen in der Garage abgestellt hatte.

Walcher sah Josef an und wunderte sich über dessen Aussehen. Kein Dreitagebart, keine zerzausten Haare, nur die übliche Arbeitskleidung und die Stiefel stimmten mit dem vertrauten Anblick überein. Zusätzlich duftete er nach Rasierwasser, er, der bisher immer nur eine intensive Wolke von Schafsmist und Schweiß verbreitet hatte. Josef deutete Walchers fragenden Blick richtig und meinte nebenher: »hatte vorhin Termine in der Stadt. Wollte gerade nach dir sehen, wie's dir geht; hab dich richtig vermisst. Wo hast du denn gesteckt all die Tage? Alles in Ordnung, keine weiteren Schweinereien?«

»Wie wär's mit einem Calvados?«, wollte Walcher wissen, anstatt auf Josefs Fragen zu antworten und deutete zum Haus.

»Leider nein, muss noch ins Dorf, schauen, ob ich den Wernharter, du weißt schon, den Elektriker, erwische … Irgendwas stimmt mit meiner Hauselektrik nicht«, setzte Josef etwas abwesend hinzu. »Also mach's gut, ich dampf dann weiter!«, sagte er, stieg wieder auf sein Gefährt und winkte beiläufig mit der Hand in Walchers Richtung. Es folgte noch ein Gruß mit dem Zeigefinger an die Stirn, dann tobten aus dem eben noch ruhigen Standgas ruckartig die bisher gezähmten Pferdestärken des Lanz.

Walcher sah ihm nach und hatte ein eigenartiges Gefühl. Dieser Josef schien nicht der Josef zu sein, den er kannte. Aber kannte er Josef überhaupt? Was wusste er schon groß von seinem Nachbarn?

An jenem Abend nach dem Schweinefund hatte er eine Vertrautheit und ein Gefühl freundschaftlicher Verbundenheit gespürt, aber irgendetwas hatte sich geändert. Warum hatte ihn Josef gefragt, wo er in den letzten Tagen gewesen war, dann aber nicht seine Antwort abgewartet? Seltsam.

An diesem Abend legte sich Walcher auf das Sofa im Wohnzimmer und versuchte, sich die Erzählungen Münzers ins Gedächtnis zu rufen. Zwar hatte er sich vorgenommen, alles aufzuschreiben, woran er sich erinnern konnte und hatte dazu auch Block und Filzstift auf dem Stuhl neben sich bereitgelegt, aber mehr als den Namen Münzers und das Datum des Tages brachte er nicht zu Papier. Er fühlte sich einfach zu müde und schlaff. Einige Minuten später war er eingeschlafen.

Vielleicht war es gut, dass Walcher schlief. So bemerkte nur Bärendreck, dass dunkle Gestalten ums Haus schlichen – was den Kater aber nicht veranlasste, den warmen Platz auf Walchers Bauch aufzugeben. Zwei schwarz gekleidete Männer, Mützen übers Gesicht gezogen, umrundeten einmal das gesamte Anwesen. Sie schauten durch die unteren Fenster in die Zimmer und sahen Walcher schlafend auf dem Sofa im beleuchteten Wohnzimmer liegen. Sie öffneten den alten Hühnerstall, warfen einen Blick hinein ebenso wie in die Garage, in die sie kurz verschwanden. Dann schauten sie in die Fenster des ehemaligen Stalls und verschmolzen schließlich wieder mit der Dunkelheit, aus der sie lautlos aufgetaucht waren.

Ham'S schon g'hört?

Das Glockengeläut über Frau Zehners Ladentür war außer Betrieb, denn die Tür stand offen, obwohl dadurch heiße Außenluft in den ansonsten kühlen Laden strömen konnte. Nach nur einem Schritt in den dunklen Laden roch Walcher den Grund für die offene Tür: Es stank bestialisch nach Salmiak. Auf seine stumme Frage zuckte Frau Zehner nur kurz mit den Schultern.

»Hab's verschüttet, das Zeug, bin halt nicht mehr die Jüngste.«

Frau Zehner hatte heute nicht ihren gnädigen Tag, dachte Walcher. Der Gedanke an den Gründer des deutschen Lottos, den er tags zuvor kennengelernt hatte, machte seine Spende an Frau Zehner in Form der fiktiven Lottoeinzahlung zu einer noch größeren Farce, als sie es ohnehin schon war. Walcher nahm sich vor, künftig auf diesen Teil ihres gemeinsamen Rituals zu verzichten.

Frau Zehner nahm seine Spende ohne ihr übliches »Sie-guter-Mensch«-Lächeln entgegen und beim Prozedere mit Walchers gammeligen Lottozettel war sie abwesend und fahrig. Er kam also nicht umhin nachzufragen, ob irgendetwas passiert sei. Natürlich war es das und es brach wie eine Flutwelle aus Frau Zehner heraus.

»Den schönen Hof, einfach verkaufen, also nein, wenn das so weitergeht, sind bald nur noch Städter hier. Ich kann mich noch an die Sofia Gangler erinnern, die Mutter vom Tobias, wie die auf den Weidelhof eing'heiratet hat. Sie ist dann beim zweiten Kind, beim Tobias, am Kindbettfieber g'storben. Ihr Mann, der Hubert, hat die zwei Buben groß'zogen, hat nimmer heiraten wollen. Hat keine Lebenskraft mehr g'habt und den Hof früh dem Manfred überschrieben. Drei Jahre danach ist er eingeschlafen und nimmer aufgewacht, hat immer um seine Sofia getrauert. Und dem Bub ist's genauso ergangen. Glücklich verheiratet war er und dann, vor zwei Monaten, ist seine Frau nicht vom Kräutersammeln zurückgekommen. In der Hausbachklamm, oben bei Längene, hat man's g'funden. War wohl ausgerutscht und hat's in einen Baum gehauen. Seither hat der Manfred gesoffen, jeden Tag, was er nur reinbringt. Vergangenen Monat hat's ihn auch runterg'haut, von der Brücke in den Bach, wo's doch jetzt nur Steine hat und gar kein Wasser. War sofort hinüber, das Genick gebrochen, wie seine Frau auch. Mein Gott, ist das furchtbar. So viel Unglück auf einem Hof. Eigentlich kann ich den Tobias, den Bruder vom Manfred, schon verstehen, dass er den Hof verkauft hat. Will auswandern, nach Australien. Vielleicht hat er ja recht. Auf dem Hof liegt ein Fluch.«

Nein, wer den Hof gekauft habe, das wüsste sie noch nicht, antwortete Frau Zehner auf Walchers Frage, wobei sie sehr deutlich das »noch nicht« betonte. Spätestens bei seinem nächsten Besuch würde sie vermutlich jedes Detail zum Hofverkauf erzählen können.

Dass gestern Abend sein Nachbar, der Herr Vomweg, mit zwei Touristen im *Hirschen* ziemlich gezecht hatte, wusste Frau Zehner noch zu berichten. Und sie hätte sich schon gefragt, wo er, der Herr Walcher, vergangenen Samstag gesteckt habe. Dabei erinnerte sie sich vermutlich an das, was sie Walcher da hatte erzählen wollen. Deshalb gab's noch einen Nachschlag. »Ham'S schon g'hört von den Schafen, die's abg'schlachtet ham? Wie die Vandalen. Wo doch dem Herbertinger eh schon das Wasser bis zum

Hals steht. Aber es trifft ja immer die Falschen. Einfach abgeschlachtet, drei von seinen sieben Schafen und liegen lassen. Wer macht denn so was?«

Walcher hielt sich bei Frau Zehners überraschend eingeschobenen Fragen meist zurück, weil seine Antwort nur ihren Redefluss unterbrochen hätte.

»Zuerst ham's geglaubt, ein Wolf oder so wär über die armen Viecher herg'fallen, aber ein Wolf hat kein Messer nicht und verdreht auch kein Genick, gell. Wahrscheinlich sind's g'stört worden, weil's nix mitg'nommen ham wie vor ein paar Wochen beim Walterbauern. Dem haben's fünf Jungschweine abg'stochen. Eins davon ham's mitgehen lassen. Furchtbar, was es alles an Schlechtigkeiten gibt.«

»Wo hat der Walterbauer seinen Hof und wann war das mit den Schweinen?«, wollte Walcher wissen, der sofort das Schwein in seinem Keller vor Augen hatte. Frau Zehner beschrieb den Weg zum Hof der Walters. Auch den Tattag nannte sie. Ein wirklich erstaunliches Gedächtnis hat sie, dachte sich Walcher, kaufte die beiden Allgäuer Zeitungen, dazu einen Beutel Tee aus Alpenkräutern und verabschiedete sich von Frau Zehner und den drei Damen, die inzwischen den Laden betreten und aufmerksam zugehört hatten. »Habt's schon g'hört?«, wurden die Damen, alle in Frau Zehners Alter, begrüßt, als Walcher den Laden verließ.

Mit dem üblich schlechten Gewissen fuhr Walcher im Anschluss daran zum Supermarkt am Dorfrand von Weiler. Bis dieser um neun Uhr öffnete, blätterte er die Tageszeitungen durch und fand, es hätten auch die Ausgaben der vorletzten Woche sein können: Hitze, Unfälle, Krieg, Mord und Totschlag – der ganz normale Alltag im Allgäu hatte ihn wieder eingeholt.

Als er dann den Einkaufswagen vor sich her schob, nahm er sich vor, nur Artikel zu kaufen, die es bei Frau Zehner nicht gab. »Also des ganze ausländische Zeug«, wie sie schon mehrfach betont hatte, wenn er nach Parmesan, Tomatensugo oder Oliven gefragt hatte. Nicht, dass sie etwas gegen Produkte aus fremden Ländern gehabt hätte, nein, aber ihre Kundschaft kaufte nur, was sie auch kannte. Und weil im Allgäu nun mal keine Oliven wuchsen, blieben diese Dinger nur liegen. Selbst die Schweine, an die sie überfällige Waren verfütterte, würden die Schnauze verziehen bei dem Zeugs. Und das Tomatenmark von hier würde ja wohl auch nicht schlechter schmecken als so ein »Tomatensuuuugo« aus Italien. Dabei hatte sie das U gedehnt, als käme der Ton aus einem Alphorn.

Eine Viertelstunde später verstaute Walcher seine Einkäufe in die reichlich vorhandenen Tüten, die sich nicht nur zum Transportieren gut eigneten, sondern auch ideale Müllbeutel abgaben.

Dies war Walchers erster Einkauf nach dem Schweinefund – und es war ein freudloser Einkauf gewesen. Bevor er zurückfuhr, entschied er sich zu einem Spaziergang. Am Parkplatz des Einkaufscenters führten mehrere Spazierwege vorbei und er wählte den in Richtung Fußballplatz, nicht weil es ihn dort besonders hinzog, sondern weil es der am wenigsten benutzte Weg an diesem sonnigen Vormittag war.

Walcher atmete tief durch und schwang die Arme im Kreis. Dann konzentrierte er sich auf seine bisherigen Rechercheergebnisse. Der Nachmittag gestern bei Münzer hatte eine Welt aufgetan, die Mayers Aufzeichnungen zwar Sinn gaben, Walcher konnte sich die monströse Company dennoch nur vage vorstellen, zu fantastisch und gigantisch schienen ihm die Ausmaße, als entstammten sie einem Science-Fiction-Roman. Leider hatte sich diese Frau bei Münzer – er nannte sie in Gedanken die Frau Doktor – bisher nicht wieder gemeldet. Hoffentlich hatte der Alte nicht sein Leben ausgehaucht, denn ohne seine weiteren Informationen würde die Geschichte über die Company eine nebulöse, fiktive Story bleiben.

Ein Geräusch, ähnlich dem Flappen eines Bumerangs, schreckte Walcher auf. Ruckartig drehte er den Kopf nach hinten und wich zurück, als ein Schatten nah an ihm vorbeijagte. Er spürte den Lufthauch und war kurz wie erstarrt und dann wütend. »Arschloch«, brüllte er dem Mann nach und setzte, als wolle er sich für seine erste Reaktion entschuldigen, ein etwas harmloseres »Affe!« hinzu. Ein toller Spaß, wenn erwachsene Menschen auf Rollschuhen herumfuhren, sich wie Fallsüchtige mit Knie- und Ellbogenschützern kleideten, Menschen von den Bürgersteigen jagten und Autofahrer zur Vollbremsung zwangen.

Münzers Nachlass

Nach dem Beinahe-Zusammenstoß mit dem Skater hatte sich Walcher mit längst fälliger Gartenarbeit abgelenkt. Zwei Stunden lang riss er hüfthohe Gewächse aus den Gemüsebeeten, die dort nicht hingehörten. Brennnessel, Ackerwinde, Himmelsleiter, Storchenschnabel, Hederich, Ackersenf und andere wildwachsende Pflanzen – und das waren in seinem Gartenschungel unzählige Schubkarrenladungen voll – hatten sich zwischen seinen Kulturpflanzen breitgemacht. Danach zwickte er noch die wild wuchernden Tomatensprossen heraus, weil er den Tomatengeruch dabei so liebte, kürzte die meterlangen Triebe der Kürbisse und Gurken, die vom Komposthaufen her den Garten überwucherten und dachte währenddessen an Lisa und an die Hitze Andalusiens. Nach einer Brotzeitpause mit einer Flasche kühlen Weißbiers stand er unter seiner selbstgebauten Gartendusche und sang laut »Chi non lavora non fa l'amore«, eine der wenigen italienischen Schnulzen, deren Text er kannte. Er fühlte sich wohl und beschloss spontan, anschließend Lisa zu besuchen. Die Mittagsglocken klangen herauf, und vielleicht hatte Lisa etwas gekocht oder wenn nicht, könnte er sie zum Essen einladen.

»Bitte ziehen Sie sich etwas an, ich drehe mich solange um!« Nach einem kurzen Schreckensmoment hatte Walcher die Stimme erkannt und konnte sie trotz des rauschenden Wassers Münzers Frau Doktor zuordnen. »Sie können auch mitduschen«, versuchte er einen kläglichen Scherz, drehte der Dusche, die aus Schlauch und Gießkannenkopf bestand und in der Astgabel des Apfelbaums steckte, das Wasser ab und griff nach seinem Bademantel. »War nicht so ganz ernst gemeint, das mit dem ...«, wollte er abschwächen, beendete aber seinen Satz nicht, sondern starrte die Frau an, die da vor ihm stand, und die so gar nichts mit dem Weißkittel bei seinem Besuch im Sanatorium gemeinsam hatte. Außerdem hatte sie sich nicht umgedreht.

Das blonde Haar war zu einem lockeren Knoten hochgesteckt, der goldbraune Oberkörper steckte in einem knappen Träger-Shirt, dazu trug sie enge Jeans – vor ihm stand eine beunruhigend schöne Frau, die kühl feststellte: »Ich bin nicht gekommen, um mit Ihnen zu duschen!«

Walcher grinste etwas dümmlich, zeigte zum Gartentisch und schaltete ebenfalls auf kühl:

»Darf ich Ihnen etwas anbieten?«

»Das ist sehr nett von Ihnen, aber ich bin nur gekommen, um Ihnen dieses Päckchen zu bringen. Es ist von Vater, von Herrn

Münzer«, korrigierte sie sich. »Ich soll Sie darauf hinweisen, dass ich den Inhalt größtenteils kenne und Sie dringend auffordern, ihn wie einen Schatz zu hüten. So hat sich Herr Münzer ausgedrückt.«

Während sie dies sagte, reichte sie ihm ein Päckchen, das in etwa der Größe von zwei aufeinandergelegten Taschenbüchern entsprach. Er nahm es an sich und begutachtete es, so als wolle er den Inhalt erraten. Sie drehte sich um, ging einige Schritte auf die Hausecke zu, um die sie gekommen war, blieb dann stehen und rief ihm über die Schulter zu:

»Übrigens sollten Sie sich eincremen, Sie haben schon einen leichten Sonnenbrand auf Ihrem Hinterteil. Glauben Sie einer Hautärztin.«

Walcher bekam nicht ihr Schmunzeln mit, als sie um die Hausecke verschwand. Mit dem Päckchen in der Hand lief er ihr nach, rammte sich jedoch nach zwei Schritten einen Dorn oder Holzspreißel in den linken Fußballen, hüpfte fluchend vor Schmerzen auf dem rechten Bein weiter, bog um die Hausecke ... und blieb dort abrupt stehen, denn Frau Doktor stieg gerade in den schwarzen Mercedes, der ihn auf der Heimfahrt vom Sanatorium verfolgt hatte.

Nicht, dass er sich an den Mann mit der Sonnenbrille Typ Bodybuilder erinnert hätte, der hinter dem Steuer saß, sehr wohl aber an den kurzen Bindfaden, der an der Dachantenne baumelte und an dessen Ende irgendein kleines rotes Teil hing, vielleicht der Rest eines Luftballons. Walcher zögerte, zumal er mitten im Hof einen zweiten Mann gleichen Typus entdeckte, der mit dem Rücken zum Auto stand und anscheinend interessiert in die Landschaft guckte. Trotzdem hüpfte Walcher auf den Wagen zu, hielt sich an der noch offenen Seitentür fest, beugte sich hinunter, obwohl der Bodyguard eine drohende Haltung annahm und fragte: »Wie heißen Sie eigentlich?«

Sachlich und knapp kam die Antwort aus dem Auto, »Caroline Münzer«.

Dann führte Walcher einen Hüpftanz auf, weil ihr Beschützer die Tür zudrückte und ihm den Halt und die Balance nahm, was Caroline belustigt beobachtete. Sie winkte ihm zu, dann fuhr der Wagen vom Hof.

Also hatten sie ihn nicht verfolgt, sondern waren als eine Art Personenschutz hinter ihm hergefahren, denn wo er wohnte, das hatten sie sicher schon vorher gewusst, schließlich kannten sie sein Auto. Walcher setzte sich an der Stelle ins Gras, wo er gerade auf einem Bein gestanden hatte und zog sich den Dorn aus dem Fuß. Nur noch leicht hinkend, kehrte er, mit dem Päckchen in der rechten Hand, zur Gartenseite hinter dem Haus zurück.

Am Gartentisch riss er das Packpapier auf und fand vier altertümliche Kassetten, eine CD und zwölf in der Mitte gefaltete Blätter vor. Walcher überlegte, wo er noch einen Kassettenrekorder herumliegen hatte und hinkte in den Stall. Dort lagen in einem Karton Geräte aus der analogen Ära, darunter auch ein Rekorder für Kassetten. Wieder zurück auf der Terrasse, brachte er erst einmal die CD und auch die Blätter in die Küche. »Kein Sonnenlicht auf CDs«, hatte ihm einst ein Fachmann eingebläut. Die Blätter waren engzeilig mit Namen, Adressen, Telefonnummern und Mailadressen beschrieben. Er sah sie sich jetzt nicht genauer an, sondern schob die CD und die Papiere in die Schublade des Bauerntisches.

Da ihm zum Desinfizieren der kleinen Fußwunde der Rest Weizenbier nicht geeignet erschien, holte er die halbleere Flasche Sherry aus dem Barschrank im Wohnzimmer und nahm sie samt

Glas mit auf die Terrasse. Im Sitzen tupfte er etwas Sherry auf die leicht blutende Stelle an der Fußsohle und trank auch einen Schluck davon. Er vertraute den persischen Medizinern, die schon in der Antike die desinfizierende Kraft starker Weine genutzt hatten.

Die Kassetten waren mit einem weißen Marker durchnummeriert. Walcher schob die erste in den Kassettenrekorder und drückte auf Start. Der ließ auf sich warten, wahrscheinlich waren die Batterien längst eingetrocknet. Er umging die Suche nach frischen Batterien, holte stattdessen aus der Kiste im Stall das Kabel und Trafo und flößte damit dem Rekorder Leben ein. Auf dem Weg zu seiner Liege auf der Terrasse verklemmte sich das Kabel unter dem Tischbein des Gartentisches und Walcher musste zurück, um es zu befreien.

Als er sich bückte, entdeckte er einen Zettel mit perforierter Abrisskante, der nicht viel größer als eine Visitenkarte war. *Potemkin* stand darauf mit krakeliger, kantiger Schrift. Spontan fiel ihm Münzer ein, obwohl er dessen Schrift nicht kannte. Wahrscheinlich war der Zettel aus dem Päckchen herausgefallen, als er es unachtsam aufgerissen hatte. Walcher steckte den Zettel in die Brusttasche seines Bademantels, setzte sich auf die Liege und startete die Kassette. Noch während er sich zurücklehnte, hörte er Münzers erste Worte. Dieses Mal ignorierte er von Anfang an Münzers Pausen und hielt immer das letzte Wort so lange in Gedanken fest, bis der Anschluss folgte.

Nach unserem Gespräch, mein junger Freund, ich darf Sie doch so nennen, das kein Gespräch war, sondern der Monolog eines alten Mannes, habe ich mir überlegt, dass ich nicht aus dieser Welt gehen kann, ohne meine Geschichte zu Ende zu erzählen. Ja, ich bin Ihnen sehr dankbar, denn Sie haben mich zu diesem Rückblick, oder sollte ich es Beichte nennen, angeregt. Sie erscheinen mir im Moment als der geeignetste Zuhörer, da Sie außerhalb meiner Welt leben und deshalb vermutlich objektiv und mit Neugier manche Information aufnehmen werden. So gesehen, hat Sie mir Fortuna geschickt. Ich habe deshalb, nachdem Sie gegangen waren, unermüdlich das Folgende aufgenommen.

Meine Welt, die ich immer im Griff zu haben glaubte, endet. Sie bricht auseinander oder wie immer man es nennen will. Mein Freund und Gefährte Andreas Mayer wurde von Barbaren erschlagen, als ob man einem Tier den Schädel zertrümmert. Schockierend und demütigend nicht nur der grässlichen Art wegen, sondern weil die Täter vermutlich aus den eigenen Reihen stammen, zumindest von einer unserer Führungskräfte beauftragt wurden.

Andy hatte seinen Weg durch die Pforte des Hades anders geplant. Ihm schwebte ein Abgang vor, begleitet von einer Sinfonie Smetanas, mit einem alten Burgunder auf der Zunge und vielleicht noch dem Duft einer letzten Brasil und dabei den Händedruck von einem Menschen fühlend, dem er besonders verbunden war. Ich bedaure zutiefst, vermutlich nicht mehr erleben zu können, wie der oder die Täter zur Rechenschaft gezogen werden. Aber wahrscheinlich wird man nie herausfinden, wer meinen Freund umgebracht hat.

Kurze Zeit hatte ich ja Sie in Verdacht, weil einer meiner Helfer Sie im Haus am See gesehen hat, als er dort war, um Andy eine Nachricht von mir zu überbringen. Schon seit einiger Zeit ging Andy nicht mehr ans Telefon, manchmal, weil er es nicht hörte, meistens, weil er nicht wollte.

Sie haben aus dem Haus einen Ordner entwendet, eine Art Inventarliste der Company – eine Tür in unsere Company. Ohne Schlüssel nicht von großem Wert. Ich habe den gleichen Ordner. Nur Andy und ich besitzen diese Ordner ... besaß. Jetzt Sie und ich.

Hüten Sie ihn gut, er könnte Ihr Leben schützen. Natürlich kann er Sie auch reich machen, aber Sie würden den Reichtum nicht lange erleben können. Zu viel steht auf dem Spiel, als dass einer unserer – ich vergesse immer noch, dass Andy nicht mehr lebt –, also einer meiner Nachfolger auf Sie Rücksicht nehmen würde. So leid es mir tut, aber auf Ihre Überlebenschancen würde ich nicht viel wetten. Sie sind leider durch Zufall oder doch dank der Glücksgöttin in die Endphase eines Machtkampfes geraten, der offensichtlich ohne jegliche Hemmungen ausgefochten wird.

Ich will mit diesem auf Band gesprochenen Nachlass sicherstellen, dass wenigstens eine Grobversion der Entstehungsgeschichte unserer Company existiert, auf die zur Not zurückgegriffen werden kann. Am Ende meiner Erzählung wird eine Namensliste stehen, die alle derzeit relevanten Personen der Company aufführt und ihre Funktionen beschreibt.

Diese Kassetten sind für Sie Fluch und vielleicht Rettung zugleich. Hüten Sie dieses, mein letztes Geschenk wie einen Schatz. Allerdings übergebe ich ihn, nicht ohne Absichten zu verfolgen. Vielleicht liegt es ja in Ihren Möglichkeiten, meine und Andys Tochter durch die Macht des Wissens, das in diesen Kassetten liegt, zu schützen.

Andreas Mayers Tochter haben Sie bei Ihrem Besuch bei mir kennen gelernt. Caroline trägt zwar meinen Namen, ist in Wahrheit aber Andreas' Tochter. Meine Tochter Andrea ist bei Andy aufgewachsen.

Wir haben damit nach alter Sitte unsere beiden Familien zu einer machen wollen, vielleicht ein Blödsinn, mag sein, aber bisher hat es funktioniert. Andrea ist kürzlich in das Haus von Andy gezogen, in das Haus ihres Vaters, wie sie glaubt. Ich werde sie in den nächsten Tagen zu mir bitten und sie ... quasi aufklären. Sie ist bisher über den Tausch nicht informiert worden, Caroline hingegen schon. Frau Dr. Caroline Münzer hat es beim Besprechen dieser Kassetten erfah-

ren. Sie wird Ihnen jede Unterstützung zuteilwerden lassen, die ihr möglich ist, auch was das Finanzielle betrifft. Und nun wünsche ich Ihnen viel Verstand und Mut, mein Freund, und im Interesse der beiden jungen Frauen auch ein langes Leben.

Diese erste Kassette sollten Sie besonders gut hüten, weil sie mit einer Sprachkodierung versehen ist sowie mit der Kodierung des Notars Dr. Thomas Wirrsegel aus Lindau. Das ist vergleichbar mit einer Originalschrift, die eine notarielle Beglaubigung besitzt, mit Siegel und so weiter.

Ach ja, eine CD, von unschätzbarem Wert für Ihre Gesundheit und die unserer – meiner und Andys – Töchter, wird dem Päckchen beiliegen. Ich werde deshalb bis zu meinem Tod, eine zugegebenermaßen nicht sehr angenehme Vorstellung, online mit der Company verbunden bleiben. Die CD ist weit wichtiger als meine Lebensgeschichte. Sie ist der Universalschlüssel zur Company. Mit dem Code-Wort, das ich nicht ausspreche, sondern für Sie auf einen Zettel schreiben werde, den auch Caroline nicht zu lesen bekommen wird, quasi meine letzte Unterschrift,.gelangen Sie in das Gehirn, in den Zentralcomputer der Saveliving International Ltd., Sitz Nassau, Bahamas. Ja, nicht nur das, es ermöglicht Ihnen den Zugriff auf die geheimsten Daten und Informationen der Company. Nur die Dreierspitze des Aufsichtsrats der Company kann wie Sie auf alle Daten zugreifen. Ich glaube aber, dass Andys CD an einem gut versteckten Ort liegt, ebenso sein Code-Wort. Alle übrigen Vorstände und Führungskräfte haben nur Zugriff auf Details, die für ihre jeweiligen Verantwortungsbereiche notwendig und sinnvoll sind.

Drei Namen habe ich auf meiner Liste unterstrichen. Diese Personen halte ich für fähig, Andys Tod in Auftrag gegeben zu haben. Alle sind, wie auch der gesamte Aufsichtsrat, außerordentlich fähige Alphatypen. Unterschätzen Sie keinen von ihnen.

Thok, als Vorsitzender des Holding-Aufsichtsrats, wird nach meinem Ableben die Interimsführung übernehmen, bis ein gewähltes Gremium ihn ablöst, so haben wir es festgelegt. Thok ist mein Vertrauter. Er ist ebenfalls einer meiner Erben, neben meinem adoptierten Sohn, meiner Tochter und der Tochter von Andy – aber das ist alles notariell geregelt. Ich erwähne es nur zu Ihrer Information. Auch für Sie habe ich heute ein Honorar festgelegt. Worauf sich meine Hoffnung gründet, weiß ich nicht, aber ich glaube, dass Sie sich für die Company einsetzen werden. Adieu.

Das restliche Band der ersten Kassette war unbespielt. Walcher wechselte es gegen das zweite Tape aus und genehmigte sich noch einen Sherry. Kurz schweiften seine Gedanken zur *Bodega La Ina* von Pedro Domecq ab, in der er den Amontillado zusammen mit Lisa verkostet und eine Flasche gekauft hatte. Dann konzentrierte er sich wieder auf Münzers Stimme.

Wir hatten von Anfang an ein System entwickelt, das wir Potemkin abgeschaut haben. Nicht, weil wir betrügen wollten, sondern weil Andy, ein genialer Mathematiker, ausgerechnet hatte, dass die Gewinnchancen beim Lotto derart niedrig waren, dass kein normaler Mensch an einer Lotterie teilnehmen würde, es sei denn, es gäbe Gewinner, die vorgezeigt werden konnten. Wir gründeten deshalb eine Bank, die als Hausbank alle Überweisungen vornahm. So konnten jede Woche der Presse werbewirksam glückliche Gewinner präsentiert werden, gutbezahlte Schauspieler, die wir ganz offiziell mit der Begründung engagierten, dass die tatsächlichen Gewinner sich sonst der Schnorrer und Neider nicht erwehren könnten.

Gab es wirklich mal reale Gewinner, und ich spreche nur von großen Hauptgewinnen, dann hielten wir uns natürlich zurück, aber das kam selten vor. In den ersten vier oder fünf Ausspielungen gab es zum Beispiel keine Hauptgewinner. Erst ab 1956 konnten wir einige echte Gewinner vorstellen. Das war wichtig, da schufen wir nämlich den Zusammenschluss aller deutschen Lottogesellschaften.

Wir waren nicht deshalb so erfinderisch, weil wir auf das Kapital aus waren, sondern weil wir echte Gewinnchancen bieten wollten, wenigstens zum Teil. Wir boten eine große Wettpalette an: Toto, Punkt- und Auswahlwette wie Sieben aus Sechsunddreißig, Lotto, Torsummenwetten, Ergebniswetten mit Gewinnrängen, Dreizehner Wette, Auswahlwette, Sechs aus Sechsunddreißig mit vier Gewinnrängen. Aus Amerika brachten wir den Jackpot mit wie auch die Aufhebung der Gewinnbeschränkung.

Wir waren außerordentlich kreativ. Wir machten Millionäre, jedenfalls in den Köpfen der Menschen. Hätten wir nicht in jeder Ausspielung Träume vom großen Glück erfüllt, Lotto wäre nicht zu dem geworden, was es heute ist. Der Mann mit dem schwarzen Koffer, der den Lotto-Gewinn auszahlt, war auch Andys Idee. Dadurch hatten wir es ein wenig leichter, Bargeld in Umlauf zu bringen. Gegen eine Empfangsbestätigung wurde der Koffer mit Bargeld ausgehändigt. Der Mann mit dem Koffer wurde dadurch zu einem enorm werbewirksamen Synonym für schnellen Reichtum. Man spielt Lotto, und am nächsten Tag steht der Mann mit dem Koffer vor der Tür und bringt die Millionen ins Haus.

Durch solche Bilder entstand ein wahrer Sog, und die Leute legten erst so richtig los. Je mehr Menschen mitspielten, desto mehr konnten wir investieren. Die Abschaffung von Name und Adresse des Einzahlers auf dem Lottoschein war eine von Andys genialen Ideen aus jüngerer Zeit. Glauben Sie mir, es ist aufwendiger, Falschgeld zu drucken.

Wir haben nicht die Lottospieler betrogen, sondern vor allem dafür gesorgt, dass der Staat nicht zu viel bekommt und alles verprasst. Wohin es führt, wenn Politiker hohe Geldmittel zur Verfügung haben, konnten wir zur Genüge erleben. Jedes Kuhdorf hat wenigstens ein geschlossenes Hallenbad, eine überdimensionierte Mehrzweckhalle, die zwei Drittel des Jahres leer steht, protzige Wartehäuschen an den Bushaltestellen, kolossale Sportstadien für Zwanzig-Mann-Vereine, Straßen, breit wie Autobahnen, Plätze, gepflastert mit feinstem Marmor, aufwendige Brunnen, Kunst am Bau sowie Kunst im Raum, Kunst in den Schreibstuben und endlos mehr, was die Kommunen in den finanziellen Ruin treiben wird, wenn es nicht längst eingetreten ist, weil niemand an die Folgekosten für diesen Wahnsinn gedacht hat. Politiker spielen Monopoly und zeigen sich am liebsten, wenn sie zu allen möglichen Neueröffnungen Bänder durchschneiden und Schlüssel überreichen. Stellen Sie sich vor, diese Größenwahnsinnigen hätten über noch mehr Mittel verfügt. Nicht auszudenken.

Bedenken Sie dagegen unseren volkswirtschaftlichen Ansatz, den ich, nun, sagen wir als begründenden und gleichzeitig rechtfertigenden Aspekt anführen möchte. Wir haben uns nicht im klassischen Sinne bereichert, sondern haben Gelder einem Kreislauf zugeführt, der vielen Menschen auf dieser Welt Arbeit und Brot gab, gibt und geben wird. Gelder, die Politiker ansonsten durch Denkmalbauten verheizt hätten. Auch jene Firmen möchte ich als besondere Leistung anführen, die durch unsere Investitionen am Leben erhalten wurden. Beispielsweise durch Aktienkäufe, obwohl uns klar war, dass wir uns an einem unsinnigen Spiel beteiligten. Aktien sind wie Kettenbriefe: Die letzten Käufer holt die Katz. Da werden Firmen mit Zigmillionen bewertet, obwohl sie keinerlei Wert besitzen. Firmen dagegen, die wirklich eine solide Basis besitzen, schmieren ab, weil die Kurswerte manipuliert werden, damit irgendein Spekulant im großen Stil kaufen und wieder verkaufen kann.

Vielleicht waren wir, wenn auch unbewusst, so etwas wie moderne Robin Hoods, die durch eine Umverteilung der Geldströme, besonders in wirtschaftlich schwierigen Zeiten, für Stabilität sorgten.

Wir haben Gewinne, nicht nur die aus den Spieleinnahmen, sondern auch die Erträge unserer Unternehmen, immer nur als ein Mittel zum Zweck betrachtet. Erträge und Gewinne sollen nicht von wenigen Inhabern abgeschöpft werden, sondern in den Unternehmen bleiben und ihren Bestand und ihre weitere Entwicklung sichern. Auch die Menschen, die dort arbeiten, sollen davon profitieren. Unternehmen müssen als ein gemeinschaftlicher Besitz verstanden werden, für den sich jeder Mitarbeiter verantwortlich fühlt, dann haben wir eine Zukunft. Nein, das sind keine sozialistischen Träumereien, sondern ein möglicher Weg aus der Sackgasse. Die Welt hat sich aufgeteilt in Produzenten, Konsumenten und Verwalter, deren Interessen gegensätzlicher nicht sein können. Deshalb stürzen wir bei jeder Krise zurück in die Steinzeit und schlagen uns die Schädel ein.

Ein mechanisches »Tschak« signalisierte das Ende der zweiten Kassette. Die Geschichte Münzers war unglaublich und faszinierend. So allmählich festigte sich in Walcher die Überzeugung, die Story seines Lebens in Händen zu haben. Trotzdem war ihm nicht zum Jubeln zumute. In ihm breitete sich eher ein trübes, indifferentes Gefühl aus. Münzer legte ihm seine Lebensgeschichte in die Hände und zugleich ein tonnenschweres Vermächtnis. War das einfach so als Story zu vermarkten? Hier ging es nicht um eine Story, sondern eher um den Auftrag, zu verhindern, dass eine daraus wurde. Walcher traute Münzer zu, dass diese Überlegung die ausschlaggebende Rolle für seine Beichte gespielt hatte. Der Hinweis auf ein Honorar unterstrich dies. Er seufzte tief, trank einen Schluck von dem außerordentlich aromatischen Sherry und legte die Kassette Nummer drei ein.

Anselm Münzer, mein Adoptivsohn, ist Mediziner und hat mit der Company nichts zu tun, leider. Ich hatte immer gehofft, er würde mein Nachfolger, wenigstens im Geschäftsbereich Gesundheit und hier im Speziellen auf dem Gebiet der Forschung. Aber er ist ein Wissenschaftler und die haben meist ziemliche Dickschädel. Unabhängig will er bleiben mit seinem Sanatorium und Alterungsprozesse beim Menschen erforschen. Gut, soll er, er hat das Zeug dazu. Habe ihn adoptiert, weil seine Eltern indirekt durch meine Schuld ums Leben kamen.

Meine Frau Eve hat sich vier Jahre nach Andreas Geburt von mir getrennt. Das heißt, sie ging einfach. Sie konnte es nicht überwinden, sich von Andrea zu trennen. Wir hatten die Mädchen getauscht, als ein Pfand der unlösbaren Bande. Das hört sich heute furchtbar an, man muss dabei bedenken, dass wir damals zusammen ein Haus bewohnten und die Frauen und Kinder ohnehin die meiste Zeit zusammenlebten.

Eve war aus Liebe gegangen, vermute ich, aus Liebe zu den Kindern und zu mir. Seit ich den Kindertausch durchgesetzt hatte, befanden wir uns in einer Phase, in der wir im Krieg gegeneinander lebten – und so gesehen handelte sie wahrscheinlich richtig, als sie ging. Ich war damals verbohrt in meine Vision. Wahnsinnige wie ich sollten nicht versuchen, Ehen zu führen oder gar Familien zu gründen. Ich liebte Eve und habe mein ganzes Leben gehofft, sie würde eines Tages einfach wieder bei mir sein. Aber sie war ein starker Mensch, der sich auch Trauer und Schmerz abverlangen konnte, wenn es darum ging, ihre Persönlichkeit zu wahren – und vor dem Verlust ihres Ich hatte sie Angst, glaube ich. Angst davor, ein Anhängsel zu werden, das zwischen zwei Terminen kurz umarmt wird und den Rest der Woche wartend herumsitzt. Sie sah für sich keinen Sinn an meiner Seite. »Ich bin meine ganze Kindheit hindurch viel allein gewesen«, hatte sie mir einmal ihre Sicht auf uns beschrieben, »um so viel Einsamkeit vergessen zu machen, braucht man für den Rest des Lebens Nähe und Wärme«. Und genau diese Wärme und

Nähe habe ich ihr nicht geben können, aber das verstand ich erst, als es zu spät war.

Ich durchlebte eine grauenvolle Zeit damals, suchte sie überall. Nur ein einziges Zeichen erhielt ich von ihr, einen kurzen Brief. Ich trage ihn seither in meiner Geldbörse bei mir. Sie schrieb mir, dass ich mir keine Sorgen um sie machen und mich nicht grämen solle. Nur deshalb sende sie mir ein Lebenszeichen. Das rührt mich heute noch zu Tränen. Sie muss mich sehr geliebt haben. Selbst in ihrer Einsamkeit dachte sie noch an mich. Eve ist vor fünfzehn Jahren an Krebs gestorben. Ich habe sie doch noch gefunden ... als Tote. Sie hat ihr ganzes Leben in Tagebüchern aufgezeichnet, als ihr Erbe an Andrea.

Eves Tagebücher sind wunderbar, sehr philosophisch. Sie reflektiert darin über sich, über unsere Beziehung, über ihre Tochter, über den Sinn ihres Lebens. Und sie beschreibt, warum sie gehen musste. Als ich das las, konnte ich sie verstehen, damals konnte ich das nicht. Ich war alles zugleich: verletzt, enttäuscht, traurig, und vor allem raubte mir die Sehnsucht nach ihrer Nähe jeden klaren Gedanken. Wochenlang lag ich in einem tiefen schwarzen Loch, besoff mich und bedauerte mich. Mir ein Leben ohne sie vorzustellen – undenkbar.

Vermutlich wäre ich damals ausgestiegen, hätte nicht Andy mein Verantwortungsgefühl wachgerüttelt. Andy hatte sich eine sehr subtile Therapie ausgedacht. Er kam und ließ einfach die beiden Mädchen in meinem Haus, da war Schluss mit dem Rumhängen.

Ich habe immer geglaubt, dass es im Leben wichtig ist, tief tauchen zu können. Nach Eves Weggang war ich froh, mich über Wasser zu halten.

Sie müssen mir nachsehen, wenn ich nicht immer chronologisch vorgehe, sondern Sprünge vor und zurück mache. Und auch, wenn ich mich über sehr persönliche Erfahrungen und Gefühle auslasse. Die gehören nun mal zu meinem Leben. Vielleicht erhoffe ich mir davon ja auch Ihr Verständnis. Es ist furchtbar, aber ich muss erkennen, dass ich aufgrund meiner Gier nach Reichtum, Einfluss und Macht auf ein Leben mit Eve verzichtet habe, und das erfüllt mich mit großer Trauer, mehr, als ich sie wegen meines baldigen Todes empfinde.

Wenn ich zurückschaue, dann sehe ich wenig, wofür sich meine Entscheidung gelohnt hat. Eve und Andrea, mein adoptierter Sohn und auch meine angenommene Tochter Caroline hätten ein wichtiger Teil meines Lebens sein können, aber diese Chance habe ich vertan. Da ist in meiner eigenen Erziehung wohl der Maßstab für Wichtiges und Unwichtiges im Leben falsch angelegt worden.

»Hast du was, bist du was«, lautete mal der Werbeslogan einer Bank. Dass auf der Jagd nach diesem Ziel Beziehungen und Seelen verkümmern, merken wir erst, wenn sich unser Leben dem Ende zuneigt. Das sind dann die Momente, in denen wir vergeblich auf ein höheres Wesen hoffen, damit es uns eine zweite Chance schenkt.

Können Sie sich vorstellen, wie es ist, eine nie versiegende Goldader entdeckt zu haben? Natürlich können Sie sich das vorstellen. Es wird ja in einigen Märchen beschrieben, wie das ist, mit immerwährendem Reichtum, Gesundheit, Jugend und so etwas. Das wirkliche Problem besteht darin, die Goldader wieder zu schließen, ohne dass auch nur ein Mensch davon erfährt. Ein wahrscheinlich unmögliches Unterfangen, mit dem ich mich nicht mehr zu befassen brauche, jedenfalls nicht mehr in diesem Leben.

Erinnern Sie sich an das Drama, das sich kürzlich in Italien abgespielt hat. Eine nicht zu verzeihende Panne. Was glauben Sie, wie lange unsere italienische Company nach einem geeigneten Gewinner für über 100 Millionen Euro gesucht hat? Schon 2003 gab es so eine Schlamperei, da hatten sich über 60 Millionen Euro angesammelt.

Wir haben deswegen schon die Strategie getestet, die Gewinnchan-

cen zu erhöhen und die Zahlenauswahl zu reduzieren. Aber selbst das funktioniert nicht so einfach, wie wir es bei den »Sechs aus Sechsunddreißig« erlebt haben. Auch hier waren die Trefferquoten so gering, dass wir wieder Geld abziehen mussten, also Gewinne vortäuschten, obwohl wir das nicht geplant hatten. Ein System zurückzudrehen ist wirklich schwierig. Außerdem würden sich Politiker aller Parteien auf diese Geldquelle stürzen, als wären sie auf eine Goldader gestoßen. Ich halte von Politikern im Allgemeinen nicht eben viel, aber Wölfe gehören ebenso zum System wie die Schafe. Bis auf eine kleine Anzahl ehrlicher Leute, haben wir es mit einer immens geld- und machtgeilen, korrupten Spezies zu tun. Glauben Sie mir, ich könnte Ihnen eine umfangreiche Sammlung an Beispielen nennen, wenn ich Zeit dazu hätte und wenn ich damit die Hoffnung verbände, etwas zum Guten zu verändern.

Seit den Gründerjahren unserer Company stehen auf unseren Zuwendungslisten und Gehaltslisten eine Heerschar von Politikern und Beamten. Wir haben immer zwischen Zuwendung und Gehalt unterschieden, weil die Zuwendungsempfänger die Erpressbaren waren, die Gehaltsempfänger die Käuflichen. Andreas nannte sie etwas grob die »Maden und Zecken«.

Glauben Sie mir, Zugriffsmöglichkeiten wecken Begierden und diese Leute sind von nicht zu sättigendem Begehren – nach Ruhm und Rubel. Ich habe mich immer damit getröstet, dass diese Schmiergelder wenigstens volkswirtschaftlich einen Sinn machen, weil sie umgehend dem Konsum zugeführt werden. Die meisten dieser Leute waren vorsichtig genug, das Geld nicht auf die Bank zu tragen, sondern es rasch auszugeben. Dafür horteten sie auf der Bank die fiskalisch nachvollziehbaren Einnahmen und sind damit auch nicht klüger als jene, die glaubten, ihr Geld sei auf Schweizer oder Luxemburgischen Banken oder sonst wo auf der Welt sicher. Sichere Konten gibt es nur bei der eigenen Bank. Und die haben wir überall dort gegründet, wo Lotto gespielt wird.

Selbst unsere kommunistischen Freunde teilen längst mit uns die Freude über die Spielleidenschaft der sozialistischen Internationale.

»Tschak.« Walcher schreckte hoch, nicht ganz sicher, ob er eingeschlafen oder sehr konzentriert zugehört hatte.

Eifersucht

Während Walcher auf seiner Liege der Lebensbeichte Münzers lauschte, wurde er beobachtet – von Lisa. Sie stand mit einem Feldstecher vor den Augen auf dem gegenüberliegenden Berghang. Walcher hatte sich nicht bei ihr gemeldet und war auch nicht vorbeigekommen. Vor Jerez hätte sich Lisa darüber keine großen Gedanken gemacht, aber seit ihrer gemeinsamen Reise sah sie ihre Verbindung unter neuen Aspekten. Sie hatte sich wie neu in ihn verliebt und litt unter der abrupten Trennung. Leider hatte sie schon einmal, nämlich zur Mittagsstunde, durch das Fernrohr geblickt und sich dadurch ihre gute Stimmung vermiest.

Lisa teilte sich die Arbeitszeit mit ihrer Partnerin so auf, dass sie mittags zu Hause war und das Essen für Irmi zubereiten konnte. Heute gab es einen großen gemischten Salat aus dem Garten, dazu Kartoffeln mit Butter und Käse. Einem plötzlichen Impuls folgend, hatte sie den großen Feldstecher vom Garderobenhaken genommen und war durch den Garten die Wiese hinaufgegangen. Die Kirchenglocken läuteten gerade die Mittagszeit ein. An ihrem Walcher-Platz angekommen, wie sie die Stelle nannte, von der aus man seinen Hof sehen konnte, schwitzte sie wie nach einem Saunagang. Sie hatte sich ins Gras gesetzt und sich den

Feldstecher an die Augen gedrückt. Der Großvater hatte das Ding gekauft, es war schwer, solide und in der Vergrößerung fantastisch.

Irgendwie war es Lisa peinlich, als sie das Fernglas auf Walchers Hof richtete. Sie hatte das bisher erst zwei, drei Mal gemacht – immer mit einem schlechten Gewissen dabei. Von ihrem Standort aus konnte sie nur die Gartenseite mit der Terrasse und der Küchentür überblicken. Ihr Puls schlug schneller, als sie ihren Geliebten nackt unter der Gartendusche entdeckte. Lisa lächelte. Ihr gefiel das Bild, auch wenn alles ziemlich verkleinert war. Ihre Gedanken schweiften ab.

Mit einem Seufzer setzte sie das Glas ab, um es sofort wieder an die Augen zu heben, weil sie noch flüchtig eine Bewegung wahrgenommen hatte. Ein schwarzer Wagen näherte sich dem Hof und verschwand dann in jenem Winkel, den sie nicht einsehen konnte. Lisa konnte das Geschehen erst wieder verfolgen, als eine Frau um die Hausecke bog. Walcher zog sich seinen Bademantel an. Die Frau ging zu ihm und reichte ihm etwas. Der Feldstecher in Lisas Händen zitterte. Hektisch versuchte sie, das Bild schärfer zu stellen. Die Frau machte kehrt und Walcher hüpfte ihr auf einem Bein nach. Nein, stöhnte Lisa und setzte das Glas ab. Das hatte sie nun von ihrer Neugierde. War sie in Spanien einer Illusion aufgesessen? Hatte sie gerade den Grund dafür entdeckt, warum Walcher sich bisher nicht meldete? Sie nahm sich vor, ihn anzurufen und zur Rede zu stellen. Aber dann müsste sie zugeben, dass sie ihn beobachtet hatte. Sie schob ihre trüben Gedanken beiseite. Eigentlich hatte sich ja nichts geändert. Vor oder nach Jerez, sie waren beide unabhängig. Langsam ging sie wieder zurück ins Haus, wo Irmi schon auf sie wartete.

Münzer

Die unterschiedlich langen Sprechpausen auf dem Band verlangten höchste Konzentration und ermüdeten Walcher. Außerdem klang in Münzers Erinnerungen hie und da ein besserwisserisches Selbstverständnis an, das in Walcher eine gewisse Distanz sowohl zum Erzähler als auch zum Erzählten erzeugte.

Nach einem Toilettengang mit anschließenden Gymnastikübungen gegen seine verspannten Rückenmuskeln, einer dick mit Käse belegten Scheibe Brot und einer Tasse Tee – den Besuch bei Lisa hatte er auf später verschoben – machte sich Walcher fit für die letzte Kassette. Inzwischen war es drei Uhr nachmittags und glutheiß. Bärendreck näherte sich hoffnungsfroh Walchers gemütlichem Plätzchen im Schatten, zog aber nach kurzem Kontakt frustriert zum nächsten Apfelbaum, wo er sich, demonstrativ von Walcher abgewandt, niederließ. Mit dieser subtilen Körpersprache gab er eindringlich zu verstehen, wie sehr er Walchers niedere Toleranzschwelle, seine aufgefrischte Duftnote betreffend, missbilligte. Wahrscheinlich wäre Bärendreck zusätzlich gekränkt gewesen, hätte er geahnt, dass sich Walchers Gedanken nicht mit ihm beschäftigten, sondern über Münzer und dessen Einsamkeit kreisten. Walcher kannte das Gefühl, er hatte es selbst schon durchlebt. Während seiner Studienzeit gab es Phasen, in denen er glaubte, unter einer Depression zu leiden, bis er erkannte, dass er einsam war, nichts als einsam. Ein, zwei Mal inszenierte er ein bedenkliches Schauspiel. Als er abends in seine leere Wohnung kam, machte er Licht, stellte das Radio an, ging dann wieder, drehte eine Runde um den Häuserblock und freute sich auf eine hell erleuchtete Wohnung, in der bereits Musik spielte und er das gute Gefühl hatte, empfangen und willkommen zu sein, eben nach Hause zu kommen.

Sie glauben nicht, was wir für ein Arbeitspensum hatten. Stellen Sie sich bitte vor, Sie müssten jede Woche einige Millionen Euro gewinnbringend anlegen, was unser erklärtes Ziel war. Nicht nur auf die Seite bringen, sondern investieren, aufbauen. Wir hatten bald einen Beraterstab, der uns über das Aktiengeschehen, neue Produkte, neue Firmen, instabile Firmen und all das informierte, ohne zu wissen oder auch nur zu ahnen, wen er da beriet.

Wir hatten das Glück, wirklich gute Leute als Berater zu haben. Einer zum Beispiel, Heiner Worbel hieß er, war ein echter Visionär. Schon etwa vor fünfzig Jahren predigte er, in Schlüsseltechnologien zu investieren, was wir auch taten. Unglaublich, bereits damals empfahl uns dieser Mann, unser Kapital hauptsächlich in Energie und Elektronik zu investieren. Man muss sich das vorstellen! Noch heute bedauere ich, den Kontakt zu ihm verloren zu haben.

Natürlich investierten wir auch in Transport, Gesundheit, Ernährung und Unterhaltung – eigentlich wild in alle Branchen. Es war ein einziger Wahnsinn. Bereits nach fünf Jahren waren wir derart ausgebrannt, dass wir alles hinschmeißen wollten und uns ins Kloster hätten zurückziehen mögen.

Da hatte Andy die Idee mit der Dachgesellschaft auf den Bahamas. Nicht, weil es ein Steuerparadies war, sondern vor allem wegen der absolut verlässlich-korrupten Regierungsspitze, die wir durch avisierte Beteiligungen an unserer Company für uns gewinnen konnten. Jetzt konnten wir offiziell Leute einstellen und für die Company arbeiten lassen. Dank dieser nun möglich gewordenen organisatorischen Konzentration unserer Kräfte und mit dem großen Glück, umsichtige und fähige Köpfe gefunden zu haben, die mithalfen, unseren Konzern aufzubauen, zu steuern und kontinuierlich zu festigen, wuchs die Company zu einem riesigen Imperium.

Die CD, die Sie erhalten haben, ist vergleichbar mit den Protonen und Neutronen des Atomkerns: Wird sie missbräuchlich genutzt, kann es zu einer Kernspaltung kommen und die Weltwirtschaft in ihren Grundfesten erschüttern. Dagegen würden jeder Börsen-Crash, die jüngsten Bankpleiten und jede Firmenpleite wie eine Sandkastenspielerei erscheinen.

Zurzeit arbeiten wir daran, unseren Konzern wieder in überschaubare Units aufzusplitten, mit denen sich die Mitarbeiter identifizieren können und wo sie auch ihre Chefs persönlich kennen und sprechen können. Motivation, Verantwortungsgefühl, Stolz, Achtung dürfen nicht Worthülsen und Theorie bleiben.

Meine Worte werden Ihnen überheblich, ja vielleicht sogar größenwahnsinnig erscheinen, aber die Company ist derzeit eine wesentliche Kraft auf dieser Welt, von der die notwendige Korrektur der bestehenden Wirtschaftsethik ausgehen könnte. Wir vertreten schon seit Jahren den Ansatz, unsere Mitarbeiter als Partner zu verstehen und ein Unternehmen als Bestandteil einer Volksgemeinschaft anzusehen. Sämtliche von uns erwirtschafteten Erträge werden in die jeweiligen Unternehmen investiert, in Technik ebenso wie in die Ausbildung unserer Mitarbeiter und deren Kinder. Wir finanzieren Schulausbildung und Studium, auch wenn es sich um Studiengänge handelt, für die wir selbst keine Arbeitsplätze bieten können – was zugegeben selten der Fall ist.

Auf allen Ebenen unserer Unternehmen tauchen bereits die ersten von uns geförderten Mitarbeiter und Führungskräfte auf. Glauben Sie mir, das ist ein wunderbares Gefühl. Top ausgebildete Menschen, mit einem hohen Maß an sozialer Verantwortung und einer großen Achtung vor der Schöpfung, das ist meine Vision künftigen Unternehmertums.

Wir werden nur überleben, wenn wir eine Gesellschaft von Wissenden werden. Davon bin ich überzeugt. Unsere Schulen sind der

Weg dazu. Für uns war immer klar: Wer von Politikern oder Beamten Entwicklung erwartet, hat die Entscheidung über sein Leben und seine Zukunft aus der Hand gegeben. Wirtschaftliche Interessen haben in einer unglaublich kurzen Zeitspanne unsere Lebensinhalte gravierend verändert und aus der großen Masse der Bevölkerung Kinder gemacht, die ihr Lebensziel in der Befriedigung infantiler Wünsche sieht. Gebt ihnen Brot und Spiele, soll Cäsar im alten Rom gesagt haben. Brot und Spiele, vielleicht die beiden zentralen Bedürfnisse des modernen Menschen. Vermutlich war Cäsar damit das Vorbild. Ist der Bürger satt, lässt es sich bestens regieren. Versagt diese Cäsar'ische Gleichung, müssen Ersatzbefriedigungen geboten werden. Dazu haben sich bisher leider nur Kriege, Epidemien und Unruhen als wirkungsvoll erwiesen. Vielleicht gehört aber genau das alles zu einem größeren Plan, den wir nicht verstehen. Wir sind ein Teil der Natur. Die Evolution ist voll von abgebrochenen Versuchen, die sich als nicht überlebenstauglich erwiesen. Vielleicht ist der Mensch auch ein solcher Versuch. So lange das nicht geklärt ist, haben wir alle eine enorm hohe Verantwortung.

Ich denke oft daran, dass ich als Kind Wasser aus Bächen und Quellen getrunken und Beeren aus dem Wald gegessen habe. Heute lernen Kinder, kaum dass sie laufen können, »trink das nicht, iss jenes nicht«. Ich erinnere mich noch an weiße Wolken vor strahlend blauem Himmel, an eine Luft, die nach Blüten und Erde und nach Gras duftete. Inzwischen gibt es Menschen auf dieser Erde, die kennen nur einen grauen Himmel und die Schwefelluft, die sie atmen müssen, ätzt ihnen die Lungen. Ich bin noch über Wiesen gelaufen, auf denen unzählige Blumen und Gräser blühten, und wenn ich ruhig war, hörte ich das Konzert der Insekten und sah Falter durch die Luft flattern. Heute sind die Wiesen grün, als handle es sich um einen Kunstrasen. Insekten werden von Schulklassen in den zoologischen

Sammlungen der Museen bestaunt. Kälbern verödet man die Hornwurzeln, damit sie als ausgewachsene Kühe nicht die Futter- und Melkautomaten beschädigen; Fische wachsen mitten im Meer bereits in Netzen auf, Fleisch wuchert in Nährlösungen und wenn ein Organ krank wird, kaufen wir einem armen Tropf sein gesundes ab und lassen es uns einbauen. Im Rettungshubschrauber sitzt das gleiche Navigationsgerät wie in einer Cruise Missile.

Eine große Schwermut überfällt mich, wenn ich daran denke, was der Mensch alles für ein vermeintlich besseres Leben hingegeben hat. Lebensinhalte wurden eingetauscht gegen glänzende Glasmurmeln.

Nein, ich habe nicht immer so darüber gedacht. Man muss erst eine gewisse Wegstrecke gegangen sein, damit man zurückblicken kann. Ich bin müde, sehr müde geworden und werde bald für immer einschlafen, obwohl es noch so viel zu tun gäbe.

Es ist schwer für mich, darauf zu vertrauen, dass andere es nicht schlechter machen werden als ich. Die apokalyptischen Reiter galoppieren beinahe jede Nacht durch meine Träume und nehmen mir die Hoffnung, dass ich einfach einschlafen und nicht mehr aufwachen werde. Sie zeigen mir einen Tod auf, den ich so nicht verdient habe. Ich habe mich doch schlimmstenfalls der Bauernfängerei schuldig gemacht.

»Tschak«. Walcher musste die Kassette ein Stück zurückspulen, bis er zu der Stelle kam, an die er sich noch erinnerte. Die Hitze und Münzers anstrengende Sprechweise hatten ihn eingelullt. Trotzdem nahm er sich vor, die Tapes noch einmal anzuhören. Vorher gönnte er sich jedoch eine Pause. Unglaublich, der alte Mann, er musste die ganze Nacht die Bänder besprochen haben.

Samstag

Die Münzer-CD im eigenen Computer zu starten kam nicht in Frage. Es reichte vollauf, dass die Münzer-Gegner wussten, wer er war und dass er mit hoher Wahrscheinlichkeit den Ordner von Mayer besaß. Da musste er ihnen nicht auch noch per Internet das Signal geben, dass er die Company-CD und Münzers Passwort besaß. Walcher war deshalb nach Lindau gefahren, um dort im Internet-Café, das er mit Hilfe des Telefonbuchs ausfindig gemacht hatte, den ersten CD-Versuch zu starten. Der kleine Laden lag versteckt in der Bindergasse, nahe der alten Stadtmauer. Walcher war langsam und konzentriert gefahren, hatte immer wieder im Rückspiegel nach möglichen Verfolgern geguckt und wählte, um ganz sicher zu sein, zwei kleine Umwege. Wenn er beschattet wurde, dann so raffiniert, dass es ihm nicht aufgefallen war, zumal der Verkehr sich an diesem frühen Vormittag in überschaubaren Grenzen hielt.

Es war wieder ein fast mediterraner Sonnentag, das Wetter war herrlich und Walcher fragte sich, warum Leute in diesem Sommer überhaupt in den Süden fuhren, wo es doch schon hier unerträglich heiß war. Dabei fiel ihm Jerez ein und Lisa – er hatte sie immer noch nicht angerufen.

Der junge Informatikstudent – alle Aushilfen in Internet-Cafés studierten wahrscheinlich Informatik – hatte den Laden schon geöffnet, und auch die Kaffeemaschine lief bereits. Also holte sich Walcher eine große Tasse Kaffee mit viel Milch und Zucker und fragte, welchen PC er benutzen könne.

»Egal, aber nimm den an der Tür, ist der Schnellste.«

Walcher dankte, setzte sich vor den PC und legte die CD ein. Es dauerte einige Sekunden, dann konnte er auf das Laufwerksymbol

CD klicken. Wieder dauerte es einen Moment, dann erschien auf dem Bildschirm eine sich drehende Weltkugel mit Längen- und Breitengraden, auf denen jeweils verschiedene Farbpunkte in unterschiedlichen Geschwindigkeiten kreisten und einen geradezu psychedelischen Effekt erzeugten.

Kurz bevor die hypnotische Wirkung einsetzte, fuhr das optische Wirrwarr in den Hintergrund und verschwand. Dafür bauten sich Buchstaben in einer edlen Antiquaschrift auf, musikalisch untermalt vom Hauptstück aus Mozarts Jupiter-Symphonie: *Saveliving Company Worldwide Ltd.*

Eine Zeitlang geschah nichts mehr, und Walcher wollte schon nach der Maus greifen, um den Text anzuklicken, als er über Lautsprecher begrüßt wurde. »Guten Morgen, Herr Münzer. Wir freuen uns, dass Sie wohlauf sind. Bitte legitimieren Sie sich durch Ihre persönliche Kennung.« Vermutlich hatte der Rechner den Befehl erhalten, sich ins Internet einzuloggen und dafür einige Sekunden benötigt. Walcher drehte sich nach dem »Chef de Café« um, der aber saß vor einem anderen Bildschirm und wirkte völlig abwesend. *Potemkin*, tippte er das Passwort Münzers ein und dachte daran, dass er beinahe den Zettel des alten Mannes zusammen mit der Verpackung in den Papiermüll geworfen hätte, wäre er ihm nicht vor die Füße gesegelt. Zufälle eben.

Auf dem Bildschirm puzzelte sich ein Organigramm zusammen, mit Kästchen, in denen Namen standen. Die Kästchen waren in unterschiedlichen Pastelltönen gefärbt, weshalb das Ganze der Farbkarte eines Inneneinrichters ähnelte. Nachdem sich das Schaubild stabilisiert hatte, korrigierte Walcher den Begriff der Farbkarte, denn nun glich der Bildschirm eher einer Fachbuchseite zum Thema »Bedarfsdeckung unserer Zivilisation im Zeitalter wirtschaftlicher Globalisierung«.

Walcher zählte an die dreißig Kästchen und überflog, was darin stand: *SHCI Saveliving Health Care International, SFCI Saveliving Food Company International, SEI Saveliving Education International, SAI Saveliving Aircraft International, SCMI Saveliving Car Manufacture International, SMTI Saveliving Motor Traffic International, SHQI Saveliving Home Quarters International* – dann gab er es auf, weiterzulesen. Alle Grundpfeiler des zivilisatorischen Lebens wie Energie, Nahrung, Transport, Entsorgung, Kleidung, Sport, Unterhaltung, Kommunikation, alles, einfach alles schien aufgeführt. Walcher klickte auf das Feld *SPI Saveliving Property International.* Eine neue Scite öffnete sich, auf der oben in einem sandfarbenen Kästchen *SPI Saveliving Property International* stand, darunter, ebenfalls sandfarben, öffneten sich unzählige Felder mit Grundstücksgesellschaften, Finanzierungsbanken sowie Maklergesellschaften in allen möglichen Ländern, von Argentinien bis Zypern. Erst nach zwei weiteren Seiten endete die Liste. Eine derartige Anzahl von Niederlassungen hatte sonst nur die Katholische Kirche, vielleicht auch noch die USA an Botschaften und Konsulaten. Der Klick auf die Nahrungsmittel-Holding öffnete einen noch längeren Stammbaum, der nach Produktgruppen unterteilt aufgebaut war. Walcher entschied sich für eine italienisch klingende Company, klickte sie an und erlebte, wie sich ein System aufbaute, angeordnet wie einst die römischen Legionen. Neun Kämpfer mit einem Anführer. Zehn solcher Trupps mit einem Centurio und so weiter, nur dass es sich in diesem Fall nicht um Soldaten, sondern um Produzenten, Vertriebs- und Handelsketten handelte. Quer durch alle Provinzen Italiens wurde alles aufgeführt, wovon sich der Mensch ernährte.

Walcher musste kurz an seinen eigenen Keller denken, in dem er einen großen Teil der aufgeführten Produkte lagerte. Bisher hatte er die Frage verdrängt, was er nach der Schweinerei mit seinen Vorräten machen sollte. Tief in Gedanken versunken, schreckte er auf, als seine linke Schulter berührt wurde.

»Ich muss mal kurz weg, zahlste den Kaffee gleich oder biste noch 'ne Viertelstunde da?«, wollte der Café-Chef wissen. Walcher entschied sich für eine Pause, beendete das Programm, bezahlte den Kaffee und die Nutzergebühr mit einem viel zu hohen Trinkgeld und war schon halb aus dem Café, als er zu hören bekam: »Haben wir denn nichts vergessen?«

Diese dämliche Pädagogik hatte Walcher schon bei seinem Vater gehasst. Hauptsächlich den Plural in dem versteckten Rüffel. Wortlos kehrte er um, holte die vergessene CD aus dem Rechner und bedauerte das hohe Trinkgeld.

In seinem Kopf segelten bunte Kästchen, Holdings, Companys und Weltkugeln herum. Ohne ein bestimmtes Ziel tappte er aus dem Internet-Café, bog nach links und ging die enge Gasse hinauf und wieder links in die nächste. Erst Minuten später fragte er sich, wohin er unterwegs war und entschied sich, in Richtung Hafen zu wandern.

Walcher verstand nicht viel von Betriebswirtschaft, aber wenn nicht einmal die Deutsche Bahn, ein zu dieser Company vergleichsweise geradezu winziges Unternehmen, in der Lage war, ihre Züge pünktlich abfahren und ankommen zu lassen, wie sollte dann ein solcher Koloss steuerbar sein. Unmöglich! Daran waren die Reiche der Römer, Chinesen, Ägypter oder Azteken zerbrochen, die sich verglühenden Sonnen gleich aufblähten, um dann zur Bedeutungslosigkeit zu schrumpfen.

Vielleicht befand sich die Company ja bereits ebenfalls an diesem Punkt? Vielleicht stand die überdurchschnittlich hohe Zahl der weltweiten Bank- und Firmenpleiten der jüngsten Zeit in

Zusammenhang mit der bereits begonnenen Auflösung dieser Company? Solange niemand die wahren Zusammenhänge kannte, würde man auch nichts darüber erfahren. Wer kam denn auch auf die Idee, Firmenpleiten im Zusammenhang mit einem weltweit derart gigantischen Molochkonzern zu sehen, von dem noch nie jemand gehört hatte. Walcher kam sich vor, als wäre er auf eine der seit Jahrhunderten in den Köpfen überspannter Zeitgenossen spukenden Verschwörungstheorien über das Weltkapital gestoßen.

Er beschloss, sich ein wenig Ruhe zu gönnen und an der Uferpromenade mit Blick auf den Bodensee ein zweites Frühstück einzunehmen. Dass ihm auf dem Weg dorthin ein Verkaufsständer mit CDs vor einem Musikladen besonders auffiel, lag vermutlich an seinen Gedanken, die um die Gefährlichkeit der CD kreisten, die in der Seitentasche seines Jacketts steckte. Walcher kaufte sich zwei CDs aus dem Ständer. Aus der CD-Verpackung, dem sogenannten Jewel Case, nahm er die CD *Süddeutschlands Orgelmusik*, veröffentlicht von der Staatlichen Musikhochschule Trossingen, heraus und steckte dafür die Münzer-CD hinein. Eine, wie er fand, treffende Hülle für die Company-CD, wenn er sich die Mächtigkeit und das Klangvolumen einer Orgel vorstellte. Die Orgelmusik-CD steckte er in die zweite erstandene CD-Hülle zu der Aufnahme einer Band namens *Fairwind*, was immer auch dieser Name zu bedeuten hatte.

Die im »Orgelgewand« steckende Münzer-CD schob er in seine Jackentasche und nickte befriedigt. Zum einen war sie nun geschützt, zum anderen würde in dieser CD-Verpackung niemand so ohne weiteres derartigen Sprengstoff vermuten. In seinem Kopf spukten mittlerweile schon Szenen aus Spionage-Thrillern. Gut, Lindau und das Allgäu waren nicht Moskau und

Russland oder New York und die USA, aber verwirren würde er damit auch hier einen möglichen Verfolger.

Auf dem Weg zurück zum Auto, Walcher hatte angesichts der bereits um diese Tageszeit überfüllten Cafés seine Zweitfrühstückspläne aufgegeben, legte er einem Bettler die CD-Box mit den beiden CDs in den Hut. Der bedankte sich leicht irritiert. Außer Münzen hatte er schon einiges in seinem Hut landen sehen, Zigaretten, Bonbons, Kaugummis, Äpfel oder ausländische Münzen erhielt er von den guten Menschen. Die Bösen beglückten ihn mit angenagten Hühnchenknochen, halben Hot Dogs oder Burgerresten sowie Eisresten oder Obstkernen, aber eine CD-Box bedeutete eine Novität in seiner Bettlerlaufbahn.

Vorwürfe

Die Bank neben der Haustür wurde nicht nur von der Morgensonne erwärmt, von hier aus bot sich ein geradezu atemberaubender Blick auf das Panorama der Allgäuer Alpen samt Bregenzerwald. Mit einer Tasse dampfenden Tees in der Hand, träumte sich Walcher in diese zauberhafte Landschaft hinein. Streichelte die sanften, von Wäldern gerahmten grünen Wiesenhügel, die wie erstarrte Meereswellen an den steinernen Barrieren der Berge endeten, die in mächtiger Festigkeit das Land wie eine Mauer schützten.

Mit einem tiefen Atemzug der würzigen Luft, in der noch ein Hauch der Nachtfrische zu erahnen war, griff Walcher nach der Tageszeitung und erklärte damit den Arbeitstag für eröffnet, obwohl die Kirchenglocke aus dem nahen Weiler gerade erst acht Uhr geschlagen hatte. Im Sommer zählte sich Walcher zu den

Frühaufstehern und hatte auch heute bereits einen Waldlauf hinter sich.

Nachdem er ein paar Schlagzeilen überflogen hatte, fragte er sich nicht zum ersten Mal, warum er sich ausgerechnet für Journalismus als Beruf entschieden hatte. Was brachte es, sich jeden Morgen aufs Neue mit den übelsten Niederungen menschlichen Fehlverhaltens zu belasten? Auch an diesem Morgen überwogen die negativen Nachrichten, eine davon beschleunigte seinen Puls und ließ seinen Magen verkrampfen.

Vor der Sternschanze, gleich neben dem Bahndamm, der, wie auch die große Brücke, die Lindau-Insel mit dem Festland verbindet, hatte man in den Morgenstunden des Sonntags die Leiche eines Nichtsesshaften aus dem Wasser gefischt. Wahrscheinlich war der Mann auf Grund zu hohen Alkoholgenusses in den See gestürzt, vermutete die Polizei. Walcher saß immer noch auf der Bank neben der Haustür und starrte in die sonnenüberflutete Allgäuer Landschaft, aber er sah sie nicht mehr wirklich. Stattdessen sah er ein erstauntes Lächeln in dem verlebten Bettlergesicht, das sich abrupt in eine Fratze mit aufgerissenem, zahnlosem schwarzen Maul verwandelte, mit Augen, so riesig und weiß wie Glühbirnen. Wie ein Geschoss wurde der Kopf aus dem schwarzen Wasser hoch in die Luft katapultiert, Wasserperlen verteilten sich dabei und funkelten wie Diamanten. Mit der Schnelligkeit eines Blitzes schoss eine skelettierte Hand aus dem Wasser nach oben, krallte sich in die langen Haare des Bettlers, deren Enden noch im Wasser hingen, und zerrte den Spuk zurück in die Tiefe. Die Oberfläche glättete sich und nahm wieder die Form grüner Hügelwiesen und Wälder an. Wie aus einem Wachtraum schreckte Walcher aus dieser grässlichen Vision hoch und beugte sich erschöpft vor. Ohne Gegenwehr entleerte sich würgend und krampfend sein Mageninhalt auf den Boden zwischen seinen Füßen.

Gerädert schleppte er sich ins Badezimmer, wusch sich das Gesicht, putzte sich die Zähne und gurgelte anschließend mit Mundwasser. Es war nicht nur der Geruch von Halbverdautem, den er damit vergeblich aus der Nase zu vertreiben versuchte, es war der Gestank des Horrors und der Angst. Mit einer blind gegriffenen Flasche Malt Whisky ging er wieder auf den Hof hinaus und hinüber zum Hühnerstall, wo neben der Tür eine Schaufel lehnte. Bevor er danach griff, nahm er einen tiefen Schluck von dem Whisky, spülte damit den Gaumen und spuckte zwanzig gelagerte Jahre prustend aus. Dann setzte er die Flasche erneut an die Lippen. Dieses Mal schluckte er das Destillat, wobei er den Weg des Whiskys durch die Speiseröhre in den immer noch aufgewühlten Magen schmerzhaft verfolgen konnte. Zweimal stieß Walcher heftig auf, dann setzte die beruhigende Wirkung des Alkohols ein.

Zur Sicherheit nahm Walcher noch einen großen Schluck, dann fühlte er sich für die Entsorgung des Erbrochenen gerüstet. Mit der Schaufel in der einen und der Flasche in der anderen Hand, ging er langsam zur Hausbank zurück. Kurz davor wechselte er die Richtung, setzte die Flasche zum dritten Mal an, ließ die Schaufel fallen und ging in einem großen Bogen ums Haus herum und durch die Terrassentür hinein. Von innen warf er die Haustür mit ziemlicher Wucht zu, in der Hoffnung, dass Bärendreck, diesem Katzenvieh, ein ordentlicher Schrecken einfuhr. Der Kater saß nämlich unter der Hausbank und fraß seelenruhig das Erbrochene. Der Gedanke daran versetzte Walchers Magen noch einmal in Unruhe, daran änderte auch die schadenfrohe Vorstellung eines aufgeschreckt davonjagenden Bärendrecks nichts. Zittrig und matt setzte er sich auf die Terrasse und überlegte. Vielleicht hatte man ihn in Lindau beschattet. Insofern stellte sich die instinktiv durchgeführte CD-Tauschaktion im Nachhinein als durchaus sinnvoll heraus – nur mit welch furchtbarem Ergebnis? Er fühlte sich miserabel. Wenn seine Befürchtung stimmte, dann war er indirekt für den Tod des Bettlers verantwortlich. Für seine Verfolger musste es so ausgesehen haben, als hätte er dem Bettler die Company-CD übergeben, als wäre es ein gut getarnter Kurier.

Noch nie hatte Walcher den Tod eines Menschen verschuldet, weder direkt noch indirekt – er wünschte sich sonst wo hin. Die Befürchtung, dass sich hier etwas zusammenbraute, dem er nicht gewachsen war, überfiel ihn wie eine Fieberwelle. Den Gedanken, sich bei der Lindauer Kripo zu melden und sie über seine Vermutung zu informieren, verwarf er dennoch wieder. Was hätte er den Polizisten erzählen können? Dass es zwei Männer gab, die mit Lottogeldern ein Firmenimperium aufgebaut hatten? Nein, das klang nicht besonders glaubwürdig. Entweder man würde ihn einsperren oder ihn in die Psychiatrie einweisen. Vermutlich spielten die Beamten regelmäßig Lotto.

Er beschloss, den Tag am Computer zu verbringen und Informationen über die Führungskräfte der Company zu sammeln. Walcher begann mit den drei unterstrichenen Namen auf Münzers Liste. Mit dem Ergebnis der Internet-Suchmaschinen konnte er nichts anfangen. Es lieferte nur eine Menge gleich- und ähnlich lautender Namen. Münzer musste ihm mehr über die Hauptverdächtigen sagen, vermutlich gab es Personalakten. Das würde ihm zwar nicht unmittelbar weiterhelfen, denn ganz sicher waren die nicht persönlich hinter ihm her, sondern würden ihm angeheuertes Ganovenpack auf den Hals hetzen, aber es konnte nicht schaden, seine Gegner zu kennen. Er nahm sich vor, einen Fragenkatalog für Münzer zusammenzustellen. Gegen Mittag entschloss sich Walcher, den Rest des Tages einfach herumzugammeln, endlich die Werkbank in der Garage aufzuräumen, das Gerümpel aus dem Hühnerstall zu entsorgen, Staub zu saugen oder einfach nichts zu tun. Sollte sich bis morgen Mittag nicht einer von den Münzers melden, würde er sie einfach ohne Anmeldung besuchen. Mit diesem Vorsatz legte sich Walcher auf die Terrasse, um seinen Mittagsschlaf zu halten.

Daraus wurde allerdings nichts, denn keine zehn Minuten später weckte ihn das Telefon. Lisa wollte ihn mit Sherry und den Fotos aus Spanien zu einem Besuch locken. Walcher lehnte ab, er fühlte sich müde, zerschlagen und nicht in der richtigen Stimmung. Das Bild des Bettlers spukte noch immer durch seine Gedanken. Damit wollte er Lisa aber nicht belasten. Er erfand deshalb einen dringenden Auftrag, ahnte jedoch im selben Moment, dass sie ihm kein Wort glauben würde. Die Tage in Spanien, die Leichtigkeit und Nähe, sie lagen plötzlich unendlich weit zurück. Der normale Beziehungsstress hatte sie wieder im Klammergriff. Gegenseitig wünschten sie sich einen guten Nachmittag. Einen guten Nachmittag!

Minuten später wählte Walcher Lisas Nummer und hatte vor, ihr von Münzer und dem Bettler zu erzählen, aber sie hob nicht mehr ab. Deshalb schickte er ihr eine Mail, die sie wahrscheinlich erst in den nächsten Tagen lesen würde, da sie selten am Computer saß. Walcher hakte den Tag endgültig ab, nahm sich eine Kartoffelsuppe aus dem Gefrierfach, taute sie im Wasserbad auf und kippte sie anschließend auf den Kompost. Kartoffelsuppe eignete sich einfach nicht zum Einfrieren. Gut, dass es die letzte Portion war. Er hätte sie schon längst entsorgen sollen, zumal er die beiden Portionen davor ebenfalls weggeworfen hatte. Anstelle der Kartoffelsuppe begnügte sich Walcher mit einer Flasche Rotwein, einem Recioto della Valpolicella, Oliven aus Ligurien, einem Stück Allgäuer Bergkäse und dem Rest Weißbrot vom Frühstück. Danach versuchte er seinen Mittagsschlaf fortzusetzen, was ihm nach zwei Gläsern des hervorragenden und mit 14 % Alkohol ausgezeichneten Veroneser Weines auch gelang.

Terror im Allgäu

Auf der Bushaltestelle an der Ortseinfahrt von Lindenberg standen je ein Fahrzeug der Bereitschaftspolizei und des Technischen Hilfswerks. Entweder machten die Jungs einen Betriebsausflug oder sie probten den Ernstfall, vermutete Walcher, der auf dem Weg zu Münzers Sanatorium war. Bis zu Mittag hatte er gewartet, aber nichts von den Münzers gehört und auch vergeblich versucht Caroline Münzer telefonisch zu erreichen.

Dass es sich wahrscheinlich doch nicht nur um eine Übung handelte, stellte Walcher fest, als er in den Stadtteil abbiegen wollte, an dessen Peripherie sich das Sanatorium befand. Ein Polizist winkte ihn energisch mit Hand und Kelle weiter und weil sich hinter ihm der Verkehr staute, gehorchte Walcher. An der nächsten Seitenstraße das gleiche Spiel, auch wenn er den Polizisten diesmal wenigstens nach dem Grund der Absperrung fragen konnte. Dessen Antwort beschränkte sich auf ein wenig ergiebiges: »Fahrn'S weiter.«

Nachdem auch Walchers dritter Versuch, sich dem Münzer'schen Anwesen zu nähern, durch Polizistenhand abgewinkt wurde, suchte er entnervt einen Parkplatz, was sich ebenfalls als Problem darstellte. Ganz Lindenberg schien vollgeparkt, und die

Entfernung zu seinem Ziel entsprach inzwischen einem Tagesmarsch. Am anderen Ende des Städtchens angekommen, drehte Walcher wieder um und fuhr zur ersten Abzweigung zurück. Dort fuchtelte der Polizist wieder wild mit den Armen, kam dann aber zum Wagen gespurtet, da Walcher einfach mitten in der Kreuzung stehen blieb. Auf sein gebrülltes »Weiterfahr'n, weiterfahr'n!«, nickte Walcher freundlich, deutete in die abgesperrte Richtung und brüllte ebenso lautstark aus dem Auto: »Sanatorium – Termin bei Professor Münzer!«

Der Titel zeigte Wirkung. Der Polizist winkte seinem Kollegen am Absperrband zu, Walcher durchzulassen. Zwei Straßen weiter, die Sanatoriumshecke schon in Sichtweite, wurde Walcher bereits wieder gestoppt.

»Ja, da wird wohl heute nichts draus«, meinte der Polizist auf Walchers Termingeschichte hin, »da hat's gebrannt; aber gehen Sie trotzdem hin, damit Sie wenigstens einen neuen Termin bekommen«, hatte der Mann ein Einsehen. Wahrscheinlich kannte er die Problematik mit Arztterminen aus eigener Erfahrung.

Die Wächter am Tor zeigten sich jedoch nicht so leichtgläubig. Durch ihre riesigen Funkgeräte, die noch aus einer Produktionsserie anno 1960 zu stammen schienen, brüllten sie: »Schickt ihn mit einem Kollegen rauf zum Eingang.« So führte ein Kollege Walcher die Einfahrt hinauf, nachdem er ihn zuvor angewiesen hatte, auf dem Bürgersteig zu parken.

Der ehemals gepflegte Rasenhügel glich einem Feldlager. Technisches Hilfswerk, Polizei, Feuerwehr und Krankenwagen sowie unzählige weitere Autos, hinter deren Windschutzscheiben Schilder klemmten wie *Kriminalpolizei, Arzt im Einsatz, eilige Medikamente, Einsatzleitung*, standen ungeordnet auf dem total zerpflügten Rasen herum. Dazwischen wuselten Leute in Uniformen und Zivil herum. Der Grund für diese Betriebsamkeit klärte sich, als Caroline ihn entdeckte, die sich im Glashaus am Empfang mit einigen Uniformierten unterhalten hatte. Sie eilte heraus und nahm Walcher überraschend selbstverständlich am Arm und zog ihn mit sich. Dabei informierte sie ihn stakkatoartig über die Geschehnisse. Sie wirkte höchst erregt und angespannt.

»Ich habe schon mehrmals versucht, Sie zu erreichen. Vater – Klaus Münzer ist tot. Sein Apartment und die umliegenden Räume sind ein Trümmerhaufen. Gestern gegen Mittag gab's eine wahnsinnige Explosion. Drei Patienten sind tot, drei Mitarbeiter sind tot und einige sind verletzt; ein Laborant wird noch vermisst. Wer macht so etwas? Es ist purer Wahnsinn.«

Ihre Augenlider flatterten und ihre Mundwinkel zuckten, so als würde sie gleich zusammenbrechen. Walcher nahm Caroline einfach in die Arme und drückte sie an sich. Er spürte, wie sie sich entspannte und leise weinte. Walcher nahm verwundert wahr, dass es sich gut anfühlte, diese zierliche Frau in den Armen zu halten, auch wenn der Anlass nicht gerade ideal war, um eine Beziehung zu knüpfen. Seine Gedanken wanderten ohnehin zu dem Knall, den er gestern Mittag der Luftwaffe unterstellt hatte. Er ließ sie los, als sie sich gegen ihn stemmte. Sie lächelte ihm aufmunternd zu, so als habe er geweint, nicht sie, nahm ihn wieder bei der Hand und zog ihn die letzten Meter um die Hausecke. Der Anblick wirkte wie ein Keulenschlag. In der Mitte des Baus fehlte bei den beiden obersten Stockwerken die Außenmauer. Stattdessen sah man leere Zimmerhöhlen, als wären es überdimensionierte Bienenwaben. Die Wiese davor glich einem Trümmerfeld. Walcher entdeckte den Teil einer frühgotischen Schranktür, die wie ein Grabstein aus dem Schutt ragte. Einige Meter daneben lag das Rohrstück eines Bettgestells. Selbst die Büsche und Bäume des

Parks sahen gerupft aus wie nach einem Wirbelsturm und erlaubten den Durchblick auf die nachbarliche Wiese dahinter, die ebenfalls mit Trümmern übersät war.

Die Explosion musste gewaltig gewesen sein. Bilder von Terroranschlägen auf Hotels oder Botschaften, wie sie durch die Nachrichtensendungen flimmerten, drängten sich Walcher auf.

»Wieso ist die Explosion nur in eine Richtung losgegangen?«, wollte er wissen. Caroline zuckte mit den Schultern. Sie hatte sich diese Frage noch nicht gestellt. Die Antwort kam von einem jungen Mann in der blauen Montur des Technischen Hilfswerks. »Neueste Art von Sprengstoff, dessen Sprengrichtung gewählt werden kann. Theoretisch könnte man danebenstehen, wenn man nicht durch die nachströmende Luft in Stücke gerissen würde. Aber Mauern und Gerät und so werden nicht zerstört. Hab darüber im Internet gelesen. Hier muss es sich um so etwas handeln, sonst wäre das halbe Haus in beide Richtungen ...«, deutete er mit den Händen eine Explosion an und ließ die beiden stehen. Walcher wandte sich Caroline zu und fragte, ganz selbstverständlich das Du wählend, »wirst du hier noch gebraucht? Sonst schlage ich vor, du kommst mit. Ich biete dir mein Gästezimmer an.« Caroline nickte dankend, löste ihre Hand aus seiner und ging noch mal kurz zum Haus zurück, um ein paar Sachen zu holen.

»Was machen Sie hier?«, hörte Walcher neben sich einen schnauzbärtigen, dürren Mann fragen, der trotz Nachmittagshitze einen warmen grauen Anzug trug.

»Ich bin ein Freund der Tochter«, nickte Walcher und wollte Caroline folgen, aber der Graue war von der zähen Sorte.

»Geben Sie mir bitte Ihren Namen und Ihre Anschrift und möglichst auch gleich Ihre Telefonnummer, damit ich Sie erreichen kann, wenn ich Sie brauchen sollte. Dies hier ist schließlich keine verfrühte Silvesterparty gewesen.« Walcher sah das ein und gab ihm – auch um klarzumachen, dass er zu den Guten gehörte – seine Visitenkarte, die der Graue ausführlich ansah.

»Alles drauf«, nickte er und steckte die Karte in ein postkartengroßes, schwarzes Lederbuch.

»Sie sind sicher von der Kripo?«, vermutete Walcher.

»Ich seh vielleicht so aus«, bekam er als Antwort, »aber nein, schlimmer, ich bin von der Brandversicherung«, stellte er klar.

Warum, konnte Walcher selbst nicht sagen, aber er bat den Versicherungsmann nun seinerseits um dessen Visitenkarte, die er auch bekam. *Eberhard Hinteregger, Internationale Brandschutzversicherungen*, las er flüchtig, steckte sie ein, wandte sich nach einem letzten Blick auf das Chaos ab und ging zurück zum Eingang. Auch ohne Begleitung konnte er sich nun frei bewegen. Wer sich erst einmal innerhalb des abgesperrten Areals befand, galt wohl als dazugehörend. Caroline kam aus der Eingangstür, sie trug einen Rucksack an einem Riemen über der rechten Schulter und wirkte wie ein kleines Mädchen, das zu einem Wanderausflug abgeholt wurde.

»Wo sind deine beiden Bodyguards«, wollte Walcher wissen. Caroline sagte nichts, sah ihn ausdruckslos an, deutete mit der freien Hand in den Himmel und ging zu einem roten VW. Von innen öffnete sie für Walcher die Tür des Pkws. Die Polizisten am Tor schienen Caroline zu kennen.

Bevor sie bei Walchers Wagen hielten, wo er in sein Auto umsteigen wollte, vereinbarten sie, dass sie vorausfahren sollte. Er wollte direkt hinter ihr bleiben. Das funktionierte nur bis zur nächsten Absperrung, die Caroline passieren durfte, während Walcher angehalten wurde. Als Walcher dann auch weitergewunken wurde, sah er kurz über die Schulter zurück. Ein Polizist sprach mit seinem Nachbarn Josef, jedenfalls glaubte Walcher, ihn erkannt zu haben. Ganz sicher war er sich nicht, die beiden standen ziemlich weit weg; und genauer hinsehen konnte er nicht, der chaotische Verkehr auf der Kreuzung nahm ihn zu sehr in Anspruch, außerdem wollte er versuchen, zu Caroline aufzuschließen. Das schaffte er allerdings nicht, jedenfalls nicht bis zum Hof. Caroline war völlig selbstverständlich in seine Garage gefahren und stand mit ihrem Rucksack vor der Haustür, als Walcher auf den Hof einbog.

Er verkniff sich eine Bemerkung über ihr Fahrtempo, schloss die Tür auf und hielt sie geöffnet, bis Caroline im Haus war.

»Herzlich willkommen, ich zeig dir am besten gleich deine Suite.« Das war nicht übertrieben, denn das Gästezimmer im ersten Stock hatte er zu einem abgeschlossenen Apartment ausgebaut, mit einer kleinen Pantry-Küche, eigenem Bad, Toilette und einem Schlafplatz auf der Galerie, die bis unter das Dach reichte. Die gelungene Mischung aus modernem Mobiliar und einigen alten Bauernmöbeln machte diese Maisonnette-Wohnung besonders heimelig, so dass Walcher manchmal sogar selbst auf der Galerie saß, um zu lesen oder Musik zu hören.

Caroline hatte für all das keinen Blick. Sie sah ihn nur dankbar an, als er sie aufforderte, »du meldest dich bitte, wenn du etwas brauchst, Musik zum Beispiel«, und fügte bereits im Gehen hinzu, »Bademantel, Handtücher und Zahnbürste findest du im Badezimmerschrank.«

»Danke«, kam es leise von Caroline zurück, »ich werde eine Tablette nehmen und wahrscheinlich lange schlafen, machen Sie sich ... mach dir also keine Gedanken.«

Walcher ging nach unten, setzte sich in der Stube in seinen

Holzsessel und dachte an den prächtigen Klosterstuhl Münzers, der vermutlich, in seine Einzelteile zerlegt, zwischen den Trümmern lag. Seine Gedanken blieben nur kurz bei diesem Bild hängen und konzentrierten sich auf die Frage, warum einer der möglichen Nachfolger auf Münzers Thron das halbe Sanatorium und mit ihm Münzer hochgehen ließ? Den vermutlich einzigen noch lebenden Menschen, der alles über die Company wusste, zu töten, das sprach nicht unbedingt für bewusstes Wissensmanagement! Auch dass Mayer getötet wurde, ergab für Walcher keinen Sinn, denn beide hatten ohnehin nur mehr eine begrenzte Zeit zu leben. Klar war nur, dass sie bei Mayer nicht das gefunden hatten, was sie suchten: die zweite CD. Sonst hätten sie nicht versucht, die CD von Münzer zu beschaffen.

Als er an den Leitz-Ordner dachte, pochte ihm das Blut in den Schläfen. Walcher wurde sich plötzlich bewusst, welches Interesse sich auf ihn konzentrierte. Er war im Besitz von Mayers Ordner sowie Münzers CD samt Passwort. Und dann hatte er auch noch die Tonbänder. Da konnte man schon unruhig werden. Offensichtlich wurde ohne jede Rücksicht zugeschlagen, selbst auf die Gefahr hin, dass sich die Polizei einige Gedanken machen würde. Zum Beispiel, was es mit diesem Sanatorium und seinen Insassen auf sich hatte, wenn da wie in der Oberliga des Terrorismus herumgebombt wurde, mit sechs oder sieben Toten und Verletzten, inmitten einer Ferienlandschaft tief im Süden Deutschlands. Das würde wie ein Lauffeuer durch die Nachrichten gehen, und zwar weltweit, und das wiederum konnte nicht im Interesse der Company oder der potentiellen Nachfolger liegen.

Walcher dachte an die CD und an den Toten in Lindau. Was, fragte er sich, was, wenn seine Verfolger ihrem Auftraggeber signalisiert hatten: Auftrag erledigt – noch bevor sie die CDs geprüft hatten? Vielleicht hatte diese Falschinformation zu der Ermordung Münzers geführt? Sie besaßen ja vermeintlich die Company-CD! Umso gefährlicher musste seine eigene Position, und vor allem die der Töchter werden, wenn der Feind entdeckte, dass die CDs des Bettlers in Lindau so gar nichts mit der Company zu tun hatten. Vielleicht wussten sie es ja bereits und hatten Münzers Zimmer aus Wut in die Luft gejagt. Was war mit Münzers Computer? Hatten sie vor der Detonation die Festplatten ausgebaut? Damit hätten sie jedoch die Online-Verbindung unterbrochen und beendet. Wahrscheinlich wäre es einem Spezialisten ohne große Probleme möglich, mit den Daten der Festplatte den Zugang in die Zentrale erneut herzustellen.

Sollte ihnen dies nicht gelingen oder die Festplatte war vor der Explosion nicht ausgebaut, sondern zerstört worden, dann wäre seine CD …, dann würde er in die erste Reihe aufrücken …! Das Fazit seiner Überlegungen konnte durchaus ängstigen. Alles sprach dafür, dass er ab sofort zum Hauptziel der Gegenseite avanciert war.

Hauptziel! Schöne Aussichten, fand Walcher und musste wieder an das Schwein im Keller denken. Wer da auf Menschenfreunde hoffte, war sich selbst der beste Narr.

Walcher stand auf, streichelte Bärendreck, der faul auf dem Fensterbrett lag und sich in den letzten Sonnenstrahlen des Tages wärmte, so, als wäre es nicht immer noch um die dreißig Grad heiß. Walcher flüsterte in das daraufhin hektisch zuckende Ohr: »Hofschwein.«

Das Telefon klingelte und erinnerte Walcher daran, dass er einen Gast hatte, noch dazu einen besonders beschützenswerten. Lisa war dran, deren Stimme mit einer etwas künstlichen Heiterkeit aus dem Hörer kam. »Hallo, Bauer, ich sehne mich nach dir.

Schau mal übers Tal in meine Richtung und sag mir, wie's dir geht. Was ist los? Arbeitest du so viel oder habe ich dich so verschreckt, dass du dich nicht mehr meldest.«

Walcher musste zugeben, dass er sich nach Lisa sehnte, aber die jüngsten Ereignisse standen gegen ein ungezwungenes Treffen. Auch wenn es nicht ganz stimmte, gab er zurück: »Gedankenübertragung, gerade hatte ich den Hörer in der Hand und wollte dich anrufen und dich ...«

»Lügnerlump«, wurde er lautstark unterbrochen, »dann wäre deine Nummer besetzt gewesen, aber ist schon gut. Hast du von Lindenberg gehört? Vater spielte da mit einem Altphilologen jede Woche Schach, die letzte Partie vorgestern. Jetzt ist der Freund im Schachhimmel, hat Vater mir gesagt.«

Walcher sagte ihr, dass der Anschlag auf das Sanatorium mit seiner Company-Geschichte zu tun habe und er deshalb gern mit ihrem Vater über den Altphilologen sprechen würde. Ob er wohl bei ihrem Vater vorbeischauen dürfe, ohne seiner Tochter wegen geteert und gefedert zu werden?

»Probier's aus, könnte dir gut stehen, so ein bisschen Teer mit Bettfedern drauf.«

Walcher unterdrückte den Impuls, Lisa von Caroline zu erzählen, sie hatte ohnehin bereits aufgelegt.

Die CD, seine Lebensversicherung! Verdammt, was bist du nachlässig, dachte sich Walcher. Sie lag irgendwo im Haus herum, nein, sie steckte noch in der leichten Sommerjacke, die er beim Besuch in Lindau getragen hatte. Er fand die Jacke erst im zweiten Anlauf, da sie nicht an einem der Haken im Hausflur, sondern unter dem Morgenmantel versteckt über der Lehne einer der Küchenstühle hing. Der Zettel mit Münzers krakeligem Passwort, vielleicht die letzten Zeichen, die der alte Mann vor seinem Tod zu Papier gebracht hatte, fiel Walcher ein. Er hatte den Zettel in die Brusttasche seines Bademantels geschoben und fand ihn dort auch. Ein letztes Mal las er das Passwort, dann zündete er den Zettel an, was Bärendreck veranlasste, fluchtartig seinen Fensterplatz aufzugeben. Feuertrauma, vermutete Walcher. Mit der CD ging Walcher leise in sein Arbeitszimmer und setzte sich an den Computer. Er wollte ein Duplikat brennen und dann beide CDs gut verstecken. Eines der Verstecke konnte er dann immer noch verraten, sollte es um Leben oder Tod gehen, so seine Überlegung. Allein der Gedanke straffte seine Nackenhaut.

Seinen Plan musste er nach einigen fruchtlosen Versuchen aufgeben. Sein Rechner zeigte wiederholt lapidar an, dass diese CD nur mit einem speziellen Programm dupliziert werden könne, nämlich mit Hilfe von *Saveliving Futur II*, und auch dann nur in Verbindung mit einem Dialogprogramm namens *Masterbrain*. In Gedanken wanderte Walcher über seinen Hof, auf der Suche nach einem sicheren Versteck, das zu entdecken eine Hundertschaft Schnüffler und viel Zeit erfordern würde, ihm aber dennoch problemlosen Zugriff erlaubte.

Er musste jederzeit an die CD herankommen können, notfalls sogar dann, wenn alles in Flammen stand oder in Trümmern lag. Eine Vorstellung, die seinen Puls erheblich beschleunigte, der nur durch ein Glas Sherry gesenkt werden konnte. Nach dem, was sich im Sanatorium abgespielt hatte, war dies schließlich kein völlig abwegiger Gedanke. Es war nicht auszuschließen, dass sich die Gegenspieler auch bei ihm ans Prinzip der verbrannten Erde hielten und die Strategie verfolgten, alle Spuren und Mitwisser zu beseitigen.

Walcher schüttelte sich, um seine Assoziationskette zu beenden, und wandte sich dem vorrangigen Problem zu, ein Versteck für die CD zu finden. Im Grunde gab es keines, das gegen Explosion, Feuer oder sonst einen brachialen Übergriff Schutz bot. Vielleicht gab es ein Versteck außerhalb des Hofs, beispielsweise im Wald, bei Nachbarn oder bei Frau Zehner – aber nach dem toten Bettler in Lindau schien das keine gute Idee. Der Keller! Walcher schüttelte den Kopf, warum hatte er nicht gleich an den Tresor im Keller gedacht. Endlich konnte er darin einen lohnenswerten Gegenstand verstecken. Wahrscheinlich hatte sich sein Unterbewusstsein wegen der Schweineleiche geweigert, an den Keller zu denken. Unglaublich, da hatte er endlich einen triftigen Grund, sein Spielzeug zu nutzen und er kam nicht drauf. Das konnte nur an der Anspannung liegen. Sein Keller, dort hatte er bei der Renovierung einen Tresor eingebaut. Eine Art Schublade in der Ziegelwand unter der Kellertreppe. Die Front bestand aus denselben massiven Ziegeln wie die übrige Mauer, damit es nicht hohl klang, falls jemand die Wand nach geheimen Räumen abklopfte. Zu sehen war ohnehin nichts, denn die gesamte Wand war mit einem besonders elastischen Material verfugt, das die Nahtstellen des Tresors völlig organisch abdeckte. Öffnen ließ sich das raffinierte Versteck durch einen ebenso raffinierten Mechanismus, an dem sich Walchers kindliche Lust am Abenteuer ausgetobt hatte. Wurde die Aufhängung der Kellerlampe gedreht, sprang die Tresortür auf – mit einer Zeitverzögerung von vier Minuten. Durch die Drehbewegung an der Lampe setzte sich nämlich ein Gewicht in Bewegung, das ein teilweise mit Sand gefülltes Rohr aus der waagerechten langsam in die senkrechte Position brachte. Wie bei einer Sanduhr rieselte der Sand in eine Seite des Rohrs und löste schließlich eine Arretierung, die den Tresor frei gab und ihn ein wenig aus der Wand heraus schob. Nun konnte man ihn ganz aus der Wand herausziehen, wie ein Schubfach.

Schob man den Tresor wieder zurück, wurde dieser Mechanismus wieder geladen.

Er würde den Ordner mit Mayers Sammlung ebenfalls in den Tresor legen und auch die Kassetten mit Münzers Erinnerungen – oder sollte er sie als Vermächtnis bezeichnen – samt der Namensliste, die er schon auf dem Tisch bereitgelegt hatte. Eine Kopie der Namensliste steckte er in seine Gesäßtasche. Mit Mayers Ordner, Münzers CD sowie den Kassetten und der Namensliste von Münzer lag quasi eine Art Überlebensgarantie auf seinem Küchentisch. Oder bedeutete der Besitz dieser Informationen eher seinen sicheren Tod? Walcher fühlte sich miserabel bei solchen Gedanken.

Bevor er die Bodentür öffnete, kehrte er um und verschloss die Haustür und die Tür zur Tenne. Dann ließ er die Rollos von Küchenfenster und Terrassentür hinunter. Erst danach fühlte er sich unbeobachtet, schlug den Teppich zur Seite und zog die Falltür zum Keller auf.

Zögernd tastete er sich die Holzstiege hinunter und war überrascht, dass es ziemlich normal roch, etwas säuerlich vielleicht, was wohl an dem Essigwasser lag, mit dem er den Tropffleck unter dem Schwein entfernt hatte. Vielleicht würde er den Keller doch wieder nutzen können, dachte er und fühlte Freude in sich aufkeimen. Die gelagerten Lebensmittel mit ihren Düften hatten den Keller wieder zurückerobert, und außer seiner Erinnerung sprach nichts dagegen, ihn zu lieben wie eh und je. Walcher drehte am Lampenhaken und wartete mit großer Spannung auf das leichte Klicken, mit dem sich der Tresor in Kniehöhe öffnen würde.

Vier Minuten lang dauerte es. Zu lang für eilige Diebe, die möglicherweise durch Zufall den Mechanismus auslösten, so hatte er es sich bei der Installation vorgestellt. »Klick« – die Blende schob sich eine Handbreit aus der Wand. Er bückte sich und zog sie ganz auf bis zur Arretierung. In dem Schubfach lagen einige Papiere, eingeschweißt in Vakuumbeutel, sowie eine Handvoll Münzen und Briefmarken, ebenfalls luftdicht in Beuteln verpackt. Auch eine Blechschachtel gab es, in der Walcher eine Halskette seiner Mutter aufbewahrte, zusammen mit drei Zinnsoldaten und einem Blechauto, ein VW-Käfer, gefertigt in der Amerikanischen Zone Berlins. Keine Werte, aber Beweisstücke einer Familienidentität, mit denen er respektvoll umging. Walcher legte die neuen Schätze dazu und wollte das Schubfach wieder schließen, langte noch einmal hinein, nahm einen größeren Beutel heraus, den er kurz in der Hand wog und dann wieder zurücklegte.

Eine *Ares Viper* samt Wechselmagazin für dreißig Schuss im überlangen Griff. Kaliber 9, Stahlmantelgeschosse. Griechischer Kriegsgott und giftige Schlange, zynischer konnte ein modernes Mordinstrument nicht benannt werden. Als Walcher den Hof kaufte, hatte ihm sein Freund Johannes das Ding mit den Worten geschenkt: »Wenn du schon auf einem einsamen Hof leben willst, musst du dich wenigstens verteidigen können.«

Walcher hatte die Pistole nicht einmal ausprobiert, sondern eingeschweißt und weggesteckt. Dass er, ein Pazifist, ausgerechnet von seinem Freund, der sich ebenfalls als Pazifist bezeichnete, eine solche Pistole bekam, hatte er eher als einen Witz angesehen. Außerdem war die Waffe vermutlich illegal beschafft worden, weshalb er sie auch nicht angemeldet hatte. Er würde ohnehin nie mit ihr schießen, auch wenn selbst der ehemalige Justizminister von Baden-Württemberg auf bewaffneten Selbstschutz setzte.

Mit einem satten Ton verschwand der Safe wieder in der Kellerwand, und nichts deutete mehr auf das Geheimnis hin, dass sich dort verbarg. Schnuppernd zog Walcher den Kellerduft durch die Nase und stieg mit einem guten Gefühl zurück in die Küche. Leise, weil er sich noch rechtzeitig an seinen schlafenden Gast erinnerte, ließ er die Bodenklappe zurück in den Fußboden sinken und öffnete die Rollos. Die Sonne schien noch einmal besonders intensiv aufzuglühen, bevor sie hinter den Bergen verschwinden würde. Er liebte dieses Bild und trat auf die Terrasse, um den Untergang zu bewundern. So viel Zeit musste sein, denn, in der Ruhe liegt die Kraft – Sprüche, wie sie bei Allgäuer Bauern beliebt sind, fielen ihm ein. Er schloss kurz die Augen, Sekunden später war der Glutball verschwunden. Nur der gerötete Abendhimmel erzählte noch von dessen Leuchtkraft.

Überwachung

Wer hinter Zufälligkeiten übersinnliche Botschaften aus dem Off vermutet, hätte an diesem Morgen bei Walcher ein erzählenswertes Beispiel miterleben können. Für Walcher handelte es sich lediglich um eine sachliche Kausalkette, die damit begann, dass er sich bei seinem Morgenlauf vornahm, noch einmal die Bänder von Münzer anzuhören. Dazu wollte er Batterien für das Tonband aufladen, um kabelunabhängig einen Platz im Garten wählen zu können. Die Suche nach dem Ladegerät entwickelte sich zu einer Prüfung seiner Hartnäckigkeit.

Walcher sah das Ladegerät förmlich vor sich, fand es allerdings nicht an dem dafür vorgesehenen Platz im Schrank des Hauswirtschaftsraumes, wo er neben Batterien auch Taschenlampen und Kerzen für den Notfall lagerte. Nach der Devise: »ein Haus verliert nichts«, suchte Walcher systematisch sämtliche, weiter in

Frage kommenden Stellen im Haus ab und stand nach einer halben Stunde in der Garage vor der Werkbank, einem von ihm häufig genutzten Ablageplatz. Freudig entdeckte er das Ladegerät und holte die Batterien aus seinen Hosentaschen. Dabei fiel eine zu Boden und rollte unter Carolines Wagen. Er ging auf die Knie und reckte sich weit unter den Wagen, aber es fehlten noch ein paar Zentimeter. Deshalb legte er sich flach auf den Boden und kam so an die Batterie heran. Dabei hatte er sich an der Kante des Kotflügels festgehalten und mit dem Daumen an der Innenseite eine Erhöhung gespürt, die es da normalerweise nicht gab. Nachdem er die Batterien in das Aufladegerät gesteckt und dieses gleich zum Laden an die freie Steckdose bei der Werkbank gehängt hatte, bückte er sich zum Kotflügel und betastete die Innenseite.

Zwei Zentimeter vom Rand entfernt haftete ein zündholzschachtelgroßes Kästchen an der Karosserie, das sich verschieben und ablösen ließ. Es war nur leicht staubig, also konnte es noch nicht allzu lange da kleben. Bei Carolines Fahrstil hätte es, bei länger zurückliegender Montage, bereits mit einer dicken Dreckschicht bedeckt sein müssen.

Walcher hatte bisher noch keinen Peilsender in der Hand gehabt, trotzdem nahm er an, dass es sich um einen solchen handelte. Wahrscheinlich haftete auch an seinem Auto so ein Ding, vielleicht sogar am Motorrad. Lindau fiel ihm ein. Kein Verfolger war zu sehen gewesen und doch waren sie ihm anscheinend gefolgt. Walcher steckte das Ding wieder an den Kotflügel zurück. Der Magnet klackte und bewies, dass der Kotflügel nicht aus Kunststoff gefertigt war.

Walcher fühlte sich nicht wohl, als er den Hof überquerte. Hinter ihm, zwischen Hof, Garage und Hühnerstall, war der

Blick frei auf den Wald, wie auch der Hof vom Wald aus gut einsehbar war. Auch auf der gegenüberliegenden Seite, in Richtung Berge, bot sich keine Deckung. Dort war nichts als Wiese, in der nur drei dürre Holunderbüsche standen. Walcher fragte sich, ob er unter ersten Anzeichen von Verfolgungswahn litt. Im Haus zog er die Tür hinter sich zu und griff schon nach dem altmodischen schwarzen Schalter neben der Tür, ließ es aber, ihn umzulegen. Ähnlich der Zentralverriegelung eines Autos, hätten kleine Elektromagneten dicke Vollstahlstifte in den Metallkern der Tür getrieben und ihr damit die Qualität einer Tresortür verliehen. Vermutlich würden vorher die Mauern ringsum einstürzen, bevor diese Tür nachgab. Auch die Außenmauern des Wohnteils wiesen eine Besonderheit auf. Bei der Renovierung und dem Umbau hatte der Architekt festgestellt, dass es sich um sogenannte Hohlmauern handelte, also zwei Mauern mit einem Hohlraum dazwischen, gefüllt mit Ziegelbruch und Stroh zur Isolierung. Dieses Material war entfernt und durch stahlarmierten Beton ersetzt worden. Die Fenster waren nach demselben Prinzip wie die Tür gebaut und fest im neuen Betonkern verankert worden. Stahlrahmen und Panzerglas. So zu bauen war nicht Walchers Wunsch gewesen, sondern das Angebot der beauftragten Baufirma. Wenn er Tür und Fenster abnähme, hatte ihn der Geschäftsführer geradezu angefleht, würde er eine exzellente Sicherheitsausstattung zum Einkaufspreis erhalten. Dabei wollte er die schweren Materialien bloß loswerden. Sie waren nämlich seit der Pleite eines neureichen Immobilienmaklers aus Ravensburg, der sie geordert hatte, auf dem Bauhof herumgelegen. Nach einiger Feilscherei hatte Walcher aus Kostengründen eingeschlagen und konnte sich nach dem Einbau zwar noch nicht mit der Bank von England vergleichen, sicher aber mit einer hiesigen Sparkassenfiliale. Zu diesem Ausbau gehörte auch ein Stahlrollo, das die Terrassentür ebenfalls zu einem unüberwindbaren Bollwerk machte. Aber sich bereits zu Tagesbeginn in seinem Haus zu verbarrikadieren widersprach seiner Vorstellung vom Leben auf dem Lande. Deshalb öffnete Walcher wieder die Haustür und ließ mit seinem Selbstbewusstsein auch wieder die morgendliche Sonne herein.

Analyse

Mit einer großen Kanne Minzetee, frisch aus dem Garten geerntet, saß Walcher am Küchentisch vor der blanken Rückseite eines großen Kalenderblattes. In der Reihenfolge der Geschehnisse zog er Linien, zeichnete Kästchen, schrieb Zahlen und Namen dazu und notierte Stichpunkte der Vorkommnisse, die seit seinem Besuch in der Mayer'schen Villa mit dem Thema Company etwas zu tun hatten. Sogar Bärendreck widmete er ein Kästchen. Dass der einen glaubwürdigen Zeugen zum Thema Hofüberwachung abgeben würde, hielt Walcher eher für unwahrscheinlich. Er listete alle Personen auf, die mit den Ereignissen zu tun hatten: die Toten – A. L. Mayer, Klaus Münzer, die Bodyguards, die Anschlagsopfer unter den Patienten des Sanatoriums, den Obdachlosen in Lindau – wie die Lebendigen – die Töchter Caroline und Andrea, die Mieterin des Hauses am See und den überraschenden Mieterwechsel, den Inliner, der ihn beim Spaziergang so erschreckt hatte, seinen Nachbarn Josef und Frau Zehner mit ihren Berichten. Darüber hinaus vermerkte er noch relevante Orte, wie beispielsweise das Internet-Café und auffällige Begebenheiten wie der Peilsender an Carolines Auto, das Schwein im Keller etc. Das Storyboard eines Drehbuches hatte er da, dessen vollständiger Inhalt und Ende noch im Nebel schlummerten, aber bereits einen Thriller vermuten ließen.

Sollte er warten, bis die Gegenseite sich meldete, oder war es sinnvoller, den Gegner aus der Reserve zu locken, ihn mit etwas zu ködern? Wahrscheinlich würden sie sich dann schneller zeigen. Nein, verwarf er seine Überlegung. Zeigen würden sich nur die Handlanger. Er musste den Verantwortlichen klarmachen, dass sie selbst mit ihm Kontakt aufnehmen müssten, wollten sie an die CD und an den Ordner herankommen. Vielleicht wollten oder brauchten sie weder die Listen noch die CD, weil sie ohnehin alles wussten? Hätten sie Münzer sonst in den Himmel geschickt?

Auf diese Weise würde er nicht vorankommen, befürchtete Walcher, aber erst einmal ging sowieso nichts mehr; aus den Augenwinkeln hatte er eine Bewegung in der offenen Küchentür wahrgenommen. Caroline klopfte an den Türrahmen. Sie sah verschlafen aus und hätte zweimal in den viel zu großen Morgenmantel gepasst.

»Angesichts der Ereignisse mag es sich banal anhören, aber ich habe Hunger«, meinte sie gähnend und setzte sich Walcher gegenüber an den Tisch.

»Auf was hast du Appetit, die Küche ist durchgehend geöffnet.« Walcher stand auf, um seine Bereitschaft zu signalisieren und wartete, während sie mit geschlossenen Augen überlegte. »Kannst du richtig kochen oder nur Brote schmieren?«

»Das wirst du herausfinden müssen.«

»Gut, dann möchte ich ein Spiegelei mit Brot und vielen gerösteten Zwiebeln drauf und dazu eine Tasse starken Kaffee.«

Walcher nickte, stellte klar, dass ihr Wunsch selbst von einem Kochlehrling im ersten Lehrjahr erfüllt werden könne und machte sich an die Arbeit. Schälte zwei Zwiebeln, schnitt sie in Scheiben, erhitzte die Pfanne, gab großzügig Olivenöl hinein, röstete die Zwiebeln und als sie braun wurden, schob er sie an den Rand und schlug zwei Eier in die Pfanne. Daneben erhitzte er eine zweite Pfanne, in der er erst zwei dicke Brotscheiben anröstete, dann die beiden Hälften einer Tomate. Er gab etwas Majoran und seine selbst zusammengestellte Würzmischung auf die Eier und träufelte einige Löffel heißes Öl auf die Eidotter, bis sie milchig wurden. Mit einem Küchenhandtuch über dem Unterarm, servierte Walcher das Ganze, samt einem Kaffee aus dem Automaten.

Sie hatte sich auf seinen Platz gesetzt, ihn beobachtet und meinte: »Du machst das sehr routiniert, scheinst ja schon im zweiten Lehrjahr zu sein. Verdammt, das duftet wirklich gut.«

»Junggesellen leben von Spiegeleiern«, stellte er fest und sah ihr zu, wie sie zügig ihre Mahlzeit aufaß, wobei sie die beiden Eigelb bis zuletzt aufsparte, um sie sich genussvoll im Ganzen in den Mund zu schieben.

»Bitte noch ein Brot, Herr Wirt«, sie hielt ihm den Teller hin, »ich habe seit dem Bums praktisch nichts mehr gegessen.«

Walcher stand auf, wiederholte die Prozedur und überlegte, für welche Frau er in der letzten Zeit ein Essen zubereitet hatte. Es fiel ihm nur Lisa ein und die, so hoffte er, kam nicht auf die Idee, ihn unangemeldet zu besuchen.

Anschließend blieben die beiden in der Küche sitzen und plauderten über Kochrezepte, Vorratshaltung, die mangelhafte Ernährung während des Studiums, Aktivitäten in der Freizeit, ihre beruflichen Wege, Kunst und Politik, und erst nach diesem riesigen Umweg näherten sie sich dem Grund, weshalb sie zusammensaßen.

»Die vertauschten Kinder«, flüsterte Caroline mehr zu sich als zu Walcher. »Ich sollte Andrea suchen, bevor andere es tun.

Könntest du mir das Haus meines richtigen Vaters zeigen?« Sie zögerte. »Ich war nur ein oder zwei Mal dort und das ist schon gut fünfzehn Jahre her.«

»Wenn du willst, jetzt gleich.« Walcher überlegte, ob er ihr die Entdeckung der Peilsender schon zumuten konnte, beschloss aber, damit bis zur Fahrt zu warten. Caroline wirkte gefasst, aber Walcher erschien sie zerbrechlich, außerdem fiel ihm auf, dass sie sich öfter mitten im Satz unterbrach, so als lausche sie ihrer Erinnerung. Ihr Blick war dabei in die Ferne gerichtet. Der zusammengekniffene Mund und ihre flatternden Lider sowie die geballten Hände deuteten dabei nicht auf sonderlich positive Gedanken hin.

»Noch einen Schluck Kaffee?«, unterbrach Walcher sie und deutete auf den Automaten. Sie schüttelte nur den Kopf, seufzte und stand auf. »Ich brauche zehn Minuten.«

Führungsmeeting

Das saftige Grün des Plateaus war durchsetzt von weißen Punkten wie auf Bildern naiver Maler. Einige dieser Punkte waren ständig in Bewegung. Manchmal bewegten sich alle Punkte gleichzeitig und dann sah es aus, als würde ein heftiger Wind über eine Wiese voller Margeriten wehen. Es war nicht der Wind, der die weißen Punkte antrieb, sondern ein Taxi, das an diesem Tag häufig auf dem Weg hin- und herfuhr, der sich auf dem Plateau durch die Weide schlängelte.

In eine wilde Flucht gerieten die Schafe, wenn ein Helikopter am Ende des Plateaus landete, um kurz danach wieder aufzusteigen und davonzurattern. Eigentlich waren auf der Insel Landungen mit dem Helikopter nicht erlaubt, aber da die Insel so gut wie unbewohnt war, hatte es bisher keine Klage gegeben.

56° 49'N, 70° 38'O, die geographischen Koordinaten der Isle of Mingulay besagten ihre Zugehörigkeit zu den Bishop's-Inseln im Süden der Äußeren Hebriden und gehörte offiziell dem National Trust for Scotland. Inoffiziell hatte sie die *Saveliving Company* für 100 Jahre gepachtet und besaß eine daran anschließende Kaufoption.

Im flachen Ostteil Mingulays gab es einige Fundstücke, die auf eine frühe Besiedelung seit der Eiszeit hindeuteten und Mauertrümmer jüngeren Datums, Reste eines winzigen Dorfes mit dem sinnigen Namen *Das Dorf*, das erst 1912 aufgegeben worden war. Bevölkert wurde die Insel inzwischen von einer unglaublichen Anzahl an Lebewesen, nämlich Dreizehenmöven, Trottellummen, Tordalken, Antarktikscharben, Eissturmvögeln, Großen Raubmöwen, normalen Möwen, Papageientauchern, Seehunden sowie einem Schafzüchter samt seiner zwei Hunde und seiner Herde von 400 Schafen der Rasse North Ronaldsay. Daneben weilte eine wechselnde Gästeschar der *Saveliving Company* im Westen der Insel, die jeweils in dem futuristischen Hotel logierte, das im Jahr 2003 in die Front der hoch aufragenden Klippen gebaut worden war.

Dort, wo die gigantische Granitplatte, aus der die Insel besteht, bis zu 200 Metern über dem Meeresspiegel aufragt, befand sich denn auch das Ziel des Inseltaxis und des Helikopters.

Das Hotel, das man in Hotelführern vergeblich gesucht hätte, war ausschließlich für Mitarbeiter der Company gebaut worden, allerdings weniger für deren Erholung. Hautsächlich fanden dort Konferenzen und Seminare statt.

Auf dem Plateau stehend, war von dem Hotel nur eine winzige

Glaskuppel zu entdecken, die auch für ein Gewächshaus hätte gehalten werden können. Nur von der Meerseite aus oder wenn man die Glaskuppel bereits betreten hatte, bot sich dem Betrachter ein Bauwerk von besonderem Reiz. Eingebettet in eine Scharte, die von der Oberkante der Klippe senkrecht hinunter zum Meer reichte, reihten sich gläserne Stockwerke aneinander wie Glasperlen an einer Kette. Von den Zimmern und Konferenzräumen hatte man einen Blick auf den Atlantik und auf den Horizont und somit auf Sonnenuntergänge, die sich tief in das Bewusstsein der Betrachter eingruben, als wären sie Teilnehmer des biblischen Schöpfungsaktes.

Allerdings war dieses Erlebnis nur dank aufwendiger Reinigungsarbeiten zu genießen, denn die Bewohner Abertausender Nestkolonien zu beiden Seiten des Glasbaus schafften es binnen weniger Tage, die Glasfront mit ihren Exkrementen zu kalken, und zwar flächendeckend. Diese Seevögel waren es auch, die dafür sorgten, dass die winzigen Balkone nicht betreten werden konnten, und zwar nicht nur der Exkremente wegen, sondern auch wegen des ohrenbetäubenden Lärms, der aus ungezählten Vogelkehlen rund um die Uhr nervte.

An diesem Tag interessierten sich die ankommenden Besucher weder für die faszinierende Aussicht auf die endlose Fläche von Wasser und Himmel noch für die gewaltigen Schwärme der Seevögel. Zielstrebig eilten sie der Eingangshalle zu, um sich ein Stockwerk tiefer im Konferenzraum der Konzernspitze zu versammeln.

Achtzehn Männer und vier Frauen waren es, die sich an das riesige Oval des Besprechungstisches setzten, dessen Oberfläche eine aufwendig gestaltete Intarsienarbeit in Form des Sonnensystems zierte – den Wirkungsraum der Company.

Der Dienstälteste und zugleich Aufsichtsratsvorsitzende der Dach-Holding, der Japaner Michael Thok, begrüßte die Anwesenden mit dem Privileg, dies im Sitzen tun zu dürfen. Er deutete auf zwei leere, nebeneinanderstehende Stühle, die mittig an dem ovalen Tisch platziert und mit einem schwarzen Tuch bedeckt waren.

»Unvorstellbares ist in unserem Unternehmen geschehen. Niemals hätte ich geglaubt, dass Kollegen, ja sogar Freunde, sich gegenseitig etwas antun könnten, um noch reicher oder mächtiger zu werden, als sie ohnehin bereits sind. Diese unersättliche Gier widert mich an. Aber wir sind darin geübt, mit solchen Dingen umzugehen. Unmöglich ist mir die Vorstellung, den großartigsten Menschen, denen ich in meinem Leben begegnet bin, nie wieder die Hand geben zu dürfen, nie wieder ihre Stimme zu hören, sie nie wieder umarmen zu können – Andreas und Klaus.« Michael Thok schwieg mit gesenktem Kopf und entzog sich so den Blicken der Versammelten. Einigen in der Runde traten Tränen in die Augen, die meisten starrten jedoch ins Leere. Alle hatten sehr persönliche Erfahrungen und Erlebnisse mit den Konzerngründern geteilt. Klaus Münzer und Andreas Mayer hatten immer einen sehr persönlichen Führungsstil gepflegt und waren ihren engsten Mitarbeitern in privaten oder beruflichen Krisen zur Seite gestanden. Sie wurden deswegen sehr geschätzt, wenn nicht gar verehrt.

Thok und Münzer saßen beispielsweise in jener Maschine der Merpati Nusantara Airlines, die beim Landeanflug auf Padang, auf den Philippinen, einen Hügel streifte und abstürzte. Einige Passagiere wurden aus der geborstenen Maschine geschleudert, darunter auch Münzer, bevor auslaufender Treibstoff die Absturzstelle in ein flammendes Inferno verwandelte. Trotz seines gebrochenen Arms war Münzer in die brennende Gluthölle zurück gerannt und hatte den eingeklemmten Thok aus der Maschine gezerrt.

Thok mussten beide Beine amputiert werden, aber er lebte und hatte einen Mann zur Seite, der ihm nicht nur das Leben erhalten hatte, sondern ihn auch durch die dunklen Seelenqualen begleitete, bis er den Verlust seiner Beine überwunden hatte.

Thok sah in die Runde und suchte zu jedem der Anwesenden kurz Augenkontakt, bevor er weitersprach. »Mein Herz weigert sich zu glauben, dass jemand unter uns der Urheber jener schrecklichen Morde ist. Mein Verstand sagt mir, es muss hier im Raum sein, das Übel, das sich Machtgier nennt und das die Hand abgehackt hat, die ihr einst ohne Arg gereicht wurde. Als Vorsitzender habe ich bereits veranlasst, dass unsere besten Leute eine Untersuchungskommission bilden. Ich, vielmehr wir alle müssen wissen, wer den Tod von Andreas Mayer und Klaus Münzer beauftragt hat. Wir wollen die Mörder fassen!«

Thok machte eine lange Pause, so als wären seine Gedanken auf eine weite Reise gegangen. »Bis gesicherte Erkenntnisse vorliegen, sind alle Aufsichtsräte, Vorstände und Geschäftsführer angehalten, jegliche substantiellen Transaktionen zu unterlassen. Sie wissen, dass unser Zentralrechner dies nachhaltig kontrolliert. Sie wissen auch, dass es außer Münzers und Mayers Master-Schlüssel noch einen dritten gibt, über den ich verfüge. Wir haben erst heute den Zentralrechner kontrolliert. Mayers Schlüssel wurde seit über einem Jahr nicht aktiviert. Und nun passen Sie bitte gut auf. Der Schlüssel von Münzer wurde zwei Tage nach seinem gewaltsamen Tod benutzt. In einem kleinen Internet-Café hat sich ein Unbekannter eingeloggt, kurz nur, und zwar mit dem persönlichen PIN von Münzer. Ich glaube, dass es sich dabei um eine Art

Botschaft von Münzer an uns handelt und er den Schlüssel bewusst einem Vertrauten seiner Wahl gegeben hat. Ich bilde mir ein, Klaus Münzer recht gut gekannt zu haben. Seine und Mayers Tochter wollte er sicher nicht gefährden, indem er ihnen den Schlüssel übergeben hätte, nein, eher hätte er seinen Schlüssel vernichtet. Ich glaube, auch Mayer hätte so gehandelt.« Wieder ließ Thok einige Sekunden verstreichen, ehe er weitersprach. »Wenn Sie Vorschläge haben, was das weitere Vorgehen betrifft und vor allem die Zukunft unserer Company, bitte ich um Ihren Beitrag. Grundsätzlich werden wir darüber abstimmen, ob und wann der von unseren Forschern entwickelte Strukturplan angewandt wird. Die Funktion von Andreas Mayer und Klaus Münzer werde ich übernehmen, bis zwei neue Personen aus diesem Leitungsgremium von dieser Runde gewählt worden sind, um die Lücken zu schließen«, deutete er auf die beiden leeren Stühle. »Dafür benötigen wir Ihre Wahlvorschläge, die bis spätestens in einer Woche vorliegen müssen, um berücksichtigt werden zu können. So sieht es der Strukturplan vor, wir wollen uns bitte alle daran halten. Wir werden uns in genau vierzehn Tagen wieder um diesen Tisch versammeln und alles für die Company Notwendige tun, auch im Gedenken an ihre Gründer. Damit schließe ich diese Runde und wünsche Ihnen eine gute Heimreise.«

Nach einer angedeuteten Verbeugung steuerte Thok seinen Rollstuhl aus dem Saal und ließ eine schweigende Führungsgruppe zurück, deren Mienen große Besorgnis ausdrückten.

Nur wenige aus der Runde reisten sofort wieder ab, die meisten saßen noch lange im sogenannten Sonnenuntergangszimmer zusammen und trauerten um Andreas und Klaus. Darunter auch ausgerechnet jene beiden Männer, die Thok als Initiatoren verdächtigte: Jean Delucca und Phillipe Manrova. Dabei handelte es sich bei Thok nicht nur um ein vages Gefühl, sondern um eine durch seine »Gabe« gewonnene Überzeugung. Seit dem Flugzeuginferno hatte Thok eine Fähigkeit, seine sogenannte Gabe entwickelt, die er auch Kopfsprache nannte. Als eine Art bruchstückhaftes Gedankenlesen hatte er diese Befähigung einst seinem Freund Münzer beschrieben. Unterhielt er sich allein mit einem Menschen, so geschah es manchmal, dass sich einige Gedankenfetzen seines Gesprächspartners zwischen seine eigenen Gedanken schoben. Es hatte lange gedauert, bis er erkannt hatte, dass manche Gedanken nicht seine eigenen, sondern die seines Gegenübers waren und noch länger hatte Thok gebraucht, bis er diese besondere Fähigkeit nutzen konnte.

Delucca und Manrova – wie alle übrigen Kolleginnen und Kollegen des Führungskreises hatte Thok sie in Einzelgesprächen durchleuchtet und hielt beide, bei all ihrer Intelligenz, Leistungskraft und ihrem Charisma, für zutiefst skrupellose und machtgierige Menschen, die vor keiner noch so hinterhältigen Tat zurückschrecken würden, um ihre Machpositionen auszubauen. Er hatte bei ihnen einen beängstigenden Wortschatz entdeckt, gewaltvoll und abwertend. Im Sinne von sozialer Verantwortung hielt Thok die beiden für personelle Fehlentscheidungen, auch wenn sie erstaunliche Leistungen boten. Im Gegensatz zu den beiden schätzte er die Mehrheit aller Führungskräfte der Company als loyal und verlässlich ein. Die meisten hatten die Company mit aufgebaut und betrachteten sie als den wichtigsten Teil ihres Lebens. Von ihnen würde keiner tatenlos zusehen, wenn einige wenige aus dem Verbund ausscherten, um eigene Interessen über die der Company zu stellen.

Caroline

»Lass uns mit meinem Wagen fahren«, schlug Walcher vor, als Caroline nicht nach zehn Minuten, sondern genau 45 Minuten später aus dem Haus kam und in die Sonne blinzelte. Sie nickte träge in den strahlenden Allgäuer Morgen, dessen Licht erbarmungslos die dunklen Schatten um ihre Augen ausleuchtete.

Walcher ging auf sein Auto zu, öffnete die Beifahrertür und lud Caroline nach alter Schule zum Einsteigen ein. Spontan dachte er an Lisa, die in einer ähnlichen Situation einmal richtig ausgerastet war. Sie hatte die Tür zugeknallt und ihn angebrüllt, dass sie kein Kleinkind mehr sei, das ins Auto gesperrt und am Ende der Fahrt wieder freigelassen werden müsse. Er solle sich diese »Starker-Mann-Ritter-Übervater«-Tour gefälligst abgewöhnen. Lisa, was hielt ihn nur davon ab, sie sachlich über die Situation zu informieren?

Als sie schon ein Stück weit Richtung Wangen gefahren waren, erzählte Walcher Caroline von dem Peilsender und dem Ablenkungsmanöver, das er sich überlegt hatte. Er konnte ihre Reaktion nicht beobachten, sah jedoch aus den Augenwinkeln, dass sie ihn ansah.

»Wer sind *die*? Haben sie etwas mit Vaters Company zu tun? Wenn ich nur mehr wüsste! Ich werde mit Onkel Thok Kontakt aufnehmen. Er ist nach Vater und Mayer einer der Großen.«

Walcher beugte den Kopf näher zu ihr, weil Caroline sehr leise sprach, mehr zu sich selbst, als zu ihm. »Wer ist dieser Took?«

»Thok – ein T, H, O und K. Thok wird der Samurai genannt, ein Japaner. Wirtschaftsphilosoph oder so was. Ich kenne die Zusammenhänge auch nicht viel besser als du.«

Das klang leicht aggressiv, war aber wohl nicht so gemeint,

denn Caroline erzählte in ähnlich sachlichem Ton weiter. »Was Vater – ...«, sie unterbrach und korrigierte sich, »von dem, was Klaus Münzer dir erzählt hat, war auch für mich das meiste neu. Thok war oft bei uns. Ich schob ihn in seinem Rollstuhl umher. Er ist so etwas wie ein weiser Mann. Ich habe ihn auch schon einmal in seinem Wüstendorf besucht. Ich weiß nur nicht, wie ich Kontakt mit ihm aufnehmen soll. Alle Telefonnummern meines Vaters – o verdammt, ich bekomm den Vater nicht aus dem Kopf – von Mitarbeitern und Freunden, alles war in seinem Computer gespeichert. Ich musste aus seinem Schwarzbuch, wie er sein Adressbuch nannte, jeden einzelnen Namen vorlesen und ihn, wenn er ihn für W wie wichtig hielt, in den Computer eingeben. Es ist Wahnsinn, mit wie vielen Menschen er zu tun hatte.« Caroline sah Walcher an, als wäre sie stolz, nicht wieder Vater gesagt zu haben. Dass er den Blick richtig gedeutet hatte, bestätigte sie gleich darauf.

»Was soll's, er war zwar nicht mein leiblicher Vater, aber er war mein Ziehvater. Onkel Andy wird in meinen Erinnerungen immer der Onkel bleiben, Klaus Münzer immer mein Vater, also werde ich ihn auch weiterhin so nennen.«

Walcher nickte nur, er lenkte den Wagen gerade in die Werkstatt seines Autohändlers in Wangen, wo er vorhatte, sich einen Mietwagen zu nehmen.

»Jetzt ist das Buch weg und der Computer auch«, setzte Caroline ihren Gedankengang fort.

»Ich könnte auf der CD deines Vaters nachsehen, ob über sie die Möglichkeit zur Kontaktaufnahme mit Thok besteht. Ich vermute, dass es möglich sein wird. Jetzt sollten wir erst einmal unsere eventuellen Verfolger abhängen.« Caroline stimmte mit einem Kopfnicken zu und stieg gleichzeitig mit Walcher aus dem Wagen.

Keine fünf Minuten später fuhren zwei Elektriker, jedenfalls zierten ihre Schirmmützen rote Elektroblitze, in einem Landrover vom Werkstatthof und kurvten durch das Städtchen in Richtung Lindau davon. Später wählte Walcher eine Strecke über die kleinen Dörfer, da würden ihm, so erklärte er Caroline, eventuelle Verfolger eher auffallen, als auf der stark befahrenen Hauptstraße. Sie brauchten dann auch etwa die doppelte Zeit, bis sie vor der Einfahrt des Jugendstilhauses hielten.

Warum er Caroline nicht von seinem letzten Besuch erzählte, konnte Walcher sich selbst nicht erklären. Er führte Caroline durch das Labyrinth der Hecken, hatte aber den Eindruck, dass sie sich besser auskannte als er. Ungehindert gingen sie bis zum Haus. Der Gärtner war nicht zu sehen. Auf ihr Klingeln hin öffnete eine Frau, zirka Ende dreißig, die einen blauen, ziemlich verschmutzten Arbeitskittel über ihrer Kleidung trug und sie mit einem freundlichen, offenen Lächeln begrüßte. Ihr hübsches Gesicht kam Walcher bekannt vor, auch wenn er sich nicht erinnern konnte, wo und wann er dieser Frau schon einmal begegnet war.

Caroline übernahm das Wort und fragte, ob sie Andrea Mayer sprechen könne, die sie aus ihren Kindheitstagen kenne. Sie wäre gerade auf der Durchreise und hatte diesen spontanen Entschluss, weshalb sie sich auch nicht im Vorhinein hätte anmelden können.

Die Frau hörte Caroline aufmerksam zu und hob dann bedauernd die Schultern. Sie stellte sich als die Haushälterin vor und erklärte, dass Andrea Mayer beim Golfspielen sei. Leider wisse sie nicht einmal, auf welcher Anlage sie spielen würde. Vielleicht könnten sie morgen wieder vorbeikommen oder telefonieren oder eine Nachricht hinterlassen oder so etwas, schlug sie vor. Ohne eine Antwort abzuwarten, entschuldigte sich die Haushälterin und kam mit einem Zettel zurück, den sie Caroline auffordernd entgegenstreckte. Eine Telefonnummer stand darauf.

Caroline bedankte sich, Walcher ebenfalls, sie verabschiedeten sich und gingen denselben Weg zurück, den sie gekommen waren. Außer Hörweite der Frau fragte Walcher Caroline: »Wusstest du, dass Andrea hier wohnt?«

»Haben wir nicht darüber gesprochen?«, war die kurze Antwort. Caroline schien keine Lust auf eine Unterhaltung zu haben, was Walcher jedoch nicht abhielt, eine weitere Frage zu stellen. »Wann warst du zuletzt in diesem Haus?«

»Vor ungefähr drei Monaten und jetzt lass mich bitte überlegen, woher ich diese Frau kenne.«

»Auch mir kam sie bekannt vor«, Walcher konnte dickfellig sein, »hast du sie in diesem Haus getroffen oder wo?«

»Bitte, sei jetzt einfach fünf Minuten still, okay? Danke.«

»In Ordnung, nur eines noch, warum hast du mich gebeten, dir den Weg zu zeigen, weil du angeblich schon ewig nicht mehr hier warst?«

»Das weiß ich selbst nicht, ich …« Caroline hatte mit ihrer Antwort gezögert und sprach erst weiter, als sie bereits im Auto saßen. »Ich glaube, ich wollte damit einfach meine Bitte für deine Begleitung begründen. Natürlich kenne ich den Weg und das Haus und alles. Entschuldige, ich habe dich nicht belügen wollen, es ist nur so, dass sich meine Gedanken ständig im Kreis drehen.«

Walcher ließ das gelten. Auf dem Rückweg wollte Caroline kurz am Sanatorium haltmachen, um einige Sachen aus ihrem Zimmer zu holen – vor allem ihr Handy mit den gespeicherten Telefonnummern. Sie hatten während der Fahrt viel über Sicherheit gesprochen und Caroline entschied, dass sie mit Thok Verbindung aufnehmen und ihm vorschlagen wollte, ihn zu besuchen. Ausführlich und mit Sympathie in der Stimme erzählte Caroline über Thok und von seinem privaten Lebenswerk. Wenn er mal nicht im Hauptquartier der Company arbeitete, lebte er auf einer Hazienda im südlichen Texas. Auf dieser Farm gäbe es die so ziemlich ungewöhnlichste Ansammlung an Behausungen von ganz Texas zu bewundern. Bei den Bewohnern handelte es sich um ausgestiegene Wissenschaftler, Erfinder oder einfach nur um Spinner. In der Siedlung lebten sie beinahe autark und produzierten sogar eigenen Strom aus Biogas, Solarzellen, Wind oder mit Stirlingmotoren. Was sie nicht benötigten, konnten die Nachbarn beziehen im Tausch gegen alles Mögliche. Die Menschen, die sich auf der Farm niedergelassen hatten, waren keine Sektierer, Esoteriker und auch keine Fanatiker, sondern geniale Denker, weshalb es viele faszinierende Ideen an diesem Ort zu bewundern gab. Sie hatten nicht das Ziel, die Welt zu retten, sondern einfach die Nase voll von allem Vorgekauten, von Bevormundung und dem Irrsinn einer regelwütigen Verwaltungsbürokratie. Sie hörten einander zu, wenn sie etwas zu sagen hatten. Sie behandelten einander mit Achtung und Respekt und sie waren offen und neugierig. Thok hatte die Hazienda günstig gekauft und verpachtete die Parzellen nicht gegen Geld, sondern gegen Ideen. Die Gemeinschaft entschied, wer aufgenommen wurde und akzeptierte dadurch die Form, in der Neue ihre Energie einbrachten. Caroline hatte Thok schon einmal in dieser Oase besucht und war begeistert von der Atmosphäre, die dort herrschte. Dank des Wassermanns, wie einer der Forscher liebevoll von den übrigen Bewohnern genannt wurde, stand dem wachsenden Gemeinwesen praktisch unbegrenzt Wasser zur Verfügung – und das mitten in der Wüste. Der Wassermann hatte biologische Techniken mit moderner Wissenschaft vereint. Seine

Erfindung war mit den Interessen der Wasserwerke kollidiert. Er hatte den Kürzeren gezogen und war erst in dieser Einöde wieder zur Ruhe gekommen, die dank seiner Wasseranlage langsam zu einem Garten Eden heranwuchs.

Ein sicherer Flecken Erde, seiner Isoliertheit wegen, vielleicht aber auch gerade deshalb ein extrem unsicherer Platz – wer mochte diese Frage beantworten. Die Farm war ohne staatlichen Schutz. Ihr einziger Beschützer war ein Psychiater, der sein Leben der Schnellhypnose gewidmet hatte. Inwieweit er ein Rudel gekaufter Killer ruhigstellen konnte, mochte sich Caroline jedoch nicht vorstellen. Trotzdem glaubte sie, dort gut aufgehoben zu sein, vor allem, weil Thok sein Hazienda-Projekt in aller Stille betrieb, auch seinen Kollegen gegenüber. Münzer und Mayer waren die einzigen Vertrauten in der Company gewesen, die Thoks privates Leben kannten.

Nach Carolines Schilderung von Thoks Farm, sprachen sie ihre mögliche Reiseroute dorthin wie Geheimagenten durch, die keinerlei Spuren hinterlassen durften. Zuerst würde sie mit dem Zug nach Ulm fahren und dort in den Nachtzug nach Paris umsteigen. Von Paris ging es mit dem Flieger weiter nach London. Dort würde sie einen Flug nach New York buchen, wo sie ein neues Flugticket nach Houston kaufen würde. Von dort könnte sie erst mit dem Bus und schließlich mit dem Leihwagen in das Städtchen Fendetas gelangen, wo Thok sie abholen könnte – wie bei ihrem früheren Besuch.

Sie unterbrachen das Gespräch bei ihrer Ankunft vor dem Münzer'schen Sanatorium. Immer noch wurde der Rasen als Parkplatz für jede Menge Fahrzeuge missbraucht. Walcher hatte vor, sich während der Wartezeit noch einmal das Explosionsloch auf der Rückseite des Gebäudes anzusehen und begleitete deshalb

Caroline bis zum Eingang. Dort machte ihn Caroline mit einem Mann bekannt, der gerade das Haus verlassen wollte. Professor Anselm Münzer, der nach den neuesten Erkenntnissen der Familienverhältnisse in keinem biologischen Verwandtschaftsverhältnis zu Caroline stand.

Wenn Freundschaften in der ersten Sekunde des Kennenlernens angebahnt wurden, instinktiv also, so versprach diese Bekanntschaft das Gegenteil. Münzer musterte Walcher, als habe er eine unsterile Amöbe oder sonst ein verzichtbares Lebewesen vor sich. Walcher war ebenfalls deutlich anzusehen, dass er wenig von dem Professor hielt. Vermutlich hatte das etwas mit Münzers überzogen wirkender schauspielerischer Sprache sowie mit dessen Mimik, Gestik und Haltung zu tun, die Walcher als »joviale Arroganz« bezeichnete. Braungebrannte Haut, Maßanzug und meisterlich handgearbeitetes Schuhwerk wurden in einer Haltung präsentiert, die Walcher im Tanzkurs als die »Windsor-Haltung« hatte lernen müssen.

»War auf den Kanaren«, erläuterte Caroline knapp, mit nicht zu überhörendem Zynismus, »wichtiger Kongress, hat nichts von dem Terror hier mitbekommen.«

»Wenn du erlaubst, so spreche ich in eigener Sache auch selbst«, näselte Münzer in ihre Richtung, ohne sie dabei anzusehen. Aus dem geringschätzigen Tonfall der beiden war zu schließen, dass sie auch bisher nicht besonders herzlich miteinander umgegangen waren.

»Natürlich, ist ja schon ein Großer«, erwiderte Caroline mehr an Walcher gerichtet, als an Anselm. Dann wandte sie sich ab, winkte Walcher ein »Wir sehen uns gleich!« zu und war auch schon im Eingang verschwunden.

»Münzer, Anselm Münzer«, stellte sich der Professor vor. Er

schien zu einem Handschlag anzusetzen, schwenkte die Hand dann in eine andere Richtung und deutete auf sein Sanatorium, für dessen Stabilität inzwischen einige massive Holzbalken sorgten, die im Mittelteil das oberste Stockwerk sicherten. Arbeiter waren gerade damit beschäftigt, lange Plastikplanen auf dem Dach zu befestigen.

»Wahnsinn, einfach Wahnsinn. Nicht dass ich übermäßig an diesem Gebäude hängen würde, aber all die Toten und dann mein Labor. Ich habe zwar alle Ergebnisse als Sicherungsdateien dupliziert und extern gelagert, aber da waren einige Spezialgeräte, für deren Fertigstellung wir Jahre benötigt haben.« Münzer sprach mehr zu sich selbst als zu Walcher. »Aber das ist ja alles zu ersetzen. Vater – mein Adoptivvater«, ergänzte er, »ist es nicht. Er war eine Ausnahmeerscheinung. In zehn oder zwanzig Jahren hätten wir sein Leben um einiges verlängern können. Unsere Versuchsanordnungen haben zudem ein kleines Vermögen gekostet, die ohne seine großzügigen Spenden, wie er sie immer nannte, niemals hätten realisiert werden können. Einer meiner Assistenten ist ebenfalls bei diesem grässlichen Anschlag ums Leben gekommen. Ersatz für ihn zu finden wird nicht einfach sein.«

Während Münzer monoton und ohne Unterbrechungen monologisierte und den Verlust seines Mitarbeiters und seiner Versuchsanordnungen als gleichwertig zu betrachten schien, grübelte Walcher darüber nach, wo er diesen komischen Vogel schon einmal gesehen hatte. Dass er dem Professor bereits begegnet war, dessen war sich Walcher absolut sicher. Auch wenn er sich nur schwer Namen und Telefonnummern merken konnte, Gesichter, Körperhaltung, Gangart, Gestik, Sprache und Gerüche prägten sich ihm unauslöschlich ein. Aber Walcher kam nicht darauf und außerdem tauchte Caroline wieder auf, bepackt wie ein Sherpa.

Einen prall gefüllten Rucksack auf den Schultern, einen großen Schalenkoffer in der linken und mit der rechten Hand einen monströsen Schrankkoffer hinter sich herziehend, quälte sie sich aus dem Empfangsbereich. Froh, dem Professor entfliehen zu können, spurtete Walcher ihr entgegen und übernahm den Schrankkoffer, der sich als leichter herausstellte, als er aussah. Caroline nahm Walchers Hilfe dankbar an und wandte sich Anselm zu, um sich von ihm wortlos mit einem kurzen Nicken zu verabschieden.

Wieder im Auto, wollte sie von Walcher wissen, ob er Anselm Münzer ebenfalls einen arroganten Schnösel fand. Sie wartete seine Antwort nicht ab, sondern meinte, weniger als Frage als in Gedanken: »Wer könnte ein Interesse an meinem Handy haben? Es lag nämlich nicht mehr in meinem Zimmer.«

Etwas irritiert bejahte Walcher ihre Frage nach dem Schnösel und fragte sie dann: »kannst du es verlegt haben?«

»Ich habe noch nie in meinem Leben etwas verlegt, und schon gar nicht mein Handy.«

Also doch aggressiv heute, fand sich Walcher insgeheim bestätigt und beschloss, sich aufs Fahren zu konzentrieren. So schwiegen die beiden, bis sie in der Wangener Autowerkstatt wieder in Walchers Wagen umstiegen, um sich dann lediglich über die Frage auszutauschen, ob man essen gehen oder zu Hause kochen wolle. Sie beschlossen Letzteres, zumal Walcher einige Gerichte anbieten konnte, von Spaghetti bis schnellen Linsen.

Am Stammtisch

Wer den Einheimischen aufs Maul schauen wollte, der ging in Weiler in den *Hirschen*. Dort saßen sie am Stammtisch, dem einzigen großen Tisch, neben drei weiteren kleinen, womit auch schon alle Plätze der Gaststube aufgezählt waren.

Walcher hatte Caroline nach dem Essen – sie hatten sich auf Spaghetti mit einfacher Tomatensauce geeinigt – erklärt, wie die Sicherheitstür und die Fenster funktionierten und sie gebeten, ihn bei irgendwelchen irritierenden Vorkommnissen auf dem Handy anzurufen. Er hielt es für sinnvoll, eine Zeitlang aus dem Haus zu gehen, denn Carolines Stimmung hatte sich eher vertieft. Zu Lisa wollte er aber auch nicht, weshalb er den Stammtisch wählte, auch um zu hören, was so gesprochen wurde.

Nachdem Walcher sich nach dem Hofkauf als neuer Bürger bei der Gemeinde angemeldet hatte, war er zu Frau Zehner in den Laden gegangen. Diese hatte ihm damals empfohlen, ab und zu den Alt-Stammtisch, den außerparlamentarischen Gemeinderat, wie sie sagte, als die Informationsquelle schlechthin aufzusuchen. »Wenn Sie mit den Einheimischen ins Gespräch kommen wollen, dann setzen'S sich gleich an den Stammtisch. Das gibt Ärger, aber den stehen'S durch. Wenn Sie sich an einen anderen Tisch setzen und darauf hoffen, dass man Sie an den Stammtisch bittet, dann ham'S schon verloren«, lautete ihr Rat.

Also hatte er es genau so gemacht und galt seitdem als akzeptiert, was einem »sympathischen Zuagroasten« entsprach, der aber noch weit davon entfernt war, als Einheimischer anerkannt zu sein – dieses Adelsprädikat erhielten erst die Kinder in der dritten Generation.

Walcher murmelte den vier Männern ein »Grüß Euch Gott«

zu, setzte sich und bestellte eine Halbe. Jedes weitere Wort wäre zu viel gewesen und hätte ihn als geschwätzigen Städter gebrandmarkt. Erst, als nach einigen Minuten des Schweigens Alois Berner das Wort an ihn richtete und ihn fragte, »Wie hosch'es?«, war das Tor zu einem geselligen Gespräch aufgetan. Walchers Antwort war nur ein Nicken, gefolgt von einem ausführlichen »s'goht so«. Das Bier kam, er hob das Glas und wünschte »Proscht«, was die anderen erwiderten, die in Erwartung dieses Wunsches ebenfalls ihre Gläser ergriffen hatten.

Mit diesem gemeinsam zelebrierten Akt der flüssigen Nahrungsaufnahme war die letzte Hürde überwunden, und die kleine Gesellschaft wandte sich wieder dem intensiven Austausch örtlicher Neuigkeiten zu. Walcher hielt sich zurück, brummte mal seine Zustimmung, hob das Glas zu den vielen gemeinsamen »Proschts« und nickte mal dem einen, mal dem anderen Redner zu. Wurde er etwas gefragt, so überlegte er lange und gab dann eine kurze, präzise Antwort.

Irgendwann am späteren Abend fragte er, wer von einem oder zwei Ferkeln wüsste, weil er sich die gern auf den Hof tät. Walcher hatte sich erhofft, dass mittels dieser Frage die Information von Frau Zehner erhärtet würde, dass Unbekannte beim Walterbauern Schweine gekillt hatten. Aber diese Hoffnung erfüllte sich nicht. Es entbrannte eine hitzige Diskussion über Mast, Aufzucht, Subventionen, die EU und über den ehemaligen Landwirtschaftsminister, der ein Schlitzohr gewesen wäre, aber wenigstens habe der noch etwas von seinem Fach verstanden, nicht so wie die Minister heutzutage. Nebenbei erfuhr Walcher, dass Schweine, ob jung oder ausgewachsen, meist unter der Hand verkauft würden, als Nebeneinnahme, schwarz und auch ohne Veterinär oder Fleischbeschauer. Offiziell waren Weiler und der Umkreis eine quasi schweinefreie Zone, hatten doch die Landwirte die Schweinehaltung schon vor Jahrzehnten wegen Unwirtschaftlichkeit aufgegeben. Auf den Viehmärkten, so wurde Walcher aufgeklärt, war eine Sau aus »weiß-der-Teufel-woher« billiger zu haben, als ihr Futter für ein Jahr kostete. Obwohl es um Weiler herum angeblich keine einzige Sau mehr gab, hätte Walcher an diesem Abend etliche Tiere kaufen können. Nun verstand Walcher zwar, warum der Walterbauer den Schweinemord nicht angezeigt hatte, davon abgesehen, wusste er auch nicht mehr als vorher. Als er den *Hirschen* verließ und über sich einen viereckigen Mond sah – in Wahrheit das beleuchtete gelbe Reklameschild am Ende eines Baukranes –, kehrte er um und bat die Wirtin, ihm ein Taxi zu bestellen.

Josef

Zwei Uhr nachts war es, das Allgäu lag im Schlaf. Josef hatte die beiden Fenster seines Schlafzimmers weit geöffnet. Von seinem Bett aus konnte er die Kontur der Alpenkette erblicken, die sich in der mondhellen Nacht deutlich vom Himmel absetzte. Trotz der offenen Fenster, empfand er die Luft als stickig und unerträglich heiß, fürchtete sich aber, die Tür zu öffnen, aus Angst vor Zug und Verspannungen. In letzter Zeit schlief er nicht mehr durch, sondern wachte nach kurzen Schlafphasen einige Male pro Nacht auf. War ihm das früher passiert, dann hatte er eine Zeitlang in die dunklen Berge gestarrt und war zufrieden wieder eingeschlafen. Früher – aber in den letzten Nächten brachte ihm die Bergsicht nicht mehr den Schlaf zurück. Das Gefühl, geborgen in seiner Wunschwelt zu leben, hatte Sprünge erhalten. Deutliche Sprünge! Die Lage war alles andere als befriedigend.

Wie üblich fixierte Josef auch in dieser Nacht einen Stern als meditative Hilfe und schlief auch nach einigen Minuten wieder ein, allerdings dauerte sein Schlaf nur wenige Pulsschläge, dann riss ihn eine gewaltige Explosion hoch. Mit pfeifenden Trommelfellen sprang er aus dem Bett und taumelte ans Fenster. Dabei spürte er nicht einmal den Schmerz in der rechten Schulter, mit der er gegen den offenen Fensterflügel geknallt war. Links von ihm auf gleicher Höhe, unter dem Vordach, qualmten die Reste des Stromverteilers.

Josef beugte sich weiter aus dem Fenster. Der Verteilerkasten bestand nur noch aus zerfetztem Blech. Wie ein dürrer Ast ragten das Rohr, durch das Strom- und Telefonkabel vom Boden aus in den Verteilerkasten geführt wurden, von der Wand ab.

Das Hoflicht brannte, also konnte die Stromversorgung nicht unterbrochen sein. Auch im Haus gegenüber, in dem das Hausmeisterpaar Mössler wohnte, gingen Lichter an. Der Generator fiel Josef ein. Bei den Umbauten des Hofes war ein Notstromaggregat installiert worden und mehrere Batterien. Fiel die externe Versorgung aus, sorgte dieses System für Strom im Haus.

Josef zog sich seinen Morgenmantel über und ging nach unten. Von dort konnte er den Verteilerkasten gut erkennen. Die verbeulte Klappe und einige andere Teile lagen auf dem Boden, sie waren durch die Explosion offenbar an das überstehende Dach geschleudert worden, dort abgeprallt und auf dem Hof gelandet. Die Mösslers kamen über den Hof gelaufen, sie hatten Regenmäntel übergezogen.

»Kann sein, war heftiger Kurzschluss«, meinte Bernhardt Mössler in seinem Banater-Ungarn-Deutsch. Josef hatte keine Lust auf eine fruchtlose Diskussion. »Hypothesen aufzustellen bringt mir nichts, wir sehen uns das morgen an, ich gehe wieder in mein Bett, gute Nacht.« Er ließ die beiden einfach stehen und verschwand hinter seiner Haustür.

Als sich das automatische Hoflicht ausschaltete, kehrten auch Mösslers in ihr Häuschen zurück. Leise und gebückt – eine Haltung, der man die Verletztheit über Josefs Abfuhr ansah. Sie sprachen selten über Josefs Auftreten und wenn, dann meinte Bernhardt meist beschwichtigend: »Ist Josef der Herr hier, stolz kannst du sein nur in eigenem Haus.«

Aber auch Josef fühlte sich in dieser Nacht verletzt. War der Terror plötzlich vor seine eigene Haustür gerückt? Das beunruhigte ihn mehr, als er sich eingestehen wollte. In trübe Gedanken versunken, stieg er die Treppe in sein Musikzimmer hinauf, wie er den riesigen ehemaligen Heuboden untertreibend nannte. Ihm war jedoch weniger nach Musik zumute, sondern mehr nach Information.

Die Techniksäule seiner Anlage bestand aus einem kompakten Tonstudio. Zusätzlich besaß er die gleiche Kommunikationsanlage, die auch in Münzers Krankenzimmer installiert war. Mit seiner PIN loggte sich Josef in den Company-Server ein, in den Bereich *Grund-und-Boden International*, für den er die Zutrittserlaubnis besaß. Im abgesicherten Modus beschrieb er in einer Mail an Delucca kurz den nächtlichen Vorfall und bat um nähere Angaben, Informationen, Direktiven und, wenn möglich, um einen Anruf.

Die E-Mail musste Josef über sein Handy abschicken, die Verbindung zum Festnetz war durch die Explosion zerstört. Kurz zögerte er, dann schrieb er eine zweite Mail und sandte sie ebenfalls in den Äther. Erst danach legte er seine Denkscheibe ein, wie er Smetanas *Moldau* nannte, füllte ein Glas mit uraltem Armagnac und legte sich auf die monströse Ledercouch.

Josef hatte ein kleines Vermögen in die ehemalige Tenne gesteckt, sein Musikzimmer verdiente durchaus den Vergleich mit Konzerthäusern, und seine Musikanlage ließ selbst für anspruchsvollste Musikkenner keine Wünsche offen. So war es nicht verwunderlich, dass Smetanas *Moldau* kraftvoll den Raum füllte und Josef mit sich trug, zumal das Stück, als Endlosschleife kopiert, stundenlang laufen konnte.

Sein Entschluss, herauskristallisiert aus seinen *Moldau* getragenen Überlegungen und einigen Gläsern des köstlichen Armagnacs aus Fleurance, stand fest, als sich zartes Rosa im Osten zeigte und begann, das dunkle Grauen der Nacht zu vertreiben. Er würde sich aus der Company zurückziehen. Er hatte sich dort nie richtig heimisch gefühlt, kannte auch die Strukturen und Machtverhältnisse nicht wirklich. Und dass er plötzlich zur Zielscheibe eines unbekannten Gegners geworden war, irritierte und ängstigte ihn. Die Polizei steckte ganz sicher nicht dahinter, die sprengte nicht Telefon- und Stromverteiler in die Luft, sondern installierte höchstens Abhöranlagen, aber auch dazu musste ein massiver Verdacht vorliegen. War er beim Chef der Internationalen Grund-und-Boden-Holding in Ungnade gefallen? Josef war überzeugt, dass Delucca erbarmungslos durchgriff, wenn es seinen Zielen diente, aber sicher ging er so nicht bei seinem Partner und Gefolgsmann vor, den er noch brauchte. Oder gab es Gegner, die er gar nicht kannte? Delucca hatte ihm den Rest der Company immer als einen verschlafenen Club alter Säcke geschildert, die nur darum bettelten, endlich in Rente geschickt zu werden.

Josef liebte seinen Hof und das Allgäu und deshalb war für ihn die Vorstellung furchtbar, beides womöglich zu verlieren. Zu vieles geschah in diesem Sommer, ohne dass er wirklich wusste, wer die Zügel in der Hand hielt. Und es bestand die Gefahr, dass die gesamte Aktion aus dem Ruder lief.

Josef war nicht der machtbesessene Erfolgsmanager, für den er sich ausgab, auch wenn er diese Rolle, wie auch die des Landwirts, perfekt spielte. In München und auf dem internationalen Parkett der erfolgreiche, mit höchsten Meriten ausgezeichnete Manager, auf seinem Hof im Allgäu der joviale, bodenständige und bäuerliche Einheimische. Wobei er über seine dritte Rolle bisher nicht groß nachgedacht hatte, wohl auch in der Hoffnung, dass er sie bald nicht mehr zu spielen brauchte: die des Intriganten, des Steigbügelhalters und Mitverantwortlichen all dieser schrecklichen Dinge, die seit Mitte Juni in seinem über alles geliebten Allgäu geschehen waren. Ehrgeizig war er, aber kein Mörder. Zehn Menschen hatten ihr Leben lassen müssen, der Machtgier seines Partners wegen. Das war so unglaublich, so unfassbar und durch nichts zu rechtfertigen.

Eine Mischung aus Fleiß und Härte hatte ihn, den Emporkömmling, viel erreichen lassen. Dabei kannte Josef nicht einmal die Namen seiner Eltern, geschweige denn den eines Onkels. »Vomweg«, so hatten sie ihn im Waisenhaus bezeichnenderweise getauft. Deshalb war er auch so sehr darauf aus, den ehemaligen Besitzer des Hofes als seinen Onkel auszugeben und somit als Hoferbe und Einheimischer zu gelten.

Ein unbändiger Leistungswille, gepaart mit außergewöhnlicher Merkfähigkeit, hatte Josef zu einem Abitur mit Auszeichnung getrieben, das er bereits mit siebzehn Jahren ablegte. Er hätte es vermutlich noch früher geschafft, aber Hochbegabtenförderung war zu seiner Schulzeit kein Thema. Josef hatte das Glück, dank einer Landesförderung studieren zu können. Dem Studium der Volkswirtschaft und des Internationalen Rechts ging er nicht seiner Neigung wegen nach, sondern weil es seiner Ansicht nach seinem Ziel vom schnellen Reichtum entgegenkam. Zu Reichtum brachte er es aber nicht als Volkswirt oder Jurist, sondern als Haus- und Grundstücksmakler.

Nach den beiden Studienabschlüssen brauchte er Geld für die geplante USA-Reise und jobbte deshalb bei einem Münchner Immobilienmakler. Neben seinen Tätigkeiten wie Telefondienst, Terminplanung, dem Versand von Objektunterlagen, Postverteilung und ähnlich anspruchsvollen Aufgaben, vermittelte Josef innerhalb eines Monats sagenhafte vier Großobjekte mit insgesamt dreihundert Wohneinheiten. Außerdem zwei Einfamilienhäuser im noblen Grünwald und drei Wohnungen in Schwabing.

Dafür erhielt er von seinem begeisterten Arbeitgeber, neben der ihm zustehenden Provision in der für ihn astronomischen Höhe von damals 20 000 Mark, ein eigenes Büro und einen Partnervertrag. So kam Josef schnell zu Reichtum und vergaß die USA.

Nach einem Jahr kannte Josef sämtliche verkäuflichen Immobilien im Großraum München wie auch die dazugehörenden potentiellen Käufer und war selbst zu einem Neureichen avanciert. Jede Maklerprovision, die Josef einnahm, steckte er in Grundstücke und Häuser, die er in Eigenregie kaufte und wieder verkaufte. Damit verdiente er nicht nur ungeheuer viel Geld, sondern zog auch die Aufmerksamkeit einer international tätigen Bau- und Maklerfirma auf sich, die ihn als Chef der deutschen Niederlassung engagieren wollte.

In den zähen Verhandlungen stand nicht so sehr die Höhe des Verdienstes im Vordergrund, vielmehr ging es um Machtbefugnisse und um deren potentielle Erweiterung. Am Ende befand sich Josef Vomweg auf dem Weg an die Schaltstellen der Macht.

Als Leiter der *Saveliving Grund-und-Boden-Deutschland GmbH* war er nicht nur am Ertrag der deutschen Niederlassung beteiligt, sondern er erhielt außerdem Anteile am Gewinn der internationalen Holding. Damit verdiente er in einem Jahr mehr als neunzig Prozent aller Menschen in ihrem ganzen Leben. Aber das war nicht der eigentliche Grund für Josefs Zusage, denn so viel verdiente er auch bisher. Die Position, die Vision von Einfluss und Wichtigkeit und die Aufnahme in eine große, starke Unternehmensfamilie, das waren die Gründe, weshalb er in die Company eintrat. Zuerst in die Grundstückssparte der *Saveliving Deutschland*, dann in die Europas mit dem Ziel, irgendwann in die Welt-Holding gerufen zu werden. Das war es, was Josefs Adrenalinspiegel in die Höhe trieb. Josef vertraute Delucca, übersah dabei aber, dass sein Boss andere Ziele hatte.

Für Josef war die *Saveliving*-Grundstückssparte die wichtigste, die zentrale Welt der Company. Dass dieser Bereich nur maximal fünf Prozent des Gesamtumsatzes ausmachte, hatte sich Josef bisher noch nicht erschlossen. Nur wenige, der Spitze einer Pyramide vergleichbar, wussten vom wahren Umfang des Giganten. Selbst Delucca, der in der höchsten Führungsebene angekommen war, hatte vermutlich nur eine vage Vorstellung, was über seinen Grundstückshandel hinaus die gesamte Company bedeutete.

Hätte Josef tieferen Einblick in die feinen Strukturen der Company gehabt, er hätte sich den Deal mit Delucca sicher gründlicher überlegt. Josef glaubte auch, dass er ohne weiteres von seinem Führungsposten in der *Saveliving* zurücktreten und sich, wann immer er es wollte, wieder seinen Maklergeschäften widmen könnte. In diesem Punkt hätte er besser auf die im Vertrag zwischen den Zeilen deutlich formulierten Hinweise achten sollen. Eine Führungskraft an der Schwelle zu internationaler Verantwortung verließ die Company nie mehr. Wen man einmal in die Pyramidenspitze geholt hatte, der war einen Faustischen Bund fürs Leben eingegangen.

Josef mochte seinen Nachbarn Walcher und bedauerte zutiefst die Entwicklung, die ihn unversehens zu einem heimlichen Gegner machte. Er hätte ihn gerne zum Freund gehabt, diesen Journalisten, dessen höflich-freundliche, manchmal sogar kumpelhafte Art ihm sehr gefiel. Einige Male hatte er seine Sympathie deutlich signalisiert, aber da war der Nachbar rasch und bestimmt zurückgewichen. Trotzdem, vielleicht hätte im Laufe der Zeit wirklich eine Freundschaft daraus werden können.

Josef fand erst in den frühen Morgenstunden wieder Schlaf und wirkte deshalb ausgesprochen missgelaunt, als er um kurz nach acht vom Elektriker geweckt wurde, den der brave Mössler als Erstes am Morgen bestellt hatte. Mit der Hebebühne seines Service-Wagens fuhr der Elektriker hinauf zum Verteilerkasten und begutachtete den Schaden. Dann fuhr er wieder zum Boden zurück. »Müssen wir alles neu installieren«, war sein knapper Kommentar zu Josef. Auf dessen Frage nach der Ursache zuckte er mit den Schultern.

»Keine Ahnung, Überlastung, Hitze, schmorende Kunststoffummantelung, Kurzschluss, Funken, Gasgemisch, bin kein Experte für so was, kann alles Mögliche gewesen sein oder von allem etwas, keine Ahnung.«

»Soll ich die Kripo kommen lassen?«, fragte Josef und bekam die pfiffige Gegenfrage des Monteurs zur Antwort: »Machen die jetzt auch schon Installationen?«

»Arschloch«, dachte sich Josef und meinte: »Dann machen Sie am besten einen neuen Verteilerkasten hin, vielleicht einen mit Lüftungsschlitzen, einem Rauchmelder und einer Sprinkleranlage.« Ohne eine Antwort abzuwarten, drehte er sich um und ging grußlos davon.

»Geht in Ordnung, Chef«, grinste der Elektriker und dachte sich wahrscheinlich ebenfalls seinen Teil.

Jonny

Jonny hatte sich eingeigelt. Seit letzter Nacht lag er im knarrenden Ehebett der Weidels, in dem vermutlich bereits die Eltern und auch die Großeltern geschlafen hatten, und fühlte sich beschissen. Das lag nicht am Bett und auch nicht an der Erinnerung an Tobias Weidel, sondern an der Flasche Wodka, die ihm sein russischer Freund – beziehungsweise sein Kollege, denn sowohl für Jonny als auch für Sascha stellte der Begriff Freundschaft eine unbekannte Größe dar – mit den Worten »drink und schlof dir aus« zugesteckt hatte.

Genau das hatte Jonny getan und sich mit der Flasche auf den Hof geschlichen. Er besaß zwar die Hausschlüssel, wollte sich aber offiziell erst auf dem Hof zeigen, wenn er diesen Auftrag erledigt hatte. Deshalb war er durch das Fenster auf der Rückseite in das ehemalige Wohnzimmer der Weidels eingestiegen.

Jonny plagte nicht nur der übermäßig konsumierte Alkohol, sondern ein selten empfundenes, banges Gefühl in der Magengegend: Scham. Jonny schämte sich vor seinem Boss, weil er versagt hatte, und zwar mehrfach. Den stinkenden Penner hatte Sascha zu oft in den See getaucht, aber Sascha war ihm als Mitarbeiter unterstellt und deshalb trug er, Jonny, die Verantwortung für alles, was der russische Kindskopf anstellte.

Oft genug war Jonny schon zur Rechenschaft gezogen worden

für das, was Sascha anrichtete. Die letzten Aktionen hatten größere Dimensionen angenommen und waren nicht vergleichbar mit früheren Kindereien – das spürte Jonny in den letzten Tagen deutlich, wenn er mit seinem Boss telefonierte. Jonny respektierte seinen Chef nicht nur der Hierarchie wegen, sondern auch, weil er ihm sein angenehmes Leben verdankte.

Den Penner hätte der Boss sicher noch verziehen und auch, dass bei den CDs, die sie ihm abgenommen hatten, nicht die gesuchte dabei war. Als Jonny ihm mitteilen musste, dass an Münzer scheinbar auch noch andere interessiert waren, die ihn aus dem Bett direkt in den Himmel geblasen hatten, so dass eine Durchsuchung der nun nur noch teilweise vorhandenen Räume nichts mehr bringen würde, da hatte sein Boss einige lange Minuten keinen Ton gesagt, nur laut in den Hörer geatmet. Das war der Moment, in dem Jonny begriff, warum manche Menschen bei solchen Geräuschen durchdrehten.

»Du weißt, was ich von unfähigen Mitarbeitern halte«, hatte sein Boss dann in den Hörer gezischt und aufgelegt. Das war Jonny entschieden unter die Haut gegangen.

Rudolf Armbruster

»Mich geht es zwar nichts an, aber hinter Ihnen sind verdammt üble Typen her. Haben sich als Kripo ausgegeben und auch ziemlich echte Ausweise gezeigt, aber die waren so wenig von der Kripo, wie ich mit Bill Gates verwandt bin.«

Wie ein alter Bekannter wurde Walcher vom Chef des Internet-Cafés in Lindau begrüßt, worauf er sich vornahm, die Sache mit der Vaterpädagogik vom ersten Besuch zu vergessen. »Danke für den Hinweis«, bemühte sich Walcher freundlich zu sein, lehnte dennoch dessen Geste hin zur Kaffeemaschine ab. »Ich bleibe nicht lange, wollte Sie nur fragen, ob man CDs duplizieren kann, auch wenn ein Schutzprogramm installiert ist.«

»Kann ich Ihnen nicht beantworten, keine Ahnung, ich kann die Dinger reinschieben und rausnehmen, Kaffee kochen und telefonieren, wenn etwas nicht geht«, war seine offene Antwort. Kein Informatikstudent, dachte Walcher etwas enttäuscht und drehte sich mit einem lässigen »Na dann, ciao« zum Ausgang. Der Informatikstudent, der keiner war, rief ihm noch nach, »Ich kenne da einen ...«, aber darauf konnte sich Walcher nicht einlassen. Er musste sich einen Fachmann suchen, dem er vertrauen und dem er über die Schulter sehen konnte.

Unbewusst drehte sich Walcher auf dem Weg zurück zum Auto mehrmals um. Als »verdammt üble Typen« hatte der Internet-Café-Mensch die Männer bezeichnet, die nach ihm gefragt hatten. Irgendwie schloss sich der Kreis langsam und wahrscheinlich wussten sie im Moment genau, wo er war. An seinem Espace hatte er mittlerweile auch einen Funksender entdeckt, hinten an der Anhängerkupplung. Wahrscheinlich hing er dort, weil an den Kotflügeln aus Kunststoff kein Magnet hielt. Hatte dort gehangen, denn Walcher hatte ihn, einer spontanen Eingebung folgend, einem der Lindauer Stadtbusse mit auf die Fahrt gegeben. Viel brachte das nicht, denn seine Überwacher würden den kleinen Spaß schnell merken, wer fuhr schon dauernd im Kreis herum. In jedem Fall waren sie für kurze Zeit abgeschüttelt und er konnte ohne die Befürchtung, verfolgt zu werden, bei Armbruster vorbeifahren.

Ein Schwiegervater und Großvater wie aus dem Bilderbuch, dachte Walcher über Lisas Vater, als er eine Stunde später vor

Armbruster stand: milde lächelnd, freundlich und von sonnigem Gemüt. Das runde, von weißem Haar und Bart umrahmte Gesicht strahlte Ruhe und Gelassenheit aus, die er, so schwärmte Lisa bei keiner Gelegenheit, auch in hektischen Situationen nie verlor. Nur die braunen Augen verrieten in solchen Momenten seine Anspannung und änderten die Farbe bis hin zu einem Schwarzbraun. Lisas Vater war ein guter Zuhörer und verstand sich aufs Analysieren. Freunde wie Gegner brachte er bei Diskussionen durch seine Ausdauer und Zähigkeit am Ende meist zur Aufgabe. Ein Problem von allen Seiten zu durchleuchten, Lösungen zu entwickeln und deren unterschiedlichen Auswirkungen wieder und wieder zu analysieren, zu modifizieren und zu bewerten, um die herauskristallisierte Konsequenz erneut auf den Prüfstand zu stellen – dem hielten nur die wenigsten stand. Sie erklärten ihn schließlich neidlos oder wutentbrannt zum Sieger der Auseinandersetzung.

Rudolf Armbruster musste fraglos als eine besondere Persönlichkeit bezeichnet werden. Er war ein Mensch, der die natürliche Gabe zur Führung besaß, diese, seinen Idealen des Humanismus entsprechend, jedoch nicht missbrauchte. Zu seinem Weltbild gehörte es auch, sich politisch zu engagieren, wobei er sich immer noch auf der Suche nach einer zu ihm passenden Partei befand. So war er in jungen Jahren als Parteiloser aktiv und galt bald als Schrecken kommunaler Politikgrößen in Parteien und Verwaltung.

Lisas Vater zeigte Walcher nie sonderlich viel Sympathie, er hatte ihn als die Wahl seiner Tochter akzeptiert, mehr nicht. Wahrscheinlich sah er es als persönliche Kränkung an, dass Walcher seine Tochter nicht heiratete, sondern sie als opportunes Lustobjekt betrachtete, wie er sich ihm gegenüber einmal ausdrückte. Das hatte ihn nicht gehindert, Walcher das Du anzubieten und stundenlang mit ihm über alle möglichen Themen zu diskutieren und ihm bei jeder Gelegenheit eine Schachpartie aufzuzwingen.

Wie auf einer Genrepostkarte einer längst vergangenen heilen Welt, saß Rudolf Armbruster in einem Korbstuhl mit ausladender Rückenlehne im Schatten eines Apfelbaums vor dem prächtigen Hof der Armbrusters. Auf dem kleinen Tischchen neben ihm stand eine Karaffe, die vermutlich mit einfachem Leitungswasser gefüllt war, und daneben befand sich eine Schachgarnitur. Auf seinem Schoß hielt er ein großformatiges Buch in den Händen. Ein Strohhut schützte ihn vor Sonnenstrahlen, die zwischen den Baumästen hindurch flackerten. Armbruster legte den Kopf in den Nacken und begrüßte ihn mit einem Nicken. »Hol dir bitte einen Stuhl und ein Glas, Vroni ist bei irgendwelchen Nachbarn. Ich soll dich von ihr grüßen«, erklärte er die Abwesenheit seiner Frau.

Nachdem Walcher neben ihm saß und der alte Herr beide Gläser gefüllt hatte, lehnte er sich zurück und sah Walcher an, so als wollte er sagen: Gut, mein Junge, jetzt kannst du loslegen.

Das tat Walcher und weil er wusste, dass Armbruster den Austausch von Floskeln als unnötige Zeitvergeudung betrachtete, kam er gleich zum Kern der Sache. »Lisa sagte mir, du hast mit einem Bewohner des Sanatoriums von Professor Münzer Schach gespielt. Ich arbeite an einer Recherche, in der die Münzers eine Rolle spielen. Deshalb bin ich an allem interessiert, was du über das Sanatorium, über die Menschen dort weißt und alles, was dir sonst dazu einfällt. Auch wenn dieses schreckliche Attentat nicht geschehen wäre, hätte ich dich das gefragt«, schob Walcher nach.

Armbruster sah Walcher einige Sekunden lang eindringlich an, dann schloss er die Augen und atmete tief ein. »Das war kein

Sanatorium, sondern eine als solches getarnte Versuchsanstalt. Ja, ich habe mit Walter Bernheim, den ich seit dem Studium kenne, Schach gespielt. Bernheim ließ mich meistens gewinnen, denn Schach war nur der Anlass, uns regelmäßig zu treffen und uns zu unterhalten. Seit fünf Jahren wohnte er dort und seit fünf Jahren nahm er regelmäßig Tabletten und Säfte ein, bekam Spritzen und Trainingseinheiten verpasst – alles zum Wohl der Menschheit. Dieser junge Münzer will das Einsetzen des Alterungsprozesses hinauszögern. *Forever young!* Wenn du mich fragst, der Professor arbeitet im Auftrag irgendeines Pharmazieunternehmens. Nicht nur Bernheim, auch die übrigen Altersgenossen, den Vater vom Professor eingeschlossen, waren Versuchskaninchen. Wären sie nicht durch die Explosion getötet worden, so hätten sie wahrscheinlich länger als wir anderen Normalsterblichen gelebt, nicht dank der Medikamente, sondern wegen besonders artgerechter Ernährung und eines extra ausgearbeiteten Fitnessprogramms, welches sie täglich absolvieren mussten. Das ist aber nur meine persönliche Meinung. Ich halte diesen Professor Münzer für einen Blender und seine Vorgehensweise für unwissenschaftlich. Typen wie er haben schon im Mittelalter als Alchimisten den Stein der Weisen gesucht oder versucht, Gold aus Kräutern zu fabrizieren. Ich bin überzeugt, hier hat jemand Forschung vorgetäuscht, um alten Menschen das Geld aus der Tasche zu ziehen. Ihre Angst vor dem Altwerden wurde ausgenutzt und in Gold verwandelt. Dass man deshalb gleich Bomben zünden muss, das halte ich für stark übertrieben. Das war vermutlich auch nicht der Grund für den Anschlag, den würde ich gerne von dir erfahren, denn du hast eine Recherche angesprochen.«

Jetzt war Walcher an der Reihe und was er erzählen wollte, hatte er sich vorher zurechtgelegt. Walcher fabulierte von Geldwäscherei des alten Münzers im großen Stil und von einer Russenmafia und hoffte, dass die Geschichte Armbruster zufriedenstellen würde. Der sah ihn an, als halte er seine Erzählung für hanebüchenen Unsinn, hakte jedoch nicht nach. Dafür war ihm noch etwas zu dem Sanatorium eingefallen.

»Was ich auch für unseriös halte, alle Patienten mussten eine Erklärung unterschreiben. Bernheim zeigte sie mir. Wahrscheinlich ist sie juristisch sittenwidrig und besitzt keinerlei Verbindlichkeit. Aber sie macht die Denkweise dieses Herrn Professors deutlich. Die Teilnehmer an seinem Langzeittest, allein schon diese Bezeichnung halte ich bei Leuten über achtzig für sittenwidrig, mussten zustimmen, dass ihre Körper nach ihrem Tod zu wissenschaftlichen Zwecken untersucht werden dürfen und sie praktisch in das Eigentum des Professors übergehen, im Sinne einer ausschließlichen Nutzung. Auch die Angehörigen und mögliche Erben mussten dieser Erklärung oder diesem Vertrag qua Unterschrift zustimmen. Hinzu kam, dass sich die Probanden einverstanden erklären mussten, weder extremen Sportarten noch sonstigen körperlich gefährlichen Aktivitäten zu frönen und wenn, dann nur mit ausdrücklich schriftlicher Genehmigung des Professors. Da sind Flug- und Schiffsreisen aufgeführt, Dacharbeiten, sogar Fahrten mit der Achterbahn und die Benutzung von Seilbahnen sind verboten – Hohn und Spott angesichts der Gefahr, in der sich die Bewohner tatsächlich befanden. Und dann erwähnte Bernheim noch eine Kaution. Alle mussten eine Kaution in der sagenhaften Höhe von einer Million Euro hinterlegen, für den Fall, dass sie vor ihrem natürlichen Tod aus dem Programm ausstiegen. Nun, das sind ja nun mindestens drei Leutchen, wenn auch unfreiwillig.«

Nach einer kleinen Pause fuhr Armbruster fort. »Ich werde

Bernheim vermissen, er war nicht nur ein Mensch mit einem scharfen Verstand, sondern er verfügte auch über die Gabe der Geduld und Toleranz. Warum er solche Angst vor dem Altwerden hatte, war und ist mir immer noch unverständlich. Es war eines der Themen, über die zu reden er sich standhaft weigerte. Warum, glaubst du, Freund meiner Tochter«, wandte er sich übergangslos an Walcher, »haben die meisten Menschen solche Angst vor dem Tod?« Hoffnungsvoll blickte er Walcher in die Augen, wohl mit der Absicht, der würde sich Zeit für eine Diskussion nehmen. Walcher schüttelte den Kopf. »Ein andermal können wir gerne drüber reden, aber zurzeit lebe ich in einer explosiven Welt, du entschuldigst bitte.«

Caroline

Walcher hatte auf der Heimfahrt bei einer Metzgerei gehalten und Frankfurter eingekauft, die im Allgäu Wienerle hießen oder einfach Würscht. Drei Paare: zwei für sich, eines für Caroline – sollte sie da sein – und dazu wollte er Kartoffelsalat machen. Allein schon der Gedanke daran aktivierte seinen Speichelfluss enorm. Daran änderte auch nichts, dass dann der Wagen von Caroline nicht in der Garage stand. Walcher setzte Kartoffeln auf, schnitt eine große Zwiebel klein, setzte Wasser für eine Brühe auf und genehmigte sich dabei ein Glas Sherry, gewissermaßen als Aperitif. Während die Kartoffeln garten, wählte er Lisas Handynummer und freute sich, ihre Stimme zu hören, die ein wenig gehetzt klang, wie er fand. Da täusche er sich nicht, erklärte Lisa mit dem Hinweis, dass sie im Laden stehe und gerade einen Kunden bediene. Sie schlug deshalb vor, sich am Abend nach Ladenschluss zu melden. Vielleicht könne man sich ja treffen, fügte sie hinzu und auch, dass sie sich über seinen Anruf gefreut habe.

Walcher hätte ihr noch gerne gesagt, dass es Zeit wäre, das seltsame Vakuum aufzulösen, das sich aus einer Menge von Gründen seit ihrer Spanienfahrt aufgebaut hatte, aber da klang bereits der Dauerton aus dem Hörer. Auch gut, der erste Schritt war getan oder hatte den bereits Lisa gemacht, als sie ihn zum Fotoabend einlud? Egal, heute Abend würde er sie über den neuesten Stand der Company-Entwicklung informieren, über Caroline und auch über das Gespräch mit ihrem Vater. Das Handy klingelte, als Walcher gerade einen gehäuften Teelöffel groben Senf in die Brühe rührte. Es war nicht, wie er vermutete, Lisa, sondern Caroline dran. »Wollte mich nur kurz melden, damit du dir keine Gedanken machst. Bin beim Notar und habe anschließend einen Termin bei meinem Rechtsanwalt, dann muss ich bei der Polizei vorbei und danach mit dem Bestatter reden. Auf die Bank wollte ich auch noch, weiß gar nicht, wie ich das alles schaffen soll. Kann sein, dass ich heute Nacht bei einer Freundin schlafe, von der wollte ich mich verabschieden. Wir sehen uns dann vermutlich erst wieder morgen. Bei dir alles in Ordnung? Tschüs.«

Caroline sprach schnell und stand hörbar unter Druck. Sie wartete auch nicht Walchers Antwort ab, ob bei ihm alles in Ordnung sei, sondern hatte nach ihrem »Tschüs« bereits die Verbindung abgebrochen. Hektik um die Mittagszeit, dachte Walcher, erst Lisa, dann Caroline. Duplizität, die wohl nur deshalb auffiel, weil sie so kurz nacheinander stattfand.

Die Kartoffeln waren noch heiß, trotzdem schälte und schnitt er sie in die Schüssel mit den Zwiebelstücken, in der sie abgedeckt etwa zehn Minuten ziehen sollten, bevor die Brühe dazukam. Jedenfalls hatte er so das Rezept in Erinnerung, an das er sich nur selten hielt. Und so rührte er auch heute bereits kurz nach dem Essig das Öl dazu, denn die Wienerle waren inzwischen warm und sein Appetit begann in Gier umzuschlagen. Pfeffer, Salz, ein paar Blätter frischen Majoran aus dem Garten, ein Kristallweizen, das Walcher an heißen Tagen besonders mochte und sein einsames, aber leckeres Mahl konnte beginnen.

Er blieb nicht allein, denn Bärendreck stolzierte auf die Terrasse und setzte sich neben Walchers Beine. Dabei spielte er zwar den Gelangweilten, aber damit hatte es sich, als das erste Wurststück vor seine Nase fiel.

Tobias Weidels neue Welt

Die Welt ist klein geworden, so klein, dass niemand sich auf ihr verstecken kann. Selbst eine genial versteckte Leiche taucht meist irgendwann wieder auf. Im Fall des ermordeten Tobias Weidel geschah das sogar bereits nach wenigen Tagen.

Eine Tankfüllung Salzsäure – wie sie Verzinkereien oder Galvanikbetriebe verwenden –, bei Nacht auf die Mülldeponie München-Süd geleert, sorgte für einen Umweltskandal ersten Ranges und führte zur Entdeckung einer männlichen Leiche.

Trotz der starken Verätzung konnte der Tote überraschend schnell identifiziert werden. Die Obduktion ergab, dass er an Genickbruch gestorben war. Auch der Todeszeitpunkt, vom Gerichtsmediziner auf den Abflugtag von Weidels Auswanderung nach Australien bestimmt, fand Bestätigung durch das in der Nähe der Leiche gefundene Flugticket. Dank dieses Zufallsfunds, den die Kripo als Ergebnis professioneller Suche ausgab, konnte der Weg ins Allgäu auf den Weidel'schen Hof zurückverfolgt werden. Was eventuelle juristische Konsequenzen betraf, so war das hauptsächlich für Elsbeth Dengler von Interesse, eine Cousine zweiten Grades, die nunmehr in der Erbfolge an die Stelle von Tobias Weidel rückte.

Das Geld für den verkauften Hof war nicht im Umfeld der Leiche gefunden worden, aber es gab noch einige Grundstücke zu erben und außerdem forderte Elsbeth Dengler die Flugkosten zurück. Schließlich war der Tod ein gewichtiges Argument für einen gebuchten, bezahlten und nicht angetretenen Flug.

Die Suche nach Weidels Mörder wurde einem Lindauer Kommissar übertragen, der sich mit dem Anschlag auf das Sanatorium in Lindenberg und dem toten Stadtstreicher am Inselufer ohnehin überlastet sah.

Mittagssonne

Da stand er, ausgesetzt in irgendeiner Wüste dieser Welt, herausgerissen, entführt aus seinem geliebten Allgäu. Entführt und ausgesetzt! Walcher wollte sich an den Landekufen festklammern, aber der aufsteigende Helikopter verursachte einen heftigen Sandsturm, die Sandkörner peitschten ihm schmerzhaft ins Gesicht und zwangen ihn, seine Augen zu schließen. Blind wandte er sich ab, versuchte es rückwärts, aber das Getöse der Turbine ebbte bereits ab und als er wieder die Augen öffnen konnte, sah er nur mehr einen dunklen Punkt am wolkenlosen Himmel verschwinden. Beinahe schlagartig verpuffte seine Klimahülle, die er aus dem Hubschrauber mitgebracht hatte, und er spürte die Sonne sengend heiß im Gesicht.

Mit einer Hand schirmte Walcher seine Augen ab und sah sich um. Sand, Sand, nichts als Sand rundherum und über ihm die grelle Sonne, die hier viel größer und heißer erschien, als im grünen Allgäu.

Grün, diese Farbe gab es hier nicht, nur lichtes Sandbeige, Himmelblau und Giftgelb, keine Farben für einen Biergarten, wobei Walcher im Moment auch mit einem Glas Wasser zufrieden gewesen wäre. Er zog sein Hemd aus, knöpfte den obersten Knopf zu und verwendete es als Kopfbedeckung, dem wallenden Umhang eines Scheichs ähnlich. Kopf und Oberkörper waren nun etwas geschützt und luftiger war es auch.

Einen Tag und eine Nacht, so hatten sie ihm zu verstehen gegeben, hätte er Bedenkzeit und die Wahl, in die Company einzutreten oder als bleiches Skelett in der Wüste zu enden. Vielleicht würde man seine Knochen in ein paar Jahren Touristengruppen vorführen. Touristen der »Energie durch Reisen *Saveliving Ltd. Corporation*«. Als einen der letzten Vertreter der alten Zeit, der sich gegen die Company gestellt hatte. Und die beeindruckten, schwitzenden Touristen würden zur Erinnerung ein Glasröhrchen bekommen, das sie mit feinem Sand unterhalb vom Knochenmann füllen durften. Am gemeinsamen abendlichen Lagerfeuer würden dann zwei Feuerschlucker auftreten und mit ihren implantierten Bunsenbrennern die Enden der Glasröhrchen erhitzen, sie verschließen, dem Mittelteil eine Verengung verpassen und sie dadurch zu Sanduhren verformen. Mit diesem Souvenir konnten die Company-Reisenden zu Hause die Kochzeit der Frühstückseier kontrollieren, mit erhabenen Gedanken über die Vergänglichkeit der Zeit und des Lebens.

Um sich einen Überblick zu verschaffen, würde er wohl oder übel auf eine Düne steigen müssen. Noch hatte er die Kraft dazu ... und vielleicht war von dort oben eine Oase, eine Karawane oder ein Highway zu sehen, zumindest ein Feriendorf, ein Desert-Club.

Der Anstieg im rieselnden Sand kam ihm endlos vor und zehrte seine Energie auf. Immer, wenn er zum Dünenkamm hinaufblickte, schien er dem Gipfel keinen Meter näher gekommen zu sein. Fast am Ende seiner Kräfte, glaubte er, gegen eine Wanderdüne zu kämpfen, die es auf ihn abgesehen hatte. Dazu kam er sich vor wie eine Ameise im Fangtrichter eines Ameisenlöwen und sah sich um, ob er womöglich tatsächlich in solch einem Trichter krabbelte und es bisher nur übersehen hatte.

Die Sonne verbrannte seine Stirn, das Hemd saß schief auf dem Kopf. Er richtete sich auf, der Sand rieselte unter seinen Füßen davon, er rutschte und stolperte die Düne hinunter, die er mühsam, kaum zehn Meter hinauf erstiegen hatte ... und wachte auf. Im ersten Moment orientierungslos, starrte er schwitzend in die erbarmungslos heiße Mittagssonne. Nur seine Füße waren noch vom Baumschatten geschützt. Walcher quälte sich aus der Liege zum Wasserhahn an der Hauswand, drehte ihn auf und stellte zufrieden und beruhigt fest, dass im Allgäu noch Wasser aus dem Hahn floss.

Seine fürs nächste Jahr ins Auge gefasste Recherche-Tour durch die Wüsten Tunesiens und Marokkos, um Kontakt mit den Widerstandsbewegungen beider Länder aufzunehmen, stellte dieser Alptraum in Frage, fürs Erste jedenfalls.

Samstags-Ritual

»Sie ham ja einen sauberen Herrn Nachbarn!«, wurde Walcher anstelle der sonst herzlichen Begrüßung von Frau Zehner angefahren. »Grad war die Mösslerin da, die Hausmeisterin von Ihrem Herrn Nachbarn und hat mir den Erbschmuck von ihrer Mutter verkaufen wollen, damit sie die Rechnung zahlen kann, die sie bei mir noch offen hat. Nix, keinen Pfennig – na, des sind jetzt ja Cent – zahlt ihnen Ihr feiner Nachbar, obwohl er ein reicher Mensch ist. Müssen sich abrackern und alles nur, damit sie mietfrei sind. Sklaverei ist so was. Können'S nicht mal mit dem Mann ein Wörtchen reden, Sie kennen ihn doch und auf Sie hört er sicher, oder?«

Walcher versprach es und Frau Zehner wurde versöhnlich, lächelte ihn an, als er ihr seine Wochenspende, diesmal ohne Lottoschein, über den Tresen zuschob.

»Davon hab ich grad der Mösslerin und der Elfriede ein paar Euro gegeben«, deutete sie auf die Theke und meinte ihre Spendenbüchse darunter. »Elfriedes Mann war Hausmeister im Sanatorium vom Professor, wo's ihn zerfetzt hat. Sie sitzt jetzt ohne einen Pfennig da, weil der mit einer Jüngeren zusammeng'lebt hat und der Elfriede nur manchmal was gegeben hat. Sie ham doch auch den Rumms gehört, mit dem des Sanatorium in die Luft gegangen ist. Terroristen, hier in unserem Allgäu, ist das nicht ungeheuerlich? Liegt des an der Hitze, dass alle zu spinnen anfangen?«

»Weiß man denn schon was Genaueres«, fragte Walcher, anstatt sich auf eine Diskussion über den möglichen Einfluss der Sommerhitze auf kriminelles Verhalten einzulassen.

»Es soll ja eine Nachrichtensperre geben, aber der Georg, der bei den Sanitätern ist, hat g'meint, dass es eine Gasexplosion war, weil da so ein Laboratorium vom Professor ist, wo die herumexperimentieren. Des war ein gehöriger Knall, hab ihn bis hierher g'spürt und erst an einen Düsenjäger gedacht und geschimpft, weil die des gar nicht mehr dürfen hier, so schnell über uns drüber fliegen, dass es knallt. Furchtbar, all die Menschen, die da zu Tode gekommen sind. Was wird nur aus dieser Welt?«

Nachdem in dieses Klagelied eine neu hinzugekommene Kundin mit einstimmte, hielt Walcher es für sinnvoller, sich rasch zu verabschieden. Er wurde von Frau Zehner zurückgerufen.

»Was ich beinah vergessen hätt, vor lauter Unglück hier. Aus München kommen's, die den Weidelhof gekauft haben, mehr hab ich mir nicht merken können.«

Walcher dachte an Josef, wollte aber nicht nachhaken, denn Frau Zehners Kundin, die bisher aufmerksam zugehört hatte, mischte sich ein. »Isch des it a Sünd, dass die do eisr ganze Hoimeta …?«

Walcher winkte einen Gruß und floh durch die Ladentür.

Typ KM

Der von Ihnen bestellte Computer, Typ KM, wird voraussichtlich im Laufe des kommenden Freitag im Bayerischen Hof, Lindau, *zugestellt werden. Mit freundlichem Gruß*

Das Fax, das er gestern von einer Firma namens CompRent, aus Friedrichshafen, erhalten hatte, trieb Delucca in höchster Eile an den Bodensee. Mit dem Zug aus München angereist, ein herrliches Triumphgefühl im Kopf, nahm Delucca im *Bayerischen Hof* eine der Zweizimmer-Suiten mit Blick auf den Hafen. Er war zufrieden mit sich, hatte er doch wieder einmal seine These bewiesen, dass manche Dinge selbst in die Hand genommen werden mussten. Er hätte von Anfang an sein Team aus den Staaten herbeordern sollen, anstatt sich auf Josef und dessen zwei Vollidioten zu verlassen. Gut, die Jungs waren ziemlich laut vorgegangen, aber immerhin hatten sie ihm die Festplatten von Münzers Computer beschafft. Und das allein zählte. Mitgefühl oder gar Trauer über die Toten des wahnsinnigen Attentats empfand er nicht. Wichtig war ihm nur der Erfolg.

Delucca fand die Stadt *very, very nice*. Lindau hatte er gewählt, weil es nah zu Wasserburg und ebenso nah zum Sanatorium in Lindenberg lag. In Wasserburg konnte er sich nicht mehr sehen lassen, er verfluchte seine mangelnde Selbstkontrolle bei dem Versuch, sich von Andrea die CD ihres Vaters zu beschaffen; und Lindenberg würde er nicht mehr besuchen müssen, also konnte er Lindau noch einen Tag genießen und dann seine Mission in Deutschland abschließen. Dem Portier gab er Anweisung, einen Monitor auf sein Zimmer bringen zu lassen, sowie die Sendung der Firma CompRent eintraf, die er in Kürze erwartete.

Voller Spannung wanderte Delucca durch die mittelalterliche Stadt. Er nahm kaum etwas wahr, zu sehr drehten sich seine Gedanken um den Münzer'schen Computer. Typ KM, Klaus Münzer, auch noch Humor bewiesen seine Jungs. Er würde sich um sie kümmern. Für gute Leute war in seiner Mannschaft immer Platz. Die Zusammenarbeit mit Josef hatte er ohnehin nie langfristig gesehen.

Nachdem er eine Stunde lang durch die Stadt gewandert war, schaute er wieder beim Empfang des *Bayerischen Hofes* vorbei. Der Portier verneinte das Eintreffen der erwarteten Sendung, bot aber zuvorkommend an, sich bei der Lieferfirma zu erkundigen, was Delucca dankend ablehnte und sich zu einem weiteren Spaziergang verabschiedete. Kreuz und quer schlenderte er durch die Inselstadt, mischte sich in den dichtgefüllten Gässchen unter Touristen, Patienten der Schönheitschirurgie sowie Glücksritter, die der Spielbank zustrebten. Ein interessantes Werbekonzept, wie er fand, Eitelkeit und Spielsucht. Nach seiner zweiten Wanderstunde durch Lindau, bewegte sich sein anfängliches Interesse für das Städtchen langsam gegen null, ebenso hatte sich seine bisherige Hochstimmung abgekühlt. Da passte es dann, als der Portier berichtete, dass die erwartete Sendung eingetroffen und auf seine Suite gebracht worden sei. Dass er nicht wie ein Kind in sein Zimmer im zweiten Stock hinaufstürmte, verlangte ihm eine geradezu übermenschliche Beherrschung ab.

Auspacken – seine Jungs waren gut und hatten mitgedacht. Eine Werkzeugtasche, passende Stecker und Kabel lagen bei. Die wesentlichen Bestandteile aus dem Münzer-Computer wie Festplatten, Speicherkarten, Mainboard, ICs, CPU, Cache etc. waren sorgfältig geschützt in kleine Styroporboxen verpackt. Das Gehäuse des mitgelieferten Rechners zu entfernen und gegen die Münzer'schen Teile auszutauschen ging flott, Delucca kannte sich aus. Den Monitor anstöpseln – der umsichtige Portier hatte einige Standardkabel bereitlegen lassen – und der Bildschirm flimmerte, der Computer fuhr hoch.

Delucca versuchte erst gar nicht über die normale Abfrage nach Zugriffserlaubnis Zugang zu erhalten, er stieg gleich ins Zentrum der Systemsteuerung ein ... jedenfalls sah so sein Plan aus. »Diese Spinner, diese verdammten Spinner«, fluchte er laut, trat in höchster Erregung die Schranktür ein und ruinierte damit eines der wenigen, im Original erhaltenen Möbelstücke, das noch aus dem Eröffnungsjahr des Hotels aus dem Jahre 1854 stammte. Noch einmal versuchte sich Delucca am Computer, doch die Programmiersprache auf dem Rechner war ihm völlig unbekannt. Entgeistert schüttelte er den Kopf. Da hatte er sich über ein halbes Jahr lang intensiv von einem Informatiker unterrichten lassen, um sich vom Herrschaftswissen der Computerfachleute unabhängig zu machen und nun stand er ebenso hilflos vor dem Gerät wie ein grüner Anfänger.

Dank Münzers Rechner hatte er die Chance gesehen, auch

ohne Master-CD Zugriff auf den Zentralrechner der Company zu haben. Anstelle von Münzer hätte er eine Reihe von Eingriffen vornehmen und die Machtbalance des Unternehmens zu seinen Gunsten verändern können. Stattdessen starrte Delucca entsetzt auf die Programmiersprache des Münzer'schen Rechners: Hieroglyphen, die ihm nur eines verrieten, nämlich, dass er an diese Daten nicht so einfach herankommen würde.

Da waren durchgeknallte Wissenschaftler am Werk, denen er mit seinem bisschen Wissen über Computer nichts entgegenzusetzen hatte. Delucca fühlte sich zutiefst gekränkt. Noch aus ihren Gräbern schienen ihm die alten Säcke, wie er Münzer, Mayer und den Rest der Konzernspitze nannte, grinsend ihre gichtigen Stickfinger zu zeigen. Aber noch gab es die Master-CDs und sie lagen praktisch in greifbarer Nähe.

Delucca stellte den Rechner ab, er hielt es für sinnlos, noch weiter daran herumzuspielen, im Gegenteil, er konnte sich durchaus vorstellen, dass da noch irgendeine Teufelei einprogrammiert war. Dafür zückte er sein Handy und wählte Josefs Nummer. Seit man ihm auf dem New Yorker Flughafen sein Handy gestohlen hatte, würde er nie wieder irgendwelche Nummern in Handys einspeichern, hatte er sich vorgenommen.

Obwohl es erst gegen 16 Uhr war, meldete sich Josef, als wäre er aus tiefstem Schlaf geweckt worden. Dementsprechend fiel auch seine Gegenwehr eher verschlafen aus, als Delucca ihm unmissverständlich klarmachte, dass ihre Verbindung und Josefs Zukunft in der Company auf dem Spiel ständen, wenn er nicht binnen kürzester Zeit eine der CDs beschaffen würde, egal, ob die von Münzer oder die von Mayer. Dabei ließ Delucca jene Maske fallen, hinter der er Josef bisher immer das Gefühl gegeben hatte, Partner bei der Neuverteilung der Macht zu sein.

Russisches Golf

Andrea parkte vor dem Clubhaus, einem modernen Gebäude aus viel Glas, Stahl und Granit, das sich zwar harmonisch in die Landschaft einfügte, allerdings ohne Hoffnung auf einen Architekturpreis. Durch die gläserne Eingangstür sah man die Terrasse auf der gegenüberliegenden Seite und die weißen Liegen und Stühle, die dort standen, wie im Park eines englischen Landhauses.

Andrea öffnete die Tür und stand in der respektablen Eingangshalle auf robustem Granit, mit dem anscheinend das gesamte Clubhaus gefliest war.

Ausladende Sessel, Zweisitzersofas, Tischchen, Bar, Kamin, dicke Vorhänge an den bis zur Decke reichenden Fenstern empfingen sie – nichts, was die Beratung eines Innenarchitekten erfordert hätte, aber großzügig und eindrucksvoll. Hinter der Bar befand sich wahrscheinlich die Küche, denn von dort war das Scheppern mit Tellern zu hören. Andrea durchquerte den Raum zur Terrasse hin und sah hinaus.

»Wenn Sie etwas möchten, Schätzchen, ich bring es Ihnen gern auch raus«, hörte sie hinter sich eine jugendliche Frauenstimme sagen.

»Nein danke, später vielleicht, ich möchte mir das Areal ansehen. Sie könnten mir aber die Geländekarte geben«, fügte Andrea hinzu, wobei sie sich zu der Frau mit der jugendlichen Stimme hin umwandte. Tatsächlich handelte es sich um eine bereits ältere Dame, deren Kleidung durchaus zu ihrer Stimme passte: Sie trug eine knallgelbe, großkarierte Hose, deren breiter Gürtel einige Zentimeter unter ihrer Blinddarmnarbe endete. Ein knappes, ebenfalls quietschgelbes Top ließ auch oberhalb davon genügend Haut frei, um den Blick auf einen festen, straffen Bauch zu erlauben, der in einem bedenklichen Widerspruch zu den Falten in ihrem Gesicht stand und wohl eher der Kunst eines Schönheitschirurgen als Mutter Natur zuzuschreiben war. Andrea versuchte ein Lächeln, das die Kanarienvogelfrau freundlich erwiderte.

»Kann ich leider nich, Schätzchen, werden gerade nachgedruckt, aber die paar Löcher können Sie gar nich verfehlen. Gehen Sie einfach von der Terrasse hoch zum Wald, dann links über die Kuppe und runter bis zum Sandbunker. Von da aus geht's in 'nem großen Bogen nach links wieder hierher zurück. Anschließend mach ich Ihnen einen anständigen Drink. Heut iss'es ruhig, sind nur'n paar Jungs am Putten.«

»Sehr freundlich von Ihnen, danke, bis später«, verabschiedete sich Andrea und ging in die besagte Richtung, hoch zum Wäldchen, das sich einer Theaterkulisse gleich an das gepflegte Grün anschloss. Eine harmonisch in die Natur eingebettete Anlage, gepflegt und ruhig. Keine Straße in der Nähe, nichts, nur Ruhe pur. Selbst die Vögel schienen verhaltener zu zwitschern.

Am Bunker steckte ein Golfschläger – ein schweres Eisen für die lange Distanz – mit dem Handgriff im Sand, was normalerweise keiner der materialverliebten Golfer machen würde. Daneben lagen drei Golfbälle. Andrea sah sich um, konnte jedoch niemanden entdecken und beschloss, die Bälle aufs Grün zu schlagen. Sie zog das Eisen aus dem Sand und putzte den Griff ab. Es fühlte sich gut an und lag ausgewogen in den Händen.

»Chom zu mir!«

Es war eher ein Geräusch als eine verständliche Aufforderung, die Andrea hörte. Sie erschrak, drehte sich hastig um und wich einen Schritt zurück, denn nur eine Armlänge von ihr entfernt stand ein plumper, hässlicher Mann in einem grauen, sackähnlichen Anzug.

»Chom cher zu mir«, wiederholte das Monster, das aus einem schlechten Horrorfilm zu stammen schien, seine Aufforderung und hielt ihr eine Pranke hin, groß wie zwei normale Männerhände.

»Was wollen Sie, ist das Ihr Schläger, dann entschuldigen Sie, aber er steckte im Sand …«, sprudelte es aus Andrea heraus und zur Sicherheit trat sie noch einen Schritt zurück.

»Red nix, chom, dann nix passiert. Wir mach klein Fahrt zu dir in Haus.«

Andrea sah vorsichtig nach links und nach rechts. Das Grün war verlassen, Hilfe nicht in Sicht. »Ich verstehe nicht ganz, was Sie von mir wollen. Bitte lassen Sie mich in Ruhe, sonst rufe ich um Hilfe.«

Der Russe, danach hörte er sich jedenfalls an, schüttelte den Kopf, öffnete sein Jackett und gab so den Blick auf eine Pistole mit extrem langem Lauf frei. Sie steckte in der Innenseite der Jacke in einem durchsichtigen Futteral aus Kunststoff.

»Nix Hilf, du chom!«, zur Betonung stampfte er mit dem rechten Fuß auf den Sand.

»Chom, sonst ich bäse«, ergänzte er.

Andrea empfand die Szene unter einem strahlend blauen Himmel und mitten im weißen Sand des Bunkers als total irre, beängstigend und unwirklich. Straßengangster, Exhibitionisten, Vergewaltiger: In Selbstverteidigungskursen in New York hatte sie gelernt, sich gegen jeden noch so üblen Typen zur Wehr zu setzen. Aber hier, mitten im Allgäu, bekam sie es plötzlich mit einem russischen Bären zu tun, der mit ihr nach Hause fahren wollte – Andreas Gefühle schwankten zwischen Zorn und Panik. »Könnten Sie mir bitte endlich erklären, was genau Sie von mir wollen?«, versuchte sie einen neuen Anlauf.

»Nix erklär, du chom!« Auf seiner Stirn perlte Schweiß. Die

Situation überforderte ihn offensichtlich und er schien kurz davor auszurasten.

»Ja, verdammt noch mal, was soll der Scheiß. Chom! Nix chom und so ein hirnloses Gestammel. Wenn du nicht in der Lage bist, klar und deutlich zu sagen, um was es geht, dann verpiss dich, du Affe«, brüllte Andrea, deren Zorn einen Moment lang ihre Panik übertrumpfte.

Voller Verzweiflung schüttelte der Russe langsam seinen Kopf und fluchte irgendwas auf Russisch, zog die Pistole heraus und fuchtelte damit vor Andrea herum, »du chom jetzt mit, dann wir fahren mit Auto zu deine Haus und suche nach Cheheimnis«, brüllte er Wort für Wort noch mal seinen Befehl heraus, wobei er einen Schritt auf sie zu machte. Da wehte das Glockengeläut einer Dorfkirche zu ihnen herüber, was ihn offensichtlich irritierte, denn er legte den Kopf schräg und lauschte. »Adin, dwa, tri«, flüsterte er auf Russisch, wie es ihn seine Großmutter gelehrt hatte und der Anflug eines Lächelns huschte über sein grobes Gesicht. Tschityri, den vierten Glockenschlag zählte er nicht mehr mit. Andrea hatte ihre Chance genutzt. Bei »adin« war sie einen Schritt auf den Mann zugegangen, bei »dwa« hatte sie das Eisen nach hinten geschwungen und es ihm bei »tri« mit voller Wucht an den Schädel geknallt. Es war ein schweres Eisen. Als es knapp über dem Ohr gegen seine rechte Schläfe traf, klang es, als würde man zwei Kaminhölzer aus Buche aneinanderschlagen.

So endete das Leben des Russen. Sein Kopf ruckte in Schlagrichtung, aber nur ein wenig. Die Beine knickten weg wie bei einer Marionette, die zur Seite gelegt wird und versagten dem schweren Körper ihre Dienste. Er sank schlaff in den Sand.

Sie war unmittelbar nach dem Schlag davongerannt und jagte, wie von Furien gehetzt, über das Grün zum Clubhaus.

Keine zehn Minuten später raste ein Polizeikombi über den Rasen auf den Sandbunker zu. Auch der Fahrer eines nachfolgenden Sanitätswagens schien sich einen Spaß draus zu machen, im niedrigen Gang Vollgas zu geben und mit durchdrehenden Reifen braune Spuren ins gepflegte Grün zu radieren.

Im Protokoll der Polizei war später zu lesen, dass ein Mann, zirka 40 Jahre alt, ohne Papiere, Nationalität vermutlich russischer Sprachraum, Todesursache: ein Schlag an die Schläfe mittels eines Golfschlägers, in die gerichtsmedizinische Abteilung Kempten überführt wurde. Datum, Unterschrift.

Die spätere Befragung durch die Kripo fand im Clubhaus statt, das die inzwischen versammelten Clubmitglieder – der tödliche Schlag hatte sich in Windeseile herumgesprochen – trotz lauten Protests räumen mussten. Andrea gab ihren Namen und ihre Anschrift sowie den Hergang der Tat zu Protokoll und bemerkte, dass der Mann gebrochenes Deutsch mit russischem Akzent gesprochen hätte. Als Antwort auf die Frage des Beamten, ob sie den Mann kenne oder eine Vorstellung habe, was er von ihr gewollt hatte, gab Andrea die kryptischen Aufforderungen des Mannes wieder und meinte, dass sie ihm noch nie in ihrem Leben begegnet war und auch keine Ahnung hätte, was er von ihr gewollt haben könnte.

Andrea wurde psychologische Betreuung angeboten sowie Begleitschutz bis nach Wasserburg, was sie jedoch ablehnte. Der Beamte informierte sie über die ersten Ergebnisse der Ermittlung, dass der Mann, der vermutlich an einem Schädelbruch gestorben war, weder einen Ausweis noch sonstige Unterlagen bei sich trug, lediglich eine Geldbörse mit über 4000 Euro sowie einen Schlüsselbund mit Wohnungsschlüssel und Autoschlüssel, die zu einem VW gehören mussten. Ferner eine Pistole unbekannter Herkunft und fünfzehn Schuss einer Munition, die der Polizei ebenfalls unbekannt war. Man würde sich wieder melden, bedankte sich der Beamte bei Andrea. Im Anschluss wurden sämtliche Golfspieler vernommen, die sich zur fraglichen Zeit auf dem Grün aufgehalten hatten, ebenso die Pächterin des Clubrestaurants.

Der Mann aus Russland

Nach dem Warum hatte Sascha nie gefragt. Er erledigte, was ihm aufgetragen wurde. War es seine Aufgabe, sich den Kopf über Gut und Böse zu zerbrechen? Nein, hatte er schlicht gedacht. Jonny sagte, was zu tun war und er, Sascha, erledigte es. Dafür wurde er gut bezahlt und konnte ein Luxusleben führen wie nie zuvor. Zimmer, Kleidung, Essen und vor allem unbegrenzt Wodka und hie und da eine Prostituierte.

Andere Bedürfnisse kannte Sascha nicht groß. Seinen vierzigsten Geburtstag hätte er feiern können, aber er kannte sein Geburtsdatum nicht. Als einzig Wichtiges in seinem Leben erinnerte er sich an seine Babuschka, seine Großmutter. Sie hatte er verehrt wie eine Ikone, mit wachsender Überhöhung, je länger seine Kindheit zurücklag. Bei ihr war er aufgewachsen, sie hatte ihm die Eltern ersetzt. Den Vater, der nach irgendeinem Krieg als verschollen galt, die Mutter, die mit einem anderen Mann einfach verschwand. Als die Großmutter starb, war er gerade mal sechs Jahre alt. Danach sorgte der Staat für ihn, bis er das Alter fürs Militär erreicht hatte. Dass er dort erst einmal von seinem Ausbilder sexuell missbraucht wurde, berührte ihn nicht mehr besonders, denn schon im Heim hatte er die Erfahrung machen müssen, Freiwild für die Erzieher zu sein. Beim Militär kam zum sexuellen

Missbrauch noch ein anderer hinzu, nämlich von sadistischen Schleifern ständig verprügelt zu werden. Hatte sich Sascha bis dahin noch einen Rest an Persönlichkeit erhalten, wurde beim Militär auch der noch aus ihm heraus geprügelt.

Als er sich 1987 in Afghanistan einer Gruppe von Deserteuren anschloss, ohne auch nur eine vage Vorstellung davon zu haben, was er tat, hatte er zum ersten Mal in seinem Leben so etwas wie Glück. Von den insgesamt zwanzig Deserteuren in der Uniform der verhassten russischen Besatzer überlebte er als Einziger den Überfall eines Trupps afghanischer Freiheitskämpfer und wurde von ihnen als Arbeitssklave gehalten. Dass er kurz darauf in Freiheit kam, verdankte er einem Luftangriff, der die Kampftruppe zu Asche verbrannte, während er an einem nahen Bach gerade deren Kleidungsstücke wusch. Sascha zog die brauchbarsten Sachen an, suchte zusammen, was er an Nahrungsmitteln fand, bewaffnete sich mit zwei Pistolen und Munition und zog quer durch Afghanistan, so als wäre es das Normalste auf dieser verrückten Welt. Tatsächlich kam er unbehelligt am Indischen Ozean an.

Dass er nicht nur Afghanistan, sondern auch Pakistan durchquert hatte, war ihm nicht bewusst. Er staunte wie ein kleines Kind, als er vor einer endlosen Wasserfläche stand, deren Wasser man nicht mal trinken konnte, so versalzen, wie es war. Irgendwann heuerte Sascha in Karatschi auf einem Öltanker an, der um das Horn von Afrika herum Frankreich ansteuerte, auf der Höhe Portugals bei stürmischer See allerdings auseinanderbrach. Sascha wurde aus dem Meer gefischt und traf auf Jonny, der einem säumigen Zahler aus München bis in dessen Ferienhaus an der portugiesischen Küste gefolgt war, um Mietrückstände in erklecklicher Höhe einzutreiben. Sascha wurde von Jonny für die Drecksarbeit engagiert und brach dem unzuverlässigen Vertragspartner der Münchener *Saveliving Gebäudegesellschaft* drei Finger der linken Hand, was spontan zur Übergabe der geforderten Summe führte. Damit begann Saschas steile Karriere, die nun im Sandbunker eines Golfplatzes im Allgäu ebenso abrupt geendet hatte.

Schattenbilder

Caroline packte für ihre Abreise und telefonierte dabei scheinbar ununterbrochen. Walcher hörte sie von seinem Zimmer aus, das an die »Gäste-Suite« grenzte, während er endlich die Fotos von Mayers Haus auf seinen PC lud, auch, um sie Caroline noch zeigen zu können.

Normalerweise sah sich Walcher seine Fotos am Bildschirm an, löschte die unbrauchbaren und brannte die guten auf zwei CDs. Eine davon behielt er im Haus, die zweite bewahrte er als Sicherungs-CD im Wertfach seiner Bank auf. Das mochte etwas übertrieben wirken, hatte sich in der Vergangenheit aber durchaus bewährt, nicht nur deswegen, weil schon bei ihm eingebrochen wurde. Auch Datenverlust drohte, der Fluch des elektronischen Zeitalters, entweder in Form einer winzigen Unachtsamkeit oder aufgrund eines eingeschleppten Virus', und schon waren Daten unbrauchbar oder gelöscht. Allerdings speicherte Walcher hauptsächlich seine Artikeltexte in dieser Form und das machte wirtschaftlich Sinn.

Dieses Mal hatte er erst einmal nicht vor, eines der Bilder vom Jugendstilhaus am See zu löschen. Auch stellte er nicht wie sonst eine verkleinerte Übersicht her, die er zu der CD legte, sondern vergrößerte die Bilder jeweils auf DIN A4-Format.

Bereits bei den ersten Fotos baute sich in Walcher eine seltsame

Spannung auf, die sich bei den Bildern des toten Mayer' steigerte. Als würde sich der Kontakt zu einer anderen, unbekannten Dimension aufbauen, stürzte der Rechner sogar ab, als sich Walcher in das Gesicht des Toten vertiefte.

Während der Rechner neu startete, ging er hinunter, schloss die Haustür ab und warf auch einen Blick in die Küche, um sich zu vergewissern, dass die Terrassentür ebenfalls geschlossen war. Erst dann fühlte er sich wohler, und das nervöse Prickeln auf seinem Rücken ließ nach.

Mit einer Tasse frischem Schwarztee setzte er sich wieder vor den Bildschirm und klickte der Reihe nach sämtliche Aufnahmen an. Das kupferne Namensschild, Einfahrt, Haus – Gesamtansicht, Haustür, Gewächshaus, verwackeltes Foto vom Glasfenster mit Palme, Garten, Garten, Gewächshaus … in diesem Moment geschahen zwei Dinge gleichzeitig, die Walchers Puls zum Rasen brachten. Zum einen entdeckte er hinter dem Busch am Gewächshaus die Gestalt eines Menschen, zum anderen landete Bärendreck – aus dem Nichts kommend – völlig unerwartet auf seinem Schoß. Walcher sprang erschrocken hoch, schlug mit beiden Oberschenkeln schmerzhaft an die Tischkante und erschreckte dabei auch den Kater, der ihm seine Krallen in die Schenkel trieb, bevor er runtersprang und aus dem Zimmer flüchtete.

Bei der hektischen Aktion hatte Walcher die Teetasse umgestoßen und versuchte nun mit dem Morgenmantel die Pfütze aufzuwischen, die sich rasend schnell in der Papierflut auf seinem Schreibtisch ausbreitete. Dass sein Morgenmantel nicht besonders schnell Flüssigkeit aufsaugte, erkannte Walcher erst nach ein paar Sekunden, hetzte hinunter in die Küche und schaffte es dann, zurück mit der Küchenrolle, die verbliebenen Teereste aufzusaugen.

Abgesehen von dem versauten Bildband über die Tiroler Bergseen und einem alten *Geo*-Magazin, konnte er den Schaden verkraften. Der Rest, Erinnerungen und Mahnungen vom Finanzamt, Bußgeldbescheide für Falschparkerei oder Geschwindigkeitsübertretungen, klebte als nasser Haufen zusammen. Würde sicher keine juristisch relevante Entschuldigung abgeben, wenn er dies den Absenderbehörden mitteilte, dachte Walcher und legte die Papiere zum Trocknen auf dem Boden aus.

Erst nach dieser aufgezwungenen Beschäftigung suchte Walcher im Bad nach einem Mittel zum Desinfizieren der Kratzer, die Bärendreck ihm zugefügt hatte. Er fand nur eine eingetrocknete Flasche Merfen, weshalb er zu dem altbewährten Mittel Alkohol griff. Er ließ die Hose herunter, besah sich seine Wunden und tupfte Enzian darauf, das Allheilmittel des Allgäuer Bergvolks. Bärendreck hatte ordentliche Krallen, fand er und hoffte, dass er keine Infektion bekam. Dann setzte er sich wieder vor den Bildschirm, nicht ohne vorher einen Schluck Enzian getrunken zu haben.

Es dauerte eine Weile, bis der Rechner aus dem Energiesparmodus hochgefahren war und das letzte Bild wieder aufbaute. Hinter dem Busch am Gewächshaus – auf dem Bild nur im Anschnitt zu sehen – war jemand zu erkennen, der ihn wohl beobachtet hatte. Ob Mann oder Frau, war nicht zu erkennen, ja nicht einmal, ob es sich bei dem Schemen überhaupt um eine menschliche Gestalt handelte oder nur um ein zufälliges Spiel der Blätter. Walcher vergrößerte den Ausschnitt, aber die Bildauflösung war ohnehin schon sehr hoch und löste sich in einzelne quadratische Pixel auf. Deshalb exportierte er die Daten in das Bildbearbeitungsprogramm und versuchte über mehr Kontrast, stärkere Konturen, kräftigere Farben und mit Hilfe des speziellen

Schärfeprogramms die Darstellungsqualität zu verbessern. Zwar wurde der Schatten etwas deutlicher, aber mehr war nicht zu machen, es blieb ein Schatten an der Grenze zum Trugbild.

Lange ließ Walcher das Bild auf sich wirken und fühlte dabei eine Bedrohung von dem Schatten ausgehen, die ihn irritierte. Er war also wahrscheinlich beobachtet worden, als er durch den Garten spazierte und Aufnahmen machte, und zwar aus nächster Nähe.

An den Weg, den er durch den Garten genommen hatte, konnte er sich nicht mehr genau erinnern, aber bei der Vorstellung, vielleicht an dem Mörder Mayers vorbeigegangen zu sein, stellten sich ihm die Nackenhaare auf. Wer mochte der Beobachter gewesen sein. Oder war es eine Beobachterin? War es Münzers Helfer oder einer der Killer von der Gegenseite? Mayer war bereits einige Stunden tot gewesen und dennoch, im Nachhinein fröstelte es ihn. Vielleicht war sogar eine Pistole auf ihn gerichtet gewesen?

Walcher schob den Gedanken beiseite und klickte die nächsten Bilder an. Beim Schnappschuss, den er vom Wasser aus aufgenommen hatte, erinnerte er sich an das Gefühl, aus dem oberen Fenster beobachtet worden zu sein. Er war damals spontan hinter dem Boot in Deckung gegangen. Nun bewies die Aufnahme, dass die wahrgenommene Bewegung am Fenster oberhalb der Terrasse nicht nur ein vages Gefühl gewesen war.

Etwas unscharf, wegen der herabhängenden Äste der Trauerweide im Vordergrund, aber deutlich erkennbar, blickte das Gesicht eines Mannes direkt ins Kameraobjektiv. In der Vergrößerung und mit Hilfe des Optimierungsprogramms starrte ihn ein männliches Gesicht an, dessen asiatische Züge und ein Oberlippenbart deutlich zu erkennen waren. Walcher schätzte den Mann auf weit über sechzig Jahre. Da zwischen den beiden Aufnahmen

Walchers Rückzug durch das Sumpfwäldchen lag, könnte es sich bei dem Schattenbild beim Busch und dem Gesicht am Fenster um dieselbe Person handeln. Walcher druckte das Fensterbild aus, ging an Carolines Zimmertür und klopfte mit dem geistreichen Hinweis an: »Ich bin's.«

Caroline musste unmittelbar neben der Tür gestanden haben, denn sie öffnete sofort. Sie stutzte über Walchers Aufzug, deutete auf die blutigen Krallenspuren und schnupperte. »Das solltest du richtig desinfizieren, Enzian oder sonst ein Schnaps hilft eher bei Magenverstimmungen.«

Walcher entschuldigte sich für seine grobe Verletzung der Kleiderordnung, er hatte über die Bildanalyse ganz vergessen, dass er bei der Wundbehandlung die Hose ausgezogen hatte und nun in der Unterhose vor ihr stand. Er reichte ihr den Ausdruck, als sei das eine plausible Erklärung. »Kennst du den?«

Anstelle einer Antwort stöhnte Caroline und wandte sich ab. Auch so merkte Walcher ihr an, dass sie weinte. Es dauerte eine Weile, dann wischte sie sich mit den Handrücken die Tränen ab und reichte Walcher das Blatt zurück. Ihr Seufzen klang deprimiert und mutlos. Sie nickte, wandte sich wieder Walcher zu und deutete auf das Blatt Papier in seiner Hand. »Das ist Chim, Vaters Freund und Diener, ich habe ihn von klein auf Schimi genannt. Er war für mich oft wie Mutter, Vater und Onkel in einem. Er sang mich in den Schlaf, wenn ich traurig war, fälschte Vaters Unterschrift, wenn ich schlechte Noten hatte und tröstete mich, als ich das erste Mal unglücklich verliebt war. Schimi war meine Familie, er war immer da und hatte immer ein offenes Ohr für mich. Schimi war bei Vater, als die Explosion …« Caroline brach ab, überlegte und nahm Walcher den Ausdruck wieder aus der Hand. »Chim hat Vater erzählt, dass er in Mayers Schlafzimmer nach der

CD suchte, als er dich durch den Garten kommen und wieder gehen sah. Er suchte dann weiter und sah dich nochmals mit dem Boot. Wir haben übrigens gerätselt, was du damit vorhattest. Es ist mir bis heute nicht klar.«

Walcher erklärte Caroline kurz den Grund, weshalb er das Boot genommen hatte, nickte ihr dann zu und meinte, »lass uns nachher noch ein Glas zum Abschied trinken, ich zeige dir dann noch die anderen Fotos, vielleicht siehst du mehr darauf als ich.«

Walcher war schon wieder auf dem Weg zu seinem Computer, als Caroline nickte und die Zimmertür schloss.

Er öffnete noch einmal das Schattenbild, lehnte sich zurück und ließ es auf sich wirken. Schemenhaft nur, aber ein Feind, das empfand er ganz deutlich und es ängstigte ihn. Rational zwang er sich, gegen dieses Gefühl anzukämpfen. Das ist kein Monster aus einer anderen Welt, sondern ein Mensch aus Fleisch und Blut, ein verdammter Killer zwar, aber ein Mensch, sagte er sich. Dennoch wurde ihm klar, dass er längst zum engen Kreis um Münzer und Mayer gehörte und das schien in jedem Fall lebensgefährlich. Da beruhigte ihn auch nicht der Gedanke, dass er nur in der zweiten Reihe der Gefährdeten stand, nach Caroline, Andrea und dem adoptierten Sohn Münzers.

Alle, vielleicht auch Josef und Lisa, die etwas über die Company und vor allem über die CDs wissen könnten, schwebten in großer Gefahr. Walcher nahm sich vor, nach Carolines Abreise Kontakt zu Andrea aufzunehmen, die vermutlich immer noch völlig ahnungslos war, zu welcher Familie sie tatsächlich gehörte und welcher Krieg sich da abzuspielen schien. Bei der Schattengestalt, so mutmaßte Walcher, musste es sich um jemanden von der Gegenseite handeln, der ihn anschließend verfolgt hatte. Denn woher sonst wussten sie von ihm und wie sonst konnten sie ihm ein totes Schwein in seinen Keller hängen? Der Schattenmann musste ihm also gefolgt sein. Erst zu seinem Auto, vielleicht sogar durch das Sumpfwäldchen hindurch und schließlich bis zu seinem Hof.

Walcher druckte alle Fotos mit dem Farbdrucker aus und brannte die Daten auf eine CD. Als er aufstehen wollte, klebte eine der durchnässten Rechnungen an seinem Fuß. Er schüttelte sie ab, und wie eine müde Krähe segelte sie unter den Schreibtisch. Mit einem stillen Fluch ging er auf die Knie, kroch unter den Tisch, griff sich den Fetzen und wollte gerade zurückrobben, als in seinem Augenwinkel etwas Dunkles auftauchte, was da unter seiner Schreibtischplatte nichts zu suchen hatte. Klein und rund wie eine Ein-Euro-Münze, schwarz und zirka einen Zentimeter dick klebte es an der Tischplatte.

Nach dem Fund an Carolines und seinem Wagen, hatte sich Walcher im Internet kundig gemacht, wie solche Dinger aussahen. Deshalb war ihm klar, dass sich an seinem Schreibtisch, in seinem Arbeitszimmer, in seinem Haus eine Wanze befand. Unglaublich! Wahrscheinlich war das ganze Haus voll mit Wanzen. Er schlug mit der Faust so heftig auf die Tischplatte, dass selbst der große Monitor einen Hüpfer machte. »Verdammte Scheiße, verdammte«, fluchte er so laut, dass Caroline aus ihrem Zimmer gehetzt kam und erschrocken in sein Zimmer guckte.

Walcher deutete auf den Schreibtisch, auf ein Ohr und schrieb gleichzeitig auf einen Zettel: *Wanze!* »Hab mir den Kopf angeschlagen«, sagte er laut und schrieb weiter: *Ab sofort nur noch Belanglosigkeiten oder bewusst falsche Informationen, verstanden?*

Caroline las den Zettel, sah dann Walcher an und in ihrem Blick lag Angst.

»Was hältst du davon, wenn wir etwas essen gehen, ich habe

einen ziemlichen Hunger«, schlug er vor. »Und außerdem eine Beule am Kopf«, fuhr er fort, wobei er wieder auf sein Ohr deutete.

»Gute Idee, mach mich nur kurz frisch«, war Carolines Antwort.

Neuplanung

Walcher hatte Carolines bevorstehende Reise als eine Art Befreiung empfunden. Er konnte ihr keinen Schutz bieten, so wenig wie er sich selbst schützen konnte. Die Wanze unter seiner Schreibtischplatte sah er als einen neuerlichen Beweis seiner Ohnmacht. Walcher bildete sich da nichts ein, außerdem klangen noch Münzers Worte nach, der auf seine »Überlebenschancen nicht viel wetten würde«. Nicht, dass er deswegen vor Angst paralysiert war, es hielt ihn allein von einer ungesunden Selbstüberschätzung ab.

Es gab aber noch einen anderen Aspekt, unter dem ihn Carolines Abreise aufatmen ließ, nämlich sein latent schlechtes Gewissen Lisa gegenüber. Selbst oder insbesondere im Nachhinein würde es schwer sein, Lisa die Anwesenheit Carolines verständlich zu machen beziehungsweise den Umstand, sie geheim gehalten zu haben.

Bedauerlich an Carolines Abreise empfand er bestenfalls die Tatsache, dass damit eine Informationsquelle versiegte. Sie hatten vereinbart zu telefonieren und Informationen auszutauschen, auch wenn sie sich über die Gefahr im Klaren waren, damit womöglich Carolines Aufenthaltsort zu verraten. Aber nach der entdeckten Wanze schien ihr Reiseziel ohnehin verraten. Sie waren belauscht worden und vermutlich tauchten noch weitere Wanzen auf.

Bevor die beiden geradezu fluchtartig den verwanzten Hof verließen, schrieb Walcher zwei Notizen auf einen Block, die er Caroline lesen ließ, als sie im Auto saßen.

Wahrscheinlich auch hier Wanzen. Alle Kleider und Taschen, in denen Wanzen sein könnten, im Wagen lassen – okay?

Auf der zweiten Seite stand: *Erzähl irgendwas: Studium, Sport oder Witze.*

Bis zum Parkplatz an der Kirche vor dem *Gasthaus Engel* in Weiler plapperte Caroline unermüdlich nichtssagendes Zeug, bis Walcher sie unterbrach. »Wie wäre es mit einem kleinen Spaziergang vor dem Essen, dann sparen wir uns den Aperitif?«

Caroline stimmte zu und beide stiegen aus dem Auto. Sie, ohne Handtasche und nur mit Shirt und Jeans bekleidet, er nur mit Hose und Hemd. Dass darin Wanzen implantiert waren, hielt er für so gut wie ausgeschlossen.

Nach einigen Metern blieben sie auf der Brücke stehen, die über den Hausbach führte. »Ich glaube, jetzt können wir reden«, stellte Walcher fest. »Die Wanze, Caroline, die kennen vermutlich dein Reiseziel. Verschieb das Ganze oder fahr woanders hin! Ich habe einen Freund, der in der Cinque Terre eine Wohnung hat. Er ist absolut integer und freut sich, dir und mir einen Gefallen zu tun, wirklich. Die Fahrt zu Thok – verschiebe sie, bis sich die Situation in der Company geklärt hat. An deiner Stelle würde ich mich auch gern an Thok wenden, aber du brauchst einen sicheren Ort, sonst wird auch Thok unter Umständen erpressbar«, hängte Walcher noch als besonders schlüssiges Argument an.

Caroline schien zu überlegen und sah auf das Rinnsal zu ihren Füßen. »Ich glaube, du hast recht, machen wir es so, wie du sagst.«

Spontan umarmte Walcher sie und meinte, »Gott, bin ich froh.

Komm, lass uns noch herumspazieren und eine Telefonzelle suchen, ich rufe Jürgen gleich an, so heißt mein Wahl-Italiener.«

Ihm war die Erleichterung anzusehen, als er Caroline nach dem Telefonat mit seinem Freund dessen herzliche Einladung und Grüße ausrichten konnte und dass Jürgen sich freuen würde, sie morgen auf dem Bahnhof von La Spezia abzuholen. Die Uhrzeit würde Walcher ihm durchgeben, sobald er sie kannte.

Die Vorstellung, Caroline bald außer Gefahr zu wissen, versetzte beide in eine ausgelassene Stimmung, die im *Gasthaus Engel* in einer geradezu orgiastischen Allgäuer Platte mündete, auf der sich gewaltige Mengen an Bergkäse, Romadur, Weißlacker, Essiggurken, Zwiebelringen, Schwarzwurst, Schinkenwurst, Rauchfleisch, Leberwurst und Butter türmten. Dazu gab es, nicht ohne Grund, zwei Gläschen Enzian. Wer sich durch diesen Berg gefuttert hatte, für den bedeutete der Schnaps Belohnung und Lebensrettung. Walcher dachte an seine Kratzer und an Bärendreck und packte das Stück Schwarzwurst in eine Serviette ein. Schließlich hatte ihm der Kater seine Krallen nicht mit Absicht in die Schenkel getrieben.

Weil auch Caroline außer dem Käse kaum was angerührt hatte und sie viel zurückgehen ließen, mussten sie sich vor der herzlichen Bedienung geradezu verteidigen. Diese schien den mangelnden Appetit der beiden als einen Affront gegen ihre Leibesfülle aufzufassen.

»Nein, es ist alles in Ordnung, nein, nichts war verdorben, nein, wir wollen uns nicht beschweren. Bringen'S uns doch noch zwei Viertel von dem hervorragenden Trollinger. Nein, auch den Enzian wollen wir nicht, ja, den dürfen'S wieder mitnehmen, nein, nichts anderes und jetzt geben'S a Ruah«, musste Walcher dann auch beschwichtigend ein Machtwort sprechen, bis sie endlich gekränkt abzog. Irritiert wollte Caroline wissen, ob er den Trollinger wirklich so gut fand.

»Nein«, grinste Walcher, »aber irgend etwas Positives musste ich der Guten doch mitgeben auf ihrem Weg in die Küche.«

Wieder auf dem Hof, verbrachten sie den Rest des Abends mit belanglosem Geplauder im Wechsel mit kurzen schriftlichen Mitteilungen und Gesten, Schein-Telefonaten mit der Bahnauskunft und fiktiven Platzreservierungen. Nachdem sie die Abfahrtszeiten und Anschlüsse der Zugverbindung nach La Spezia aus dem Internet geholt hatten, schlug Walcher den Ablauf von Carolines Flucht vor. Seine Notizen glichen dem Storyboard einer Filmszene.

Abfahrt mit leeren Koffern in meinem Espace.

Caroline nickte.

Eine Tasche alte Omakleider, habe eine ganze Kiste voll, mit Strohhut. Sehen wir uns gleich an.

Abfahrt in Friedrichshafen. Im Zug ziehst du Omakleider an.

In Ravensburg aussteigen, kurz bevor Zug weiterfährt.

Koffer im Zug lassen. Kleiner Koffer mit deinen wichtigsten Sachen bleibt bei mir im Auto.

Hole dich im Bahnhofscafé Ravensburg ab.

Kann dauern, muss Wagen tauschen.

Mit Auto nach Chur, von da ab mit Zug nach Italien.

Währenddessen plapperte Walcher vor sich hin, dass er sie liebend gern nach Paris begleiten würde, weil er dort ein Ehepaar kenne, das er schon immer mal besuchen wollte, und ob sie ihm nicht aus London ein Beutelchen von diesen leckeren Fruchtbonbons schicken könne, die es im Harrod's gleich unten im Eingangsbereich gäbe. Nach denen wäre er geradezu süchtig, auch wenn es sich wahrscheinlich um die blanke Geschmackschemie handelte. Caroline erwiderte im Plauderton, dass sie ihm selbstverständlich welche von den Bonbons schicken könne, weil sie ja einige Tage in London bleiben wolle. In diesem Stil ging es hin und her und verführte sie zu einigen Lachern. Lag es am Wein oder an der Kabarett-reifen Nummer, die sie aufführten, den Abend verbrachten sie in einer lockeren Stimmung wie schon seit Tagen nicht mehr.

Caroline notierte sich Telefonnummer und Adresse von Walchers Freund in Italien und den Namen der Bar in Riomaggiore, die ein Bekannter von Jürgen betrieb, wo sie nach ihm fragen konnte, sollten sie sich auf dem Bahnhof von La Spezia verpassen.

Nachdem sie alle Notizzettel in der Spüle verbrannt hatten, gingen sie nach einem letzten Glas Wein auf ihre Zimmer.

Abreise

Der Reisetag – beide vermieden den Begriff »Flucht« – begann mit demonstrativ lauten Gesprächen über die rasend schnelle Verbindung nach Paris. Eventuelle Lauscher erfuhren so die genauen Fahrt- und Flugzeiten der ursprünglich geplanten Reise.

7.15 Uhr fuhren die beiden im Espace vom Hof und zockelten die letzten Kilometer langsam dahin, um erst kurz vor Abfahrt des Zuges am Bahnhof anzukommen. Dort wuchtete Walcher die leeren Koffer aus dem Wagen und schleppte sie durch die Unterführung in den Zug nach Ulm, Bahnsteig zwei. Der Zug fuhr pünktlich um 8.29 Uhr ab. Walcher winkte und ging zu seinem Auto zurück, gerade noch rechtzeitig, um der Politesse mit einem freundlichen Lächeln den Strafzettel abzuschwatzen, weil er doch nur seiner schwerfüßigen Oma wegen im Verbot geparkt hätte.

Gnädig ließ sich die Uniformierte umstimmen, während sich Caroline zur selben Zeit in der engen Zugtoilette wirklich in eine Oma verwandelte.

Caroline besaß schauspielerisches Talent. Die alte Frau, die 45 Minuten später, leicht in sich zusammengesunken an einem der hinteren Tische im Ravensburger Bahnhofscafé über einer Zeitung saß, sah vollkommen unauffällig aus.

»Ich soll Sie ins Altenheim zurückbringen, gnädige Frau. Also machen Sie bitte keinen Aufstand und folgen mir artig zum Auto«, versuchte Walcher einen dünnen Scherz, richtig erleichtert, dass Caroline dort saß. Bei der Herfahrt hatte er sich ausgemalt, er würde sie nicht auf dem Ravensburger Bahnhof antreffen. Sie hatten keinen alternativen Treffpunkt vereinbart, für den Geheimdienst eigneten sie sich jedenfalls nicht.

»Bin ich froh«, stöhnte Caroline und stand, weiterhin ihre Rolle spielend, schwerfällig auf, boxte ihn in den Bauch und brabbelte laut mit keifender Altweiberstimme, »wird auch Zeit, dass du kommst, du nutzloser, fauler Schlingel, wolltest mich wohl aussetzen in diesem Schlamperladen, häh.«

Walcher erntete von einem Pärchen mittleren Alters ein verständnisvolles und aufmunterndes Lächeln, das er mit einem Nicken und gequälter Miene erwiderte. Die Bedienungen hinter der Theke ignorierten sie, vermutlich hatten sie Carolines Bemerkung über den »Schlamperladen« mitbekommen.

»So, Muttchen, jetzt jagen wir mal so richtig die Pferdchen durchs Dorf«, flachste Walcher weiter, als er Caroline die Tür zu einem silbernen Zweisitzer aufhielt, den er sich bei Sixt am Flughafen in Friedrichshafen zu einem geradezu lächerlich niedrigen Angebotspreis ausgeliehen hatte. Dass sich Caroline wie selbstverständlich in den Mercedes setzte, immerhin ein SL 600 und gleich einen prüfenden Blick in den Schminkspiegel warf, interpretierte Walcher als die Gewohnheit eines Menschen, der sein erstes Auto nicht vom selbstverdienten Geld hatte kaufen müssen. Dieses demonstrative Selbstverständnis störte ihn ein wenig. In Erinnerung eines seiner Wahlsprüche, sich jede Form des Sozialneids zu verbieten, hing er dem Gedanken nicht weiter nach. Als er den Wagen Richtung Autobahn lenkte und zu Caroline sah, hatte sie sich bereits wieder in eine attraktive Frau verwandelt, mit einer riesigen Gucci-Sonnenbrille auf der Nase und einem Kopftuch, wie es seinerzeit die Monroe trug. Walcher verkniff sich eine Bemerkung und konzentrierte sich aufs Fahren. Dass im Zug nach Ulm inzwischen womöglich ein Verfolger Carolines Koffer observierte, belustigte ihn. Caroline schmunzelte ebenfalls, als er ihr seine Gedanken erzählte.

Die kurze Strecke bis zur Grenze genoss Walcher in doppelter Hinsicht. Zum einen gab er sich dem besonderen Fahrgefühl in diesem außergewöhnlichen Fahrzeug hin. Auch wenn er die 380 kW der 12 Zylinder nicht in der angegebenen Zeit von 4,5 Sekunden von 0 auf 100 jagte: Es blieb ein Erlebnis, gestand er sich ein. Zum anderen hob die Aussicht, Caroline auf sicheres Gebiet zu bringen, seine Stimmung. Sie würde von Bellinzona über Mailand nach Genua und dann die Küste entlang bis La Spezia fahren, wo sie um 20.16 Uhr eintreffen und von Jürgen abgeholt werden sollte.

Walcher fühlte sich befreit, vermischt mit einer leichten Traurigkeit, als der Zug mit zehn Minuten Verspätung um 12.20 Uhr den Churer Bahnhof verließ. Ja, sie war ihm *molto simpatica*, vielleicht hätte er für Caroline mehr empfunden, wenn sie sich unter anderen Vorzeichen getroffen hätten. Der Zug hatte den Bahnhof schon verlassen, als Walcher sich auf die Wartebank setzte und in Gedanken Caroline in ihrem Abteil besuchte. Er schloss dabei die Augen und es war wohl die abgefallene Anspannung der letzten Stunden, die ihn in einen Kurzschlaf fallen ließ, aus dem er keine Minute später wieder hochschreckte. Vor ihm stand ein kleiner Junge, vielleicht fünf Jahre alt, angezogen wie einem Katalog entsprungen und starrte ihn an, als würde er ahnen, welchen Horrortrip der Mann vor ihm gerade durchlebt hatte. Die Ansage aus dem Bahnhofslautsprecher erleichterte Walcher die Orientierung: Er saß auf einer Bank an Gleis eins im Bahnhof von Chur, wo er gerade Caroline in Richtung Italien verabschiedet hatte. Eine Hand riss den Jungen aus seinem Blickfeld.

Walcher hatte so etwas wie einen Sekundentraum erlebt. Ihm tropfte nicht nur der Schweiß von der Stirn, er war am ganzen Körper schweißgebadet. Es war alles so unglaublich real, was da wie ein Horrorstreifen in seinem Kopf abgelaufen war. Besonders verwirrte ihn, dass er sich an jedes Detail seines Traums erinnern konnte. Er saß in einem Flugzeug, ziemlich weit hinten, auf einem Platz am Gang wie damals mit Lisa auf dem Flug nach Spanien und hatte bei der Stewardess einen Gin Tonic bestellt. Statt ihm den Drink zu reichen, schüttete die Stewardess das Getränk offenbar absichtlich auf seine Hose und lächelte ihn dabei an, als wollte sie ein Rendezvous mit ihm vereinbaren. Da erkannte er in ihr Lisa. Sie hatte sich weit zu ihm vorgebeugt, und es blieb ihm nichts anderes übrig, als in ihre vollbusige Bluse zu starren, die sich keine Handbreit vor seinem Gesicht auftat. Der Gin Tonic brannte wie Säure auf seinen Oberschenkeln, und er versuchte aufzuspringen, um zur Toilette zu laufen. Der Sicherheitsgurt, straff gespannt, wie er war, hielt ihn in seinem Sitz fest. Wie auf Kommando drehten sich plötzlich alle Passagiere nach ihm um und er erkannte in ihnen Mayer, Münzer, Caroline, ihre Bodyguards, Hinteregger, Josef, Frau Zehner, Professor Münzer, die Mösslers, Irmi, Johannes ... sein Vater und auch sein Bruder saßen nebeneinander, die Mutter mit der Schwester eine Reihe dahinter, alle wie in einem Bilderrahmen ... Ferner erkannte er den Postboten, einige Verlagsredakteure, mit denen er zu tun hatte, die Frau und den Jungen vom Badestrand, Münzers Kammerdiener Chim, den Gärtner vom Haus am See, Lisas Vater und einige ältere Männer, die er noch nie gesehen hatte. Er wollte ihnen winken, doch dazu kam er nicht, weil er vorher entsetzt in das Loch starrte, das sich vor ihm aufgetan hatte. Anstelle des Mittelgangs sah er nachtschwarzen Himmel und das Lichtergefunkel einer riesigen Stadt. Wolkenfetzen jagten vorbei. Er roch die frische Luft, sie war eiskalt. Bevor er überlegen konnte, was es mit all dem auf sich hatte, begann sein Sitz ruckweise Richtung Loch zu kippen. Verzweifelt griff er nach hinten und versuchte, sich an der Rückenlehne festzuhalten. Da löste sich der Gurt, und er stürzte in das schwarze Loch. Er wollte schreien, doch kein Ton drang aus seiner Kehle. Die Menschen im Flugzeug winkten freundlich mit den Armen wie auf einer Karnevalsveranstaltung und riefen ihm auch im Chor etwas zu, was er aber nicht hören konnte, sondern nur aus ihren aufgerissenen Mündern schloss, während er in Zeitlupe in das schwarze Nichts sank, begleitet von einem silbernen Schwarm von CDs, die mit ihm in das Loch segelten, hinterhergeworfen von den Passagieren, als seien es Bierdeckel und das Ganze ein Zielwerfen.

Mit zittrigen Beinen stand Walcher auf, kehrte in die Welt zurück, genauer gesagt, an den Bahnhofskiosk und kaufte die *Züricher*, nicht um sie zu lesen, sondern um Wechselgeld für ein Telefonat zu bekommen. »Sie sitzt im Zug und wird kurz nach zwanzig Uhr am Ziel sein«, brüllte er in den Hörer, um einen einfahrenden Zug zu übertönen und erhielt ein »*mille grazie*« und »*ciao, mio carissimo*« als Antwort.

Mit der *Züricher* unterm Arm, schlenderte er zum Auto zurück und entschied sich spontan, über Zürich zu fahren und bei Johannes vorbeizuschauen, denn den SL brauchte er erst am nächsten Tag abzugeben. Ist er da, ist's gut, ist er nicht zu Hause, war's ein netter Einfall und ich fahre weiter nach Deutschland – vielleicht über Konstanz, dann am See entlang nach Wasserburg und bei Andrea Mayer vorbei.

Post aus der Vergangenheit

Etwa zur selben Zeit, als Caroline in Chur in den Zug nach Italien stieg, klingelte an der Haustür der Jugendstilvilla der Postbote und übergab der Haushälterin ein Päckchen für Herrn Mayer. Die dachte gar nicht daran, den Postboten aufzuklären, immerhin war die Hausherrin die Tochter des Herrn Mayer. Also sah sie es als deren Sache an, zu entscheiden, was mit dem Päckchen zu geschehen hatte.

Das Päckchen entsprach der Größe eines dicken Taschenbuchs und war in ein Packpapier eingewickelt, das schon in der Welt herumgekommen war, jedenfalls ließen einige durchgestrichene, alte Poststempel diesen Schluss zu. Die dicke Paketschnur, verknotet für die Ewigkeit, hätte auch einen umfangreicheren Inhalt sicher zusammengehalten. Ein Absender stand nicht darauf. Die Anschrift des Empfängers, in unsicheren Blockbuchstaben mehr gezeichnet als geschrieben, musste der Post einigen Spürsinn abverlangt haben. *Signore Andreas Mayer, Pfahlweg, Wassergurb,*

Germania war zu lesen, mit roten Buchstaben darüber die Korrektur *Wasserburg*.

Andrea saß auf der Veranda in einem der alten gemütlichen Korbstühle und schrieb ihr Golf-Erlebnis vom Vortag auf. Sie ging in Gedanken nochmals jede Einzelheit durch und stieß dabei auf einige Details, an die sie sich erst heute erinnerte. Zum Beispiel, dass der Russe stark nach Schnaps und Schweiß gestunken hatte. Dass er von einem Geheimnis sprach, welches er in Andreas Haus suchen wollte. Je mehr sie darüber nachdachte, desto unklarer wurde ihr das Ziel dieses Überfalls. Andrea beschloss, sich einen Rechtsanwalt zu suchen. Nebenbei trank sie Tee, hörte Puccinis *Turandot* und sah von Zeit zu Zeit hinaus auf den See. Durch die herabhängenden Äste der Trauerweiden am Ufer funkelten und blendeten die vom Wasser reflektierten Sonnenstrahlen, so als wollte der See sie grüßen.

Helga Mehlig präsentierte ihr das Päckchen samt Schere auf einem kleinen Tablett, das sie auf den Frühstückstisch zwischen Marmelade und Brotkorb schob. Dabei musterte sie Andrea, die ihr gestern das ganze Golfplatz-Drama erzählte hatte, mit sichtlicher Besorgnis. Helga Mehlig hatte deshalb die halbe Nacht nicht schlafen können, obwohl sie sämtliche Türen des Hauses wie auch alle Fenster im Parterre verriegelt hatte und die im ersten Stock nur kippte, obwohl es in den Zimmern furchtbar stickig war. Die Vorstellung, dass Andrea etwas hätte zustoßen können, hatte sie völlig durcheinandergebracht.

Andrea dankte, schrieb weiter und ignorierte das Päckchen. Erst als ihr weder weitere Fragen noch Details zu dem gestrigen Vorfall einfielen, legte sie den Block aus der Hand und öffnete das Päckchen mit der beigelegten Schere. Dabei lächelte sie über die aufmerksame Helmi, wie sie Helga Mehlig insgeheim getauft hatte.

Andrea stellte keinen Augenblick das Recht in Frage, dieses Päckchen, das an ihren Vater adressiert war, zu öffnen. Es enthielt eine CD in einer üblichen Klarsichtbox und einen dicken Packen in der Mitte gefalteter Schreibmaschinenblätter, dazu einen Brief in mühsam aufgemalter Blockschrift. In knappen Worten bat Leonida Ferrata, die Haushälterin von Mayers Frau, um Verständnis, dass sie dieses Päckchen mit so großer Verzögerung zurücksandte. Sie hätte es schlichtweg vergessen und es erst jetzt, drei Monate nach dem Tod von Signora Mayer, wie von ihr erbeten, an den Signore Mayer zurückgesandt. Es folgte das Angebot der Frau Ferrata, das Grundstück und das Haus sowie das viele Geld, das ihr die Signora so großzügig vererbt hätte, zurückzugeben, weil sie ja wüsste, dass der geschätzte Signore Mayer stets das Geld geschickt hätte und deshalb er der eigentliche Erbe sei. Andrea nahm sich vor, die gute Seele zu besuchen. Vielleicht konnte sie von ihr viel über ihre Mutter erfahren, an die sie sich nur vage erinnerte. Dann faltete Andrea die beigelegten Papiere auf – schlechte Kopien von endlos langen Listen mit Namen, Firmenadressen und Zahlen. Sie legte sie erst einmal zur Seite. Neugierig wurde Andrea erst, als sie in der CD-Box den zusammengefalteten Brief entdeckte und zu lesen begann. Es war die Handschrift ihres Vaters, steil und exakt.

Meine liebe Dorothea, verzeih mir, dass ich mit diesem Brief gegen unsere Abmachung verstoße, aber Du bist der einzige Mensch, dem ich die beigelegte CD mit wichtigen Firmendaten anvertrauen kann.

Sollte mir etwas zustoßen, so bitte ich Dich, unsere Tochter aufzuklären. Ich habe zwar den einen oder anderen Versuch gemacht, war dann aber letztlich doch nie in der Lage dazu.

Bitte übergib die CD Klaus oder Thok oder einer unserer Töchter. Wichtig für den Gebrauch der CD ist der PIN-Code, Dein Vorname.

Ich habe ihn gewählt, weil Du für mich immer noch die wichtigste und größte Erfahrung bist, die ich in meinem Leben machen durfte. In meinen Gedanken stehst Du vor mir, als wäre es gestern. Vielleicht änderst Du Deine Meinung und stimmst doch noch einer Versöhnung mit mir zu? Weißt Du, am Ende eines so langen Weges wäre es schön, mit einem Gläschen Portwein, den Du immer so liebtest, anzustoßen, bevor wir das nur noch mit Salbeitee können. Ich würde mich sehr, sehr darüber freuen.

Wie ich von Deinem Apotheker hörte, musstest Du Deine Spaziergänge einschränken. Bitte lass ihn wissen, ob es sich lediglich um eine vorübergehende Beeinträchtigung handelte und es Dir inzwischen wieder bessergeht. Es würde meine Sorge um Dich ein klein wenig mindern. Was mich betrifft, so möchte ich die Last, die auf meinen Schultern ruht, Thok und Klaus übergeben, es ist an der Zeit, glaube ich. Ich bin müde.

Bitte lass mich wissen, wann immer Du meine Hilfe oder Nähe brauchst und sie endlich gestattest. Andreas.

Auch wenn sich Andrea nicht an ihre Mutter erinnern konnte, fühlte sie eine beklemmende Traurigkeit und kam sich sehr einsam vor. Sie nahm sich vor, Onkel Klaus ausfindig zu machen und auch Caroline und beide über den Tod der Mutter zu informieren. Andrea dachte lange darüber nach, wann und warum die Verbindung zu Onkel Klaus und zu Caroline abgebrochen war, aber – sie konnte sich nicht daran erinnern. Irgendwann war es, wie es war und anscheinend hatten beide Seiten bisher kein Interesse daran gehabt, die alten Bande wieder neu zu flechten. Der Name Thok sagte ihr nichts. Was mochte ihr Vater mit der Bitte gemeint haben, die Tochter aufzuklären?

Zürich

Mit Johannes hatte Walcher an derselben Uni Germanistik studiert und gleichzeitig, nach dem fünften Semester, das Studium abgebrochen. Anschließend waren sie auf die Journalistenschule in Hamburg gegangen und verdienten sich danach mit allen möglichen Schreibaufträgen ihren Lebensunterhalt. Johannes hatte sich in der Schweiz niedergelassen, weil, wie er sagte, die Schweizer Verlage nicht nur besser zahlten, sondern auch fairer mit Journalisten umgingen, als es in Deutschland der Fall war. Zeitungsverlage hierzulande, das wusste Walcher aus eigener, leidvoller Erfahrung, sprangen mit freien Journalisten um, als wären es Leibeigene, die man nach Lust und Laune schikanieren konnte. Es gab sie ja en masse und deshalb schienen sie beliebig auswechselbar.

Walcher und Johannes hatten all die Jahre niemals den Kontakt abbrechen lassen und sogar einige Recherchen gemeinsam durchgeführt oder sich gegenseitig Aufträge vermittelt. Nach dem Grad ihrer Freundschaft befragt, hätten sie sich gegenseitig vermutlich als die besten Freunde bezeichnet.

Die Idee, einfach auf gut Glück nach Zürich zu fahren, war Walcher doch zu unsicher. Weil er sein Handy in der morgendlichen Aufbruchshektik vergessen hatte, ging er noch einmal zur Telefonzelle zurück, ließ sich von der Auskunft Johannes' Nummer geben und rief ihn an. Der ging auch sofort ans Telefon. Johannes hatte keine Termine und auch sonst nichts vor, er freute sich über den Anruf und noch mehr auf Walchers Besuch. Sie vereinbarten, sich in dem kleinen Café an der Limmat zu treffen, in dem sie schon einige Stunden gemeinsam verbracht hatten.

Eine Stunde später fielen sich die beiden in die Arme und

bekräftigten sich gegenseitig, dass sie sich doch sehr verändert hätten, weiser und reifer seien sie geworden und um ein paar Falten, einen Bauchansatz und einige graue Haare reicher.

Walcher hatte sich vorgenommen, Johannes von dem Auto zu erzählen, neben dem er im Parkhaus einen Platz gefunden hatte. Wenn er in Zürich war, steuerte er aus Gewohnheit das Stahlträger-Parkhaus am Sihlquai an. Es erinnerte ihn jedes Mal an das Blechspielzeug aus Kindertagen. Riesenspielzeug nannte er es in Gedanken und wartete jedes Mal förmlich darauf, dass eine riesige Hand in die Etagen hineingriff, um Autos geradezurücken, neue hineinzustellen und woanders welche herauszunehmen. Heute hatte er nach langer Suche einen freien Platz ausgerechnet neben einem Auto gefunden, das aus seinem Landkreis stammte, mit fast identischem Kennzeichen. Das Kennzeichen seines Leihwagens lautete LI-CB 100, das des roten Ladas LI-BC 10. Erstaunlich, wie er fand, dass am selben Tag, zur selben Zeit diese Wagen mit einem derart ähnlichen Kennzeichen nebeneinander im selben Parkhaus parkten. Spontan kritzelte er ein *Hallo! Nachbar?* auf eine Visitenkarte und steckte sie hinter den Scheibenwischer des Ladas.

Walcher vergaß dann doch, Johannes davon zu erzählen, weil sie voll anderer Themen steckten. Über Politik, Kriege und Fukushima sprachen sie und über die Situation der Zeitungsverlage im Allgemeinen und über deren Konzentration im Besonderen. Nachdem dieser offizielle Teil abgehakt war, sie Gefahr liefen, in gemeinsamen Erinnerungen abzudriften und sich außerdem der Hunger meldete, lud Johannes ihn zu einem kleinen Imbiss in Form einer Portion Kartoffelsalat ein. Johannes wusste um die Leidenschaft, die Walcher für Bodabira-Salate entwickelte, vor allem, wenn sie nach Art der Schweizer Seeländer Küche zubereitet waren. Da verzichtete er liebend gern auf raffinierte Restaurantküche und freute sich, ein kleines heimeliges Lokal entdecken zu können, deren resolute Köchin sich ausschließlich der traditionellen Schweizer Küche verschrieben hatte. Walcher durfte nicht nur seiner Lust am Härdöpfelsalat und Suuri Schibli frönen, sondern seiner Rezeptsammlung zwei besondere, von der Großmutter der Wirtin überlieferte Varianten eines Poulets und einer Kümmelsauce für Navets, für weiße Rüben, hinzufügen.

Erfreut über dessen Interesse, erhielt Walcher von Frau Stöckli, so der Name der Wirtin, auch noch das Rezept einer Eigenkreation. Der Gedanke an das mit Enzian flambierte Steinpilz-Kartoffelrösti erinnerte ihn eher an Bärendreck. Trotzdem schrieb er auch dieses Rezept auf und nahm sich vor, es mit einem anderen Schnaps nachzukochen. Johannes verriet ihm, dass er die Wirtin des Restaurants, die Frau Stöckli …

Hier musste er unterbrechen, weil ihn Walcher entsetzt ansah. Immerhin war Frau Stöckli einen Kopf größer als Johannes und sicher doppelt so gewichtig. Außerdem schien sie um einiges älter zu sein. Johannes zerstreute Walchers Befürchtungen, er hätte es nicht auf die Wirtin, auch nicht auf deren Tochter, sondern auf die Cousine der Frau Stöckli abgesehen. Diese habe er zufällig hier im Lokal kennengelernt. Sie sei Redakteurin beim *Schweizer Katholikenbund*, einer Monatszeitschrift. Und wenn er noch zehn Minuten warten würde, könne er sie ebenfalls kennenlernen. Walcher tat's und war überrascht und sofort von dieser Frau eingenommen, die sich zehn Minuten später zu ihnen an den Tisch setzte. Ein Bild von einer Frau, der man eher eine Karriere im Schönheitsbereich zusprechen würde als die Arbeit in einer Zeitungsredaktion. Dass bei solch faszinierendem Aussehen sein Freund Johannes wie ein Täuberich gurrte, sich plusterte und tänzelte, konnte Walcher gut verstehen. Er hatte ihn bisher immer als hochgeistiges, geschlechtliches Neutrum eingestuft, das vermutlich so lange nach der Frau seines Lebens suchen würde, bis er endlich dem Ebenbild seiner treusorgenden Mutter begegnete. Walcher erlebte nun seinen Freund auf der Balz, und die Dame seines Verlangens verhielt sich ihm gegenüber ebenfalls eindeutig lockend und werbend.

Diesem Treiben wollte sich Walcher nicht weiter aussetzen. Vielleicht war es ansteckend und er verguckte sich in diesem aufgeheizten Klima in die Frau Stöckli, all ihrer herrlichen Rezepte wegen, und ließe sich von ihr bis an das Ende seiner Tage eine Stopfleber anfüttern. Daher kam ihm die fortgeschrittene Uhrzeit als Ausrede sehr gelegen. 20.40 Uhr war es, als sich Walcher von Johannes, Marianne und Frau Stöckli in aller Herzlichkeit verabschiedete. Ihre Versuche, ihn zum Bleiben zu überreden, waren matt, aber Walcher nahm es ihnen nicht übel, sondern war froh, dass sie es dabei bewenden ließen.

Am Abendhimmel ballten sich dunkle Gewitterwolken zusammen, die von den meisten Zürichern am Ende dieses heißen Tages erfreut und hoffnungsvoll beobachtet wurden, versprachen sie doch Abkühlung und den Austausch des staubigen Stadt-Smogs. Walcher schlenderte zum Parkhaus und erinnerte sich erst jetzt wieder an die Sache mit dem Auto, die er Johannes eigentlich hatte erzählen wollen. Seine Neugierde, ob der rote Lada noch neben seinem Wagen parkte, ließ sich erst einmal nicht befriedigen: Ihm fehlten zwei Franken zu den angezeigten sechzehn Franken Parkgebühr. Walcher fluchte über die hohe Gebühr für gerade mal vier Stunden Aufenthalt und sah sich zu einem Spaziergang zur nächsten Kneipe gezwungen. Der ältere Herr hinter dem Tresen, offensichtlich ein aufrechter Nationalist, betrachtete sichtlich angewidert den Fünfzig-Euro-Schein, den Walcher ihm hinhielt, während er gleichzeitig auf den Verkaufspräsenter mit Stimorol-Kaugummis deutete und um zwei Päckchen bat. Unglaublich, der Wirt, Kellner, Barkeeper oder was auch immer er sein mochte, blickte erst auffordernd in die Runde an der Theke, fixierte dann Walcher und sagte schließlich sehr laut, so dass es jeder seiner Gäste hören konnte, »Nei, söttigs Drackzüags nahmat mir nühht.«

Walcher war sauer. Bedankte sich trotzdem höflich und ging ins Café nebenan, wo ihm eine freundliche Bedienung ohne zu zögern seinen Schein wechselte.

Der Lada stand nicht mehr neben seinem Wagen, dafür steckte seine eigene Visitenkarte nun hinter seinem Scheibenwischer. Er schob sie in seine Hemdentasche, auch wenn keine Antwort darauf stand.

Am Himmel über Zürich ballte sich eine bedrohlich aussehende dunkle Wolkenmasse zusammen, Blitze leuchteten auf, aber Walcher fuhr dem Gewitter davon. Er musste sich jedoch immer wieder zügeln, nicht gerade auf einer Schweizer Autobahn die Leistung des Leihwagens zu testen – er hatte bisher schon einiges an Lehrgeld an die uniformierten Wegelagerer zahlen müssen. Einschließlich eines halbstündigen Staus auf den Züricher Stadtautobahnen war es schließlich doch kurz vor 23.00 Uhr, als er in Friedrichshafen den Leihwagen gegen seinen Espace tauschte. Für einen Besuch bei Mayers beziehungsweise Münzers Tochter war es zu spät geworden. Walcher nahm sich deshalb vor, morgen sehr früh diese wichtige Fahrt nach Wasserburg zu unternehmen. Vielleicht musste er sie ebenso wie Caroline in Sicherheit bringen. Dass Caroline in Sicherheit war, hatte er bei einem Anruf vom Flughafen aus in Erfahrung gebracht. Jürgen hatte

Walcher am Telefon gebeten, die Werbetrommel für ihn zu schlagen, da er für einige seiner italienischen Freunde die Wohnungsvermietung übernommen habe und nun händeringend auf der Suche nach Mietern sei. Bisher sei erst eine Wohnung vermietet und der Gast auch bereits eingetroffen, aber das genüge natürlich noch nicht, um den Erwartungen seiner Freunde gerecht zu werden. »Ständig fragen sie nach …«, hatte Jürgen als raffiniert verschlüsselte Botschaft ins Telefon gejammert, »wann Gäste aus Deutschland kommen? Am Ende jagen die mich noch aus der Stadt …, also tu was, mein Freund.«

Walcher versprach es. Er fand, dass Jürgen sich eine kluge Geschichte ausgedacht hatte und brachte es deshalb nicht übers Herz, ihm zu gestehen, dass er von einem Münztelefon anrief und nicht aus dem wanzenüberwachten Zuhause.

In Sicherheit

Als Walchers Freund Jürgen in der Pose eines Suchenden, den Kopf leicht schräg haltend und nach vorne gereckt, auf die einzige noch auf dem Bahnsteig von La Spezia verbliebene Reisende zuging, war er tief beeindruckt. Alles hatte er sich ausgemalt, aber dass ihm Walcher eine derart bezaubernde Frau schickte, überstieg bei weitem seine Vorstellung. Mit leicht erhöhtem Pulsschlag fragte er sie auf Deutsch, ob sie die Dame aus Deutschland sei, die er erwartete. Caroline nickte, umarmte ihn und fing an zu weinen, was zusätzlich noch seinen Beschützerinstinkt aufwühlte. Sanft erwiderte er ihre Umarmung, etwas hilflos diesem geballten Beschuss an Gefühlen ausgeliefert. So standen sie einige Sekunden lang da, bis Jürgen klarwurde, dass er eine wildfremde Frau umarmte und leicht verwirrt vorschlug, erst einmal etwas essen zu gehen.

Seine Verwirrung schwand rasch dahin, als sie in einem winzigen Restaurant am Hafen saßen. Und als sie anschließend die kurvige Fahrt nach Riomaggiore hinter sich hatten und er sie herzlich willkommen hieß mit den Worten, sie solle sein Haus als das ihre betrachten, war davon nichts mehr zu spüren.

Caroline fühlte sich vom ersten Augenblick an bei ihm geborgen. Ja, sie hatte sogar das vage Gefühl, dass sie sich in diesen Mann, der mit seiner klassischen Hakennase für einen italienischen Aristokraten gehalten werden konnte, verliebt hatte. Sie war sich darüber noch nicht ganz im Klaren, da sie dieses Gefühl der Schwerelosigkeit noch nicht häufig erlebt hatte. Außerdem geschah alles so schnell und auch der Zeitpunkt schien ihr gewissermaßen unpassend.

Für Jürgen bestand kein Zweifel und das gab er auch später bei jeder Erzählung zum Besten: Noch auf dem Bahnsteig habe er sich unsterblich in diese Frau verliebt, bereit, alles aufzugeben – seine Freiheit, sein Erspartes, seine Etagenwohnung in Riomaggiore, ja, selbst die starke Verbindung zu seiner Mutter hätte er Caroline zuliebe, wenn nicht gerade gekappt, so doch etwas gelockert.

Die beiden saßen bis in die Morgenstunden auf der Terrasse, blickten auf das Dorf und auf das Meer und hinauf zu den Sternen, erzählten einander aus ihrem Leben und erlebten das wundervoll zarte Gefühl von Zuneigung und Erregung und spürten das Verlangen nach Nähe und Zärtlichkeit.

Dazwischen hatte Caroline eine gute Stunde von Jürgens Handy aus mit Thok gesprochen und ihn über alles informiert, was er noch nicht wusste. Als dann Walcher anrief und Jürgen die Geschichte erzählte, die sie sich zusammen ausgedacht hatten, kicherten sie herzhaft und fühlten sich wie Geheimagenten, auf deren Botschaft die halbe Welt lauerte.

Dabei bewegten sie sich näher an der Realität, als sie das für möglich gehalten hätten. Es hörten zwar keine Geheimdienste ihr Telefon ab, aber Delucca hatte seinen Helfershelfern den Auftrag gegeben, alle Anrufe, die Thok aus Deutschland erhielt, aufzuzeichnen und die Anrufer zu identifizieren. Delucca ahnte nicht, dass Thoks Team die Abhörversuche längst entdeckt hatte und deswegen die entsprechenden Programme verändert hatte, ohne dass die Urheber dies bemerken konnten.

Jonny

Nach den heftigen Regengüssen, begleitet von grellen Blitzen und grollendem Donner, hatte sich der Himmel wieder beruhigt. Auf den Straßen und Plätzen waren Vertiefungen zu kleinen Seen angefüllt, die sich im Scheinwerferlicht der Autos in spiegelnde Flächen verwandelten. Die heiße Luft hatte sich abgekühlt und war durch den Regen vom Staub gereinigt. Sie duftete nach frischen Kräutern und nach Almwiesen, nach einem sauberen Zürich.

Jonny hatte die beiden vorderen Seitenfenster seines Ladas heruntergekurbelt und atmete die frische Luft in tiefen Zügen ein. Das verstellbare Leselicht beleuchtete die Landkarte auf dem Lenkrad vor ihm. Vor einer Minute, kurz vor 22.00 Uhr, hatte er übers Handy den Eilauftrag erhalten, einen Problemfall zu lösen und suchte jetzt nach der schnellsten Route zum Zielort. Eigentlich hatte sich Jonny diesen Tag freigenommen – nicht offiziell, denn in seinem Metier gab es keine Tarifverträge mit festgelegten Arbeits- und Urlaubszeiten – und war nach Zürich gefahren.

Nicht nur aus privaten Gründen – um sein Depot im Bankhaus Zürich mit weiteren 750 000 Euro zu bestücken, die unter anderem einmal Tobias Weidel gehört hatten –, sondern auch, um sich den Sitz der *Haus-und-Boden-Swiss* im Seilergraben, nahe dem Hauptbahnhof, anzusehen. Es entsprach Jonnys Vorstellung von perfekter Arbeit, bereits im Vorfeld Informationen zu sammeln. Wenn er die Bemerkungen seines Chefs richtig deutete, würden die Schweizer in absehbarer Zeit von der Münchner Zentrale übernommen werden. Da war es nützlich, wenn er sich in Zürich auskannte. Deshalb war Jonny kreuz und quer durch Zürich gefahren und gelaufen. Er hatte die Stadt in Segmente aufgeteilt und sich die markantesten Punkte gemerkt.

Jetzt stand Jonny auf dem Parkplatz des großen Supermarktes in Oerikon, einem ehemals kleinen Ort, der längst von Zürich aufgesogen worden war und prägte sich die Route zur Autobahn und zurück nach Deutschland ein. Er war gerade dabei, die Straßenkarte zusammenzufalten, die sich widerspenstig in alle Richtungen bog, als direkt neben ihm am offenen Seitenfenster ein dunkler Schatten auftauchte sowie ein zweiter am heruntergekurbelten Fenster der Beifahrertür. Jonny hörte gleichzeitig, dass die Tür hinter ihm geöffnet wurde und jemand einstieg.

»Ruhig, ganz ruhig bleiben, Alter, dann geschieht dir nichts, klar?«, forderte ihn eine junge, männliche Stimme auf.

Jonny blickte nach links, dann in den Rückspiegel und schließlich nach rechts, wo gerade ein etwa Achtzehnjähriger die Tür öffnete und sich auf den Beifahrersitz fallen ließ. Der hielt sein Messer auf Jonny gerichtet, das so groß war, dass man es fast als Schwert hätte bezeichnen können. Er trug Jeans, Jeansjacke, war durchschnittlich groß, schlank und hatte ein blasses Allerweltsgesicht mit ölig gestylten Haaren und einen Backenbart, bei dem die

Koteletten spitz zuliefen und bis zu den Mundwinkeln reichten. Auffallend war sein cooles Lächeln, das sich durch die Kaubewegung des Kiefers ständig veränderte. Er schien der Boss der Gang zu sein und deutete mit der rechten Hand auf das Schwert. »Das jag ich dir in den Ranzen, wenn du nicht artig bist.«

Während der Backenbart das sagte, spürte Jonny links am Hals einen Stich. Der hinter ihm Sitzende hatte ihm vermutlich ein Messer an die Kehle gesetzt. Der Blick in den Spiegel bestätigte Jonnys Vermutung. Auch der Dritte der Gang, der neben dem Auto stand, fuchtelte durch das Fenster mit einem Messer vor seinem Gesicht herum.

Jonny spielte nicht den Ruhigen, er war es und betrachtete die drei bestenfalls als Störenfriede, nicht als Gefahr. Diese Jungs waren nicht seine Kragenweite, das Schlimmste, was geschehen könnte, war, dass sie ihn daran hinderten, seinen Auftrag noch in dieser Nacht zu erledigen.

»Ich will 'ne kleine Spazierfahrt machen und du wirst uns fahren, ist das klar, Alter?«, forderte ihn der Backenbart auf.

»Klar!« Jonnys Antwort kam laut und deutlich. Er wollte ein Kopfnicken vermeiden, um sich nicht die Haut am Hals aufzuritzen.

»Nach Winterthur. Weißt du deutsches Arschloch überhaupt, wo das ist? Egal, fahr zu, ich sag's dir.«

Der Dritte stieg ein, und Jonny startete den Lada.

»Wir fahren hintenrum, mit dieser lahmen Kiste brauchen wir nicht auf die Autobahn, ist das klar, Scheißer«, brüllte der Backenbart, und die beiden auf dem Rücksitz stießen ein nervöses Gelächter aus.

»Wollt ihr vielleicht lieber ein Taxi nehmen? Da im Handschuhfach liegt meine Geldbörse, da ist genügend Geld drin, das könnt ihr haben und euch ein Taxi nehmen«, schlug Jonny vor. Jonny legte immer ein Portemonnaie mit etwas Geld ins Handschuhfach des Wagens, mit dem er gerade unterwegs war, etwa zweihundert Euro, einen gefälschten Ausweis mit einem verschwommenen Foto drauf, auf dem er nicht zu identifizieren war, ein Foto von einer Frau und einem Kind, eine Bibliothekskarte, einige Fahrscheine und sonstige Belege einer normalen Identität.

Das hatte er in seiner Ausbildung gelernt und er hielt sich immer noch daran, obwohl die Geldbörse noch nie zum Einsatz gekommen war. Aber es gab immer ein erstes Mal, nur nützte ihm der Trick in diesem Fall nichts.

Der Backenbart nahm die Geldbörse, öffnete sie kurz, zählte die Geldscheine, steckte sie in die Brusttasche seiner Jeansjacke und warf den Geldbeutel aus dem Fenster. Dazu meinte er: »Sehr schön, aber du bist doch unser Taxi, ein lahmes zwar, aber immerhin rollt's«, und er deutete mit seinem Schwert auf die Straße vor ihnen, »auf geht's und keine Selbstmordversuche, klar! Geradeaus und vorn an der Kreuzung links, du Nazi.«

Seine beiden Begleiter grölten. Jonny fuhr los, immerhin, einen Versuch war es wert gewesen, dachte er, einen weiteren konnte er sich sparen. Diese Typen waren unverbesserliche, selbstverliebte Schwachköpfe, die sicher nicht an Altersschwäche sterben würden. Schicksal, dass sie sich ausgerechnet ihn ausgesucht hatten, um ihr Ende erheblich zu beschleunigen.

»Links und da vorne geradeaus, du Arsch, nicht so lahm, du Blödmann, wieder links, du Penner«, dirigierte der Backenbart den vermeintlich deutschen Touristen durch die Nacht. Wallisellen, Dietlikon, Bassersdorf, Nürensdorf, die Schweiz ist verdammt dicht besiedelt, dachte Jonny, in dem sich innerlich ein immer größerer Druck aufbaute.

Kurz vor Brütten – der Backenbart schien sich nicht sonderlich gut auszukennen, verfluchte den Blödmanndeutschen, der zu dämlich wäre, richtig zu fahren – sah Jonny kurz auf die Digitaluhr im Armaturenbrett: 23.17 Uhr. Er beschleunigte, bremste dann heftig, kam ins Schleudern und raste von der kleinen Landstraße, die hier durch ein Wäldchen führte, auf einen abzweigenden Waldweg. Der Wagen rutschte bei angezogener Handbremse ein paar Meter über den Schotterweg. Keiner der drei Jungs würde später nachwachsende Kleinganoven vor einem wütenden Profikiller warnen können. Als der Wagen zu stehen kam, hörte bereits das durchstochene Herz des Anführers zu schlagen auf. Sein großes Messer, mit dem er so furchteinflößend dem Deutschen vor der Nase herumgefuchtelt hatte, steckte nicht mehr zwischen seinen Rippen, sondern ragte inzwischen aus dem Hals seines Kumpels, der hinter Jonny saß. Wie ein Rachemonster war Jonny über sie hergefallen, mit einer unglaublichen Energie, Schnelligkeit und Präzision.

Der Dritte im Bunde, der am weitesten von Jonny entfernt auf der Rückbank hinter dem Anführer saß, erwachte zu spät aus seiner Panikstarre und verpasste damit die Chance, vielleicht noch in den Wald zu entkommen. Als er seine Lage erfasste und aus dem Auto fliehen wollte, wurde er bereits von Jonny in Empfang genommen. So, als wolle er ihm helfen, umschlang er mit beiden Armen den Kopf des Jungen und drehte ihn mit einem brutalen Ruck von den Halswirbeln ab, zog ihn aus dem Wagen und ließ ihn einfach zu Boden fallen.

Jeden Griff, jede Bewegung hatte er, seit sie losgefahren waren, in Gedanken wieder und wieder durchgespielt. Die Szene auf dem Waldweg glich einem Schlachtfeld. Jonny zerrte auch die beiden anderen aus dem Wagen. Das Geld ließ Jonny in der Jacke des

Anführers stecken, er hatte keine Zeit dafür, nicht einmal das große Messer zog er aus dem Hals des Jungen. Wieselflink umrundete Jonny das Auto, schlug die Türen zu, sprang auf den Fahrersitz, startete den Motor, setzte ein Stück zurück, hielt und sprang noch einmal aus dem Wagen. Eine unbedachte Bewegung des Jungen mit dem Messer im Hals führte dazu, dass der Pathologe später in die Spalte zur Todesursache schreiben würde: Bruch der Halswirbel.

Inzwischen war es kurz vor 24.00 Uhr, er würde nun doch noch seinen Auftrag erledigen können. Die Welt hatte viel zu bieten für einen wie ihn und er hielt sich für einen der Besten, wenn es darum ging, ein Problem zu lösen.

Lockstoffe

Walcher kam sich vor wie eine Ameise vor einem Haufen Backpulver. Würde sie dem verlockenden Duft widerstehen können? Wusste sie, dass Backpulver zwar süß schmeckte, aber den Leib auftrieb, bis der Chitinpanzer platzte?

Wer wollte ihm mit welchem Gift den Garaus machen? Oder sah er schon Gespenster? Walcher musste grinsen, weil ihm das Bild mit der Ameise gefiel. Vor ihm, auf dem Küchentisch, stand ein geöffnetes Geschenkpaket mit Pralinen darin und zwei Flaschen Wein, immerhin ein Chianti Classico aus dem Hause Castello di Ama. Mit einem Seufzer klappte er den Deckel wieder zu und tappte aus dem hellen Licht der Küche heraus in den dunklen Hausflur, öffnete die Tür und trug das Paket quer über den Hof in Richtung Mülltonne im Hühnerstall. Kurz davor blieb er stehen, machte kehrt, setzte sich in der Küche wieder an den Tisch, vor sich das Paket. Nein, er würde die Weinflaschen und die aufwendig verpackten Pralinen nicht wegwerfen, sondern untersuchen lassen. Wer Wasserproben analysieren konnte, der müsste auch Giftstoffe in Wein und Pralinen finden. Walcher ließ jedes Jahr das Wasser aus seinem Brunnen untersuchen, obwohl man den Hof, wie die meisten Allgäuer Höfe, zwangsweise schon vor Jahrzehnten an die Wasserversorgung der Gemeinde angeschlossen hatte. Wie die Bewohner der meisten Höfe, nutzte auch er nach wie vor das hervorragende eigene Brunnenwasser.

Müde nach dem langen Tag, hatte er das Paket auf der Türschwelle gefunden und es gleich geöffnet. Von wem es stammte, war nicht zu erkennen, es war jedenfalls nicht mit der Post geliefert worden. Nur sein Name, mit Filzstift in Großbuchstaben geschrieben, stand auf der Verpackung, sonst nichts. Walcher dachte noch eine Weile darüber nach, ob er richtiglag mit der Vermutung, dass das Paket eine tödlich giftige Lieferung enthielt. Der Gegner hatte sich bisher als wenig zimperlich in der Wahl der Mittel erwiesen. Aber vermutlich würden sie ihn eher in die Luft jagen, das war allemal sicherer, anstatt ihn mit Wein und Pralinen zu vergiften.

Wenn dem nicht so war – wer wollte ihn mit diesem Geschenk verwöhnen, ohne sich als Spender zu erkennen zu geben, Lisa, die Mösslers oder vielleicht Frau Zehner?

Später Besuch

Längst war die Erfrischung des Gewitterregens über Zürich nur mehr eine Erinnerung, ebenso wie das Hochgefühl nach der Gewaltorgie, in der er wie ein apokalyptischer Fluch das Leben von drei Menschen ausgelöscht hatte.

Jonny hatte die Tötungstechnik des Genickbruchs nicht nur perfekt erlernt, sondern sie verfeinert. Nach seinen Anatomiestudien, den ungezählten Versuchen an Tieren, vorzugsweise an Affen, Hunden und Katzen und manch Probeläufen mit alkoholisierten Stadtstreichern, drehte er mittlerweile den Kopf seiner Opfer ohne großen Kraftaufwand einfach von den oberen Halswirbeln ab. Dabei wurde der Strang mit allen lebenswichtigen Versorgungs- und Kommunikationsleitungen, technisch ausgedrückt, entweder glatt gekappt oder zumindest so eingeklemmt, dass die Verbindung von Kopf und Körper unterbrochen wurde. Die Effizienz dieses Vorgehens konnte durchaus mit der zerstörerischen Wirkung einer Kugel verglichen werden, mit der Herz, Gehirn oder andere lebenswichtige Organe getroffen wurden. Muskelkraft und Technik versus Metallkugel und Schießpulver – für Jonny stellte sich diese Frage nicht, nur der sichere Exitus zählte. Würde Jonny seine Fähigkeiten demonstrieren, wäre jeder entsetzt, wie blitzartig und einfach es schien, einen Menschen zu töten; oder, aus einem anderen Blickwinkel betrachtet, wie verletzlich sich der menschliche Organismus gegen Gewaltanwendung zeigte.

Jonny beherrschte dabei einige technische Varianten, wandte aber meist die *Zange* an, wie er diese spezielle Technik nannte. Dabei wurde mit einer Hand der Hals umfasst und Mittelfinger und Daumen tief zwischen den zweiten und dritten Wirbel getrieben. Mit diesem Zangengriff erzielte er dieselbe Wirkung wie bei einem Genickbruch durch Henkersknoten in Verbindung mit einer Falltür.

Die Straßen waren frei um diese Zeit, die Uhr zeigte die erste Stunde des neuen Tages an, als Jonny an Lindau vorbei nach Wasserburg fuhr. Die schweizerisch-österreichische Grenze passierte er ohne Probleme, bei früheren Gelegenheiten hatte er schon mal besondere Bekanntschaft mit dem Zoll der Österreicher machen dürfen. An der Außengrenze der EU wurde noch wie in alten Zeiten kontrolliert. Auch wenn Jonnys Papiere in Ordnung waren – jeder Grenzübertritt stellte ein unkontrollierbares Risiko dar und sei es nur, registriert zu werden. Deshalb mied Jonny auch die Überwachungskameras im Pfändertunnel und wählte die Strecke über Bregenz und Lindau nach Wasserburg, wo er den öffentlichen Parkplatz am Seeufer nutzte. Diese Route war er in letzter Zeit einige Male gefahren. Auch den Weg zum Mayer'schen Haus kannte er mittlerweile fast so gut, als wäre er ein Anwohner und dementsprechend verhielt er sich auch.

Die Nacht war wie die meisten Nächte dieses Sommers, wolkenlos und warm und trotz der fortgeschrittenen Uhrzeit waren hinter einigen Hecken die Gesprächsfetzen ausklingender Gartenpartys zu hören. Es lag auch noch der Duft nach verbrannter Holzkohle, Fleisch und Würsten in der Luft. Jonny hatte in einer Tankstelle vor der Grenze eine Korbtasche und zwei Weinflaschen gekauft. Damit machte er sich auf den Weg, als wäre er ein Nachbar auf dem Heimweg von einem Gartenfest. Doch Jonny begegnete keiner Menschenseele und hätte sich seine Gartenfest-Nachbars-Masche sparen können.

In der Einfahrt des Mayer'schen Grundstücks blieb er einige Minuten stehen, um seine Augen an die Dunkelheit zu gewöhnen und um die Erregung zu genießen, die sich in ihm aufbaute.

Ohne ein Geräusch zu machen, das auf diesem Grundstück ohnehin niemand gehört hätte, ging Jonny weiter in den Garten.

Er sah Licht im Dienstbotenzimmer unterm Dach und das erleuchtete Gewächshaus, in dem klassische Musik gespielt wurde. Nach kurzem Zögern – Jonny blickte zwischen Wohnhaus und

Gewächshaus hin und her – entschied er sich erst einmal für das Wohnhaus.

Zu spät

Kurz nach 5.00 Uhr aufgestanden, war Walcher eine halbe Stunde durch den kühlen, morgendlichen Wald gelaufen. Eine wundervolle Zeit zum Laufen und zum Denken, wie er fand. Nicht nur die Luft verwies um diese Zeit alle Parfüms dieser Welt auf die hinteren Plätze, auch das Vogelkonzert schlug jeden konzertanten Versuch von Menschenhand um Längen.

Nach dem Duschen, einer Tasse Tee und einem Stück trockenem Brot, er hatte vergessen einzukaufen, saß er bereits gegen 8.00 Uhr im Auto und steuerte Wasserburg an.

Es war genau 9.00 Uhr, als er seinen Wagen neben der Einfahrt des Mayer'schen Anwesens parkte und zu Fuß das Grundstück betrat. Die Luft roch nach Wasser und einem Mix aus mediterranen Blüten mit Jasmin als Obernote. Abgestorbene Pflanzenwurzeln auf dem Kiesweg ließen vermuten, dass der Gärtner immer noch mit der gleichen Aufgabe beschäftigt war. Nach der letzten Hecke des Eingangslabyrinths blieb Walcher bei den Garagen stehen, vor denen ein dunkelgrüner VW Golf mit einem österreichischen Kennzeichen parkte. Obwohl heller Tag, erhöhte sich Walchers Pulsschlag und seine Nackenhaare stellten sich auf. Bei solchen Gelegenheiten kam er sich vor wie ein Mensch aus der Steinzeit, der in höchster Wachsamkeit an der Höhle des Bären vorbei schleicht, jederzeit bereit, seine Steinaxt einzusetzen oder einen Spurt hinzulegen. Zögernd näherte sich Walcher der Villa. Von irgendwoher erklang leise Musik und mischte sich harmonisch mit dem Konzert der Vögel. Vor der

Haustür, die einen Spaltbreit offen stand, nicht einladend, aber auch nicht abweisend, blieb er kurz stehen. Walcher drückte sie ganz auf, rief ein »Hallo« ins Treppenhaus und wiederholte es noch einmal mit dem sinnigen Zusatz: »Ist jemand zu Hause?«, der jedoch ebenfalls unbeantwortet blieb.

Im Treppenhaus war die Musik nicht mehr zu hören, also musste sie von woanders herkommen. Das Haus roch nach frischer Farbe. Walcher hatte Frühstücksdüfte erwartet – frisch aufgebrühten Kaffee, frische Brötchen, vielleicht sogar noch Eier und gebratenen Speck – und sich vorgenommen, eine eventuelle Einladung nicht auszuschlagen. Nichts von alldem. Er roch nur Farbe und den etwas muffigen Eigengeruch des Hauses, der wahrscheinlich noch längere Zeit von schlecht gelüfteten Räumen erzählen würde.

Das Frösteln auf seinem Rücken verstärkte sich, als er den Salon betrat, den er noch in der Mayer'schen Jugendstilausstattung, einschließlich der Leiche, vor Augen hatte. Aber der neue Salon war völlig verändert. Hell wirkte er und riesig, was an der sparsamen Möblierung lag. Von den alten Elementen hatte nur der Schreibtisch der Neuausstattung getrotzt. Ansonsten standen eine Couch, drei Sessel und ein gigantischer CD-Player mit zwei meterhohen Lautsprecherboxen in dem Raum. Eine ähnlich große Anlage hatte er bei Josef gesehen, höchste Zeit, dass er sich auch so was zulegte, war wohl ein Trend, den er verschlafen hatte, scherzte er mit sich, um seine Nerven zu beruhigen.

Zum dritten Mal rief er ein freundliches »Hallo!«, das sich aber ohne Antwort im Raum verlor. Walcher durchquerte den Salon und ging durch die offene Verandatür in den Garten. Als er sich umschaute, entdeckte er nichts, außer zwei streitende Amseln und einen Zitronenfalter, der die Blüten des Oleanders neben der Terrasse verführte. Also ging Walcher zurück ins Treppenhaus, guckte in die Küche, ins Bad, in die Toilette und in die drei restlichen Räume des Parterres, von denen einer renoviert wurde, während die anderen beiden als Abstellräume dienten und bis unter die Decke mit Kisten vollgestellt waren.

In diesem Haus hatte alles begonnen, jedenfalls für ihn, außerdem erschienen ihm neun Tote Grund genug dafür zu sein, hier herumzuschnüffeln. Walcher sagte sich das, weil er einen kurzen Moment in Frage stellte, was er hier tat. Vielleicht war es auch nur eine Scheindiskussion, die er mit sich führte, denn sein Spannungszustand hatte sich derart gesteigert, dass er niemals so einfach hätte umdrehen und heimfahren können. Mit jeder Stufe, die er nun auf dem Weg in den ersten Stock betrat, wuchs sein Unbehagen.

Die Zimmertüren in der ersten Etage gingen von einem Gang ab, der nur im Mittelteil durch ein Glasfenster im Treppenhaus Licht erhielt, die Enden links und rechts lagen im Zwielicht. Da alle fünf Türen einen Spalt weit offen standen, warf Walcher in alle Räume einen kurzen Blick. Das erste Zimmer links lag über dem Salon und stellte sich als ein abgeschlossenes Apartment, mit einem großen Wohnraum, einem Alkoven, einem großzügigen Bad und einem kleinen Abstellraum heraus. Wer hier wohnte, liebte die Ordnung. Drei Bildbände lagen exakt aufeinandergestapelt auf der Ablage neben dem Bett. Ebenso exakt waren zwei Zeitschriften, *Golfer's World* und *Brigitte*, neben der Schreibunterlage auf dem kleinen Schreibtisch ausgebreitet, der am Fenster zum Garten stand. Kein Kleidungsstück, keine Schere, kein Kugelschreiber, kein Notizzettel, kein Bonbonpapier, kein Glas oder Ähnliches lag oder stand herum. Selbst die Früchte in der Schale auf dem Tischchen vor dem Zweisitzer schienen wie dekoriert.

Natürlich hing auch keines der Bilder, vier Motive aus der Provence, gemalt im Stil der Impressionisten, schief an der Wand.

Auch das Badezimmer, luxuriös vor allem, was die Größe betraf, wirkte ordentlich wie das Musterbad eines Musterhauses. Alle Fenster des Apartments waren geschlossen, weshalb noch deutlich der fruchtige Duft eines unaufdringlichen Parfüms in der Luft lag.

Die nächsten Türen, die vom Gang abgingen, führten in zwei ebenfalls großzügig proportionierte Zimmer, die leer standen und vor kurzem renoviert worden waren. Sie wiesen kein eigenes Bad auf. Dafür gab es die vierte Tür, das Etagenbad mit separater Toilette. Mit einem Blick durch die fünfte Tür, hinter der sich ein kleiner Hauswirtschaftsraum mit einer Teeküche verbarg, beendete Walcher seinen Rundgang im ersten Stock und wandte sich der Treppe zum zweiten Stock, dem Dachgeschoss, zu. Wahrscheinlich das Geschoss fürs Dienstpersonal, denn anstelle der dekorativen Jugendstil-Kacheln, die bisher das Treppenhaus schmückten, begann ab dem nächsten Treppenabsatz einfach weiß gestrichene Wand. Die letzte Treppenstufe mündete in einem schmalen dunklen Flur, von dem sieben Türen abgingen. Im Gegensatz zu den durch Schnitzwerk opulent verzierten Türen in den unteren Stockwerken waren diese nur weiß lackiert. Eine der Türen am Ende des Flurs auf der linken Seite stand offen. In Walchers Kopf knisterte es wie bei einem Tieftauchversuch.

Das Zimmer hatte, verglichen mit denen einem Stockwerk darunter, bescheidene Ausmaße und war ebenso bescheiden möbliert, wenngleich in astreinem Jugendstil. Sonnenlicht fiel durch das Dachgaubenfenster herein und vermischte sich mit dem Lichtkegel der brennenden Stehlampe, die neben dem Bett stand und auf die Schlafende leuchtete. Das Knistern in Walchers Kopf verstärkte sich, aber sein Erschrecken hielt sich in Grenzen. Seit dem Betreten des Grundstücks, hatte er mit irgendetwas Abnormalem gerechnet.

Auf der Bettdecke, neben der Hand der Haushälterin, lag mit dem Buchrücken nach oben ein aufgeschlagenes Taschenbuch. *Vatermänner*, las Walcher, der nahe ans Bett getreten war. Dabei stieß er mit dem Knie an den Stuhl, der wohl als Ersatz für ein Nachtkästchen am Bett stand. Ein kleiner leerer Teller und ein leeres Wasserglas ließen vermuten, dass die Haushälterin einen letzten Imbiss zu sich genommen hatte. Ihr Kopf war extrem stark zur Seite und nach hinten ins Kissen gedreht, was sehr unnatürlich wirkte. Unbewusst versuchte Walcher, seinen Kopf in die gleiche seitliche Stellung zu bringen, es schmerzte schon, als er das Kinn bis zur Schulter hin drehte. Nein, so legte sich niemand schlafen. Vorsichtig drückte er mit seinen Fingerspitzen auf ihre Halsschlagader und zuckte sofort heftig zurück. Der Energiestoß, der durch seine Fingerknorpel schoss, war so heftig, als hätte er einen Weidezaun berührt, der unter Strom stand. Trotzdem legte er nochmals die Fingerspitzen auf ihren Hals – es gab keine neuerliche Entladung. Er tastete die Halsschlagader ab; es war kein Puls fühlbar und die Körpertemperatur entsprach etwa der Lufttemperatur. Diese Frau war vermutlich seit einigen Stunden tot. Walcher wandte sich ab und wollte das Zimmer verlassen, drehte sich dann, einem plötzlichen Impuls folgend, noch mal um und legte seine Hand auf die Stirn der Toten. Er schloss die Augen und wusste mit einem Mal, wo er die Frau bereits gesehen hatte – nämlich am Badestrand mit ihrem Sohn, als er mit dem Kahn im Schlepptau durchs Wasser gewatet war.

Seit seinem Besuch vor drei Tagen, zusammen mit Caroline, hatte er immer wieder darüber nachgedacht, jetzt wusste er es.

Die Stirn der Toten erschien ihm in diesem Moment glühend heiß und schlagartig überfiel ihn eine Art Vision. Er sah ein schreiendes Kindergesicht mit vor Angst und Entsetzen weit aufgerissenen Augen. Ein Gefühl, als würde seine Haut brennen, ließ Walcher die Hand zurückziehen. Zögernd berührte er noch einmal die Stirn der Toten, aber nun fühlte sie sich normal an. »Ich schwöre dir, ich werde mich um dein Kind kümmern«, flüsterte er und war sich bewusst, dass er ihr damit ein Versprechen gab.

Walcher verließ das Zimmer, ohne die Tür zu berühren und ging hinunter und aus dem Haus. Er war sich unsicher, sollte er das Grundstück verlassen wie bei seinem ersten Besuch oder die Polizei anrufen? Wieder stellte er sich die Frage, was er ihnen als Begründung für seine Anwesenheit erzählen sollte.

Während er darüber nachdachte, hatte er sich den Garagen genähert, als wieder jene Musik in sein Bewusstsein drang, die er schon beim Betreten des Grundstücks gehört hatte. Sie schien aus dem Gewächshaus zu kommen. Saß Andrea Mayer im Gewächshaus und hörte Musik, während ihre Haushälterin tot im Bett lag? Totenhaus! Wie eine Feststellung schoss Walcher dieser Begriff durch den Kopf und er dachte dabei nicht nur an den alten Mann und die Haushälterin. Mit steifen Schritten stakste Walcher die paar Meter zum Gewächshaus und zog die leicht klemmende Tür auf. In seinem Magen hatte sich ein Klumpen gebildet. Musik von Mozart, er erkannte die *Zauberflöte*, wehte ihm mit warmer Luft entgegen, die wie befreit aus dem Glashaus entwich.

Das Gewächshaus war zu einem Wohnatelier umgebaut worden mit einem Fußboden aus Holz und Vorhängen an den Sonnenseiten. Mehrere Staffeleien standen im Raum verteilt. Ferner konnte Walcher einen Arbeitstisch sehen, eine Sitzgarnitur aus Korbgeflecht und einen Wald aus unterschiedlich großen Topfpflanzen, der den Bereich unter der Kuppel des Glashauses in einem Halbrund abschirmte. Walcher ging auf die Bauminsel zu und war darauf gefasst, auf eine zweite Tote zu stoßen, die vermutlich Andrea Mayer hieß und eigentlich Münzers leibliche Tochter war.

Walcher hatte schon einige tote Körper ansehen müssen, das brachte sein Beruf mit sich, aber auf einen derart schauerlichen Horror war er nicht gefasst. Er kannte Andrea Mayer nicht, vermutete aber, dass es die nackte Frau war, die einen halben Meter über dem Fußboden hing, mit den Händen an Seilen gefesselt, an der sonst das Schaukelbrett befestigt war, das nun zu ihren Füßen neben dem Haufen Kleidungsstücke lag.

Er wusste zwar, dass es sinnlos war, tastete aber dennoch am Fuß neben der Achillessehne nach ihrem Puls. Dabei sah er hinaus in den Garten, um nicht den mit unzähligen Brandwunden, Blutergüssen und Schnittwunden übersäten Körper ansehen zu müssen. Blut, getrocknetes Blut überall. Sie war grausam gefoltert worden. Was musste diese Frau gelitten haben! Was für ein Mensch war zu einem solch unglaublichen Sadismus fähig? Allein schon das eigene Körpergewicht an gefesselten Handgelenken ertragen zu müssen bedeutete nach wenigen Minuten eine grässliche Tortour. Sollte er die Tote abhängen? Wie hängt man eine nackte tote Frau ab, ohne sie zu berühren? Nach dem Puls zu suchen hatte ihn bereits Überwindung gekostet – er war nicht die Polizei, zwang sich Walcher zu rationalen Gedanken, er würde womöglich nur Spuren vernichten. Wie in Trance verließ er das Gewächshaus, das ein Wahnsinniger in eine Folterkammer verwandelt hatte. Wollte dieses Monster die Herausgabe von Mayers CD erzwingen? Ein anderer furchtbarer Gedanke quälte Walcher. Hätte er nach dem Besuch bei Johannes am vergangenen Abend doch noch Andrea Mayer besucht und sie über die tödliche Gefahr aufgeklärt – vielleicht würden die beiden Frauen jetzt noch leben.

Es dauerte, bis Walcher die anscheinend einzige Telefonzelle Wasserburgs fand und die Polizei über die Verbrechen in der Jugendstilvilla informieren konnte, die er in Gedanken als das Totenhaus bezeichnete. Und es dauerte, bis eine Polizeistreife kam, den telefonisch und anonym durchgegebenen Hinweis prüfte und die Mordkommission Lindau alarmierte. Danach war es dann vorbei mit der Totenstille auf dem Grundstück am See.

Freie Presse

Blutbad – Bestie massakriert junge Frau – Ritualmord in Wasserburg – Folterorgie im Gewächshaus – Fememord – Hexenjäger unterwegs – Die Rache des Toten vom Golfplatz – Polizei wie immer im Nebel...

Walcher hatte derartige Schlagzeilen kommen sehen, war aber doch überrascht, als er die Titelseiten in ihrer ganzen Wucht vor Augen hatte. Vielleicht lag es an der Präsentation im Kiosk, in dem sämtliche Zeitungen der Region ausgebreitet lagen, die natürlich alle über den furchtbaren Foltermord in Wasserburg berichteten. Die Berichte der überregionalen Presse gaben, abgesehen davon, dass sie Unsicherheit, Angst und Verwirrung schürten, auch nicht viel mehr her und versuchten sich mit den üblichen Übertreibungen gegenseitig zu überbieten. Eine Spekulation jagte die nächste. »Wir berichten live aus Wasserburg«, lautete das Gebot der Stunde bei Druckmedien, Radio, TV und Internet.

Walcher war vor allem der teilweise hergestellte Zusammenhang mit dem Toten auf dem Golfplatz nicht klar und nahm sich vor, Frau Zehner zu fragen. Berichtet wurde auch von einer Sonderkommission sowie der Verstärkung der örtlichen Dienststellen und dass die fieberhafte Suche nach den Tätern begonnen habe. Doch die Kriminalpolizei tappte im Dunkeln und rief die Bevölkerung zur Mithilfe auf. Walcher überflog die Zeilen der ziemlich ähnlich lautenden Berichte. Bei allen fehlte eine Leiche. Kein Wort über die Haushälterin im Dienstbotenzimmer. Konnte die von der Polizei übersehen worden sein? Walcher traute der Polizei in Kleinstädten zwar einiges zu, aber nicht das. Vielleicht steckte dahinter ein Kalkül der Kripo? Informationssperre, Verunsicherung des Täters?

Walcher irrte. Die Kripo hatte keine zweite Leiche in dem Jugendstilhaus entdeckt. Sie war von einer Säuberungsmannschaft der Company, kurz nachdem er das Anwesen fluchtartig verlassen hatte, in einer geradezu dramatischen Blitzaktion abgeholt worden. Den Plan, auch Andreas Leiche verschwinden zu lassen, hatten sie nicht mehr in die Tat umsetzen können, obwohl die Nachhut der *Saveliving Cleaning Crew* die Polizei in Wasserburg sogar mit Straßenbausperren umgeleitet hatte.

Die Haushälterin wurde am selben Abend in der Hochstammplantage einer Obstbauernfamilie gefunden, wo sie manchmal bei der Erntearbeit half. Bedauerlich, dass sie diesmal allein ihrer Arbeit nachgegangen war, denn erst am späten Abend fand man sie unter einem Baum, so unglücklich gestürzt, dass jede Hilfe zu spät kam. Der herbeigerufene Notarzt stellte nur noch den Tod fest, der durch den Bruch des ersten und zweiten Halswirbels eingetreten war. Dieser Unfall war der Regionalpresse – im Schatten des bestialischen Mordes im Haus am See – gerade mal eine kurze Meldung wert, nicht länger, als über einen entflogenen Wellensittich berichtet würde. Walcher übersah daher diese Meldung tags darauf, zumal in keiner Zeitung etwas über eine Haushälterin geschrieben wurde.

Samstagsritual

Obwohl er sich vorgenommen hatte, seine Spende ohne Lottoschein abzuliefern, zog er doch einen Schein aus dem entsprechenden Ständer an der Wand links neben der Theke und reichte ihn zusammen mit den zehn Euro über die Ladentheke.

»Wollen'S nicht doch wieder einmal richtig, hat einen riesigen Jackpot diesmal«, lockte ihn Frau Zehner, steckte aber in einer routinierten Geschwindigkeit das Geld in ihre Spendenkiste und den Lottoschein zurück in den Verkaufsständer.

»Haben'S schon g'hört von dem Russen vom Golfplatz und der jungen Frau in Wasserburg?«

Walcher schüttelte nur den Kopf, um nicht Frau Zehners Redefluss zu unterbrechen.

»Also der Russ', der soll hier im Sporthotel g'wohnt haben, als Dauergast zum Sonderpreis. Ist morgens aus dem Haus und erst spät in der Nacht wieder zurück. Immer unterwegs. Und getrunken hat der! Die Frau Helme, die wo die Zimmer putzt, hat jeden Tag Wodkaflaschen wegräumen müssen. Und besonders sauber war der fei auch nicht. Immer im feinen Anzug, aber die Unterwäsch!« Frau Zehner drückte mit Daumen und Zeigefinger ihre Nase zu und verdrehte dabei die Augen. »Keiner weiß, was der g'macht hat. Also, dass mit dem was nicht g'stimmt hat, ist glasklar. Ham aber nix g'funden, die Kriminalen, bei der Durchsuchung von seinem Zimmer. Nur schmutzige Wäsch' und einen Haufen Geld im Koffer. Sein Ausweis wär eine Fälschung, ham's dem Dobler, dem Wirt vom Hotel, g'sagt. Macht dem aber nix aus, weil der immer eine Woche im Voraus die Miete verlangt hat. Komisch ist's schon, des Ganze. Vielleicht war er nur ein Perverser, aber dann g'schieht's ihm auch recht, des mit dem Golfschläger. Oder meinen'S nicht?«, sah Frau Zehner fragend ihren Zuhörer an, sprach aber gleich weiter, weil Walcher keine Anstalten machte zu antworten. »Dass jetzt noch so einer rumgeistert«, dabei blickte sie, Angst mimend, über die Schulter, »und die junge Frau aufg'hängt hat, des ist ja so ... des hat's ja hier noch nie gegeben, da traut man sich ja abends nicht mehr aus'm Haus. Eine Welt ist des geworden«, schüttelte sie traurig den Kopf, »ein Bomben, Morden und Stehlen, einfach furchtbar.«

Walcher nickte, mehr fiel ihm dazu auch nicht ein. Auf seine Frage nach dem Artikel über den Russen griff Frau Zehner unter die Theke, holte eine anscheinend bereitliegende Zeitung hervor und reichte sie Walcher. »Können'S mitnehmen, hab noch eine.«

Walcher dankte und verabschiedete sich von Frau Zehner, neugierig auf den Artikel, den er dann auch gleich im Auto las.

Wehrhafte Golferin. Erst seit kurzem wieder in Deutschland, musste sich eine junge Frau, wohnhaft am bayerischen Bodenseeufer, dem Überfall eines Unbekannten auf einem Golfplatz im Westallgäu erwehren. Die Golfspielerin – der Name ist der Redaktion bekannt, wird jedoch auf Wunsch der Kripo Lindau/Kempten nicht genannt – wollte die Golfanlage testen. Wie sie der Allgäuer Zeitung *in einem Interview mitteilte, hatte sie vor, als begeisterte und langjährige Spielerin eventuell in den Golfclub einzutreten. Der Fremde bedrohte sie mit einer Pistole und wollte sie zwingen, ihm zu folgen. Die junge Frau ging von einer geplanten Vergewaltigung oder Entführung aus und schlug in Todesangst mit ihrem Golfschläger zu, als der Angreifer kurz abgelenkt war. Dabei traf sie ihn mit dem Schläger tödlich an der Schläfe.*

Der Fremde war ca. 40 Jahre alt, 1,96 m groß, korpulent und trug die blonden Haare als kurzen Bürstenschnitt. Auffallend waren seine blasse Gesichtshaut und intensive, hellblaue Augen. Der Mann trug einen grauen Markenanzug. Bewaffnet war er mit einer seltenen großkalibrigen Pistole, deren Marke der Polizei bisher unbekannt ist, vermutlich ein Sondermodell. Der Mann sprach gebrochen Deutsch mit russischem Dialekt. Sachdienliche Hinweise erbittet die Kriminalpolizei an die Dienststellen Lindau oder Kempten.

Walcher konnte nicht einordnen, ob dieser Vorfall irgendetwas mit der Company zu tun hatte. Sicherlich war, wenn es sich bei der jungen Frau um Andrea Mayer handelte, der Überfall auf dem Golfplatz kein Zufall. Er beschloss, mit Hilfe der CD Kontakt zu Thok aufzunehmen, dann den jungen Münzer zu besuchen und schließlich diesen Versicherungsschnüffler anzurufen. Frau Zehner wollte er auch noch einmal anzapfen, um zu hören, ob noch andere Gerüchte in der Gemeinde im Umlauf waren. Dabei fiel ihm ein, dass er sich auch beim Fremdenverkehrsamt nach besonderen Gästen im Ort erkundigen wollte.

Seine Lage erschien ihm ungleich gefährlicher geworden zu sein. Sollten die Killer bei Andrea nicht die gewünschten Informationen erhalten haben, dann stand nun eindeutig er im Zentrum des Interesses.

Besuch in der Nachbarschaft

Walcher klingelte bei den Mösslers, die gegen ein Wohnrecht unentgeltlich für seinen Nachbarn Josef arbeiteten. Er kannte das Ehepaar seit etwa zwei Jahren. Josef hatte ihn damals den Mösslers mit dem Hinweis vorgestellt, dass er jederzeit willkommen sei und sich bei ihm wie zu Hause fühlen dürfe. Walcher hatte dieses Angebot bisher noch nie in Anspruch genommen, wozu auch.

Die Mösslers hatten das halb zerfallene Austragshaus, in das sich normalerweise die Altbauern nach der Übergabe ihres Hofes an den ältesten Sohn zurückzogen, in Eigenleistung sorgfältig renoviert und zu einem kleinen Schmuckstück gemacht. Im Garten gedieh Gemüse, es wuchsen Kräuter, Blumen und Beerensträucher, wie es früher in Bauerngärten üblich war, aus denen ein wesentlicher Teil der bäuerlichen Gartennahrung und der Gewürze stammte.

Beide Mösslers waren freundliche, hilfsbereite und ungekünstelte Menschen im Pensionsalter. Walcher beschlich bei jedem Zusammentreffen das Gefühl, dass Josef sie gnadenlos ausnutzte. Frau Mössler putzte bei ihm, wusch und bügelte seine Wäsche, außerdem hielten sie und ihr Mann Hof und Garten in Schuss. Was allein gegen freies Wohnen viel verlangt war, wie Walcher fand. Als er sie mal nach der Vereinbarung mit Josef gefragt hatte, waren sie rot geworden und meinten mit gesenktem Kopf, dass das schon so in Ordnung sei. Seitdem hatte Walcher sie hie und da um kleine Hilfsdienste gebeten und sie jedes Mal großzügig entlohnt. Sie nahmen seine Bezahlung allerdings nur auf sein Drängen hin an, Nachbarschaftshilfe bezahlte man nicht, betonten sie mehrmals. Ihr Strahlen war echt, wenn er ihm dann noch ein paar Zigarren dazulegte oder ihr noch ein Päckchen Kaffee gab. Die Mösslers, Nachkommen jener Banater Schwaben, die Maria Theresia einst nach Ungarn geholt hatte, boten einen geradezu unerschöpflichen Quell an praktischem Wissen. Ob Hautausschlag, Haarausfall, gebrannte Mehlsuppe, eingelegte Eier, Kühlerdichtungen, Überbrückung einer Stromsicherung, Wundsalbe aus Spitzwegerich, Pilzgerichte – die Mösslers kannten sich damit aus und hätten wahrscheinlich in Notzeiten problemlos überleben können.

Frau Mössler öffnete die Haustür und strahlte ihn an. Sie mochten sich, gingen aber vorsichtig miteinander um. Er sagte ihr, dass er auf Josefs Superanlage gerne zwei CDs mit anspruchsvoller Konzertmusik kopieren wolle und zeigte ihr die CD-Rohlinge, die er sich als Vorwand eingesteckt hatte. Sofort bekam er den Hausschlüssel ausgehändigt, er kenne sich ja aus. Dabei deutete sie über die Schulter in die Küche, sie würde gerade Hustensirup aus Kräutern und frischen Tannensprossen anrühren. »Aber ja nich dem Förschter verrauden«, bat sie ihn in ihrem ungardeutschen Dialekt, in den sich mit den Jahren Anklänge ans Allgäuerische eingeschlichen hatten.

Walcher nickte und versprach, nichts dem Förster zu verraten, wenn er auch ein Fläschchen davon abbekommen würde, natürlich gegen Bezahlung. Als sie vehement den Kopf schüttelte, verbesserte er sich: »Dann im Tausch gegen einen Kaffee?«

Walcher winkte ihr zu, drehte sich zum Haupthaus um und schlenderte zu Josefs Haustür. Dabei fiel ihm die auf dem Hausdach gleich neben dem Kamin montierte Antenne auf. Ein Parabolspiegel, den er bisher nicht wahrgenommen hatte. Walcher schloss die Haustür auf, die raffiniert in dem ehemaligen Tor der Tenneneinfahrt integriert war. Er stieß auf eine Kältesperre aus Glas, die den Eingangsbereich von der Tenne trennte, die Josef zu einem Kamin-Wohnzimmer im englischen Stil umgebaut hatte, vergleichbar mit einer rustikalen Ritterburg. Seitlich führte eine breite Holztreppe zur Galerie hinauf in den ersten Stock. Linker Hand befanden sich vier Türen, hinter denen jeweils ein Apartment lag. Josef hatte ihm mal sein Apartment gezeigt, das erste auf der linken Galerieseite, mit einem wundervollen Blick auf die Allgäuer Alpen. Schlafzimmer, Arbeitszimmer, begehbarer Kleiderschrank, Bad, separate Toilette und eine kleine Küchenzeile, alles aus edlen Materialien und wahrscheinlich unverschämt teuer. Auf der rechten Galerieseite befand sich zwischen den Bücherregalen nur eine Tür und die führte in Josefs sogenannten Hörsaal. Die breite Galerie, auf der man um die offene Tenne spazieren konnte, war mit mehreren Sitzgelegenheiten vollgestellt, als hätte sein Nachbar ständig ein gutbesuchtes Haus.

Walcher ging an einer Sitzgruppe vorbei zum Hörsaal – und betrat eine riesige Halle, die die gesamte Breite und Länge des ehemaligen Heubodens einnahm und sicher zwanzig mal dreißig Meter groß war. Anstelle des früheren Dachstuhls hatte Josef eine Stahlkonstruktion einbauen lassen, die dem Raum eine Wirkung verlieh, als befände man sich im kieloben liegendem Inneren eines Schiffsrumpfes. Boden und Deckenkonstruktion waren dunkelgrau gestrichen, was diesen Eindruck noch verstärkte. Beleuchtet wurde der Saal von zwei indirekten Lichtbändern, die an den Längsseiten knapp einen halben Meter über dem Fußboden verliefen.

Nahe der Tür, exakt ausgemittelt stand das einzige Möbelstück, eine Couch aus schwarzem Leder, auf der selbst zehn Menschen noch verloren gewirkt hätten. Ihr gegenüber, am anderen Ende des Saals, ebenfalls exakt ausgemittelt, standen drei mannshohe schwarze Säulen, die Lautsprecherboxen. Nur bei zweien dieser Kolosse handelte es sich tatsächlich um Lautsprecher. Die mittlere Box war nur der Optik wegen mit einer gleichen Blende ausgestattet, in ihr verbarg sich ausgefeilte Technik vom Feinsten.

Walcher ging zum mittleren Turm und öffnete zum ersten Mal eigenhändig die Blende. Zweimal hatte ihn Josef zu einem Musikgenuss eingeladen, dabei hatte er jedoch nur auf der riesigen Couch sitzend zugesehen und sich beschallen lassen. Die Bach'sche *Toccata und Fuge* hatte er hier gehört und sich versetzt gefühlt in ein großes Kirchenschiff. Aber da hatte Josef die Anlage bedient. Jetzt stand Walcher vor einer Apparatur, die ihn überforderte. Mit Monitor, Computer, zwei, nein, drei CD-Playern, Video- und Audio-Player, diversen Bandgeräten und dem Equalizer konnte er ja noch etwas anfangen, über alles Übrige konnte er nur mutmaßen. Irgendwie sah das nach mehr aus, als man für ein Tonstudio benötigte. Viele Kontrolllämpchen, Dioden und Fieberskalen blinkten, flackerten und pulsierten. Die meisten Geräte schienen betriebsbereit, auch der Computer und der Monitor. Walcher drückte auf eine Tastatur, die der seines Computers ähnelte. Irgendein Leuchtstreifen pulsierte schneller und mit einem Geräusch, wie er es von seinem CD-Player kannte, fuhr aus einem Schlitz eine zweite Arbeitsplatte mit integriertem Touch-Trackpad heraus. Mutig drückte Walcher auf das Trackpad, mit dem Ergebnis, dass auf dem Desktop ein ganzer Reigen voller Programmoptionen erschien.

Die Piktogramme von Outlook, Internet, Word, Works, Norton AntiVirus, Windows kannte Walcher, die andere Hälfte all dieser Zips und Zaps sagte ihm überhaupt nichts. Irgendwo dazwischen stand in schnörkeliger Schrift: *Josef privat*. Walcher klickte das Icon an. Sofort öffnete sich auf dem Monitor ein großes Feld mit der Aufforderung, das Passwort einzugeben. Okay, dachte Walcher, das war's dann. Er stieß die Arbeitsplatte leicht an, damit sie wieder zurück in die Vertiefung fuhr, aber das tat sie nicht.

Unschlüssig schlenderte Walcher zur Couch und setzte sich. Was hatte er bei Josef zu entdecken gehofft? Wer er wirklich war, was er machte und ob er irgendetwas mit der Company zu tun haben könnte, brachte Walcher die Fragen für sich auf den Punkt. Seit Josef ihm so bereitwillig bei dieser Schweine-Sache geholfen hatte, beschäftigten ihn diese Fragen, beziehungsweise war ein dumpfes Gefühl der Unsicherheit aufgekommen, was die Identität von Josef betraf. Ich werde ihn einfach fragen, nahm er sich vor und griff nach der Fernbedienung, die auf der Couch lag. Er drückte auf ON, und der Raum füllte sich orkanartig mit Smetanas *Moldau*.

Einige Sekunden lang ließ sich Walcher davon in Bann ziehen, dann sorgte er wieder für Stille und warf die Fernbedienung schwungvoll auf ihren Platz zurück, wo sie gegen etwas Hartes stieß. Ein Stück schwarze Pappe lag dort, die sich vom schwarzen Leder des Polsters nur leicht durch ihre matte Oberfläche abhob. Beiläufig nahm er die postkartengroße Pappe in die Hand und stellte fest, dass es sich dabei um mehrere handelte. Er drehte sie um. Lisa.

Ein Adrenalinstoß jagte das Blut durch seine Adern. Was hatte diese vergrößerte Aufnahme von Lisas Gesicht hier verloren, auf dem Sofa in Josefs Hörsaal? Eifersucht stieg in Walcher auf und blockierte jeden rationalen Gedanken. Erst, als er auch Caroline, Professor Münzer und dann das vierte und fünfte Bild der Fotosammlung angesehen hatte, ging sein Denken in eine andere Richtung. Es waren keine besonders guten Fotos, sehr grobkörnig, so als wären sie aus großer Distanz aufgenommen und dann vergrößert worden. Auf dem vierten Bild war dennoch eindeutig er selbst abgebildet. Das fünfte Foto zeigte eine Frau um die dreißig, schmales, hübsches Gesicht, dunkle Haare, aber Walcher war sie unbekannt. Vielleicht die Tote im Gewächshaus, die hatte brünettes Haar, das auf einem Schwarzweißfoto dunkel wirken würde, aber er hatte sich das Gesicht nicht eingeprägt.

Hilflos in einer Denkblockade hängend, mischte er die fünf Fotos wie ein Kartenspiel mehrmals hintereinander durch, bis ihm das sinnlose Spiel auffiel. Im Haus seines Nachbarn lagen Fotos von ihm und seiner Freundin sowie von einigen Mitgliedern der Familien der beiden Company-Gründer. Nein, das war sicher nicht eine Sammlung von Erinnerungsfotos oder dergleichen, das waren Fotos, wie sie Auftragskiller bekamen. Josef war in Wahrheit ein Killer und hatte den Job, ihn und Lisa und die anderen ins Jenseits zu befördern. Deshalb war ihm auch all dieser Luxus möglich.

Diese Erkenntnis sorgte für Unruhe in Walchers Magen und auch seine Knie ließen die gewohnte Stabilität vermissen, als er von der Couch aufstand. Wer waren Josefs Auftraggeber? Auch das schien klar auf der Hand zu liegen. Die Gangster, die in der Company an die Macht wollten und dafür über Leichen gingen. Mayer, Münzer, Andrea, die Haushälterin, der Obdachlose, die vielen Toten bei der Explosion. Als Nächste standen der Adoptivsohn Münzers, Caroline, und er selbst auf der Liste. Dass ein Foto von Lisa in der Sammlung steckte, konnte nur bedeuten, dass er mit Lisa erpresst werden sollte. Nicht gerade rosige Aussichten, die sich da auftaten.

Vor allem musste er erst mal raus aus der Höhle des Killers. Die Fotos steckte er ein. Walcher öffnete die Tür des Hörsaals, der auf ihn jetzt mehr wie ein überdimensionierter Sarg wirkte, und spähte vorsichtig durch den Türspalt hinaus, knipste die Lichter hinter sich aus und trat hinaus auf die Galerie.

Nur jetzt nicht Josef in die Hände laufen, dachte er angespannt, als er die Treppe hinunter schlich. Bereits die Klinke der Haustür in Reichweite, trieb ein Geräusch hinter ihm erneut seinen Adrenalinspiegel hoch. Es war Frau Mössler und sie hielt kein

Gewehr in der Hand, sondern einen Staubsauger. Sie lächelte ihn herzlich an.

»Hab doch etwas länger gebraucht und bin deshalb in Eile«, stieß Walcher hervor, mühte sich ein Lächeln ab und öffnete die Haustür. »Bis demnächst, adieu.«

»Hustensa ...«, hörte er noch, aber damit wollte Walcher sich jetzt nicht befassen.

Lisa

Den Weg zurück zu seinem Hof nahm Walcher nicht bewusst wahr, auch nicht, dass er seine Haustür hinter sich verriegelte. Der Anflug von Panik legte sich erst, nachdem er einen kräftigen Schluck Sherry getrunken hatte. Dann hörte er sein Handy irgendwo in der Küche, es surrte wie eine Hummel in einem Pappkarton. Die aufgeschlagene Zeitung auf dem Tisch vibrierte, das Handy lag darunter.

»Hi, du, ich habe da ein ernstes Problem. Ich bin quasi auf 'nem Kreuzweg – ich bin eine Geisel.«

Es war Lisa. Eine Pause folgte. Vermutlich wollte sie Walcher Zeit geben, die Nachricht zu begreifen.

»Wo bist du?«, fragte Walcher und bemühte sich um einen sachlichen Ton. Er hatte nicht damit gerechnet, dass so schnell eintreffen würde, was er sich vor ein paar Minuten überlegt hatte. Es hörte sich so an, als ob ihn und Lisa dieser Wahnsinn erreicht hätte.

»Ich stehe auf einem Küchenstuhl und habe eine Schlinge um den Hals und meine Hände sind auf dem Rücken gefesselt. Das ist auch schon so ziemlich alles, was die Bestie mir erlaubt hat, dir zu sagen ... außerdem hält mir dieses Schwein eine Pistole zwischen die Beine. Sollte ich jemals wieder meine Kreuzschmerzen loswerden, dann würde ich diesem Herrn gerne die Eier abschneiden, wo ...«

Anstelle des Satzendes hörte Walcher ein hässliches Geräusch aus dem Hörer, als würde ein feuchter Lumpen an eine Wand geklatscht.

»Lisa? Was ist los? Hörst du mich? Ist Josef bei dir?« Walcher merkte selbst, dass es schnell vorbei war mit seiner Sachlichkeit.

»Ja, ich höre dich und ich bin okay. Nein, nicht dein Josef, ein Fremder.«

Lisa hatte sehr schnell gesprochen, wohl aus Angst, wieder gestoppt zu werden; ihre Stimme klang gequält wie nach einer schmerzhaften Zahnbehandlung. Walchers Knie zitterten so, dass er sich setzen musste. »Kann ich mit ihm reden, um zu hören, was er will?«, fragte Walcher, obwohl ihm längst klar war, was der Entführer oder *sie* von ihm wollten. Es dauerte einige Sekunden, bis undeutlich ein »Nein« aus dem Hörer kam.

»Nein, er will nicht mit dir sprechen. Du sollst eine CD liefern oder wir müssen beide dran glauben, so deute ich die Geste dieses Affen. Was ist das denn für eine ...?«, hatte sie vermutlich nach der CD fragen wollen, aber wieder wurde sie unterbrochen. Dieses Mal dauerte es noch etwas länger, bis sie sich wieder meldete. Provozier ihn nicht, verdammt, dachte Walcher.

»Das Schwein haut mir die Zähne aus. Herrgott, gib ihm diese verfluchte CD, wenn ihm schon so viel an Kreuzmusik liegt!«

»Okay, frag ihn, wann und wie und wo und so weiter und provozier ihn nicht, bleib ruhig, er bekommt seine CD.« Walcher brüllte in den Hörer. Seine Gedanken gingen in zwei Richtungen. Kreuzweg, Kreuzschmerzen, Kreuzmusik – damit wollte ihm Lisa etwas sagen, aber was, verdammt noch mal. Meinte sie einen

Kreuzweg? Sosehr er auch nachdachte, ihm fiel nichts ein, was irgendeinen Sinn ergeben hätte. Gut, er hatte mal Wegkreuze fotografiert, aber mit Lisa, nein, er kam nicht drauf. Und immer wieder, Kreuzmusik, Kreuzung, Wegkreuz, Kreuzgang, Kreuzschmerzen. Nein, keine Assoziation, nichts, was ihm auf die Sprünge half.

»Dein Auto ...«, stockend sprach Lisa nach, was ihr wahrscheinlich vorgesagt wurde. Dazwischen waren Geräusche zu hören, als würde das Telefon hin und her gereicht oder waren es Schläge in Lisas Gesicht? In Walcher kochte urplötzlich Zorn auf, aber er hatte sich sofort wieder unter Kontrolle. »Wut ist ein schlechter Berater« – wie gut, dass es Vatersprüche für alle Lebenslagen gab. Was ging ihn diese Company an, er durfte nicht zulassen, dass Lisa noch mehr geschah. Er sollte auf die Forderungen eingehen, um den Druck zu verringern und dabei Zeit gewinnen, um Hilfe zu organisieren – so stellte er sich einen möglichen Ablauf vor.

»... du sollst es in einer Stunde an die Pestkapelle am Ortsausgang von Weiler stellen und verschwinden.« Lisa waren die Schmerzen mittlerweile deutlich anzuhören, die sie beim Sprechen hatte. »Unverschlossen, das Auto, versteht sich. Und die CD hat auf dem Fahrersitz zu liegen.«

Walcher glaubte schon, die Verbindung wäre unterbrochen, denn er hatte nur noch ein Rauschen im Ohr. Vielleicht war es auch nur das Blut, das ihm durchs Trommelfell rauschte. Aber dann war Lisa wieder zu hören.

»Sie werden die CD unverzüglich prüfen, also nicht, dass das Ding keinen Kreuzer wert ist. Die Stunde beginnt mit dieser Sekunde.«

»Halt!«, brüllte Walcher in den Hörer und hoffte, dass die Gegenseite nicht einfach die Verbindung abgebrochen hatte. »Das geht nicht, ich komme frühestens morgen Vormittag an die CD. Sie liegt in einem Banksafe in Kempten.«

»Das hat den bösen Buben verwirrt, ich soll dir sagen, du könntest ihn kreuzweise und dass er sich wieder melden wird.«

Erst jetzt war die Verbindung tot. Walchers Versuch, die Nummer zu speichern, verlief ohne Erfolg, auf dem Display erschien nur: Keine Kennung.

Walcher hing elend auf dem Küchenstuhl und starrte vor sich hin. Kreuzweise, was zum Teufel wollte Lisa ihm mit diesem Wort Kreuz sagen. Kreuzer, Kreuzweise, Wegkreuze, Kreuzmusik. Mit einem Fluch brüllte Walcher seine Wut und Angst heraus und überhörte das zaghafte Klingeln an der Haustür. Erst das zweite, deutlich energischere Klingelsignal nahm Walcher wahr und damit auch wieder die Welt um sich herum. Er ging zur Küchentür und blieb dort jäh stehen. Was, wenn nun draußen bereits der Feind stand? Die Haustür hatte er abgeschlossen, erinnerte er sich, also konnte er unerkannt zum Türspion schleichen und sich den Besucher erst einmal ansehen.

Erst sah er nur den behaarten Hinterkopf eines Mannes, dann drehte sich der Mann halb zur Seite und zeigte sich im Profil. Wieder schrillte die Klingel, jetzt energisch, fordernd.

Walcher erkannte den Mann: der Versicherungsmensch, der ihn auf Münzers Grundstück nach seinem Namen und dem Grund seiner Anwesenheit dort befragt hatte. Sollte er ihn einfach vor der Tür stehenlassen, er hatte ja wirklich ein anderes Problem. Aber der Versicherungstyp ließ nicht locker und läutete nun dauerhaft Sturm.

»Hinteregger, Eberhard, wir kennen uns ja schon«, stellte sich der Besucher vor, als Walcher die Tür entriegelt und geöffnet hatte, was dem Besucher, der Geräusche wegen, sicher nicht entgangen war. »Haben Sie vielleicht etwas Zeit für mich, ich komme nicht mehr weiter«, es klang dringend bis flehentlich.

Walcher, der die Grenze des Belastbaren erreicht hatte, lachte schrill auf: »Der Herr Hinteregger, Eberhard, will doch sicher, dass ich ihm bei der Klärung eines Versicherungsfalls helfe oder will er mir gar eine Versicherung verkaufen oder sucht er nur einen kleinen Plausch? Kommen Sie, mein lieber Herr Hinteregger, treten Sie ein, Sie haben sicher Ihre Unterlagen dabei, mich kann nichts mehr ...«, Walcher brach den Satz ab, als er in Hintereggers Augen sah. Das war kein Versicherungsagent. Und Hinteregger schüttelte denn auch mit dem Kopf und meinte: »Weder das eine noch das andere, vielleicht kann ich Ihnen sogar helfen, weil ich glaube, dass Sie ordentlich in der Klemme sitzen.«

»Entschuldigen Sie, hab's nicht so gemeint, kommen Sie herein, ich bin derzeit wirklich am Anschlag.« Walcher winkte ihn ins Haus und ging voraus in die Küche, wo er Hinteregger einen Stuhl und sogar etwas zu trinken anbot.

»Gegen ein Glas Wein hätte ich nichts«, nahm der das Angebot an. Walcher holte die halbe Flasche Wein vom Vorabend aus dem Kühlschrank und nahm ein Glas aus dem Küchenregal. Beides stellte er Hinteregger hin, er selbst wollte einen klaren Kopf behalten. Noch einmal sah Walcher seinem Gast in die Augen und fand, dass dieser Mann eine überraschende Ausstrahlung besaß.

Als habe dieser Walchers Blick verstanden, übernahm Hinteregger das Wort. »Ich will Ihnen reinen Wein einschenken, irgendwann kommen Sie von selbst drauf oder schnappen es irgendwo auf, dass ich kein normaler Schadensprüfer bin, sondern eine Art Polizist. Meine Abteilung können Sie mit der Kriminalpolizei vergleichen, mit dem einen Unterschied, dass wir weitaus besser ausgebildet sind und über eine technische Ausstattung verfügen, die das Prädikat modern auch wirklich verdient.« Herr Hinteregger sagte das ohne Überheblichkeit, eher mit Stolz. »Unsere Versicherung oder, besser gesagt, unsere Company ist weltweit tätig …, aber das wissen Sie ja inzwischen.« Hinteregger trank einen Schluck Wein und lehnte sich gemütlich zurück, schloss kurz die Augen, öffnete sie wieder und fixierte Walcher. »Meine Leute und ich haben jeden Millimeter Boden des Sanatoriums abgesucht und stehen vor dem Phänomen, dass sich die Festplatte von Münzers Computer scheinbar in Luft aufgelöst hat. Sie waren einer der Letzten, der Münzer auf dem Gelände besuchte« – Hinteregger zeichnete mit Händen und Armen den Umriss eines Grundstücks nach – »und Sie waren über das Computerterminal informiert. Nein«, wies er Walchers möglichen Einspruch ab, »es wussten nur eine Handvoll Menschen, dass Münzer dort eine Art Unternehmensleitstelle installiert hatte.«

Walcher sah Hinteregger an, nahm aber nicht auf, was dieser gesagt oder gefragt hatte. Er schielte hauptsächlich auf das Handy und überlegte krampfhaft, was er unternehmen sollte. Polizei? Er konnte sich nur an missglückte Geiselbefreiungen erinnern, bei denen die Polizei den Entführern immer hinterherhinkte.

»Sie haben Herrn Münzer nicht noch mal aufgesucht und die Festplatten aus seinem Computer entfernt? Gut, dann hätten wir das geklärt.« Hinteregger schien überhaupt nicht an Walchers Antwort interessiert zu sein. »Nun aber zu Ihrem Hauptproblem: Werden Sie ihnen Ihre CD übergeben, um Ihre Freundin zu retten?«

Die Frage kam überraschend, und Walcher brauchte ein paar Sekunden, um sie zu verarbeiten. »Wie … woher wissen Sie?«, stammelte Walcher und überlegte, dass eigentlich nur die Entfürer davon wissen konnten und dass somit dieser Versicherungstyp selbst zu den Entführern gehörte. Wieder verblüffte ihn Hinteregger mit seiner Antwort.

»Nein, ich gehöre nicht zu den Entführern, wenngleich ich mich selbst ebenfalls durchaus strafbar gemacht habe«, jetzt schmunzelte er sogar. »In meinem Auto habe ich ein Gerät, das in einem weiten Umkreis jede Form elektromagnetischer Wellen hörbar und sichtbar machen kann. Ich war gerade auf dem Weg zu Ihnen und probierte aus, ob es noch funktioniert, da hörte ich Ihr Telefonat mit«, löste er das Rätsel auf. »Nun können Sie die Polizei rufen, mich anzeigen, mich vor die Tür setzen, mich verfluchen oder sich mit mir verbünden, Sie haben die Wahl. Nein, Sie haben eigentlich keine Wahl. Im Grunde genommen schickt mich der Himmel, werden Sie vernünftigerweise denken.«

Da hatte er nicht unrecht, obwohl Walcher nicht an Derartiges gedacht hatte. »Ich verbünde mich nur mit Menschen, die ich kenne und denen ich vertraue. Ich kenne Sie nicht.«

Hinteregger nickte. »Aber es gibt Situationen, in denen man intuitiv handeln muss und wenn Sie Ihr Gefühl befragen, so spricht nichts gegen mich, zumal ich so etwas wie ein Polizist bin, in jedem Fall stehe ich auf der Seite der Guten. Also, schlagen Sie ein, Freund Walcher.« Dabei war er aufgestanden und hielt die rechte Hand hin, die Walcher nach kurzem Zögern drückte, wobei er Hinteregger etwas gequält anlächelte.

»So, nachdem dies auch geklärt ist, erzählen Sie mir bitte alles, was Sie mir anzuvertrauen bereit sind«, forderte ihn Hinteregger auf, der sich wieder gesetzt und einen Schluck vom Wein getrunken hatte.

Bevor Walcher begann, fiel ihm die Wanze unter seinem Schreibtisch ein, aber Hinteregger winkte nach seinem Hinweis nur ab, zog ein Gerät, etwas größer als ein Handy, aus der Tasche, sah darauf und nickte. »Hier unten gibt es keine Wanzen und den oberen Stock prüfe ich nachher.«

Dieser Typ war scheinbar auf jede Situation vorbereitet, stellte Walcher fest, schöpfte etwas Zuversicht und gab Hinteregger eine Zusammenfassung der wesentlichen Fakten, die er gefahrlos erzählen konnte, wobei er ziemlich viel ausließ. Zuletzt zeigte er ihm die Porträts, die er für Killerfotos hielt, und sprach über seine Vermutung und über Josef Vomweg, seinen Nachbarn, der ihm bei der Bewältigung der Schweine-Warnung vermeintlich so selbstlos geholfen hatte. Hinteregger hörte konzentriert zu und meinte nach Walchers Vortrag: »Gut, konzentrieren wir uns erst einmal auf Ihre Freundin Lisa. Über die anderen Themen können wir später sprechen.«

»Kreuz«, Walcher dachte laut nach, »sie will mir mit dem Wort Kreuz etwas sagen, aber ich komme einfach nicht darauf.«

Hinteregger schlug vor, systematisch vorzugehen und alle Wortverbindungen, die ihnen mit dem Begriff Kreuz einfielen, durchzugehen. »Das Kreuztal zum Beispiel, dort gibt es ein großes Seminarhotel oder der *Gasthof Kreuz* in Buchenberg, nahe Kempten, oder haben Sie sich einmal an einem Ort aufgehalten, wo Sie oder Lisa unter Kreuzschmerzen litten oder wo Sie sich schon mal mit ihr gestritten haben und danach zu Kreuze krochen …?«

»Kreuzschmerzen«, unterbrach ihn Walcher, »nicht zu Kreuze gekrochen, aufs Kreuz gelegt, Lisa hat mich mal aufs Kreuz gelegt«, stieß Walcher hektisch hervor, verstummte jedoch, weil die Erinnerung daran zu intim war. Lisa hatte Walcher mal buchstäblich aufs Kreuz gelegt, im wahrsten Sinne des Wortes. Walcher hatte eine Umzugskiste entrümpelt, darin einen Lenkdrachen entdeckt und Lisa überredet, mit ihm zu kommen und den Drachen steigen zu lassen. Ziemlich kindisch zwar, aber es war ein herrlicher Tag und der rote Drachen am blauen Himmel bot ein schönes Bild. Lisa und Walcher ließen sich auf einer blühenden Almwiese nieder, drüben auf der anderen Talseite, und träumten jeder vor sich hin. Plötzlich hatte Lisa ihn sanft, aber bestimmt auf die Wiese gedrückt, seine Hose aufgeknöpft und sie mitsamt der Unterhose bis unterhalb der Knie gezogen. Dann hatte sie ihn zärtlich und ein wenig verrucht gestreichelt und sich in ihrem luftigen Sommerkleid, unter dem sie nichts anhatte, auf ihn gesetzt. Kurz darauf verlor Walcher die Kontrolle über sich und den Drachen, den er bisher noch in der Luft gehalten hatte. Der Drachen war prompt mitten in eine Kuhherde gestürzt, die daraufhin in wilder Flucht über die Wiese jagte, den Elektrozaun durchbrach und sich erst auf den angrenzenden Almwiesen beruhigte, nachdem ihnen wohl die Luft ausgegangen war. Walcher und Lisa hatten viel gelacht an diesem Nachmittag, auch über den Bauern, der den zertrampelten Drachen entdeckte und ihnen, als die Verursacher der versprengten Tiere vermutend, mehrmals mit der Faust gedroht hatte. Sie waren deshalb die Wiese hinaufgewandert und oben am Waldrand auf einen halb verfallenen, kleinen Bauernhof gestoßen. Diese Ruine, wollte Lisa ihn an diese Ruine erinnern? Sie hatten damals, glücklich und aufgekratzt, wie sie waren, den Hof zu ihrem Familiendomizil erklärt, in Gedanken schon mit den Renovierungsmaßnahmen begonnen, einen Anbau für die vier bis sechs Kinder geplant und sich im Heu der Tenne noch einmal geliebt. Den schönen Drachen hatte Walcher an diesem Tag verloren, aber Lisa meinte dazu, das müsste ihm der Supersex doch wert gewesen sein. Belustigt hatte sie noch nachgeschoben, dass er schließlich nicht jeden Tag derart himmelstürmend von ihr aufs Kreuz gelegt würde – daran sollte er sich den Rest seines Lebens erinnern.

Je länger Walcher an diesen Nachmittag dachte, umso sicherer war er, dass Lisa in ihrer Nachricht darauf anspielte. Das passte auch zu ihr. Ja, er war sicher, dass sie in diesem verwitterten Bauernhof festgehalten wurde. Walcher zog die Wanderkarte der Gegend aus seinem Rucksack im Dielenschrank. Die Karte im Maßstab 1:35 000 gab einen detaillierten Überblick. Nach kurzer Suche kreiste Walcher mit einem Filzstift ein kleines Gebiet am Rande eines Wäldchens ein. Hinteregger nickte und fragte ihn, ob er einen PC mit Internetanschluss und Drucker hätte. Walcher bejahte und führte Hinteregger in sein Arbeitszimmer im ersten Stock, ging dann selbst gleich wieder in die Küche zurück, denn dort lag noch sein Handy. Schon auf der Treppe stehend, brüllte ihm Hinteregger nach: »Passwort?«

»Keins«, brüllte Walcher hoch und machte einen kleinen Schlenker zum Barschrank im Wohnzimmer, um sich doch ein Glas Sherry zu genehmigen. Sherry und Lisa, das passte doch zusammen, dachte er mit einem Anflug von Sarkasmus.

Es dauerte vielleicht zehn Minuten, bis Hinteregger wieder die Treppe herunterkam, in der Hand einige Ausdrucke. Walcher staunte, als er sie auf dem Tisch ausbreitete. Es waren Luftaufnahmen, etwa im Maßstab 1:50 und so detailliert, dass man beinahe einzelne Dachziegel hätte zählen können. Hinteregger legte die Ausdrucke aneinander, so dass sich eine größere Übersichtskarte ergab. In der Mitte stand ein Bauernhaus, das nicht verfallen wirkte, sondern ein neues Dach besaß. Die Wege, der Wald, die Wiesen – alles stimmte mit der Wanderkarte überein, nur dass alles viel größer und real abgebildet war. Hinteregger nickte zufrieden: »Da wären wir also.«

Auch Walcher nickte und wollte wissen, mit welchem Google-Dienst Hinteregger die Karten hervorgezaubert hatte. Hinteregger nuschelte irgendetwas von Pfadfindern, offensichtlich wollte er sich darüber nicht näher auslassen. Stattdessen führte er ein langes Telefonat und erklärte anschließend, »heute Nacht holen wir Ihre Lisa da raus, wenn sie in dem Hof steckt«, und nickte, so als wäre er sich seiner Sache sehr sicher.

Eine Stunde später röhrte ein alter, grauer Montagewagen der Lech-Iller-Elektrizitätswerke auf den Hof, wendete und stieß bis knapp an die Haustür zurück. Im Sichtschutz der beiden geöffneten Hecktüren eilten zwölf schwarz vermummte Männer ins Haus und versammelten sich im Wohnzimmer. Hinteregger hatte Walcher gebeten, dort die Vorhänge vor die Fenster zu ziehen. Dann stellte Hinteregger die Männer seiner Mannschaft einzeln vor und meinte mit sichtlichem Stolz: »Meine Männer sind ausgebildet für Fälle wie diesen, Sie sehen hier das beste Team, das es derzeit gibt.« Militärisch knapp fügte er hinzu: »Meine Herrn, Lagebesprechung.«

Operation Lisa

Die Nachtluft war angenehm temperiert nach der beklemmenden Hitze des Tages. Es roch nach Heu und Kühen, nach Wald und Bergbächen, durchsetzt vom Duft nach Holzkohle und verbrannten Würsten, es roch nach Ferien im Allgäu, und der Halbmond am wolkenlosen, Sterne funkelnden Himmel beleuchtete die Welt erschreckend hell, wie Walcher fand.

Auch Hinteregger passte das Mondlicht nicht in sein Konzept und er meinte humorig zu einem seiner Leute: »Martin, knips das Licht aus.« Martin schwieg dazu wie auch die anderen, die ruhig und konzentriert in den Kübelwagen gestiegen waren und sich mit allen möglichen Gerätschaften wie Waffen, Stangen, Seilen, Gurten, Karabinerhaken etc. ausrüsteten. Alle, auch Walcher, bekamen ein Mikrophon an die Backe geklebt und einen sogenannten In-Ear-Kopfhörer ins Ohr gesteckt. Der Sender wurde um den Hals gehängt und unters Hemd geschoben. Ab sofort würden sie nur noch über diese Headsets miteinander kommunizieren und damit immer alle gleichzeitig informiert sein. Nach einem Testlauf, bei dem sich alle mit ihren Vornamen meldeten, gab Hinteregger das Kommando zum Aufbruch: »Also los, Freunde, gehen wir's an!« Dann zog er Walcher zu sich in den Wagen, und sie fuhren, dem Kübelwagen voraus, vom Hof und in die helle Nacht hinaus. Die »Operation Lisa« hatte begonnen.

Die Fahrtzeit betrug nur etwa zehn Minuten und endete auf einem Waldweg nahe dem Zielort. Die Männer stiegen aus und verschwanden schemengleich zwischen den Bäumen. Sie würden ab nun paarweise, autark und selbstentscheidend handeln, erklärte Hinteregger. Das Duo, das zuerst über Funk eine Aktion durchgab, galt automatisch als Führungsteam und erhielt von allen Unterstützung. Situativen Führungswechsel nannte Hinteregger diese Vorgehensweise. Er und Walcher bildeten ebenfalls eine Einheit. Sie schlenderten am Waldrand entlang in die Richtung des Bauernhauses. Walcher durchflutete eine nervöse Spannung und er spürte plötzlich eine große Gier nach einer Zigarette.

Nach einigen Metern hatte sich Walcher an das Nachtsichtgerät gewöhnt, das ihm Hinteregger am Kopf festgeschnallt hatte. Es trug sich wie ein Fahrradhelm mit Brille und tauchte die Welt in ein irreales, zauberhaft grünes Licht – so, als würde man bei Tag eine Sonnenbrille mit dunkelgrünen Gläsern tragen.

»Jetzt siehst du so gut wie eine Katze«, hatte Hinteregger ihm erklärt, wobei er Walcher auf einmal ganz selbstverständlich duzte. »Wenn die Helligkeit abnimmt, dann musst du die zweite Batterie aktivieren, hier mit diesem Schalter«, zeigte er Walcher, indem er dessen Finger zu der entsprechenden Stelle führte.

Die ohnehin recht helle Nacht erschien damit beinahe taghell. Hatte der Gegner nicht auch so ein Ding auf, war man enorm im Vorteil. Zehn Meter vor ihnen schnürte ein noch junger Fuchs fast lautlos aus dem Unterholz am Waldrand, entdeckte sie und verschwand wieder im Wald, ruhig und ohne Hektik, wahrscheinlich wusste er um die normale Nachtblindheit der Zweibeiner.

Walcher dachte an Lisa. Was, wenn man sie gar nicht an diesem Ort festhielt oder sie bei der Befreiungsaktion verletzt wurde ... oder noch Schlimmeres geschah? Er machte sich Vorwürfe, sie nicht wie Caroline rechtzeitig in Sicherheit gebracht zu haben. Aber irgendwie dämmerte ihm zu spät, dass diese Leute auch vor seinem Umfeld nicht zurückschreckten. Bisher hatte er immer im vollen Vertrauen auf seine besondere Stellung als Journalist gelebt. Er musste unbedingt Kontakt zu diesem Thok aufnehmen und ... Walchers Gedanken wurden von einem Knacken in seinem Kopfhörer unterbrochen.

»Hans zwei hier, wir sind am Objekt; setzen streunenden Hund vorm Haus außer Gefecht, sonst keine weiteren Aktionen.«

Was, wenn der Hund anschlug? An einen Hund hatte Walcher überhaupt nicht gedacht. Wie setzte »Hans zwei« den Hund außer Gefecht, würde er ihn töten? Hinteregger zupfte ihn am Ärmel und schüttelte den Kopf, als hätte er wieder einmal seine Gedanken gelesen.

»Hans zwei«, tönte es wieder aus dem Empfänger, »Hund schläft, wir gehen ins Haus.«

»Martin, wir kommen euch durch die hintere Küchentür entgegen.«

»Hans zwei, okay.«

Ruhig und sachlich verständigten sich die Einheiten, die sich inzwischen rund um das Bauernhaus verteilt hatten.

»Hans eins, sind am Schuppen, sichern ihn.«

»Hier Klaus, ist alles sehr ruhig im Haus, öffnen das mittlere Seitenfenster, wir brauchen noch zwei Minuten.«

»Walter, bin hinter Hans zwei in Reserve, Günther behält Martin im Auge.«

Hinteregger mischte sich ein: »Hans zwei hat das Kommando.«

Nach einer Pause von einigen Minuten, die Walcher unendlich lang erschien, kam wieder eine Meldung.

»Hans zwei, alles sofort stopp, an der Türklinke sehe ich einen feinen Draht. Verdammte Scheiße, ich kenne das, Zugauslöser. Du öffnest die Tür und, bumms, fehlt das Haus.«

»Dann sind wir wohl richtig, Leute.« Von Hinteregger kam diese Feststellung und Walcher bewunderte dessen Ruhe.

»Hier Klaus, wir steigen ins seitlichen Fenster ein.«

Walcher hatte das Gefühl, sich jeden Moment übergeben zu müssen. Wollten die wirklich in ein vermintes Haus einsteigen und riskieren, dass sie in die Luft flogen und Lisa mit ihnen?

»Martin hier, wir haben die hintere Küchentür gecheckt, ist ebenfalls vermint.«

»Hier Klaus, wir sind im Haus, alles ruhig, sehr ruhig, sehen uns das Erdgeschoss an.«

Hinteregger mischte sich ein: »Klaus hat das Kommando.«

»Hier Klaus, keinen Kontakt, hattet recht, beide Türen gespickt. Schlage vor, ihr kommt auch durchs Seitenfenster. Wir lassen die Finger von den Minen, kennen uns zu wenig aus damit.«

»Hans zwei, steigen durchs Fenster.«

»Hans zwei, sind drin, stehe jetzt an der hinteren Küchentür. Sehe eine einfache Mine mit Zugkontakt, mechanisch, kenne das Dinge, werde sie sichern.«

Nach einer Minute, die Walcher wie eine Ewigkeit vorkam, die Erlösung: »Hier Hans zwei, Küchentür offen und gesichert.«

Wieder mischte sich Hinteregger ein. »Walter, Günther und Hans eins, Objekt sichern. Hans zwei, wenn möglich, entschärfe auch die Ladung an der Haustür.«

»Hans zwei, bin schon dabei.«

»Hier Klaus und Martin, wir kontrollieren inzwischen die unteren Zimmer.«

»Hans zwei, Haustür entschärft. Ich deponiere die beiden Eier erst mal draußen, nehme sie dann auf dem Rückweg mit.« Walcher musste sich auf den Boden setzen. Hinteregger legte ihm eine Hand auf die Schulter und drückte sie leicht. Das beruhigte Walcher, der gerade einen Hilferuf zu Gott geschickt hatte. Er bezeichnete sich als Atheist, aber Lisa lebte eine pragmatische Gläubigkeit. Jetzt hatte er Gott angefleht: Lass ihr bitte nichts geschehen sein! Aber so, wie er ihm in seiner Kindheit nicht bei den Klassenarbeiten geholfen hatte, so erhörte er auch heute nicht seine Bitte. Martin meldete über Mikrophon mit tonloser Stimme: »Frau identisch mit Person auf dem Foto, liegt in der Kellergrube, leblos, seit … zirka zwei, drei Stunden tot. Keine Reanimation möglich.« Dann schlug Martin einen mitfühlenden, warmen Ton an. »Schlage vor, dass Walcher sich das nicht ansehen sollte … es sieht verdammt nach … es sieht verdammt übel aus«, fügte er nach einer Pause hinzu.

Es dauerte, bis Walcher begriff. Sein Begreifen war eher mit dem dumpfen Gefühl zu vergleichen, das bei einem geträumten

Sturz in eine bodenlose Tiefe auftritt. Er wünschte, die Zeit zurückdrehen zu können oder wenigstens an einem anderen Ort zu sein. Lisas Adoptivtochter fiel ihm ein. Walcher hätte brüllen und toben mögen in dieser kunstgrünen Welt. Vielleicht war das alles ja gar nicht echt und er war nur in irgendein Cyber-Spiel geraten. Wut, Trauer, Schmerz, Hass – er wusste nicht, was er empfand. Bilderfetzen jagten durch seinen Kopf, unzusammenhängend, verwirrend. Lisa in Italien, Lisa auf dem Sofa, Lisa im Garten, Lisa in der Küche, Lisa, Lisa, Lisa.

Die Bilder beschleunigten sich wie ein Sog. Walcher packte Hinteregger am Bein, schrie in wilder Qual und riss sich den Helm vom Kopf. Wenigstens wurde es jetzt wieder Nacht um ihn herum. Hinteregger setzte sich neben ihn, drückte Walchers Kopf an seine Brust und streichelte ihn wie ein kleines Kind. Dann summte er in einem tiefen Ton, der auf Walcher überzugehen schien. Nach einer Weile war dieser Ton überall, in der Luft, im Wald, in der Nacht und auch in Walchers Kopf. Eine seltsame Ruhe überkam ihn, er löste sich von Hinteregger und sah lange in den Himmel. Dann stand er auf, zog den Helm wieder über, steckte den Ohrstöpsel wieder ins Ohr, zog Hinteregger am Arm mit sich und ging mit festen Schritten in Richtung Bauernhof. Zum ersten Mal in der heutigen Nacht benutzte er den Sprechfunk. »Hier Walcher, danke für eure Rücksicht, aber ich muss sie sehen, ich muss.«

Als Walcher dann im Hausflur an der hochgeklappten Bodentür kniete und Lisa im Erdloch liegen sah, angestrahlt von mehreren Taschenlampen, flüsterte er ihren Namen, kletterte die Leiter hinunter und nahm sie in die Arme. Ihre Augen hielt sie geschlossen, als würde sie nur schlafen. Walcher tätschelte vorsichtig ihre angeschwollene blutige Wange, aber sie öffnete nicht, wie erhofft, die Augen, lächelte oder holte Atem – nichts geschah, außer dass sich in Walcher eine unendliche, dunkelgraue, zähe Leere ausbreitete und der Wunsch, Lisa zu begleiten.

Verkehrsunfall

Wie sie gekommen waren, als Schemen der Nacht, so verschwanden sie wieder. Hinteregger hakte Walcher unter, als wolle er ihn nicht nur stützen, sondern festhalten und führte ihn auf dem Feldweg zurück zum Wagen. Sie hatten ihre Nachtsichtgeräte nicht mehr auf und stolperten deshalb häufig auf dem unebenen Weg. Walcher schien das aber nicht wahrzunehmen, er hing wie in Trance an Hinteregger. Seine Gedanken kreisten nur um Lisa. Er bekam seine Gedanken nicht zu fassen, konnte sie nicht festhalten, nicht ordnen. Welken Blättern im Herbststurm gleich, wirbelten Bilderfetzen, Stimmen und Schmerzen durcheinander. Er kam erst wieder zu sich, als er in seinem Wohnzimmer saß und Hinteregger zu sprechen begann.

»Wir haben gewisse Möglichkeiten, wie wir mit dem Mord an deiner Freundin umgehen können«, sagte Hinteregger leise, mehr zu sich, aber jeder der Männer hörte ihn. Von hier aus waren sie vor Stunden aufgebrochen, um Lisa zu befreien, nun saßen sie wieder hier zusammen, müde, traurig und fühlten mit Walcher mit.

»Als erste Möglichkeit haben wir den offiziellen Weg. Wir schalten die Polizei ein, die Medien kommen auf die Spur, es gibt Berichterstattungen im Radio und Fernsehen sowie Zeitungsmeldungen mit all den grausamen Bildern für Familie und Freundeskreis. Da bleiben furchtbare Eindrücke zurück, Schreckensbilder, Traumen, ein großes Feld für Spekulationen, Ängste und Verdächtigungen, weil dieser Fall niemals aufgeklärt werden wird, jedenfalls nicht von der Polizei. Er wird durch die Nachrichten geistern und vermutlich als unaufgeklärter Sexualmord in der Schublade landen. Bis dahin wird er aber die ganze Gegend hier ordentlich aufmischen. Da brechen längst begrabene Streitereien wieder auf sowie Denunziationen und Verdächtigungen. Noch dazu nach den jüngsten Morden von Wasserburg und Lindenberg.«

Nach einer Pause, in der sich jeder ausmalen konnte, welche Begleiterscheinungen eine polizeiliche Ermittlung mit sich brachte, sprach Hinteregger weiter.

»Die zweite Möglichkeit ist ein Unfall, der allen eine plausible Erklärung für Lisas Tod liefert, ohne ihre Person zu beschädigen. Das mindert die Trauer nicht, aber es verletzt keine Gefühle. Über eine dritte Vorgehensweise möchte ich mich noch nicht äußern, sie käme wirklich nur als allerletzter Weg in Betracht, wenn wir uns nicht auf Möglichkeit eins oder zwei verständigen können.«

Walcher fühlte sich, als bewege er sich in einem anderen Raum, in einer anderen Zeit und sehnte sich nach nichts so sehr, als allein zu sein, zu brüllen, zu toben, zu weinen, aber sein Kopf arbeitete wieder ruhig und einigermaßen sachlich. Laut fragte er in die Runde: »Wer seid ihr, dass ihr euch über Polizei und Staat hinwegsetzen wollt? Hier geht es längst nicht mehr nur um den Machtkampf in eurer Company. Ein derart grausamer Mord darf nicht einfach unter den Tisch gekehrt oder als Unfall inszeniert werden, nur um eure Company rauszuhalten oder Gefühle zu schützen oder einen Ruf zu wahren. Hier laufen selbstherrliche Verrückte herum, die Menschen morden, Häuser in die Luft jagen und was weiß ich noch anstellen, um ihre Ziele zu erreichen. Ich bin Journalist.«

Hinteregger sah auf seine Hände und nickte zustimmend. »Grundsätzlich hast du recht. Wir sind dafür da, Recht und Gesetz zu wahren, aber wir haben kein von einem Rechtsstaat erteiltes Mandat. Einen derart brutalen Mord als einen Unfall hinzustellen empfehle ich nur Lisas Familie wegen … und weil die Situation nie eintreten wird, dass es bei diesem Mord zu einer normalen und erfolgreichen Ermittlung kommen wird. Dafür werden die Täter sorgen. Glaube mir. Wir sitzen ja deshalb zusammen und beraten darüber. Wenn nur einer in diesem Raum sagt, die Polizei muss eingeschaltet werden, dann werden wir das tun. Es wird für die Polizei nur sehr schwierig, wenn nicht gar unmöglich werden, Licht in diesen Mordfall zu bringen. Es sei denn, wir klären die Behörden auf. Aber wir werden nie etwas tun, um unsere Company zu gefährden. Du«, Hinteregger wandte sich direkt an Walcher, »weißt noch zu wenig über die Company. Dahinter steckt nicht einfach nur ein großes Unternehmen, dahinter steckt eine Philosophie, ein Lebenstraum. Nein, ich sehe uns als die Einzigen, die jeden dieser Mörder stellen und zur Verantwortung ziehen können. Dafür verbürge ich mich persönlich.«

Hintereggers Mannschaft nickte geschlossen und blickte zu Walcher. Der wusste nicht, wie er sich entscheiden sollte. Durfte er seine Zustimmung zur Vertuschung eines solch mitleidslosen Verbrechens geben? Er versuchte abzuwägen und sich vorzustellen, was im ersten und im zweiten Fall der genannten Möglichkeiten geschehen würde, vor allem, welche Folgen es für Irmi und Lisas Eltern hätte. Er konnte sich nicht mehr konzentrieren. Seine Gedanken flatterten wieder ziellos umher, auf der Suche nach Lisas Gesicht, ihrem Lachen, nach Szenen, in denen sie lebte. Dann verlor er den Faden. Nach einigen Minuten seufzte er und bat sie, die Entscheidung ohne ihn zu treffen. Nur eines wollte er nicht:

dass die Leiche einfach verschwand. Vermutlich wäre es sinnvoll, einen Unfall vorzutäuschen.

Sie schwiegen lange nach Walchers Worten. Dann bat Hinteregger alle Anwesenden um ihre Meinung. Einstimmig entschied sich Hintereggers Mannschaft für die Inszenierung eines Unfalls.

Die anschließende Diskussion über die Unfallursache verlief kurz und knapp. Walcher wurde nur gebeten, Lisas Wagen zu beschreiben und den Aufbewahrungsort der Autoschlüssel zu nennen. Alle waren erstaunt, als Walcher aufstand und feststellte: »Ich besorge die Schlüssel, ihr macht den Rest. Aber alles muss absolut leise geschehen, in Lisas Haus schläft ihre Tochter. Auf der Hinfahrt zeige ich euch die Stelle, an der sie von der Straße abgekommen ist.«

Im selben Moment, Hinteregger sah gerade auf seine Uhr – inzwischen war es 0.47 Uhr – und deutete mit der Hand zum Aufbruch, vibrierte Walchers Handy.

Man konnte an seiner Gesichtsfarbe erkennen, die noch eine Nuance blasser wurde, als sie ohnehin schon war, dass es kein angenehmer Anruf war. Einer von Hintereggers Leuten flitzte hinaus, um das Telefonat vom Wagen aus mitzuhören, aber Walcher deckte kurz das Handy mit der Hand ab und flüsterte: »Irmi.« Dann stellte er auf laut und begrüßte Irmi mit der Frage: »Was treibst du um diese Zeit noch am Telefon?«

»Ich hatte furchtbare Träume und bin aufgewacht. Wollte eigentlich nur Lisas Stimme hören und sie bitten, mir meine Sportschuhe morgen früh vorbeizubringen, die hab ich vergessen.«

»Wo steckst du denn? Bist du bei einen deiner Omas und Opas?« Walcher war hochkonzentriert und bemühte sich gleichzeitig um einen normalen Tonfall. Egal, wie er es auch anstellte, jedes seiner Worte würde für Irmi den Beginn einer zweiten furchtbaren Erfahrung, nach dem Unfalltod ihrer Eltern, bedeuten.

»Hat Lisa nicht gesagt, dass ich bei den Armbrusters übernachte? Sie wollte doch zu dir. Sie ist doch bei dir … oder?«

Walcher überhörte nicht die Angst in Irmis Stimme. Jetzt musste er – so leid es ihm tat – improvisieren.

»Im Moment noch nicht, aber vielleicht kommt sie ja noch oder meldet sich. Vielleicht hat sie es sich auch anders überlegt. Ich bin nämlich erst vor einer Stunde heimgekommen. Ich ruf sie gleich mal an.«

»Das hab ich gerade gemacht, sie meldet sich nicht.«

»Dann fahr ich einfach mal vorbei«, versuchte Walcher einen lockeren Ton anzuschlagen, »muss das ausnutzen, wenn du Lisa schon mal freigegeben hast.«

»Rufst du dann bitte noch hier an?«

Walcher versprach es, beendete die Verbindung und nickte Hinteregger zu. Damit war alles gesagt, und die Mannschaft brach zu ihrer zweiten Aktion in dieser Nacht auf, einer besonders makabren.

Judas

Eine Stunde später, kurz vor zwei Uhr, hielt Walcher am Hof der Armbrusters. Das Hoflicht brannte und auch die Küchenfenster waren hell erleuchtet. Der Mond schien immer noch unbeirrt, er war nur um einiges weitergewandert.

Walcher hätte gerne auf seinen Auftritt in dieser Tragödie verzichtet, aber da gab es Irmi, die von Lisa adoptiert worden war und ihn, Robert Walcher, der in den Adoptionspapieren als Lebenspartner von Lisa Armbruster eingetragen war. Rein juristisch – die Zustimmung des Jugendamtes und Irmis natürlichen Großeltern, den Brettschneiders, vorausgesetzt – hatte er nun eine Tochter.

Mit übernächtigten Gesichtern saßen Oma und Opa Armbruster mit Irmi in der gemütlichen Wohnküche am Tisch und tranken warme Milch. Ihnen war die Sorge um Lisa anzusehen. Walcher setzte sich dazu und fühlte sich wie ein Judas, als er erzählte, dass er bei Lisas Haus gewesen sei, sie aber nicht angetroffen habe. Dann habe er bei Lisas Freundin in Lindau, mit der sie den Souvenirladen führte, angerufen und nachdem Lisa auch dort nicht war, habe er mit der Polizeistation in Lindenberg telefoniert. Dort wusste man nichts, die Nacht wäre bisher so ruhig verlaufen wie immer. Außer einer Schlägerei unter Gästen einer Grillparty sei nichts vorgefallen. Walcher kannte die Polizisten und hatte vereinbart, dass sie ihn benachrichtigen würden, sollte irgendetwas gemeldet werden, was mit Lisa in Zusammenhang stehen könnte.

»Dass Lisa nicht zu erreichen ist, ist schon etwas seltsam, aber so ungewöhnlich um diese Uhrzeit nun auch wieder nicht«, versuchte Walcher die drei zu beruhigen und wandte sich direkt Irmi zu.

»Du hast mir gesagt, dass Lisa zu mir wollte. Ich bin erst gegen 23 Uhr heimgekommen und war bis dahin auch nicht am Handy erreichbar; ich hatte das Ding gar nicht an. Wahrscheinlich wollte Lisa nicht auf gut Glück warten. Seltsam ist, dass sie mich nicht angerufen hat, jedenfalls zeigt mein Handy keinen Anruf an. Vielleicht ist sie einfach zu Freunden weitergefahren, hat was getrunken, sich dort verhockt und übernachtet nun dort. Du weißt ja, dass Lisa da sehr vorsichtig ist. Ich denke, wir sollten uns keine übertriebenen Sorgen machen, schließlich ist Lisa kein Zuckerpüppchen. Also, ich für meinen Teil gehe wieder, und zwar ins Bett. Ihr werdet sehen, morgen lachen wir über unsere Sorge um sie.«

»Ist ja mein Reden«, stellte Armbruster fest, »aber die beiden Mädels haben sich richtig hochgeschaukelt und mich angesteckt. Jetzt wird ins Bett gegangen.« Und zu Walcher meinte er noch beim Hinausbegleiten: »Dank dir, dass du hergekommen bist und melde dich, wenn du was von ihr hörst.«

Lisa

Für Walcher begann der Sonnenaufgang mit dem Gefühl, dass er besser einfach sitzen bleiben sollte oder wie vor ein paar Stunden, als er heimgekommen war, mit dem Rotwein weitermachen sollte. Das normale Leben war schon eine ständige Herausforderung, ein Leben mit solch gewaltigen Einbrüchen konnte nicht bewältigt werden. Stöhnend drückte er sich aus dem Sessel im Wohnzimmer, zog seine Laufsachen an und rannte in den Wald.

Die ersten Sonnenstrahlen stießen durch die Lücken der Bäume wie glühende Schwerter. Zuerst zaghaft, dann immer kraftvoller zogen sie Lichtspuren in den Dunst, den die weichende Nacht zurückgelassen hatte. Walcher hörte in seinem Kopf leises Flötenspiel und die dröhnenden Bässe einer riesenhaften Orgel. Die Töne verschmolzen mit dem eigenen Pulsschlag. Raum an Raum, eine Kathedrale von mächtigen Säulen und Kuppeln, durchbrochen vom Spiel schwebenden Lichts, das blendend durch filigrane, emporstrebende Glasfenster fiel.

Walcher kniete auf dem weichen Moos nieder, und mit seinen Tränen flossen seine Anspannung und sein Schmerz heraus. Eine furchtbare Erkenntnis drehte sich in seinem Kopf. Nie wieder! Nie wieder würde er Lisa berühren können, nie wieder ihre Stimme, ihr Lachen, ihren Zorn hören, nie wieder sie umarmen und küssen können, nie wieder von ihr umarmt und geküsst werden, nie wieder ihre Hand halten oder in ihre Augen sehen. Nie wieder. Seine Hände krampften sich zusammen und mit dem Kopf stieß er in das Moos. Und es roch wie ihr Haar, wie ihre Haut, wie ihr Schoß. Nie wieder. Nie wieder. Endgültig und unwiderruflich. Hilflos. Was konnte ein Leben ohne Lisa hergeben? Warum gab es keine Wunder? Warum streichelte jetzt nicht ihre Hand über seinen Kopf, warum hörte er nicht ihre Stimme, die mahnte, mit diesem traurigen Schauspiel aufzuhören?

Walcher stand auf und wankte zu einer mächtigen Buche. Er versuchte, den Stamm zu umarmen und drückte sein Gesicht an die kühle Rinde und bat den Baum um ein Wunder und erzählte ihm von Lisa. Dann lief er weiter auf seinen gewohnten Wegen, blind und taub. Die Luft, die er ausstieß, untermalte er mit monotonem Brummen.

Wenn beim Atmen seine Lunge wie Nadelstiche schmerzte und der Puls wie verrückt schlug, hielt er an und kniete nieder. In diesen Phasen der Erschöpfung suchte er in seinem Kopf nach Bildern von Lisa, so als stöberte er in einer Fotokiste. Er kramte immer tiefer und tiefer und alle Bilder taten furchtbar weh. Aber er musste sie alle anschauen. Immer wieder – heute und morgen – immer wieder. Ohne Angst musste er sie anschauen können. Mit Trauer und mit Schmerz, ja, aber ohne Angst. Das Konzert in Zürich, wo alles mit Lisa begonnen hatte, die dümmlichen, überflüssigen Auseinandersetzungen, die Wut, die Enttäuschungen und der Zorn, daneben helle und sonnige Bilder voller Friede und Wärme und Zärtlichkeit. Im Zeitraffer liefen die Bilder in seinem

Kopf ab und dabei rannte er sich die letzte Kraft aus dem Leib. Warum hatte er seine Zeit verplempert? Warum dieser Anspruch, sich zu verwirklichen, die Welt zu entdecken? Warum hatte er Lisa nicht einfach geheiratet, Kinder mit ihr bekommen und den Wimpernschlag an Zeit, den ein Leben dauert, genutzt, gelebt? Nie wieder. Nie wieder. Nie wieder. Er schrie, er brüllte es hinaus in den Wald und schämte sich dafür, so als hätte er die Stille eines heiligen Ortes verletzt.

Ausgepumpt schleppte sich Walcher zu seinem Hof zurück, duschte und zog sich mit dem Vorsatz an, auf die Polizeiwache zu fahren und danach zu den Armbrusters, zu Irmi.

Er verschloss gerade die Haustür, als ein Polizeiwagen auf den Hof fuhr. Zwei Beamte stiegen aus, auffallend langsam, und kamen zögernd auf Walcher zu, der vor der Haustür stehen geblieben war. Ebenso zögernd begann der eine zu sprechen, wünschte einen guten Morgen und meinte, dass sie gleich hergefahren seien, obwohl die Kollegen von der Nachtschicht ihm nur einen Anruf versprochen hätten. Aber solche Anrufe seien zu unpersönlich und schließlich kenne man sich ja und auch die Lisa … »Es tut uns sehr leid«, setzte er dann eine Trauermiene auf, »aber mit der Lisa … ist etwas geschehen … ein Unfall und … es sieht überhaupt nicht gut aus. Gar nicht gut …, um nicht zu sagen, da ist leider nichts mehr zu machen gewesen.«

Walcher setzte sich in der Pause, die nun folgte, auf die Hausbank neben der Tür. Er brauchte nicht groß zu schauspielern, man sah ihm an, wie ihm diese Nachricht zusetzte.

»Wo und wie?«, flüsterte er und starrte auf die Alpenkette, die in der schon heißen Morgensonne flirrte.

Sichtlich froh, dass Walcher nicht umgekippt oder in einen Schreikrampf ausgebrochen war, gab der Beamte – man kannte sich vom Sehen und vom Stammtisch im *Hirschen* und duzte sich – einen nüchternen Bericht ab. »Kurz nach Ruppenmanklitz muss sie ins Schleudern gekommen sein und ist ohne zu bremsen in den Tobel gerast. Erst hat's einen Ast durch die Scheibe getrieben und dann, wumms ... voll auf den felsigen Grund«, unterstrich er mit der rechten Faust, die er in die flache linke Hand klatschte, den Aufprall. »Nur noch Schrott der Wagen, muss sofort hinüber gewesen sein ... äh ... ja, tot meine ich. Ist reiner Zufall, dass man sie so schnell gefunden hat. Wenn in den Tobel dort hinten nicht einer in aller Herrgottsfrüh seine alten Dachziegeln hätte abladen wollen ... wer weiß, wie lange sie sonst da unten gelegen hätte. Man sieht ja nichts von der Straße aus. Mein herzliches Beileid, könntest du ... den Eltern ... ich mein ... du tätest mir da einen großen Gefallen. Wirst ja sowieso hinfahren, oder?«

Walcher nickte, starrte in die Berge und fühlte sich wie ein Schmierenkomödiant, der unversehens in eine tragische Rolle geschlüpft war.

»Kam von dir her, gell? Hat's was getrunken g'habt?« Die Fragen schienen dem Polizisten peinlich, aber in ihrer harmlosen Formulierung lag die Unterstellung, dass Alkohol mit im Spiel war.

Walcher schüttelte den Kopf und stellte mit Bestimmtheit fest: »Lisa ist, glaube ich, die Einzige im ganzen Allgäu, die noch nie mit Alkohol gefahren ist. Ob sie bei mir war? Vermutlich. Ich war unterwegs und kam erst kurz vor Mitternacht heim. Irmi, ihre Tochter, meinte, dass Lisa mich besuchen wollte.« Walcher presste sich die Fingernägel in die Handballen und hätte am liebsten losgebrüllt.

»Ja dann, wir müssen wieder weiter. Nochmals unser Beileid. Wir melden uns ..., ja dann, ... adieu.«

Sie waren noch nicht ganz vom Hof, da hetzte Walcher zum Holunderstrauch neben der Garage, wo sich sein Magen umstülpte.

Irmi

Auf dem Land verbreiten sich Nachrichten wesentlich schneller als in der Stadt, wahrscheinlich, weil jeder jeden kennt und mit den meisten noch dazu irgendwie verwandt ist.

Als Walcher wieder auf dem Hofplatz der Armbrusters ankam, fand er nur mit Mühe einen Parkplatz. Die ganze Familie – und da kam bei den Armbrusters ein kleines Dorf zusammen – hatte sich anscheinend bereits versammelt. Lisas tödlicher Unfall musste sich wie ein Lauffeuer verbreitet haben.

Gerade aus dem Auto gestiegen, stürmte Irmi auf Walcher zu, der in die Knie ging und sie umarmte. Eine ganze Weile hielten sie einander fest, dann richtete sich Walcher auf, nahm Irmi an der Hand und ging mit ihr über den Hof in den angrenzenden Obstgarten. Dort setzte er sich auf die Bank, die rund um den Stamm des großen Birnbaums gezimmert war und zog Irmi neben sich.

Zwölf Jahre war sie alt, hatte ihre Eltern durch einen Verkehrsunfall verloren und nun auch noch ihre Adoptivmutter. Wie viele solcher Schicksalsschläge konnte ein Kind unbeschadet verkraften? Irmi war zwar seit dem Tod ihrer Eltern in psychotherapeutischer Behandlung, aber dass nun auch ihre Freundin, Patentante und Ersatzmutter nicht mehr an ihrer Seite sein würde, musste beinahe zwangsläufig zu einem neuerlichen Trauma führen.

Eng umschlungen saßen die beiden da und weinten. Die Zeit schien angehalten. Irgendwann lief eine Schwester von Lisa suchend durch den Garten, sah die beiden, winkte Walcher verschämt zu und verschwand wieder. Und irgendwann fing Walcher zu sprechen an.

»Deine Eltern haben dich Irmgard genannt, weil in dem Namen die Begriffe Größe, Stärke und Schutz stecken. Es gibt eine ganze Reihe heiliger Frauen, die so heißen und als große Beschützerinnen verehrt werden. Jetzt brauchst du viel von deren Stärke ... und ich auch.«

Irmi nickte nur.

Wieder verstrich viel Zeit, bis Walcher Irmi fragte, wann sie ihre nächste Stunde bei Isolde habe. Isolde Becker, Psychotherapeutin und eine Freundin Lisas, betreute Irmi seit dem Unfall ihrer Eltern und ihr war es mit zu verdanken, dass sich Irmi nach diesem Schicksalsschlag nicht eingekapselt hatte, sondern gelernt hatte, mit ihrem Schmerz umzugehen.

»Ich hab morgen einen Termin.«

»Wenn es dir recht ist, dann komme ich mit.«

Wieder nickte Irmi nur und atmete tief.

»Es klingt ziemlich banal«, Walcher verstärkte den Druck seiner Hand, mit der er Irmis Schulter hielt, »aber irgendwie müssen wir das verkraften.«

»Wenn ich mit der Schule fertig bin, werde ich Politikerin und eine Partei gründen, die das Autofahren verbietet. Es gibt dann nur noch Busse und Züge und Straßenbahnen. – Hast du sie gesehen?«

»Nein, das darf nur ein Verwandter und das bin ich nicht. Aber die Polizei hat mir den Unfall beschrieben und der Polizist kannte Lisa.«

»Ich möchte sie sehen, ich bin ihre Tochter.«

»Das halte ich für keine gute Idee. Ich bin mir sicher, Lisa hätte gewollt, dass du sie so in Erinnerung behältst, wie du sie zuletzt gesehen hast.«

»Meinst du?«

»Ich bin mir ganz sicher.«

»Und wie geht's jetzt weiter?«

»Ich kann dir Lisa nicht ersetzen, aber ich könnte einen guten Vater abgeben ..., wenn du willst ... und das Jugendamt und deine Großeltern mitmachen.«

»Bei dir wohnen?«

»Würdest du lieber in Lisas Haus wohnen bleiben?«

Irmi überlegte sehr lange und meinte dann: »Wahrscheinlich würde ich dann jeden Tag heulen.«

Dieses Mal war es Walcher, der nur nickte.

Als die beiden eine Viertelstunde später zum Haus gingen, war es beinahe unmöglich hineinzukommen. Inzwischen hatte sich die ganze Armbruster-Familie sowie Freunde und Bekannte zu einer riesigen Trauergemeinde versammelt, die ihr Beileid bekunden wollten. Sie machten Walcher und Irmi mit leisem Selbstverständnis Platz. Auch Walcher wollte Lisas Eltern sein Beileid aussprechen, aber die waren vor ein paar Minuten von einem der Schwiegersöhne ins Krankenhaus gefahren worden. Lisas Mutter hatte plötzlich alle Anzeichen eines Infarkts gezeigt.

Irmi machte auf der Stelle kehrt und zerrte Walcher wieder aus dem Haus und zum Auto.

»Wir müssen sofort zur Oma«, stellte sie fest.

So verlief der Tag. Irmis kleine Hand lag ständig in Walchers wie der Anker eines Bootes im Sturm und dabei hätte er selbst so sehr einen Ankerplatz gebraucht.

Es war spät am Abend, als er Irmi ins Bett gebracht hatte und sich von Lisas Schwester verabschiedete, die sich in den nächsten Tagen um ihre Eltern und um Irmi kümmern wollte.

Junges Leben ausgelöscht

Als Walcher von seinem Waldlauf zurückkam, lagen seine beiden abonnierten Tageszeitungen vor der Haustür. Er konnte sich vorstellen, was darin stand, aber er wusste, dass er trotzdem die Zeitungen aufschlagen und die Artikel über Lisas Unfall lesen würde. Und er würde es – am Tag zwei nach Lisas Ermordung – auch in allen Nachrichten hören können, dass sie einen Unfall hatte. Und er würde nicht hinausbrüllen dürfen, dass sie von einer kranken Bestie ermordet wurde. Er hatte eine Rolle. Hatte sie angenommen, sich aufdrängen lassen und musste sie nun spielen.

Es ekelte ihn vor sich selbst an diesem Morgen, an dem die Sonne wieder schien, als sei nichts geschehen. Kriege, Mord und Totschlag sollte es nur bei Sauwetter geben. Wahrscheinlich würde er mit seinen Selbstvorwürfen bis ans Ende seiner Tage leben müssen, aber mit der Vorstellung, dass Lisas Mörder und seine Auftraggeber frei herumliefen, damit würde er nicht leben wollen.

Eine Hasswelle raste durch seinen Körper, als er an den Killer dachte. Auch er würde vermutlich den Zeitungsbericht lesen und in der Personenbeschreibung Lisa, sein Opfer, wiedererkennen. Welche Fragen würden ihm durch den Kopf gehen? Würde er sich fragen, wie sein Mordopfer in das verunglückte Auto kam? Natürlich, denn eines wusste der Killer genau – dass er die entführte Geisel umgebracht und in das Erdloch unter dem Hausflur des abgelegenen Bauernhauses geworfen hatte. Also müssten bei ihm die Alarmglocken läuten. Walcher versuchte sich vorzustellen, wie er an der Stelle des Killers handeln würde, gab es aber auf. Wie konnte man sich in dessen Gedankenwelt versetzen?

Im Hausgang klebte noch die Visitenkarte Hintereggers am Telefonhörer. Walcher warf die Zeitungen auf den Küchentisch, setzte Wasser für einen Tee auf, legte die beiden leeren Rotweinflaschen in die Glaskiste und wählte, während der Tee zog, Hintereggers Nummer.

»Ich habe noch nicht nachgeschaut, aber vermutlich wird was über Lisas Tod in den Zeitungen stehen«, kam er ohne Gruß zum Thema, das ihn umtrieb, »und das wird ihr Mörder lesen. Was wird er machen?«

»Wenn er sehr dumm ist«, antwortete Hinteregger, »dann wird er in das Bauernhaus gehen und nachsehen. Deshalb stehen ein paar von meinen Leuten dort schon seit vergangenem Abend herum. Aber er wird nicht so dumm sein und seine Auftraggeber auch nicht. Vielmehr werden sie sich fragen, wer da seine Hände im Spiel hat. Der oder die Killer werden wahrscheinlich abtauchen. Übrigens hören wir von deinem Nachbarn alle Gespräche ab und überwachen ihn – mal sehen, welche Rolle der in diesem Spiel spielt.«

Walcher legte den Hörer einfach wieder auf. So in etwa hatte er sich das vorgestellt. Nein, er sollte sich an seinen Grundsatz halten und sich nicht auf andere verlassen.

Der heiße Tee brannte in der Speiseröhre und auch im Magen. Er hatte zu viel getrunken letzte Nacht, hatte Musik gehört und versucht, sich von Lisa zu verabschieden, aber es war ihm nicht wirklich gelungen. Die Wunde war noch zu frisch, die Blutung noch nicht gestillt.

Der Tod lauerte in der Schlucht. Junges Leben ausgelöscht! So stand es auf der Titelseite. Er zwang sich, weiterzulesen. *Tragisches Ende einer jungen Frau*, stand in fetten Buchstaben über der drei Spalten breiten Abbildung eines Autowracks, das einmal Lisa gehört hatte. Ein kleineres Bild, aufgenommen von der Straße hinunter in den Tobel, war in der unteren Bildecke montiert. Eine fett gestrichelte, rote Linie zeigte an, wo entlang das Auto gut zehn Meter in die Tiefe gestürzt war. Dieser Hinteregger mit seiner Mannschaft. Sie hatten die Stelle, die er ihnen als möglichen Unfallort gezeigt hatte, glaubwürdig präpariert. Würde er auch selbst irgendwann diese Geschichte glauben? *False Memory* hieß das Syndrom. Vermutlich nicht. Aber wenn er an Irmi, an Lisas Eltern, Geschwister und Freunde dachte, ja, an das ganze Umfeld von ihr, dann akzeptierte er inzwischen Hintereggers Meinung. Auch wenn dessen Fürsorge hauptsächlich seiner Company galt, so kam sie auch Lisas Umfeld zugute. Walcher stellte sich die realen Schlagzeilen vor: *Bestie schändet zweite Frau!* Nicht auszudenken. Mit Lisas Unfalltod zu leben war furchtbar und würde ihre Familie ein Leben lang verfolgen. An dem Wissen der wirklichen Todesursache konnte man zerbrechen.

Im Fadenkreuz

Walcher war nach dem Frühstückstee wieder in den Wald geflüchtet. Er musste sich bewegen. Laufen, laufen. Zwischen den Schmerzwellen versuchte er, sich auf sein weiteres Vorgehen zu konzentrieren. Bei aller Sympathie für die Polizei oder für Hinteregger und seinem Team, er betrachtete es als seine Aufgabe, den Mörder und die Hintermänner zu finden. Kurz dachte er an die Sammlung seiner Verstöße, deren er sich bis jetzt strafbar gemacht hatte. Irreführung der Behörden, Beseitigung von Beweisen, Mithilfe bei der Vortäuschung eines Unfalls …, bei Kapitalverbrechen sicher keine Kavaliersdelikte. Ausgerechnet er, der sich dem Aufdeckungsjournalismus verschrieben hatte, vertuschte einen Mord. Und nicht nur einen. Aber was sollte er tun? Die Guten ans Messer liefern, um Gesetzen Genüge zu tun und damit womöglich Schuld daran zu haben, dass die Mörder ungestraft davonkamen? Dann die Company – hatte er das Recht, sie an die Öffentlichkeit zu zerren? Oder wäre es geradezu seine Pflicht, einen solchen Moloch auszuleuchten? »O Mann, Walcher«, flüsterte er unbewusst. So musste sich Oppenheimer gefühlt haben, als er nach dem Abwurf der Atombombe auf Japan die Veröffentlichung technischer Details der Bombe forderte, um das Gleichgewicht der Mächte auf dieser Welt wieder in die Waage zu bringen. Vielleicht etwas hoch gegriffen, aber wird Verantwortung und Schmerz nach der Anzahl der Toten bemessen? Walcher fühlte eine erdrückende Last auf sich. Und dann immer wieder Lisa. Lisa. Lisa.

Während er gekrümmt am Waldrand stand und sein Magen sich wieder einmal leerte, entschied er sich, das Gespräch mit der Kripo zu suchen. Vielleicht nicht in Form einer Anzeige, sondern als Interview getarnt. So könnte er sich vortasten und vielleicht erfahren, was sie wussten und unternehmen wollten.

Walcher lehnte am Stamm einer dicken Buche und fühlte teilnahmslos, wie sich sein Magen auskotzte.

Lisa. Wieder krampften seine Innereien. Mit tränenden Augen nahm er drei verschwommene weiße Punkte wahr, die in einem schmalen Spalt zwischen Wurzel und trockenem Waldboden steckten und nach Pilzen aussahen. Es waren nur keine Pilze, sondern Zigarettenkippen. Das Papier der filterlosen Reste war noch ziemlich weiß. Weder Nässe noch der Tabak oder die Erde hatten es braun verfärbt. Walcher sah hinüber zu seinem Hof. Von beiden Seiten des Buchenstamms konnte er einen Teil von Hof und

Garten bis hin zur Küchentür einsehen. Kein Zweifel! Hier hatte jemand gestanden, hatte drei Zigaretten geraucht, filterlose, und ihn dabei beobachtet. Mit zitternden Händen pulte er die Kippen mit Hilfe eines Zweiges aus dem Spalt, leerte die Packung Papiertaschentücher in seine Tasche und schob die Kippen in die Hülle.

Walcher sah sich im Fadenkreuz eines Zielfernrohrs: wie er im Hof herumlief, im Garten Kräuter jätete, auf der Liege schlief, unter der Gartendusche stand oder Kassetten hörte. Ein Gefühl von Blöße und Verletzbarkeit überfiel ihn. So hatte er auch nach der Entdeckung des Schweins, der Peilsender und der Wanze empfunden. Drei Zigaretten lang war er beobachtet worden. War der Beobachter ein starker Raucher, dann bedeutete der Fund keinen sehr langen Überwachungszeitraum. Bei einem mäßigen Raucher … Walcher schüttelte den Kopf, er verlor sich in relativ unwichtigen Details. Unwillkürlich sah er sich um. Welchen Weg hatte der Beobachter genommen, um hierherzugelangen? War er von unten gekommen, von der Bundesstraße her oder von oben, über die Wiesen und an seinem Hof vorbei, oder hatte er sich der Bergflanke entlang genähert – vielleicht war er auch direkt von Josefs Hof gekommen?

Walcher war froh, sich auf solche Fragen konzentrieren zu können, auch wenn sich gleich wieder Lisa dazwischenschob.

Er ging von Baum zu Baum, in der Hoffnung, weitere Kippen zu finden, aber er entdeckte kein neues Corpus Delicti und kehrte zu der Fundstelle zurück. Ein Schuhabdruck, war ihm eingefallen, vielleicht stieß er ja auf einen. Aber obgleich er mehrmals den Stamm umrundete, außer den Spuren seines empfindlichen Magens entdeckte er nichts. Der Sommer war zu trocken.

Walcher gab die Suche auf und ging langsam die wenigen Schritte zu seinem Haus zurück, bewusster als sonst. Betroffen stellte er fest, dass er sich zweimal umwandte. Es war ein widerliches Gefühl, beobachtet zu werden, von wem auch immer, wann auch immer. Vielleicht hatte jetzt, in eben diesem Augenblick, der Beobachter seinen Posten bezogen und zündete sich gerade eine Zigarette an.

Bevor er die Haustür hinter sich schloss, sah er noch einmal in die Runde. Er würde das Haus abschließen und sich um Irmi kümmern, die Armbrusters besuchen und die Jagd nach dem Mörder aufnehmen. Nun war es nicht mehr nur die Recherche für eine gute Story.

Zwischenspiel

Schon als er die Botschaft auf dem Zettel las, der verführerisch nach Rosen duftete, wusste er, dass es ein Fehler sein würde, zu dem Treffpunkt zu gehen. Er wusste aber auch, dass er dennoch hingehen würde. Zu groß war seine Gier. Sie hatte zwar nur kurz ihren Bademantel geöffnet gehabt, aber das hatte ausgereicht, seine Phantasie zu nähren. Seither waren seine Gedanken beherrscht von Hermines weißen, weichen Formen.

Ein zweites Mal wollte er sich nicht vorwerfen, eine solche Gelegenheit nicht genutzt zu haben, egal, was draus würde. *Kurz nach Einbruch der Dunkelheit bei der Bank am Enschenstein, liebster Wolfgang. In Verehrung, Hermine.* Das war nicht falsch zu verstehen.

Jonny erregte allein schon die Vorstellung, dass eine Frau von sich aus mit ihm Sex haben wollte. Bisher waren es meist gekaufte Frauen gewesen oder Zufallsbekanntschaften in irgendwelchen zwielichtigen Kneipen.

Die Sonne war längst untergegangen, aber die Dämmerung

dauerte heute verdammt lange, dachte Jonny und nahm noch einen kleinen Schluck aus seinem Flachmann aus edlem Chrom. Nur einen kleinen Schluck. Er erinnerte sich nämlich an eine ähnliche Situation, als er eine große Flasche leerte und sturzbesoffen war, bis die bestellte Frau endlich vor der Tür stand. Jonny hatte es nicht mal mehr geschafft, aus dem Sessel aufzustehen, war einfach eingeschlafen. Deshalb hatte er vorsichtshalber nur den kleinen Flachmann mit Wodka gefüllt und als Muntermacher mitgenommen. Seit gut einer Stunde lag er neben der roh gezimmerten Holzbank im Gras und malte sich aus, was er und Hermine treiben könnten.

Im Freien hatte er noch nie Sex gehabt, allein der Gedanke daran steigerte seine Lust. Eine gute Abwechslung, die er dringend für sein seelisches Gleichgewicht brauchte. In seinem Job lief gerade nichts, wie es hätte sein sollen. Erst die vermurkste Geiselsache und dann die höchst unerfreuliche Folge, dass er sich einen neuen Helfer suchen musste. Sascha war ein ausgemachter Dummkopf gewesen, aber auch ein verlässliches Vieh. Nicht, dass er ihm nachtrauerte, aber sie waren ein erfolgreiches und eingespieltes Team gewesen. Vor allem aber hatte Sascha nicht viel gekostet und das war für Jonny wichtig, schließlich musste er seine Helfer aus eigener Tasche bezahlen. Schade auch um die Pistole. Ein seltenes Stück. Äußerst präzise im Schuss und unglaublich leise, weil das Ende des Laufs mit winzigen Öffnungsschlitzen versehen war, was mit der Wirkung eines aufgesetzten Schalldämpfers vergleichbar war. Ein leises Hüsteln unterbrach Jonnys Gedanken. Im spärlichen Restlicht des Tages erkannte er die Silhouette Hermines, sie kam mit ruhigen Schritten die letzten Meter auf ihn zu.

Überhaupt war an diesem Abend Hermine die Ruhige, die

Zielbewusste. Wie verwandelt, frei von ihrer kichernd mädchenhaften Art, übernahm sie die Regie und trieb sie beide zu schnellen, heftigen Umarmungen und schließlich zur Befriedigung.

Warum sie dann trotzdem als Tote im Gebüsch landete, konnte Jonny auch nicht sagen. Irgendwann hatten sich seine Hände um ihren Hals verkrampft und als sie sich lockerten, war Hermine erstickt. Sie hatte sich nicht einmal gewehrt. Vielleicht hatte sie Jonnys Umklammerung ja als besonders stürmische Liebkosung empfunden, wurde ohnmächtig und schwebte ohne Schrecken in den Tod? So gab ihr entspannter Gesichtsausdruck den Gerichtsmedizinern denn auch Rätsel auf.

Jonny fühlte so etwas wie ein leichtes Bedauern. Nicht so sehr über den auch für ihn überraschenden Tod seiner Liebesgespielin an sich, sondern vielmehr über die verschenkte Chance, dieses Spiel noch einige Male zu wiederholen. Konzentriert zählte Jonny sämtliche Gegenstände auf, die er in seinen Taschen bei sich getragen hatte und kniete sich dann suchend nieder, weil er seinen Flachmann vermisste. Er benötigte eine gute Stunde, in der er auf allen vieren seinen ursprünglichen Liegeplatz kreisförmig absuchte, bis er erleichtert die Flasche gefunden hatte. Dann eilte er, so schnell es ihm in der Dunkelheit möglich war, zurück in die Pension und schlich sich in sein Zimmer. Das war riskant und er verfluchte sich, nicht schon vergangene Woche ausgezogen zu sein. Allerdings konnte er vor Ort besser auf mögliche Vermutungen der Polizei reagieren, denn dass man die Leiche fand und die Kripo alle Pensionsgäste verhören würde, das war Jonny klar. Aber er fühlte sich vollkommen sicher, an der Identität Wolfgang Braunmüllers war nicht zu rütteln, immerhin stammte sie aus den Händen englischer Profis. Und für den Abend hatte er ein wasserdichtes Alibi. Er musste nur noch das Video mit dem Fernsehprogramm des heutigen Abends anschauen, um über die Sendungen mitreden zu können, und genau das hatte er vor, mit einer Flasche Wodka. Den Videorekorder würde er danach auf den Müll werfen. Hermine hatte auf ein Kondom bestanden, also würde die Kripo kein Sperma finden für eine DNA. Und Haut oder ein Haar von ihm würden sie auch nicht finden, denn um das zu verhindern, hatte er Hermine mit einem Grasbüschel gründlich abgeschrubbt, ihre Fingernägel gereinigt und sie in einem weiten Bogen durch das Gras zu der Stelle gezogen, wo sie nun im Gebüsch versteckt lag, samt ihren Kleidern.

Alle übrigen Gäste schliefen, nur in Jonnys Zimmer lief leise der Fernseher. Er prägte sich das Programm des Abends genau ein und trank dazu vom Wodka, den er noch von Sascha geschenkt bekommen hatte.

Jonny fand, dass er allen Grund zum Feiern hatte. Nachdem er – mehr zufällig – das Päckchen mit der CD und dem Code-Wort in Mayers Haus entdeckt hatte, hegte sein Boss keinerlei Groll mehr gegen ihn, im Gegenteil, er hatte ihm sogar eine Extraprämie in Aussicht gestellt. Dass er trotzdem noch eine weitere CD beschaffen sollte, verstand er zwar nicht, aber er würde auch diesen Job erledigen. Die Sache mit der Freundin von diesem Typen hatte nicht so ganz geklappt, wahrscheinlich blieb ihm nur, ihn persönlich zu greifen und weichzukochen.

Therapie

Für den heutigen Tag hatte sich Walcher ein derart volles Programm auferlegt und festgestellt, dass Arbeit durchaus mit Therapie gleichgesetzt werden konnte.

Nach dem Kippenfund im Wald setzte er sich ans Telefon und rief Punkt neun Uhr, gleich zu Beginn der Öffnungszeit, die Leiterin des Fremdenverkehrsamts an. Er fragte sie, welche Gäste in und um Weiler länger als die üblichen ein bis zwei Wochen gebucht hatten. Sie versprach, in ein paar Minuten zurückzurufen, denn man kannte sich, war mit Lisa zur Schule gegangen. Anschließend erkundigte er sich beim Einwohnermeldeamt nach Neuzugezogenen, nach Hauskäufen und -verkäufen sowie nach sonstigen Veränderungen in der Gemeinde. Dieses Mal gab er an, Journalist zu sein, denn solche Informationen bekam man nicht so einfach, auch nicht in solch kleinen Landgemeinden wie Weiler. Der Hinweis auf einen Artikel über die Entwicklung der Gemeinde, an dem er gerade saß und mit ein paar Fakten schmücken wolle, stimmte die Beamtin mitteilsam. Aus dem Stegreif zählte ihm die freundliche und offensichtlich tüchtige Mitarbeiterin auf: zwölf Geburten, drei Zuzüge aus Nachbargemeinden, zwei Abmeldungen und neun Sterbefälle. Was Hausverkäufe anbetraf, müsse er das Grundbuchamt anrufen. Das tat Walcher umgehend und hörte dort wieder dieselbe Stimme. Etwas verunsichert fragte er, ob sie nicht gerade miteinander gesprochen hätten, ihre Stimme käme ihm bekannt vor. Die Dame bejahte, aber nun erst sei er richtig beim Grundbuchamt. Walcher wagte einen kühnen Vorstoß und fragte, warum sie seine Frage denn nicht vom Einwohnermeldeamt aus hätte beantworten können. Die Stimme erklärte ohne zu zögern, dass dies zwei unterschiedliche Ämter seien und nur die Tatsache, dass die Gemeinde Personal einsparen müsse, nicht Grund genug sei, alle sinnvollen Strukturen aufzulösen. Er solle jetzt aber seine Frage stellen, sie hätte genug Zeit vertan. Walcher wiederholte gehorsam seine Frage und bekam wieder sofort eine Antwort. In den vergangenen drei Monaten hätten vier Häuser ihre Besitzer gewechselt. Sie ratterte die Namen in einer atemberaubenden Geschwindigkeit herunter. Bei der Nummer vier knisterte etwas in Walchers Kopf. Die Münchener Firma *Saveliving Grund-und-Boden GmbH* hatte im Juli den Hof von Tobias Weidel gekauft, notariell beurkundet durch den Notar Martin Einhauser aus Kempten daselbst, und den als Bevollmächtigten ausgewiesenen Wolfgang Braunmüller ...

Walcher unterbrach die Stimme, bedankte sich herzlich und legte auf. *Saveliving* – die Company also. Er fühlte sich gewichtslos, als würde er im nächsten Augenblick den Bodenkontakt verlieren. Bisher war die Company eine fiktive Macht gewesen, die verweste Schweine in Keller hängen ließ, Menschen ermordete, Häuser in die Luft sprengte, Peilsender an Autos installierte und Wanzen unter Tischplatten klebte, aber ebenso gut hätte es sich um eine Art Planspiel im Internet handeln können, das sich in einer nicht wirklich realen, fassbaren Dimension abspielte. Irgendwie war er bisher durch dieses »Planspiel« gestolpert, ungläubig staunend und neugierig, wie sich das Ganze entwickeln würde. Durch den Mord an Lisa war ihm die Beobachterrolle genommen. Und seit der Entdeckung in Josefs Hof hatte die Gegenseite Gesicht und Form erhalten.

Jetzt tauchten plötzlich weitere Gesichter und Fakten auf, wie der notarielle Eintrag beim Grundbuchamt der Gemeinde Weiler im Allgäu. Die Company wurde Realität, und zwar unmittelbar vor der eigenen Haustür. Jetzt hatte nicht er die Story, sondern die Story hatte ihn eingeholt.

Hatte nicht Josef, der brave Josef, der immer zur Stelle war, wenn etwas passierte, hatte ihm dieser Josef nicht einmal erzählt, er habe in einer Münchener Maklerfirma eine leitende Funktion inne, überlegte Walcher. Weiter konnte er den Gedanken nicht spinnen, das Telefon klingelte.

»Acht Dauergäste haben sich anscheinend in unser wunderschönes Weiler verliebt«, berichtete die Leiterin des Fremdenverkehrsamtes und zählte sieben Namen auf. »Sascha Parenko und Wolfgang Braunmüller, beide aus München, ein Hinteregger, Eberhard, aus Wien, Herr und Frau Willner aus Mainz, ein Wolfgang Strebauf aus Stuttgart, Elfriede Hümmler aus Berlin und Rosa Helmbroch, ebenfalls aus Berlin, halten sich länger als die durchschnittlichen ein bis zwei Wochen hier auf. Am längsten Wolfgang Braunmüller und Sascha Parenko, ein gebürtiger Russe übrigens, sind bereits seit Anfang Mai hier. Untergebracht ist der Wolfgang Braunmüller in der Pension *Alpenglühen*, der Russe im Sporthotel, Hinteregger wohnt ebenfalls im Sporthotel, die Mainzer sind in der *Alpenrose*, der Herr Strebauf hat etwas von privat gemietet ebenso wie die Stuttgarter und …«

Walcher hörte nicht mehr richtig zu, seine Gedanken kreisten bereits um die beiden Männer aus München. Er bedankte sich herzlich für die Auskunft und kramte nebenbei in der übervollen Schublade des Küchentischs nach der Karte von Weiler und Umgebung, auf der alle Hotels, Pensionen und Privatunterkünfte verzeichnet waren. Er fand sie nicht und nahm sich vor, eine zu besorgen und vielleicht auch bei der Frau Zehner vorbeizuschauen und nach Neuigkeiten zu fragen.

Wolfgang Braunmüller, Sascha Parenko und Hinteregger hielten sich also schon seit Anfang Mai in Weiler auf. Da Hinteregger ausschied, blieben Braunmüller und der Russe. Der wiederum lag in der Gerichtsmedizin Kempten. Also müsste Braunmüller sein Mann sein. Aber erst einmal musste er sich um Irmi und die Armbrusters kümmern. Ein Besuch im Krankenhaus war ausgemacht, dann war Irmis Therapiestunde bei Isolde Becker in Lindau und schließlich wollte er noch bei dem zweiten Großeltern-Paar, den Brettschneiders, vorbeischauen ... für die zweite Tageshälfte würde er abgelenkt sein.

Nacht

»Du siehst aus, als ob dir nicht nur Schlaf fehlt. Ruf mich an, wenn du einen Zuhörer brauchst, nicht als Therapeutin, sondern als Freundin. Okay?«, hatte Isolde angeboten, als sie am Nachmittag Walcher und Irmi verabschiedete und ihn dabei sehr intensiv angesehen. Vielleicht brauchte er ja wirklich jemanden.

Stöhnend quälte sich Walcher aus dem Sessel im Wohnzimmer und verscheuchte damit Bärendreck, der mit der Sicherheit seines unverdorbenen Instinkts Walchers Wehrlosigkeit beziehungsweise dessen Bedürfnis nach Nähe zu einem Lebewesen schamlos ausgenutzt hatte. Sogar die schmerzhafte Lautstärke, mit der Walcher die *Moldau* abspielte, hatte der Kater erduldet, um die seltene Gelegenheit von Streicheleinheiten zu genießen.

In Josefs Musikhalle hatte Walcher zuletzt ein paar Takte der *Moldau* gehört und heute sich damit auf seine Jagd einstimmen wollen. Jetzt nahm er die CD heraus und legte Abdullah Ibrahim ein. Lisa hatte ihm die CD geschenkt. Erinnern bedeutet Trauerarbeit, fiel ihm ein, irgendwo gelesen zu haben.

Auf dem Rückweg zum Sessel füllte er sich am Barschrank ein Glas mit Sherry. Jerez de la Frontera, Sherry, Lisa ... würde er noch irgendetwas tun können, ohne dass seine Assoziationen ihn zu Lisa führten? Zulassen, einfach zulassen ... noch so eine gute Therapieempfehlung.

Walcher zwang sich, an Josef zu denken. Im Halbschlaf war vor seinen Augen ein Film abgelaufen. Sanatorium Münzer, Lindenberg, Straßensperren, Josef im Gespräch mit einem Polizisten und direkt hinter Josef stand ein schlaksiger Typ im grauen Anzug – Professor Münzer, Carolines Adoptivbruder. Angeblich zu jener Zeit auf den Kanaren. Und nicht nur dort, auch auf dem Spaziergang zum Sportplatz war der Professor ihm begegnet. Der Inlineskater! Walcher war sich absolut sicher. Also nicht Kanaren. Die beiden trafen sich in der Nähe des Sanatoriums, das in der Nacht zuvor in die Luft gejagt worden war. War der Professor am Machtkampf in der Company beteiligt? Standen er und Josef rein zufällig an der Absperrung zusammen? Warum hatte Josef, der gute Nachbar, ihm nach der mafiatypischen Schweinedrohung nicht geraten, zur Polizei zu gehen? Wäre doch eigentlich die normalste Reaktion gewesen. Wer wusste, dass er mit Lisa befreundet war und wo sie wohnte? Wer kannte sich in der Gegend so gut aus, dass er diesen abgelegenen Hof fand? Josef Vomweg, Professor Münzer, Wolfgang Braunmüller, Sascha Parenko … warum nicht? Sollte er mit Hinteregger darüber sprechen oder erst einmal alleine weitermachen?

Walcher entschied sich erst einmal für einen weiteren Sherry. Die Nacht war mild. Er saß im Wohnzimmer bei offenen Fenstern. Das Hoflicht war hell genug, um ungebetene Gäste entdecken zu können und außerdem lenkte es die lästigen Mücken ab. Bis der Morgen kam, würde er noch einige Nachtgespenster vertreiben müssen.

Ritual

Vier Kundinnen standen vor Frau Zehners Ladentisch eng beieinander und mit weit vorgereckten Köpfen, um auch alles mitzubekommen, was sie berichtete. »Krankhaft ist des ...«, bekam Walcher noch mit, bevor sich alle ihm zuwandten und Frau Zehner ihren Bericht unterbrach. »Lasst's mich den Herrn Walcher schnell bedienen, no schwätzet mier weiter«, bat sie die Damen, die Walcher bereitwillig eine Gasse zur Theke frei machten.

Walcher reichte Frau Zehner zwanzig Euro und meinte, »hatte noch Schulden bei Ihnen.«

Frau Zehner nickte etwas abwesend und steckte den Schein in die übliche Blechschachtel.

»Des mit der Lisa, also mein ...«, der Rest erstickte hinter ihren zusammengepressten Kiefern und Lippen. »Hab sie von klein auf ...«

Auch die anderen Damen begannen zu schluchzen, und in Walcher stieg der Drang auf, sich ihnen anzuschließen.

»Könnt meinen ...,«, hatte sich Frau Zehner wieder einigermaßen im Griff, »dass ein Fluch über uns kommen ist. Langsam wird's mir unheimlich. Seit meiner Geburt leb ich hier und kann mich nicht erinnern, dass so viele schreckliche Dinge g'schehen wären. Und ich hab ein sehr gutes Gedächtnis. Diebstähle, Streitereien, Schlägereien und während des Krieges viel Ungerechtigkeit, gut, des hat's immer wieder alles geben. Auch, dass sich mal jemand um'bracht oder einen in der Wut erschlagen hat, aber des hat dann g'langt für ein Jahr. Aber was in dene letzten zwei Monat hier herum alles g'schehen isch, da könnt man schon auf and're Gedanken kommen ... selbst die Viecher bringen sich schon um, bald traut sich kein Gast mehr her zu uns ... werd's sehen.«

Dichtes Schweigen folgte. In dieser Pause – man hätte sie auch die »Zehner-Falle« nennen können – blieb einem nichts anderes übrig, als nachzufragen, wollte man nicht unaufgeklärt den Laden verlassen und den Rest des Tages in bodenlose Grübelei versinken. Walcher fragte also nach und der »Zehner-Quell« sprudelte.

»Der Gänserich von der Zettler hat sich mi'm Kopf durchs Zaungitter gequält, einen Meter fuchzig über dem Boden, und isch dort mit ausg'renktem Hals verreckt. Nicht, dass es schad um ihn g'wesen wär, hat mich schon zweimal gezwickt, das Biest, wenn ich der Zettler Waren ang'liefert hab, aber komisch, gell, dass auch ihre Katze überfahr'n worden ist, direkt vor der Haustür.«

Was daran komisch sei, wollte Walcher wissen.

»Dass die Katz noch nie auf d'Schtroß, sondern immer nur nach hinten hinaus zur Wiese unterwegs war. Ist als Junges vom Auto g'streift worden und seither nie mehr nach vorne raus. Mit dem Manfred Weidel seiner Frau is losgangen, dann hat's ihn selbst erwischt, dann sein Bruder noch, dann die viele Toten im Sanatorium, dann der Russ und dann des junge Fräulein am See, des der Russ auf'm Golfplatz hat missbrauchen wollen, und jetzt hat wer der Hermine die Luft abgedrückt – ja sind denn alle hier herum verrückt geworden? Wenn des so weitergeht, kommen wir alle zusammen in die Klapsmühle. Den Herbert, des is der Mann von der Hermine«, erklärte sie Walcher, »ham's in U-Haft nach Kempten geführt. Er steht unter dringendem Tatverdacht, sagen's. Und alle Gäste in der Pension sind verhört worden, seit sie heut Morgen die Hermine g'funden ham. Beim Enschenstein im Gebüsch hinter der Bank hat's g'legen. Wie lang sie schon tot war, wird erst noch untersucht. Dann wird sich zeigen, ob der Herbert ein Alibi hat. Besonders gut war'n die beiden ja nicht miteinander, aber dass der Herbert die Hermine umbringt, des glaub ich nie und nimmer. Dazu hat der eine viel zu schöne Stimme und singt ja auch im Chor. Nein, heute steht noch nix in der Zeitung. War ja erst heut vor Sonnenaufgang. Der Huber Heinrich hat's g'funden, als sein Hund nimmer aus'm Gebüsch kommen wollt.« Hier erklärte Frau Zehner Walcher kurz, wer der Huber Heinrich war.

»Auf'm Weg zur Jagd war der Huber, mit seinem Dackel. Isch des it alles furchtbar? Richtig unheimlich könnt's einem werden.« Frau Zehner sah einmal mehr über ihre Schulter in den dunklen Raum hinter sich. Auch ihre Zuhörerinnen sahen sich besorgt um. Fast wollte Walcher es ihnen gleichtun. Stattdessen nahm er den *Westallgäuer*, bezahlte und verabschiedete sich.

Er hatte noch nicht die Tür erreicht, da holten ihn die Stimmen der Damen ein, die nun all ihr Wissen in die Runde warfen. Vor der Tür – das Glockengeläut schepperte noch – überflog Walcher die Titelseite. In riesengroßen Lettern aufgemacht, obwohl nun schon einige Tage her, war ein Bericht über den Mord an Andrea Mayer mit Fotos vom Gewächshaus und vom Haus am See.

Walcher blätterte weiter. Auf der Regionalseite war das Sanatorium abgebildet und darunter stand: *Caroline Münzer, die Tochter von Klaus Münzer, eines der Todesopfer von Lindenberg, und Schwester von Professor Münzer, in dessen Sanatorium eine Gasexplosion insgesamt sieben Opfer forderte – der »Westallgäuer« berichtete ausführlich darüber –, ist spurlos verschwunden. Nach Mitteilung der ermittelnden Behörden sollte Frau Münzer zu dem Anschlag und dem bestialischen Mord an Andrea Mayer vernommen werden ...*

Da werden sich die ermittelnden Behörden noch etwas gedulden müssen, murmelte Walcher vor sich hin.

Irmi

Bei manchen Themen, Bildern oder Situationen werden Fenster in die Vergangenheit aufgestoßen. Auch Walcher kannte dieses Phänomen, an Erlebnisse aus seiner Kindheit erinnert zu werden. Als er an Irmi dachte, sah er sich mit dreizehn Jahren, hochaufgeschossen, in der Haartracht der Beatles, an der Tür des kleinen Einfamilienhauses in Köln-Deutz stehen, das sein Zuhause und das seines Bruders werden sollte.

Es war ein kalter, neblig-feuchter Tag im Oktober gewesen. Sie trugen beide noch Sommerhosen, obwohl ihnen bereits seit Tagen der Rotz aus den Nasen lief. Sie hatten auch vergessen, ihre Unterwäsche und Hemden zu wechseln, aber das sah niemand, eher schon war es zu riechen. So standen sie, mit nackten Füßen in abgelatschten Turnschuhen, ungekämmt und mit rotgeweinten Augen vor einer fremden Haustür. Ein Bild des Jammers. Die Tür ging auf, und eine griesgrämige Frau blieb in der halb geöffneten Tür stehen, in ihrem schmuddeligen, grauen Trainingsanzug mit weißen Streifen an der Seite sah sie genauso ungepflegt aus wie die beiden Jungs. Mit fettigen, strähnigen Haaren, zwischen gelben Fingern eine qualmende Zigarette haltend, sah sie ihn und seinen Bruder kurz an, nickte und ging zurück ins Haus. Keine Begrüßung, kein freundliches Wort, keine Einladung.

Walcher konnte sich nur zu gut an das Gefühl von Verlassenheit erinnern, das ihm damals die Kehle zuschnürte. Am liebsten hätte er geheult, aber das hatte er schon die ganzen letzten Tage getan, zusammen mit seinem Bruder, immer abwechselnd. Der Schock nach der Mitteilung vom Tod des Vaters, »offiziell überbracht« von zwei Polizisten an der Wohnungstür, die sofort nach »Übermittlung der Nachricht« davoneilten, war bald der Angst vor einer ungewissen Zukunft gewichen. Wo die Mutter war, wussten sie nicht, das einzige Familienmitglied, das sie kannten, war die Schwester des Vaters, zu der sie bis dahin so gut wie keinen Kontakt gehabt hatten.

Hätte sich nach dieser Begrüßung nicht die kleine kalte Hand seines Bruders in die seine geschoben, er wäre vielleicht davongelaufen. So aber folgten sie der schlampigen, kalten Frau, die ihre Tante war, in ein Haus, in dem ihnen als Erstes der seltsame Geruch auffiel.

Ihm war, als hätte er einen schweren, kalten Stein im Bauch, daran erinnerte sich Walcher, als wäre es gestern gewesen. Das Urteil über die Tante war voreilig, wie sich bald zeigte. Sie ließ zwar keine Gefühlsregungen zu, aber sie sorgte zuverlässig dafür, dass ihnen kein Rotz mehr aus den Nasen lief. Schule, Studium ... die Tante – sie bestand darauf, nur Tante genannt zu werden – trieb sie emotionslos zu guten Leistungen und einem tadellosen Benehmen an, wie sie es selbst in einem Klosterinternat nicht besser hätten lernen können.

Jetzt stand Irmi vor ihm und kämpfte gegen aufsteigende Tränen. Blass und mit verheulten Augen, wirkte sie so verletzlich, dass Walcher sich auf den Boden kniete, sie umarmte und an sich drückte. Auch Irmi hielt ihn fest umschlungen. Dann weinten sie beide.

»Wann kann ich zu dir?«

»Wir müssen erst mit dem Jugendamt und deinen Großeltern sprechen und dann muss ich noch eine ganz wichtige Arbeit fertigmachen, die mit der Explosion in dem Sanatorium zu tun hat. Mit dem Jugendamt haben wir beide am Montag nächster Woche ein Gespräch und mit Oma und Opa Brettschneider könnten wir jetzt am Wochenende sprechen.«

»Okay. Beeil dich bitte!«

»Das werde ich tun«, nickte Walcher

Feuerwehrübung

Der Weidelhof stand oberhalb von Weiler auf dem Hagelstein, einer Terrasse, etwa in halber Höhe an der Flanke des Höhenzuges, der sich bis nach Sulzberg ins Österreichische hinzog. Die Entfernung zum Ort betrug etwa 20 Minuten zu Fuß, mit dem Fahrrad brauchte man vielleicht die Hälfte – es ging ziemlich hinauf – und mit dem Auto war man in zwei, drei Minuten oben. Walcher entschied sich für einen Fußmarsch. Das Auto hatte er vor der Gärtnerei am ehemaligen Ortsrand von Weiler abgestellt, der sich durch Neubauten immer weiter nach Süden ausdehnte.

Walcher fiel es schwer, sich auf den Dauergast und Bevollmächtigten der Münchner *Saveliving Hausverwaltung*, Wolfgang Braunmüller, zu konzentrieren, denn auf dieser Straße war er schon unzählige Male zu Lisa gefahren. Da blieb dann auch kein Blick für die imposante Bergkulisse im Süden des Tals übrig, die eine steinerne Barriere gegen die jenseitige Welt zu bilden schien. Zu einem anderen Zeitpunkt hätte er das Panorama im blendenden Licht der Sonne, die knapp über den Gipfeln hing, faszinierend gefunden. Bald würde sie hinter ihnen verschwinden und die Spitzen in ein feuriges Rot tauchen. Zwar hatte sie ihre Kraft vom Mittag verloren, aber noch immer war es heiß, wie oft in diesem Sommer.

Obwohl der Weg anfangs noch nicht besonders steil anstieg, geriet Walcher nach wenigen Minuten ins Schwitzen. Was hoffte er, auf dem Hof zu finden, dass er sich derart schinden musste. Nach zehn Minuten verfluchte er sich, das klimatisierte Auto stehen gelassen zu haben. Gegen Ende seiner Wanderung brannten seine Füße, eine Blase machte sich an der rechten Ferse bemerkbar und seine Zunge fühlte sich an wie ein Bimsstein.

Der Weidelhof stand immer noch recht prächtig da, ein Hof von mittlerer Größe, mit einem mächtigen Walnussbaum vor dem Wohnhaus. Den ehemals in hellem Grüngrau gestrichenen Schindeln der Fassade sowie den im dunkleren Grüngrau abgesetzten Türen, Toren und Fensterläden hätte eine Auffrischung nicht geschadet. Trotzdem handelte es sich noch immer um ein Objekt, das bei reichen Städtern Begehrlichkeiten weckte. Inzwischen gab es ungezählte solcher, meist nur an den Wochenenden bewohnten Gehöfte im Allgäu. Die wachsende Anzahl an stillgelegten Höfen und ungenutzten Weideflächen wurde zu einem ernsthaften Problem für die Allgäuer Kulturlandschaft. Bald würden die Kommunen Wiesen-Pfleger engagieren müssen, um die brachliegenden Flächen vor dem Wildwuchs schnell wachsender Büsche und Bäume zu schützen, schließlich kamen die Touristen, um die grünen Weiden des Allgäus zu erleben und nicht eine Art von Bergtundra.

Auch dem Weidelhof war anzusehen, dass er nicht mehr bewirtschaftet wurde. Alle Tore, Türen und Fenster waren geschlossen. Der Misthaufen türmte sich hoch auf, bestand aber nur aus altem, ausgedörrtem Stallmist, aus dem bereits das erste Grün spross. Walcher wollte in das Gebäude rein. Er versuchte es an der Haustür, der Stalltür, an einer modernen Metalltür, vermutlich der Milchkammer, und zuletzt am Scheunentor. Ohne Erfolg. Dann ging er um den Hof herum, in der Hoffnung, die hintere Stalltür oder das hintere Scheunentor könnten offen sein. Aber auch diese Eingänge waren verschlossen. Mit seiner üblichen Zähigkeit machte er nicht kehrt, sondern umrundete auch die Rückseite des Wohntrakts ... und wurde belohnt. Das vorletzte Fenster, vermutlich gehörte es zum Wohnzimmer, stand einen schmalen Spalt offen. Er drückte gegen das Holz. Der Flügel klemmte, schwang aber nach innen auf.

Walcher stieg durch das Fenster ein, das sich in der Außenmauer in Bodennähe befand. Da der Fußboden des Wohnraums gut einen Meter tiefer lag, blieb er mit einem Fuß am Fensterbrett hängen und verlor das Gleichgewicht. Er konnte sich gerade noch abfangen und landete stolpernd in dem leergeräumten Zimmer. Es roch nach faulen Eiern. Der Geruch erinnerte ihn an das Haus seiner Tante in Köln-Deutz – genau der richtige Moment für Erinnerungen. Die Tante hatte das Blumenwasser immer mit kleingestoßenen Eierschalen angereichert und wenn sie diese gärende Brühe einmal in der Woche in die Pflanzenkübel goss, stank es im ganzen Haus wie nach einem gigantischen Osterfurz.

Walcher schob die Erinnerung beiseite. Er war wirklich im ehemaligen Wohnzimmer der Weidels gelandet, denn nur diesen Raum versah man damals mit einem solch üppigen Kachelofen, der vom Boden bis fast an die Decke reichte. Dunkelgrüne Kacheln, in die Brotlaibe, Getreideähren und Früchte modelliert waren. Eine Ofenklappe gab es nicht, die lag wahrscheinlich außerhalb des Zimmers. Es stank zwar nach faulen Eiern, der Raum war aber sauber gefegt. An den ehemals weiß gekalkten Rauputzwänden verrieten eine Menge heller Stellen sowie zahlreiche, herausstehende Nägel, dass die Weidels dort Bilder aufgehängt hatten. Walcher stellte sich das gemütlich eingerichtete Wohnzimmer vor, von dessen Wänden die Vorfahren steif auf das Treiben ihrer Nachkommen herabblickten.

Nicht zum ersten Mal an diesem Tag schaute er in die Vergangenheit zurück, wie er feststellte. Dabei lief ihm die Zeit davon. Sowie die Sonne unterging, würde er seine Durchsuchung abbrechen müssen, Licht anzuschalten wäre viel zu gefährlich.

Durch die Wohnzimmertür betrat er die offene Diele, ein langes Rechteck bis zur gegenüberliegenden Haustür. Auf der linken Seite die Stalltür und eine steile Holztreppe ins Obergeschoss. Rechts stand eine Eckbank, ein Tisch und Stühle. In der Wand oberhalb der Eckbank stand der Holzschieber einer Durchreiche offen, durch die Walcher in die Küche sehen konnte.

Kurz war er sich unschlüssig, ob er mit dem Obergeschoss beginnen sollte, entschied sich dann aber für die Küche, deren Tür, am Ende der Diele kurz vor der Haustür, offen stand.

Der steinerne Spülstein, der alte Herd mit dem ausladenden Rauchfang, an dem an einer Kupferstange Pfannen und Töpfe, Schöpflöffel, Schaber und andere Gerätschaften hingen, auch ein blauweiß kariertes Geschirrtuch am Wandhaken – alles schien nur darauf zu warten, wieder einmal benutzt zu werden.

Die Küche hätte zu einem Bauernmuseum gehören können, original erhalten, aber leblos. Daran änderte auch die weiße Untertasse auf dem wuchtigen Küchentisch nichts, die überquoll mit Zigarettenkippen – alle ohne Filter und bis auf einen halben Zentimeter heruntergeraucht ... wie die drei Kippen am Waldrand.

Das zweite Anzeichen dafür, dass sich hier jemand aufhielt, waren die leeren Flaschen, die auf dem Boden neben der Tür standen. Wodka! Walcher fuhr vorsichtig mit dem Finger über ein, zwei Flaschen – es hatte sich noch kein Staub abgelagert. Sie befanden sich also noch nicht lange dort. Ansonsten entdeckte er in der Küche nichts Außergewöhnliches, aber es gab ja noch andere Räume.

Wieder in der Diele, auf dem Weg in den ersten Stock, hörte er einen Wagen auf den Hof fahren und sah gleich darauf durch das Riffelglas der Haustür einen verschwommenen roten Schimmer vorbeiziehen. Unwillkürlich duckte sich Walcher, sprang zur Küchentür zurück und konnte durch eines der Küchenfenster das Auto sehen, einen roten Lada. Zwar konnte er das Nummernschild nicht erkennen, aber Walcher wäre jede Wette eingegangen, dass es sich um denselben Lada handelte, neben dem er in Zürich geparkt hatte. Zufall? Nein, in diesem Spiel gab es keine Zufälle.

Aber jetzt darüber nachzudenken war kein guter Moment.

Draußen stieg ein sportlicher Mann aus dem Wagen, um die vierzig, blonde, kurzgeschnittene Haare, Freizeitkleidung. Sah nach allen Seiten und ging ans Küchenfenster, wo er den Kopf an die Scheibe drückte und hineinschaute. Dabei hielt er beide Hände wie Scheuklappen an die Augen.

Instinktiv war Walcher von der Küchentür zurückgezuckt und erstarrt. Erst als er den Mann am zweiten Küchenfenster vorbeigehen sah, offensichtlich auf dem Weg um das Haus herum, bewegte er sich wieder. Hatte er das Fenster, durch das er eingestiegen war, wieder zugedrückt? Walcher konnte sich nicht mehr erinnern, aber für einen Spurt durch die Diele ins Wohnzimmer, um das eventuell noch offenstehende Fenster zu schließen, war es ohnehin zu spät. Der Mann da draußen hätte ihn sehen können.

Ein Anflug von Panik überfiel ihn. Wer war der Mann? Dieser Braunmüller? Warum kam er dann nicht einfach durch die Haustür, schließlich war er der Bevollmächtigte des Käufers und besaß sicher einen Schlüssel. Oder war er der Killer und machte erst einmal einen Kontrollgang um den Hof? In jedem Fall konnte es eng werden, wenn er ins Haus kam. Walcher machte einen Satz zur Stalltür, die nur mit einem Holzriegel verschlossen war und sich leicht und leise öffnen ließ. Im selben Moment, in dem er auf der anderen Seite der Tür stand und diese wieder hinter sich geschlossen hatte, hörte er ein dumpfes Geräusch aus dem Wohnzimmer und kurz danach knarrten die Bretter der Treppe zum ersten Stock. Walcher konnte es gut hören, er lehnte mit einem Ohr an der Tür. Im Stall war es düster, da es draußen inzwischen dämmerte und die kleinen, verstaubten Stallfenster kaum Licht durchließen. Neben der Tür stand ein großer Transportkarton, wie er für Waschmaschinen verwendet wurde, voll gestopft mit Papierabfall. Obenauf lag eine zusammengedrückte Schachtel, die nach einer Arzneimittelpackung aussah. Walcher nahm sie und steckte sie in die Hosentasche, mechanisch, ohne nachzudenken.

Dann sah er sich im Stall um. Dort, wo vor nicht allzu langer Zeit noch Kühe gestanden hatten, lag nun Gerümpel herum.

Walcher schlich zur Hofseite gelegenen Stalltür, die mit einer Kette und einem Vorhängeschloss gesichert war. Durch eines der Stallfenster zu entkommen zeigte sich bereits nach einem Versuch als unmöglich. Die ohnehin winzigen Metallfenster ließen sich nur kippen, waren eingerostet und bestenfalls mit einem Stemmeisen zu öffnen. Saß er in der Falle? Sich in dem Gerümpel zu verstecken erinnerte ihn an Kinderspiele und bestätigte, dass dieser Tag ein Erinnerungstag war.

Aber schließlich kannte er sich in Bauernhöfen aus. Die Tür zur Milchkammer stand einen Spalt weit offen. Walcher schlüpfte in den kleinen, weiß gekachelten Raum hinein und zog die Tür, eine schwere Brandschutztür aus Eisen, leise hinter sich ins Schloss. Warum man dort eine solch schwere Tür eingebaut hatte? Vielleicht auch ein Sonderangebot wie bei seinem eigenen Ausbau, ging es ihm durch den Kopf.

Neben der Tür lagen einige Holzlatten, alle etwa einen Meter lang. Die längste davon passte, mit etwas Gewalt mittels leiser Fußtritte, ziemlich genau unter die Türklinke. Die Klinke war nun fest arretiert und ließ sich nicht mehr herunterdrücken.

Walcher stellte sich an die Außenwand neben das Fenster und begutachtete die zweite Tür, die zur Hofseite lag und in deren

Schlüsselloch ein Schlüssel steckte. Nun war es wirklich bald wie ein Indianerspiel. Nur wusste er nicht, vor wem er sich versteckte. Hätte er im Wohnteil auf den Fremden warten, den ahnungslosen Eindringling spielen sollen? Er hätte sich ja als interessierten Käufer für den leerstehenden Hof ausgeben können. Stattdessen hatte er sich in den letzten Winkel verkrochen. Hatte er Angst? Angst vor dem blonden Fremden? War es sein Instinkt, der den Blonden als einen Killer erkannt hatte? Sein Puls pochte lauter als normal, und zudem musste er dringend pinkeln. Aber wozu stand er in einem gekachelten Raum mit einem Abfluss in der Mitte? Eine geradezu groteske Situation. Der pinkelnde Investigativ-Journalist in der Höhle des Löwen. Eine bessere Gelegenheit hätten sich die Gegner gar nicht wünschen können, als hier im abgelegenen Hof das Versteck der CD und das Code-Wort aus ihm herauszuprügeln. Konnte er nur hoffen, dass sich dieser blonde Typ ins Bett gelegt hatte. Eine Zeitlang würde er warten und die Milchküche verlassen, nahm er sich vor, dann in der Pension nachfragen, ob dieser Braunmüller einen roten Lada fuhr. Das hätte er schon längst machen sollen und …

Weiter kam Walcher nicht mit seinem Gedankenspiel. Gebannt starrte er auf die Türklinke, an der jemand rüttelte. Auf eine kurze Pause folgten dumpfe Schläge, so als versuchte dieser Jemand, mit einem Holzbalken die Klinke abzuschlagen.

Walcher sprang die zwei Schritte zur Tür und hielt die Holzlatte fest, bis es wieder ruhig wurde. Inzwischen war die Sonne längst untergegangen, und selbst in dem weiß gekachelten Raum war nicht mehr viel zu erkennen. Die Tür zum Hof … der Schlüssel steckte innen, er hatte bei seinem Rundgang versucht, sie von außen zu öffnen. Sie war verschlossen – oder nicht?

Geradezu panisch starrte er auf diese Tür. Sie war ebenfalls aus

Metall und sein Fluchtweg aus der Milchkammer, denn das Fenster war vergittert wie ein Gefängnis. Konnte er es jetzt noch wagen, die Klinke zu drücken, was, wenn der Blonde gerade davorstand? Ihm war zuzutrauen, schwerere Geschütze aufzufahren, wenn er definitiv wusste, dass sich jemand in der Milchkammer verbarrikadiert hatte. Walcher dachte an das Sanatorium und an diesen modernen Sprengstoff.

Walcher tastete sich vorsichtig die paar Schritte zur Hofseite gelegenen Tür. Es war jetzt stockdunkel. Er musste jedes noch so leise Geräusch vermeiden. Dass dieser Typ vermutlich wegen des offenen Wohnzimmerfensters Verdacht geschöpft hatte und nun den ganzen Hof absuchte, sprach für eine gewisse Hartnäckigkeit.

Die Unsicherheit, ob die Tür zum Hof auch wirklich verschlossen war, steigerte sich derart, dass Walcher schon die Hand auf die Klinke gelegt hatte. Er wartete noch und lauschte stattdessen angestrengt. Außer dem Gesang einer Amsel, der gedämpft in die Milchkammer drang, hörte er keine verdächtigen Geräusche und entschloss sich für den Test, zuckte aber im selben Moment zurück. Grell zeichnete sich der gebündelte Lichtkreis einer Taschenlampe auf der rückseitigen Wand der Milchkammer ab. Der Lichtstrahl fiel durch das Fenster neben der Tür, an die Walcher sich nun presste und so flach wie möglich machte. Heilfroh, dass er sich rechtzeitig auf diese Seite zurückgezogen hatte, starrte er auf die Lichtscheibe, die wild durch die Milchküche zuckte, soweit es die Begrenzung durch die Fensterlaibung zuließ und dann auf der Klinke der Tür zum Stall ein paar Sekunden zitternd verharrte. Dann wanderte sie über die Holzlatte nach unten auf den Boden und erstarb.

Einen Atemzug später drang ein Lichtstrahl, dünn wie eine Degenklinge, am Schlüssel vorbei durch das Schlüsselloch. Spätestens jetzt musste dem Blonden klar sein, dass sich jemand in der Milchkammer verbarrikadiert hatte. Laut war ein »*Motherfucker*« zu hören, dann erlosch der Strahl. Kurz darauf löste das Aufheulen eines Motors Walchers Verkrampfung. Aber ... war die Gefahr wirklich gebannt? Was, wenn der Blonde einen Partner über Handy herbeigerufen hatte und das Motorengeräusch nur eine Finte war, während an der Tür bereits die Verstärkung lauerte? Das Handy – Walcher wurde es siedend heiß. Sein Handy war die ganze Zeit empfangsbereit gewesen. Hätte ihn jemand angerufen ... nicht auszudenken. Froh darüber, die Nummer gespeichert zu haben, rief er Hinteregger an und schilderte seine Situation. Dann kauerte Walcher ungefähr 20 Minuten im Winkel der Milchkammer, bis er laute Motorengeräusche hörte, die sich dem Hof näherten. Anscheinend eine ganze Wagenkolonne schwerer Lastwagen. Blaue Blinklichter reflektierten an den Kacheln der Milchküche. Auf dem Kies im Hof bremsten schwere Reifen, Motoren wurden abgewürgt, andere heulten auf, Türen wurden zugeschlagen, Kommandos ertönten. In dem lauten Tumult ging das Klopfen an der Milchkammertür beinahe unter. Aber es wiederholte sich und dazu rief eine Stimme: »Ich bin's, Hinteregger, die Milch kann abgeliefert werden, bevor sie sauer wird.«

Zehn Minuten später saßen die beiden in der *Traube* und tranken einen Roten, einen österreichischen Roten, zu dem Walcher seinen Retter einlud. »Unglaublich«, schüttelte er den Kopf und schmunzelte, als er sich wieder und wieder vor Augen führte, wie er zaghaft die Tür der Milchkammer geöffnet und eine Filmszene vor sich hatte. Drei Löschfahrzeuge der Feuerwehr standen im Hof, Feuerwehrmänner wuselten durcheinander, rollten Schläuche aus, Befehle wurden gebrüllt, Generatoren versorgten dröhnend die Scheinwerfer, die den Weidelhof aus der

Dunkelheit der beginnenden Nacht herausschnitten. Eine Feuerwehrübung!

Dieser Hinteregger hatte doch tatsächlich innerhalb von wenigen Minuten eine Feuerwehrübung auf die Beine gestellt, um ihn in diesem Tumult unerkannt aus seinem Versteck zu befreien. Walcher stieß auf seinen Befreier an.

Es blieb nicht bei einem Glas, auch Hinteregger schien nichts dagegen zu haben, der Realität für einen Abend lang zu entfliehen.

Gut eine Stunde saßen sie beieinander. Als Walcher dann zahlen wollte und in seinen Taschen nach Geld kramte, fand er die zerknüllte Schachtel. Ein bisschen beschwipst glättete er sie umständlich und las laut: »Vor Kindern geschützt aufbewahren. Sulpirid. Nicht ohne ärztlichen Rat einnehmen.«

Hinteregger wurde schlagartig nüchtern und nahm Walcher die Schachtel aus den Händen.

»Woher hast du das?«

»Aus einer Abfallkiste im Stall des Weidelhofs.« Walcher schien etwas irritiert über Hintereggers Reaktion.

»Wenn ich mich recht erinnere«, Hintereggers Gesichtsausdruck bekam etwas Entrücktes, als kramte er in seinem Gedächtnis nach vor langer Zeit erworbenem Wissen, »ist Sulpirid ein Neuroleptikum, das antipsychotisch wirken soll und Impulsdurchbrüche oder, drastischer ausgedrückt, Gewalttendenzen dämpfen soll. Diesen Blocker bekommen Patienten«, fuhr er nach einer kurzen Pause fort, »deren Neurotransmitter bei bestimmten chemischen Konstellationen ausfallen und die deshalb aggressive Gefühlsimpulse nicht kontrollieren können. Früher bezeichnete man sie als Psychopathen. In der modernen Psychiatrie werden sie als Menschen mit Persönlichkeitsstörungen beschrieben, was aber letzten Endes keinen Unterschied macht. Ihnen sind normale Emotionen abhandengekommen oder sie haben nie welche empfunden. Sie führen ein Leben ohne Ethik und Moral, etwas Treffenderes fällt mir heute angesichts des vielen Weins dazu nicht mehr ein. Wer das Zeug einnehmen muss, ist zu allem fähig, kapiert?«

Walcher nickte und zog seinen Stoß an Zetteln aus der Hemdtasche. »Mein Büro«, erklärte er Hinteregger auf dessen fragenden Blick. Ihm war der rote Lada eingefallen. Wenn es derselbe aus dem Züricher Parkhaus war, dann könnten die Fingerabdrücke des Fahrers auf der Visitenkarte sein. Er fand sie in dem Packen und hielt sie Hinteregger vorsichtig an den Rändern hin. »Da sind Fingerabdrücke drauf, könnte jedenfalls sein. Wäre interessant, ob die mit denen auf der Packung übereinstimmen. Dann stellen wir den Halter des Ladas fest und ... und sind wieder ein Stückchen weiter.«

Hinteregger nickte, zog ein Beutelchen aus seiner Brieftasche und steckte die Visitenkarte hinein. Walcher erzählte, was es mit dem Parkhaus auf sich hatte.

Nach dem nächsten »Prost« meinte Hinteregger: »Da wir gerade so nett beisammensitzen. Wo steckt eigentlich Caroline?«

Walcher überlegte und wählte seine Formulierung mit Bedacht, um Hinteregger nicht zu kränken. »Ich hoffe, dass sie sich in Sicherheit befindet! Wir haben vereinbart, dass es allein ihre Sache ist, wann sie das Geheimnis ihres Aufenthalts lüftet. Aber wenn wir schon gerade bei Geheimnissen sind, was ist eigentlich mit ihrem Bruder oder, besser gesagt, mit ihrem Adoptivbruder? Steckt der auch in der Sache mit drin? Und wenn wir schon Fragestunde haben: Wer kämpft da eigentlich gegen wen in eurer Company?«

Es dauerte ein paar Sekunden, dann nickte Hinteregger, als ob er sich entschlossen hatte.

»Hm, ich könnte mich jetzt rauswinden und von irgendwelchen Ermittlungen sprechen, die derzeit noch nicht zur Veröffentlichung freigegeben sind, aber das bringt uns ja nicht weiter. Also, der Adoptivbruder von Caroline ist eher ein Mitläufer, der sich vor allem die Finanzierung seiner Forschungen sichern wollte. Der hat sich mit seinem Vater wohl nicht mehr so richtig verstanden und musste befürchten, selbst für seinen Lebensunterhalt sorgen zu müssen. Und da hat er wahrscheinlich bereitwillig zugestimmt, für Vomweg den Informanten zu spielen. Ich glaube, er ist in diesem Krieg eine zu vernachlässigende Größe. Sein Problem ist eher seine Leidenschaft fürs Spielen und für eine Frau, die ihn im Schwitzkasten hat. Seine Konten sind alle im Minus und sein Institut und das Sanatorium sind nichts als Geldvernichtungsanstalten. Wir haben auch geprüft, ob er das Ding nicht sogar selbst in die Luft gejagt hat, Versicherungsbetrug und so was.«

Hinteregger griff bedächtig zu seinem Glas, trank einen Schluck und stellte es wieder auf dem Bierdeckel ab. Er hatte sich damit die nötige Zeit verschafft, um den zweiten Teil von Walchers Frage korrekt zu beantworten. »An denen, die in der Company an die Macht wollen und deshalb vor absolut gar nichts zurückschrecken, sind wir ziemlich nah dran. Einer von ihnen steht jedenfalls fest und das ist der Chef der *Grund-und-Boden-International GmbH*, der Vorgesetzte von deinem Nachbarn Vomweg. Er ist Herr über den Umsatz von Milliarden von Dollar und hat an die 20 000 Mitarbeiter weltweit. Der Rest ist noch Vermutung und deshalb schweige ich darüber erst einmal.«

Walcher hatte noch eine ganze Reihe von Fragen, vor allem, wie die nächsten Schritte Hintereggers aussahen, was mit Josef geschehen sollte, was mit Lisas Mörder passierte, wann er diesen Thok treffen konnte, aber da rumorte Hintereggers Handy. Als er den Apparat wieder einsteckte, sah er Walcher groß an, schüttelte den Kopf und sagte: »Da meinen sie, sie wären Profis, und machen die unglaublichsten Fehler. Stell dir vor, meine Leute haben in einem der oberen Zimmer, wohl dem ehemaligen Schlafzimmer der Weidels, ein Packpapier gefunden, das an A. Mayer in Wasserburg adressiert war und aus Spanien abgesandt wurde. Das Papier war so gefaltet, dass ein Stapel Papiere und ein *jewel-case* hätten drin sein können, vermutet Hans zwei, und der muss es eigentlich wissen, denn der war mal bei der Deutschen Bundespost. Wer hat das wohl abgeschickt? Auf wen würdest du da schließen, du Aufdeckungsjournalist, hä? Na«, schob Hinteregger noch aufmunternd hinzu, als Walcher nicht sofort antwortete.

»Vielleicht auf Mayers Frau«, versuchte es Walcher, der seine Trägheit dem Wein zuschob.

»Nicht schlecht, nah dran«, lobte Hinteregger gönnerhaft, »aber lassen wir's damit für heute bewenden, so ganz klar im Kopf bin ich auch nicht mehr. Komm, wir nehmen uns ein Sammeltaxi.«

Als ihn das Taxi abgesetzt hatte und wieder abgefahren war, setzte sich Walcher auf die Bank neben der Haustür. Er sah hinauf in den Sternenhimmel und sog tief die kühle Nachtluft ein. Lag nicht ein Hauch von Tabakrauch darin? Walcher schüttelte unbewusst den Kopf. Nein, er wollte sich nicht verrückt machen lassen, selbst wenn wieder einer am Waldrand lauern sollte. Die DNA der Kippen sollte mit denen aus dem Weidelhof verglichen werden, fiel ihm ein. Lag es am Wein oder an Hinteregger, dass er ein Gefühl von Sicherheit empfand? Dann war Lisa wieder in seinem Kopf.

Machtübernahme

Knapp an der Grenze zur Überschallgeschwindigkeit jagte Delucca in nur hundert Metern Höhe über dem Meer seinem Ziel entgegen. Er war zur englischen Military Base unterwegs, später wollte er dann mit dem Helikopter ins Company-Hotel auf Mingulay. Delucca fühlte sich fantastisch, wie immer, wenn er flog. Was heute seinen Adrenalinspiegel in die Höhe peitschte, war nicht nur die Geschwindigkeit, mit der er über diese Welt jagte, sondern die greifbare Vision seines Sieges. Nur noch einen Tag, dann würde er zum mächtigsten Mann der Company gewählt. Pah, nein! Nicht gewählt, er würde die Macht übernehmen, sich krönen wie einst Napoleon. Die Mayer'sche CD steckte in der Tasche seines Overalls, den PIN-Code hatte er sich ins Hirn gehämmert: »Dorothea«.

Am Ende hatte sich sein Einsatz doch gelohnt. Wenn er allein an die Suchaktion im Mayer'schen Haus dachte – an die dreißig Helfer mussten aufgetrieben werden, die nicht nur die Handwerksarbeiten für Andrea erledigten, sondern hauptsächlich nach der CD zu suchen hatten. Ein unglaublicher Aufwand, der ordentlich Geld gekostet hatte. Überhaupt, Andrea. Da war etwas schiefgelaufen. Andrea hätte ihm etwas bedeuten können, vielleicht, wenn die Situation eine andere gewesen wäre.

Die CD von Münzer brauchte er nicht mehr, wer einmal im System war, konnte es auch verändern. Trotzdem hatte er Josef den Auftrag gegeben, sie zu beschaffen.

Eine Euphorie von Macht jagte durch seine Adern. Er bekam Lust, die Maschine steil in den blauen Himmel zu ziehen, einem Jauchzer gleich. Doch er unterdrückte sie, weil er dann plötzlich, wie aus dem Nichts, auf den Monitoren der Flugsicherungen aufgetaucht wäre. Seit seinem Start von einer unbedeutenden Piste eines Flugsportvereins an der Atlantikküste, nahe Brest, hatte er seine Flughöhe beibehalten und jedes Radar unterflogen. Die F-104 war schon eine betagte Hornisse, wie Delucca sie nannte, aber bestens gewartet, und sie hatte alles in allem nur wenige Flugstunden auf dem Buckel. Delucca hatte sich den Starfighter aus der Konkursmasse der *LOC Development Corp.* gepickt, einer Tochtergesellschaft des einst angeschlagenen Lockheed-Konzerns. Die F-104 diente ursprünglich Testzwecken und war daher mit viel Elektronik ausgestattet und konnte so ziemlich alles messen, was es am Flugverhalten eines Flugzeugs zu messen gab. Das meiste Gerät hatte Delucca ausbauen lassen. Übrig blieb eine Maschine, die bis auf das absolut Notwendige abgespeckt und dadurch leicht und enorm wendig war. Nur auf die Abschussvorrichtungen für die kleinen, bissigen Stinger-Raketen unter den Tragflächen und die zwei zusätzlichen Tanks wollte er nicht verzichten. Irgendwann, so stellte er sich vor, würde er ein Schiff oder ein Flugzeug angreifen und in die Luft jagen, einfach so aus Spaß.

In den Verzeichnissen der internationalen Luftfahrt, auch in denen der Militärs, existierte Deluccas Starfighter nicht mehr. Er galt als verschrottet beziehungsweise als Ausstellungsstück und war aus den Listen gestrichen worden. Der Aktienanteil der Company an Lockheed und Deluccas Raffinesse hatten diesen Coup möglich gemacht. Dass er auf einigen amerikanischen und englischen Luftwaffenbasen landen und starten durfte, hatte wiederum mit dem Einfluss einiger Politiker und mit Deluccas Vergangenheit beim Militär zu tun. Er war für die US Air Force im Rang eines Generalmajors geflogen und nach seinem aktiven Dienst einige Jahre weltweit als Koordinator für sämtliche Flughäfen der Air Force zuständig gewesen. Das Pentagon hatte ihn ungern gehen lassen. Obwohl dies nun schon gut zehn Jahre zurücklag, verfügte Delucca immer noch über exzellente Verbindungen zu einigen führenden US-Militärs.

Als seine Gedanken wieder zur morgigen Aufsichtsratssitzung zurückkehrten, verspürte er erneut ein unglaubliches Hochgefühl. Alle potentiellen Gegner waren beseitigt oder zumindest insoweit unter Kontrolle, dass kein Widerstand von ihnen zu erwarten war. Delucca hatte bereits vor vielen Jahren an seinem Machtgebäude zu bauen begonnen und hatte nicht an Material gespart. Über alle Führungskräfte der Company besaß er Dossiers, in denen die beruflichen und persönlichen Stärken, besonders aber ihre Schwächen verzeichnet waren. Jeder Mensch ließ sich irgendwann etwas zuschulden kommen, lautete seine Devise, und wenn nicht, dann musste eben nachgeholfen werden. Einzig der engste Kreis um Thok hatte sich als nicht manipulierbar erwiesen. Sie lebten scheinbar wie Heilige, hatte er mehrfach überrascht feststellen müssen. Trotzdem, er war sich einer Zweidrittelmehrheit sicher.

Delucca blinzelte in die Sonne und zählte zum wiederholten Male die sicheren Stimmen seiner Anhänger und die seiner Gegner. Jäh wurde er aus seinem Gedankenspiel gerissen, als der Jet ohne Vorwarnung abrupt nach unten kippte, dem Meer entgegen, als hätte ein Riesenfinger die Flugzeugnase angetippt.

Delucca besaß nicht den Hauch einer Chance, nicht bei dieser Geschwindigkeit, nicht bei der geringen Flughöhe. Bevor er die Lage erfasste, waren die lächerlichen hundert Höhenmeter schon durchjagt. Die stromlinienförmige Spitze seiner Hornisse tauchte elegant ins Meer, Flügel und Tanks aber zerfetzten auf der betonharten Wasseroberfläche, als wären sie aus Balsaholz. In einer Mischung aus Entsetzen und Verwunderung nahm Delucca das Geschehen wahr, ohne es zu verstehen. Sein Kopf setzte erst wieder ein, als sich das Flugtempo auf die Sinkgeschwindigkeit eines Tauchbootes reduziert hatte, mit der die Maschine abwärts in die Dunkelheit glitt. Fassungslos, aber sachlich klar, wie es seiner Denkart entsprach, sah er sich aus dem Macht-Olymp geschleudert und in einem Sarg auf dem Weg in die Hölle. Ersticken oder ersaufen, stellte sich ihm nicht als Frage, sondern wer in der Company für dieses Attentat verantwortlich sein mochte. Denn dass es nicht das Schicksal war, das ihn wie einen Speer in die Unterwelt stieß, davon war er absolut überzeugt. Das große Spiel, sein Spiel, war vorbei und er der Verlierer.

Als die Lichter in der Kanzel erloschen, schloss er die Augen und nahm seinen Helm ab. Sehen konnte er in der zunehmenden Dunkelheit ohnehin nicht viel und den Helm würde er auch nicht mehr brauchen. Er würde überhaupt nichts mehr brauchen und es machte auch keinen Sinn mehr, über irgendetwas nachzugrübeln. Delucca presste seine Lippen zusammen, nickte einige Male mit dem Kopf und tastete dabei nach dem kleinen Hebel an der Seite seines Sitzes.

Die Bilder in seinem Kopf erloschen ohne vorherige Bildstörung, sondern endeten schlagartig, als der Zündsatz des Schleudersitzes ihn an die Glaskuppel presste, deren Sprengsatz nicht gegen den Druck des Meeres ankam. Wäre Deluccas Schädel nicht bereits Brei gewesen, hätten ihn entweder die giftigen Gase oder der Überdruck in der Kanzel umgebracht. Aber selbst wenn er nicht den Schleudersitz gezündet hätte ... Minuten später erreichten die Reste des ehemals so beeindruckenden Flugkörpers jene kritische Tiefe, in der gewaltige Kräfte das Cockpit zusammenquetschten, als würde ein Gigant darauf treten, um es fürs Recyceln vorzubereiten.

Delucca hatte sich aus einem Heer von Straßenkindern in geradezu schwindelnde Höhen empor gekämpft. Verzehrt von seinem krankhaften Ehrgeiz, war er nun in dieses Meer der Namenlosen zurückgekehrt. Der Größte hatte er sein wollen, ein Napoleon der Neuzeit, ein Herrscher über ein gigantisches Wirtschaftsimperium, über alles, über die Welt. Nichts von ihm würde bleiben, keine Vermisstenmeldung, keine Todesanzeige, keine Menschenseele, die um ihn trauerte. So, wie er aus dem Nichts die große Bühne betreten hatte, so plötzlich trat er wieder von ihr ab.

Was Delucca nicht wusste, ja nicht einmal geahnt hatte, betraf seine Rolle in diesem Spiel. Er, der scheinbar raffinierte und mit allen Tricks versierte Draufgänger, war benutzt worden von einem noch weit größeren Strategen, der zu jeder Zeit die Fäden in der Hand hielt.

Etwa drei Seemeilen entfernt, hatte sich Tankerkapitän Niegmanners über ein kurzes, grelles Leuchten dicht über der Meeresoberfläche gewundert. Kurz darauf bauschte sich eine bedrohlich wirkende dunkle Wolke am Himmel auf und stand dort einige Minuten wie ein riesiger Pilz, bevor sie sich wieder aufzulösen begann. Niegmanners machte sich keine großen Gedanken über die Ursache dieser Explosion, bestenfalls darüber, dass als Folge davon Suchflugzeuge auftauchen könnten. Zur Sicherheit ordnete Niegmanners eine Kursänderung an und gab seinem Funkoffizier die Anweisung, keinen Notruf abzusetzen. Nicht, dass Niegmanners grundsätzlich die Gesetze der Christlichen Seefahrt ignoriert hätte, die ihm in solch einer Situation wenigstens die Sichtung der Explosionsursache vorschrieben, aber im Kielwasser seines Schiffs trieb eine kilometerlange Ölspur, die von leistungsstarken Pumpen aus Tank vier ins Meer gepumpt wurde. Er hatte deshalb eine

Strecke gewählt, die nicht von den internationalen Flugrouten gekreuzt wurde, denn bei guter Sicht konnte man den öligen Teppich selbst aus 10 000 Metern Höhe entdecken, den er wie ein Leichentuch hinter sich herschleppte und der sich auch noch weiter ausbreiten würde. Seine Ladung bestand aus irgendwelchen Chemikalien, die selbst noch bei einiger Verdünnung in der Sonne glänzten und funkelten wie Diamanten.

Versprechen

Eine Mischung aus eigener Stimmungslage, dem Versprechen, dass Walcher im Dachzimmer der Mayer'schen Jugendstilvilla der toten Haushälterin gegeben hatte und dem Bedürfnis, die Frage zu klären, welche Rolle sie in dem ganzen Drama gespielt hatte oder ob sie sich nur zufällig zur falschen Zeit am falschen Ort aufgehalten hatte, trieb ihn nach Friedrichshafen zum Wohnsitz von Helga Mehligs Eltern. Hubschmidt hießen sie und wohnten in einem Reiheneckhaus in der Zeppelin-Stadt am Bodensee. Nicht an der Seeseite, sondern in einem jener Neubaugebiete im Hinterlandbereich der Stadt, wo der See nur noch im Bewusstsein der Menschen lebte.

Walcher hatte sich zwar eine Geschichte zurechtgelegt, trotzdem war ihm nicht so ganz wohl dabei, die Eltern in der Trauerzeit zu stören. Der eigene Schmerz macht sensibel, stellte er fest. Vielleicht hätte er sich doch vorher telefonisch anmelden sollen.

Aber nun stand er schon vor der Haustür und drückte auf den Klingelknopf. Zurückziehen konnte er sich ja immer noch.

Kurz bevor er ein zweites Mal den Knopf drücken wollte, wurde die Tür aufgerissen. Vor ihm stand ein kleiner Junge und sah ihn neugierig an. Aus dem Hintergrund rief eine freundliche Stimme: »Wer ist es denn, Thorsten?«

»Kenn ich nich, irgend ein Mann.«

»Ich komme gleich, einen Moment bitte.«

Walcher war gespannt auf die freundliche und auch klare Stimme. Thorsten lief zurück und kam mit einer Frau an der Hand wieder.

»Frau Hubschmidt?«, fragte Walcher.

Sie nickte. Eine Frau um die fünfzig, mit einem offenen Gesicht. Sie trug Jeans und ein kariertes Holzfäller-Hemd. Walcher hatte sich überlegt, sich als Nachbar des Mayer'schen Anwesens vorzustellen, der mit der Haushälterin einige Male gesprochen und sie sehr sympathisch gefunden habe. Nun, aus einem Kurzurlaub zurückgekehrt, wollte er herausfinden, wo sie nach dem tragischen Tod ihrer Arbeitgeberin steckte. Er suche nämlich selbst so eine tüchtige und freundliche Kraft für seinen Haushalt … Als Walcher in die Augen von Frau Hubschmidt sah, nannte er seinen Namen und seinen Beruf und sein Anliegen, sich mit ihr unterhalten zu wollen, wenn möglich ohne den jungen Mann – dabei deutete er auf Thorsten.

Frau Hubschmidt überlegte kurz und nickte dann.

»Thorsten, lauf bitte zu Opa, der ist bei Onkel Kurt, und sag ihm, dass er noch ein Weilchen bleiben kann.«

»Darf ich dann auch bei Opa und Onkel Kurt bleiben?«, wollte Thorsten wissen und sauste davon, nachdem seine Oma es mit einem Kopfnicken erlaubt hatte.

»Kommen Sie herein«, lud Frau Hubschmidt Walcher ein und ging voraus. Durch einen engen Flur führte sie ihn in ein geschmackvoll eingerichtetes Wohnzimmer mit Blick auf den Garten. Sie zog die Terrassentür zu und forderte Walcher auf, sich in einen der Sessel zu setzen. »Ich spüre, dass Sie mir helfen können, den Tod meiner Tochter zu begreifen«, übernahm Frau Hubschmidt das Gespräch. »Beim Apfelpflücken von der Leiter gestürzt! Helga hat in ihrem ganzen Leben noch keine Äpfel gepflückt. Und dann auch noch bei einem Obstbauern, von dem Helga uns nie erzählt hat, weshalb ich davon ausgehe, dass sie ihn nicht einmal kannte.«

»Ich fürchte«, begann Walcher vorsichtig, »dass ich Ihre Fragen noch nicht beantworten kann. Ich stehe selbst erst am Anfang meiner Recherchen, die eigentlich Frau Mayer und ihren Vater betreffen, aber ich werde Sie gerne darüber informieren, wenn ich etwas herausfinde, was Ihre Tochter betrifft.« Nachdem Frau Hubschmidt nickte, stellte Walcher seine erste Frage, die er für die wichtigste hielt. »Wo hat Ihre Tochter vor der Anstellung bei Frau Mayer gearbeitet?«

Frau Hubschmidt antwortete, ohne zu zögern. »Das war eine Hausverwaltungsgesellschaft, *Saveliving Germany*. Davor hatte sie nirgends gearbeitet, sondern ihren eigenen Haushalt versorgt. Sie hat erst zu arbeiten begonnen, als ihr Mann sich von ihr trennte. Er hat sich irgendwo ins Ausland abgesetzt, wir haben den Kontakt zu ihm verloren, leider. Vielleicht ist es besser so. Für Thorsten. Er wird bei uns bleiben, das haben wir mit dem Jugendamt geklärt. Möchten Sie vielleicht etwas zu trinken?«

Walcher lehnte ihr Angebot ab. Er hatte gesehen, dass Thorsten gut aufgehoben war und die Information, dass Helga Mehlig bei der *Saveliving* gearbeitet hatte, war mehr, als er sich erhofft hatte. So einfach würde er aber auch nicht gehen können – Frau Hubschmidt war eine resolute Person.

»Sie haben vorhin gesagt, dass Sie den furchtbaren Mord an Frau Mayer recherchieren, warum interessiert Sie der? Arbeiten Sie für die Polizei?«

»Ich bin freier Journalist und habe nichts mit der Polizei zu tun. Dass mich der Mordfall Andrea Mayer interessiert, hängt mit Informationen zusammen, die eher ihren Vater betreffen. Ihre Tochter war an jenem Tag bei dem Obstbauern?«

»Sie wurde dort gefunden, ja, aber ich halte das Ganze trotzdem für einen Unsinn«, polterte Frau Hubschmidt und schlug mit der flachen Hand auf die Tischplatte. »Außerdem habe ich mir die Obstplantage angesehen, die Leiter stand an einem Baum, an dem die Äpfel noch lange nicht reif waren. Aber die Polizei sieht keinen Grund, an der Aussage des Obstbauern zu zweifeln. Vielleicht hatte sie nur nachsehen wollen, ob die Äpfel schon reif wären, sagte der Bauer aus. So ein ... ein ...«, ihr gingen vor Entrüstung die Worte aus.

Walcher nickte, »ja, das hört sich nicht sehr schlüssig an. Geben Sie mir doch bitte die Adresse des Obstbauern und auch, wer bei der Kripo für diesen Fall zuständig ist.«

Frau Hubschmidt sprang auf und eilte zu dem im Bücherregal integrierten Schreibtisch, schlug ein Adressbuch auf und schrieb eine Adresse auf einen Zettel, den sie Walcher mit der Bitte reichte: »Hier und das ist unsere Telefonnummer. Sie versprechen mir bitte, mich anzurufen, wenn Sie irgendetwas Neues herausfinden. Versprechen Sie mir das?«

Walcher sah auf den Zettel und sagte laut und deutlich: »Ja, das verspreche ich Ihnen.«

Als er kurz danach zurück Richtung Allgäu fuhr, waren wieder Lisa und Irmi in seinem Kopf. Er zwang sich, an etwas anderes zu denken und überlegte, warum Hinteregger nicht Helga Mehligs Arbeitsverhältnis bei der *Saveliving* erwähnt hatte. Walcher hatte Hintereggers offensichtlich gute Verbindungen genutzt und ihn telefonisch gebeten, ihm die Adresse von Helga Mehligs Eltern zu besorgen, was der auch umgehend erledigt hatte. Von der *Saveliving* hatte er nichts erzählt, obwohl er es sicher wusste.

Walcher dachte an Thorsten und an sein Versprechen. Er hatte es eingelöst und nahm sich vor, in einem halben Jahr noch einmal bei den Hubschmidts vorbeizusehen. Wie viel er Frau Hubschmidt dann erzählen würde, hing davon ab, wie sich dieser ganze Wahnsinn entwickelte. Irgendwie hatte er beinahe die Gewissheit, dass ein Ende des Terrors kurz bevorstand. Sein Handy klingelte. Eine unbekannte Stimme stellte ohne Vorrede fest: »Sie haben etwas, was uns gehört. Wollen Sie es uns geben oder müssen wir Sie noch einmal von unserer Absicht überzeugen? Vielleicht mit Hilfe Ihrer kleinen Irmi? Sie haben nur noch eine einzige Chance. Glauben Sie mir. Ich bin heute Punkt 17 Uhr an dem kleinen Parkplatz oben am Tobel bei Längene, gleich hinter Oberreute.«

Walcher hatte am Straßenrand gehalten, die Warnblinkanlage eingeschaltet und saß noch eine Weile so da, bis sich sein Puls und seine Knie wieder beruhigt hatten. Die Stimme des Killers. Der Blonde im Weidelhof. Auch wenn er nur »*Motherfucker*« gezischt hatte, Walcher war überzeugt, dieselbe Stimme zu hören. Ein erbarmungsloser Killer, der Neuroleptika schluckte. Hintereggers Analyse hatte jedenfalls ergeben, dass die Fingerabdrücke auf der Packung identisch waren mit jenen auf Walchers Visitenkarte, die er im Züricher Parkhaus an die Scheibe des roten Ladas geklemmt hatte. Was mochte der Mörder dort getan haben? Hatte er den Mord an Andrea Mayer und Helga Mehlig vorbereitet, den er in derselben Nacht dann ausgeführt hatte? Oder hatte er ein konspiratives Treffen mit seinen Auftraggebern gehabt? War auch der saubere Nachbar Josef mit von der Partie gewesen?

Neandertaler

Es sah nach einem Kampf der Kategorie Zaunpfahl gegen Kalaschnikow aus, und Walcher wurde bei dem Gedanken von einer Welle der Mutlosigkeit erfasst. Er stand am verabredeten Treffpunkt bei Längene und sah vom Rand des kleinen Wanderparkplatzes in den Tobel hinab, an dessen Grund der Hausbach auf seinem Weg nach Weiler strömte. Zehn, vielleicht fünfzehn Meter tief hatte sich der Bach eine Klamm gegraben, deutlich war sein Rauschen zu hören. Die drei, vier Parkplätze neben dem Feldweg waren leer. Hierher kamen wahrscheinlich eher selten Leute, und Walcher war klar, dass dies ein idealer Standort war, um ihn in den Tobel hinunterzustoßen und es dem Zufall zu überlassen, ob seine Leiche je gefunden würde. Es konnte Tage oder sogar Jahre dauern, bis es einen Pilz- oder Beerensammler hierher verschlug. Es kam ja vor, dass solche Sammler auf Leichen stießen. Dann kam es aber immer noch ganz auf den Typ an: Nicht jeder meldete seinen Fund auch den Behörden.

Trübsinnig stützte sich Walcher auf einen der Zaunpfähle, die an der Kante entlang des Tobels eingeschlagen waren. Der Elektrodraht hing nur lose im Kunststoffkopf des Isolators und stand nicht unter Strom, denn er endete in einer Drahtrolle am nächsten Zaunpfahl, an der Einfahrt zum Parkplatz. Wenigstens würde er wie ein Neandertaler diesen Zaunpfahl aus dem Boden ziehen können und damit vielleicht den überraschten Gegner überwältigen. Er lockerte den Pfahl durch Drehen, Ziehen und Drücken, zog ihn ein wenig aus dem Erdloch und ließ ihn wieder zurück gleiten.

Auch wenn Walcher gewusst hätte, dass er nur ein paar Schritte von der Stelle entfernt stand, wo sich Jonny jener Hildegard Weidel genähert hatte, die dann mit abgedrehtem Hals in einer Astgabel hängend gefunden wurde – er hätte im Moment sicher nicht über die Duplizität von Ereignissen nachdenken wollen und auch nicht darüber, dass Mörder manchmal wiederholt denselben Tatort für ihre Verbrechen wählten.

Lisa, sie war wieder in seinem Kopf und deshalb hatte er den Mann nicht kommen hören, der ihn mit freundlicher Stimme bat: »Bitte werfen Sie mir die CD her.«

Walcher drehte sich ihm halb zu und sah ihn an. Es war der Lada-Fahrer vom Weidelhof, der gutaussehende Killer, blond, sportlich, braun gebrannt mit blauen Augen, die Walcher fixierten, kalt und starr wie die Augen eines Reptils. Der Schatten! Walcher wusste es wie eine plötzliche Eingebung. Der Schatten im Busch am Gewächshaus in Wasserburg. »Wir sind uns schon einige Male sehr nah gekommen, ich kenne dich.«

Der Blonde schüttelte den Kopf. »Ich kenne Sie, aber Sie haben mich noch nie gesehen.«

»Doch, doch«, beharrte Walcher, »im Garten von Mayers Haus am See zum Beispiel.«

»Da sind Sie an mir vorbeigegangen, aber Sie haben mich nicht gesehen«, stellte der Mann, der in der Pension *Alpenglühen* seinen Namen als Wolfgang Braunmüller angegeben hatte, in einem sachlich emotionslosen Ton fest. Auch blieb er bei dem distanzierten Sie, obwohl Walcher ihn provokant duzte.

»Ich habe Fotos von dir gemacht, als du hinter dem Busch am Gewächshaus standest, dann in dem Parkhaus in Zürich und beim Weidelhof auch«, fügte Walcher hinzu.

Während er sprach, stützte er sich mit der rechten Hand auf den Pfahl, lässig, wie zufällig. Braunmüller zeigte leichtes Interesse an seinen Worten, so schien es ihm jedenfalls. Deshalb ließ

Walcher nicht locker und fuhr fort. »Du kannst dir die Bilder ja im Internet ansehen, sie sind für ein Passfoto zwar etwas ungeeignet, aber als Schnappschüsse für Freunde und Feinde reichen sie zum Wiedererkennen aus.«

Das gab Braunmüller offensichtlich zu denken: »Wie meinen Sie das?«

»Ich meine, dass du deine Pistole wegstecken und abhauen solltest, rennen, rennen, rennen ... weil die Jagd auf dich eröffnet wird, wenn ich nicht in einer halben Stunde diese Jagd abblase. Verstanden?«

Walcher hatte wohl den abgenutztesten Bluff der Welt angewandt, weshalb er gleich noch einen draufsetzte: »Außerdem habe ich hier zwei Kameras installiert, die aufnehmen, wenn ich zum Beispiel in die Hände klatsche.« Walcher grinste überheblich und klatschte in die Hände. »Die Aufzeichnung funktioniert auch, wenn ich etwas lauter rufe, zum Beispiel ... Hallo, Herr Braunmüller, Wolfgang, Wolfgang Braunmüller! Du heißt doch Wolfgang Braunmüller, jedenfalls hier im Allgäu, in der Pension *Alpenglühen*, deren Wirtin jemand die Luft abgedrückt hat. Du wirst die Kameras nicht finden, auch wenn du dich noch so bemühst. Außerdem ist es gar nicht wichtig, denn die Bilder sind längst über Sender und Computer ins Internet gespielt. Glaub mir, da werden einige Leute eine helle Freude haben.«

Braunmüller schien auch diese Möglichkeit zu überdenken und weil sein Gesicht Unsicherheit ausstrahlte, vermutete Walcher, dass er doch nicht durch und durch der eiskalte Killer war, den er markierte. Wenn es um die eigene Haut ging, zeigten sie plötzlich Regung, diese Scheißkerle, schoss es Walcher durch den Kopf. Er fühlte sich dem Killer auf einmal gewachsen, wenn nicht gar überlegen. Seine Mutlosigkeit, oder war es schlicht nackte

Angst gewesen, war grenzenloser Aggression gewichen. »Und glaub mir, man wird dich jagen und aufknüpfen, so wie du Andrea aufgeknüpft hast. Und deine Halswirbel werden knacken, so wie du Lisas Knochen gebrochen hast. Nicht die Polizei dieses Landes wird dich jagen, sondern die Company. Du hast das eigene Haus verraten und deshalb werden sie dich genauso grauenvoll schlachten, wie du andere geschlachtet hast.«

Braunmüller sah sich nach allen Seiten um. Walchers Worte und vor allem die Selbstverständlichkeit, mit der dieser Journalist da mit ihm redete und die Company erwähnte, irritierten ihn. Ja, er war verunsichert wie damals nach den Maßregelungen durch seinen großen Boss. Auch die hatten seine Gefühlswelt ziemlich durcheinandergebracht.

»Sie reden große Worte daher und behaupten, alles Mögliche zu wissen, was in Wirklichkeit gar nicht der Fall ist«, blies sich nun Braunmüller auf. »Werfen Sie die CD her und wir beenden die Sache. Ich verspreche Ihnen einen sauberen, schnellen Tod, das ist ein Geschenk, das ich normalerweise nur besonderen Freunden mache.« Dabei verzog der hübsche, blonde Killer das Gesicht zu einem Lächeln, das sich in eine grässliche Fratze verwandelte.

Walcher hob die linke Hand zum Gruß beziehungsweise so in die Höhe, wie er es aus Kriminalfilmen kannte, wenn ein Parlamentär anzeigen wollte, dass er keine Waffe bei sich trug. Jonny nahm die Geste als selbstverständlich hin und zuckte nicht einmal mit dem Lauf seiner Pistole, deren Mündung fortwährend auf Walcher gerichtet war. Walcher versuchte, das *jewel-case* aus seiner linken Jackentasche zu ziehen. Es war nicht einfach, es mit nur einer Hand herauszubekommen, weil sich die Kanten im Futter verfangen hatten. Endlich schaffte er es und warf es, ungefähr in die Mitte zwischen sich und dem gut vier Meter entfernt stehenden Killer, wandte sich ab, als erwarte er den finalen Genickschuss und meinte halblaut, aber deutlich: »Ohne Code-Wort ist das Ding sowieso nichts wert, du Pausenclown.«

Walcher wusste nicht, was Lisas Mörder hinter ihm tat, aber ein zügelloser Hass brandete plötzlich in ihm auf und er packte mit beiden Händen den Zaunpfahl. Er machte einen Schritt rückwärts und dann noch einen, während Braunmüller sich bückte und nach der CD-Hülle griff, wobei seine Pistole seitwärts zu Boden zeigte. Walcher wollte dem Killer den Zaunpfahl über den Schädel ziehen, das war der einzige Gedanke, der in seinem Kopf dröhnte. Aber der schwere Buchenschlegel traf den überraschten Blonden, der ein ähnliches Problem hatte, das sperrige *jewel-case* in die Innentasche seiner Jacke zu stecken, nur am Oberarm. Der gewaltige Schlag brach dessen Knochen und schleuderte ihm die Pistole aus der Hand, die etwa eineinhalb Meter entfernt auf dem Boden landete.

Von der Wucht des Schlags zu Boden gestoßen, sah Braunmüller erst völlig verwundert zu Walcher, dann auf seinen Arm, der wie bei einer Marionette grotesk verbogen an seiner Schulter baumelte. Dann sah er sich suchend nach seiner Pistole um. Mit dem gebrochenen Arm wollte er kein weiteres Risiko eingehen: Er brauchte jetzt, sofort, seine Waffe.

Das Gras war abgeerntet und die Stoppeln gelb in diesem Sommer, darauf lag schwarz die Pistole. Braunmüller stützte sich mit der unverletzten rechten Hand, in der er die CD hielt, vom Boden ab, verlagerte sein Körpergewicht nach vorn und wollte zu seiner Pistole kriechen, als ihn wieder der Zaunpfahl traf.

Nach dem Treffer am Arm hatte Walcher noch einmal weit ausgeholt und erneut zugeschlagen. Diesmal landete der Pfahl mit einer Wucht auf Braunmüllers Hinterkopf, die ausgereicht hätte, einen Holzklotz zu spalten. Walchers Schlag spaltete zwar nicht Braunmüllers Schädel, setzte ihn aber außer Gefecht. Der Hieb war so heftig, dass der Killer mit dem Gesicht nach unten auf die ausgetrocknete, betonharte Erde aufschlug und sich das Nasenbein brach. Aber das spürte Braunmüller in seiner Bewusstlosigkeit nicht mehr.

Walcher wollte noch mal auf seinen Gegner eindreschen – in seinem Kopf hörte er sich *Lisa* brüllen, *für Lisa* – und holte aus … Aber der Knüppel wurde ihm von einer unsichtbaren Kraft entrissen, noch bevor er den Schädel des bewusstlos liegenden Mörders traf. Walchers Anspannung löste sich und er sank langsam auf die Knie, presste sich die Hände vors Gesicht und wurde von einem Weinkrampf geschüttelt. So kniete er vor dem Ohnmächtigen, dachte an Lisa und daran, dass er gerade einen Menschen erschlagen hatte – mit einem Prügel wie in der Steinzeit.

Der peitschende Knall einer Pistole, gefolgt von einem zweiten Schuss, schreckte Walcher aus seiner Benommenheit auf. Verwirrt sah er auf die Stelle vor sich, wo eigentlich der Erschlagene hätte liegen müssen. Der Killer lag ein Stück weiter links, dort, wo die Pistole gelandet war. Und er hatte die Pistole in der Hand, die auf Walcher zeigte, doch die Hand lag schlaff auf dem Boden wie auch sein Kopf, an dessen Schläfe ein Loch zu sehen war. Walcher starrte auf das schwarze Loch und auf das Gesicht und auf den Toten und verstand nichts mehr. Da kniete sich jemand neben ihn, legte einen Arm um seine Schulter und zog ihn zu sich. Walcher wehrte sich nicht. Er hörte und fühlte wieder diesen tiefen Ton in sich, wie vor drei Tagen, als Lisas Tod zu Gewissheit wurde. Und wieder spürte er, wie sich seine Anspannung legte.

So saßen Walcher und Hinteregger auf dem ausgetrockneten Boden, vor sich den toten Jonny, John Lepper, der als Wolfgang

Braunmüller endlich in der Hölle angekommen war. Selbst im Tod zielte seine Pistole noch auf Walcher. Dann trafen Hintereggers Helfer ein, völlig außer Atem. Ein Verkehrsstau hatte sie gehindert, sich rechtzeitig vor dem Treffen auf die Lauer zu legen, wie es eigentlich geplant war.

»Nie wieder, nie wieder werde ich eine Pistole in die Hand nehmen«, beteuerte Hinteregger immer wieder, und niemand verstand, wovon er eigentlich sprach. »Was bin ich für ein miserabler Schütze! Gott sei Dank! Gott sei Dank! Beinahe hätte ich den Helden abgeknallt«, und dann erklärte er, dass er mit seinem ersten Schuss Walcher den Zaunpfahl rein zufällig aus der Hand geschossen hatte. In dem blendenden späten Sonnenlicht hatte er die beiden verwechselt und Walcher für den Killer gehalten. Nur seinem miserablen Schuss war es zu verdanken, dass er den Zaunpfahl traf und nicht den Helden.

Walcher bedankte sich trotzdem: »Ohne deinen Treffer hätte ich ihn erschlagen.«

Dann beobachtete er fasziniert, wie Hintereggers Männer das Röhrenbündel vom Dach ihres weißen Kombis holten und es neben dem toten Braunmüller wie einen Sarg aufklappten. Obwohl Walcher sich den Anblick eigentlich ersparen wollte, sah er doch hin, als sie die Leiche in den Röhrensarg hoben. Die Kugel aus Hintereggers Pistole hatte auf der rechten Schläfe des Killers lediglich ein kleines, schwarzes Loch verursacht, beim Austritt aber die linke Gesichtshälfte zu einer klaffenden Wunde zerfetzt.

Walcher stand auf, taumelte zum Gebüsch am Abhang und übergab sich. Als er auf steifen Beinen zurück wankte, stand Hinteregger vor ihm und hielt ihm eine kleine Metallflasche hin. Walcher zwang den Schnaps gierig die Kehle hinab, um endlich dieser wahnwitzigen Realität zu entfliehen. Er setzte sich auf den Boden und Hinteregger tat es ihm gleich.

»Ich habe noch nie einen Menschen getötet und jetzt habe ich wie ein Barbar einfach jemanden erschlagen«, flüsterte Walcher.

»Das hast du gar nicht, du hast ihn nur betäubt. Ich habe ihn erschossen und dich um Haaresbreite gleich mit, weil ich so ein miserabler Schütze bin«, hielt Hinteregger dagegen. »Aber darum geht es wahrscheinlich überhaupt nicht. In solchen Momenten kommt das blindwütige Tier in uns durch; denken können wir ja immer noch hinterher, jetzt zum Beispiel. Dazu wäre es zu spät gewesen, wenn du ihm nicht eins über den Schädel gezogen hättest oder, wenn ich nicht ihn, sondern dich getroffen hätte oder, wenn er dir eine Kugel in den Kopf gejagt hätte … so einfach ist das. Und wenn du mich fragst, ich finde es archaisch, aber auch ehrlich. Glaub mir, solange du nicht stolz auf das Tier in dir bist, geht es in Ordnung …«

Hinteregger brach unvermittelt ab, blickte vor sich auf den Boden, nahm Walcher die Flasche ab und trank sie aus. »Komm, solange wir noch laufen können. Wir setzen uns alle auf deinem Hof zusammen. Beisammensitzen, nachdem etwas erledigt ist … na, du weißt schon, dass wir das immer so halten.«

Wer die beiden beobachtet hätte, wie sie zu den Autos schlenderten, hätte sie für zwei befreundete Touristen halten können, die von einer ausgedehnten Einkehr kamen. Hinteregger hielt Walcher die CD hin und stellte mit einer leichten Verbeugung fest: »Die gehört dir.«

Walcher nahm sie, schaute kurz drauf und gab sie ihm zurück: »Bei dir ist sie besser aufgehoben. Bring sie deinem Meister Thok und richte ihm aus, dass ich ihn möglichst bald kennenlernen möchte, damit ich ihm auch das Code-Wort verraten kann.«

Da grinste Hinteregger breit in die späte Nachmittagssonne: »Ich habe sogar den Auftrag, dich zu ihm zu bringen, und zwar so schnell wie möglich. Du bist schließlich so etwas wie der Retter der Company.«

Auf dem Parkplatz standen neben Walchers Auto nun auch Hintereggers Wagen und der rote Lada Braunmüllers. Hintereggers Leute hatten die beiden Fahrzeuge aus dem Wäldchen gefahren, durch das der Feldweg führte. Dort war der Lada abgestellt und dort hatte auch Hinteregger gehalten und war zum Treffpunkt gehetzt. Im Lada hatten Hintereggers Leute einen Rucksack entdeckt, der bis oben hin voll war mit Notenbündeln der unterschiedlichsten Währungen, mit Goldbarren, einem mit Diamanten gefüllten Plastikbeutel und einer etwa zwanzig Zentimeter langen, dicken Rolle aus unterschiedlichen Leinwänden – vermutlich wertvolle Gemälde. Auch ein Parkschein aus Zürich, datiert auf den heutigen Tag, lag im Wagen. Beginn der Parkzeit war 9.00 Uhr. »Könnte sein«, deutete Hinteregger auf den gut gefüllten Rucksack, »dass unser Freund heute Vormittag noch schnell sein Bankdepot geleert hat, um nach der Übergabe zu verschwinden.«

Hinteregger schätzte alles zusammen auf einige Millionen, weshalb Walcher der Meinung war, dass es da auf eine Handvoll Dollar mehr oder weniger nicht ankäme, vor allem dann nicht, wenn es um ein gutes Werk ging. Hinteregger nickte nur, als Walcher von Frau Zehners Blechdose erzählte, vom Sohn der ermordeten Haushälterin und dessen Ausbildung und dann vier der Packen Fünfhunderter aus dem Rucksack fischte, die von Gummiringen zusammengehalten wurden. Ihr Laden läge ja auf dem Weg zu seinem Hof, da könnten sie schon mal einen Teil abladen.

Zehn Minuten später – Hinteregger hatte darauf bestanden, Walchers Wagen zu steuern, die anderen beiden Fahrzeuge hatten seine Leute übernommen – hielt Walcher den erschrockenen Hinteregger fest, bis sich dessen Nerven und das Glockengeläut über Frau Zehners Ladentür wieder beruhigt hatten.

»Wollt grad zumachen, aber wenn die Herren noch etwas brauchen ... wird's mir ein Vergnügen sein«, fügte sie an, als sie Walcher erkanntc. »Ham'S wieder mal Lotto versäumt, gell? Ich hab nix g'sagt, wo Sie zuletzt da war'n, wega dene neugierige Weibsleut. Mein allerherzlichstes Beileid noch mal wegen Ihrer Freundin, gell. Mei ... des isch ...«

Frau Zehner konnte ihre Rührung nicht länger zurückhalten. Verschämt wischte sie ihre Tränen von den Wangen und zog ein Taschentuch aus ihrer Schürze.

»Ja«, nickte Walcher, »ich dank Ihnen. Ich hab übrigens trotzdem im Lotto gewonnen – jedenfalls bei so was Ähnlichem – und weiß mit all dem Geld nur eins zu tun: zur Frau Zehner zu gehen und es in ihre Stiftung zu geben.« Dabei schob er ihr zwei Geldbündel über den Ladentisch zu. Frau Zehner sah auf die Geldscheine, holte die Blechkiste unter der Ladentheke hervor, öffnete sie und steckte die Packen hinein. Die Blechschachtel war nun randvoll – der Deckel passte gerade noch so drauf – und verschwand ebenso schnell wieder unter der Theke. Erst, als das wertvolle Gut sicher verwahrt war, reagierte die alte Händlerin, wie Walcher es erwartet hatte. Sie schlug beide Handflächen an ihre Wangen und rief: »Jesus, Maria und Josef! Dann hat's ein End mit der Not für ein paar Weible do.«

Über ihre Backen liefen noch Tränen, aber in ihren Augen lag bereits eine solch innige Freude, dass Hinteregger hektisch nach einem Taschentuch suchte und zum Aufbruch drängte. Er wollte sich wohl vor noch mehr Tränen und Umarmungen retten, denn Frau Zehner drückte abwechselnd Walcher und ihn an ihre knochige Brust und wollte nicht aufhören damit ...

Vor dem Laden wurde Hinteregger dann auch noch spontan von Walcher umarmt, was er knurrend kommentierte: »Jetzt langt's dann wieder für eine Weile.«

Nachklang

Die Sonne hatte die Wasserlinie erreicht und schien den Atlantik in glühende Schmelze zu verwandeln. Walcher empfand diesen Moment mit einem schmerzenden Wohlgefühl. Er war auf der Isle of Mingulay und stand im Konferenzzimmer des in die Klippenküste gebauten Company-Hotels vor der großen Panoramascheibe und starrte auf das unglaubliche Naturschauspiel. Nach einigen Minuten glaubte er, über die endlose Weite der Wasserwüste hinauszuschweben, der sinkenden Sonne nach. Lisa. Einige solcher Eindrücke und Bilder hatten sie gemeinsam in einem wunderbaren Gefühl des Gleichklangs erlebt. Walcher wandte sich wieder den Menschen im Konferenzraum zu. Der Mann im Rollstuhl hatte auf diesen Moment gewartet, lächelte Walcher zu und begann zu sprechen.

»Die Führung der Company hat einstimmig beschlossen, Herrn Walcher, diesem unerschrockenen Mann, einen Beratervertrag in unserer Holding für den Bereich Öffentlichkeitsarbeit anzubieten. Ich persönlich würde mich sehr freuen, wenn Sie, mein Freund, unser Angebot annehmen würden. Es gehört nicht nur Mut dazu, durchzustehen, was Ihnen widerfahren ist – ich vermeide bewusst das Wort Abenteuer –, sondern auch Kraft,

Vertrauen und Weitsicht. Und das wollen wir würdigen. Sie haben sich für unsere Company eingesetzt und dabei zwangsläufig gegen bestehende Gesetze verstoßen ... und dann auch noch einen derart hohen Verlust ertragen müssen ... dafür fällt mir in der deutschen Sprache kein wirklich treffender Ausdruck ein, außer dem, dass dazu wirklich Größe gehört. Auch ich habe in diesem unsäglichen Kampf zwei Freunde verloren ... aber einen Menschen gefunden, den ich sehr gerne zum Freund hätte.«

Thok war bei seinen Worten auf Walcher zugerollt und richtete sich mit sichtlich großer Anstrengung in seinem Stuhl auf. Zittrig kam er auf seine künstlichen Beine, breitete die Arme aus und flüsterte: »Umarme mich, mein Freund.«

Walcher war gerührt und betroffen zugleich. Thoks gefühlvolle Rede nahm ihn mit und machte ihn hilflos – ebenso der Umstand, dass sich dies vor dem gesamten Führungskreis der Company abspielte.

Behutsam umarmte er Thok und half ihm, sich in seinem Rollstuhl wieder zurechtzusetzen. Die beiden blickten sich in die Augen, und Walcher spürte augenblicklich, wie sich in ihm eine unbekannte Kraft aufbaute. Er sah sich plötzlich selbst durch Thoks Augen, und es war ein unbeschreiblich irritierendes Gefühl. Thok nickte, lächelte und bestätigte Walcher wortlos: »Ja, ich besitze diese Gabe, vermutlich hat dir Caroline davon erzählt.« Walcher nickte nur und dachte: »Unglaublich!«

»Ja, das ist es wirklich: Unglaublich!«, stimmte Thok zu und verabschiedete sich aus Walchers Kopf mit der Bemerkung, »wir sollten uns einmal allein und in Ruhe über solche Gaben unterhalten, ich entdecke nämlich auch in dir gewisse Fähigkeiten, die dir viel bewusster werden sollten.« Damit steuerte Thok sein

Gefährt wieder zurück in den Kreis der Versammelten, die von Walcher offensichtlich ebenfalls ein paar Worte erwarteten.

»Wenn Sie jemandem erzählen, dass Sie … sagen wir die Landung von Marsmenschen beobachtet haben, so laufen Sie Gefahr, als ein Narr bezeichnet zu werden. So ähnlich ist es mir ergangen. Ich habe vielleicht keine Marsmenschen getroffen … aber ich bin auf die Company gestoßen. Und davon anderen zu erzählen hätte vermutlich zu einem ähnlichen Ergebnis geführt, nämlich für verrückt erklärt zu werden. Deshalb meine Verschwiegenheit. Ich habe mit mir gerungen, ob das vertretbar ist und ich weiß nicht, ob ich nicht doch noch zur Polizei gegangen wäre, wenn nicht in der entscheidenden Phase Ihr Geheimdienstmann aufgetaucht wäre, zu dem ich großes Vertrauen empfand.« Walcher suchte Hinteregger, der seinen Blick erwiderte und nickte. »Auch ich kann deshalb sagen, dass ich einen Freund gefunden habe. Ich danke Ihnen sehr herzlich, vor allem für Ihre Offenheit, mit der Sie mich hier empfangen haben. Auch Ihr Angebot ehrt mich. Wenn ich nicht wüsste, dass Sie mich verstehen werden, würde ich mich wohl nicht trauen, es abzulehnen. Aber ich bin sicher, dass Sie meine Gründe, Ihr Angebot auszuschlagen, akzeptieren werden. Journalismus, wie ich ihn verstehe, kann nur dann seine Funktion erfüllen, wenn Journalisten unabhängig bleiben. Betrachten Sie also mein Engagement für die Company als einen Auftrag, den Sie ja großzügig honorieren können. Ich werde Ihnen meine Reportage dazu anbieten, damit sie in einem Ihrer Blätter erscheinen kann – wenn Sie das möchten. Ich konnte mich ja in der …«, hier stockte Walcher kurz. »Ich konnte mich ja in der leihweise von Herrn Münzer überlassenen CD und in den Unterlagen von Herrn Mayer darüber informieren, welche Magazine, Zeitschriften, Zeitungen und Bücher von Ihrer Company herausgebracht werden. Was halten Sie von meinem Vorschlag? Ich biete Ihnen als Journalist meine Dienste an und freue mich, Ihnen in Freundschaft verbunden zu bleiben.«

Nach dieser kleinen Ansprache trat eine kurze Pause ein, in der Thok noch einmal um Aufmerksamkeit bat.

»Wir haben Ihnen die Aufklärung der Morde an Mayer und Münzer versprochen und können dieses Versprechen auch einlösen. Einer von denen, der für diese schrecklichen Morde, Quälereien und Attentate verantwortlich ist, liegt tot auf dem Meeresgrund. Jean Delucca. Seine Helfershelfer sind ebenfalls tot oder werden derzeit von unseren Leuten gejagt. Allerdings handelte Jean nicht allein, sondern hatte einen Partner, der wahrscheinlich hoffte, den Wechsel an der Spitze in unserer Company aus dem Hintergrund steuern zu können. Falls sein Ziel nicht erreicht werden sollte, so könnte er unerkannt und ohne Fehl und Tadel weiter mit dabei sein, als wäre nichts geschehen. Das geht natürlich nicht, Mr Manrova.«

Während Thok sprach, hatten sich zwei Männer, die Walcher aus Hintereggers Mannschaft kannte, einen Mann in ihre Mitte genommen. Wohl auf ein verabredetes Zeichen von Thok, legten sie ihm routiniert Handschellen an.

»Phillipe Manrova, wir sind zwar keine juristische Instanz, aber Sie kennen unseren exzellenten Sicherheitsdienst und unsere Möglichkeiten und Verbindungen. Wir können Sie aus vielen Gründen nicht der Morde wegen anzeigen, die Sie aus reiner Machtgier angeordnet haben, dennoch werden Sie des Mordes angeklagt werden und den Rest Ihres Lebens im Gefängnis verbringen. Wir werden Sie der Gerichtsbarkeit Ihrer Heimatstadt übergeben. Dort liegen im Büro der Staatsanwaltschaft unanfechtbare Beweise, die Sie des Mordes am Exmann Ihrer heutigen

Freundin überführen. Sie sehen, auf dieser Welt gibt es durchaus eine ausgleichende Gerechtigkeit ... jedenfalls wenn ihr ein wenig nachgeholfen wird. Wir haben bei dieser Gelegenheit Ihre Vita ein wenig abgeändert. So haben Sie niemals für die Company gearbeitet, sondern für ein unbedeutendes Unternehmen, an dem wir lediglich beteiligt sind. Bevor wir Sie verabschieden, wollen wir Sie noch an einem besonderen Ereignis teilhaben lassen, nennen wir es eine Art von Wiedergeburt.«

Die große Saaltür öffnete sich, und zwei Frauen traten ein. Thok stellte sie vor. »Caroline Münzer kennen die meisten von Ihnen, sie wurde von unserem Freund hier in Sicherheit gebracht. Zum Glück, denn zwei Auftragskiller waren auf sie angesetzt, um ihr die vermeintlich in ihrem Besitz befindliche Master-CD Münzers abzujagen. Die zweite junge Dame verdankt ihr Leben eher einem grausamen Zufall. Sie entging ihrem Mörder, weil sie wegen eines Verkehrsunfalls einige Tage in einem Krankenhaus verbringen musste. Grausam daran ist, dass an ihrer Stelle eine völlig unbeteiligte Frau bestialisch gequält und getötet wurde, die zu Andrea Mayer gekommen war, um sie bei der Gestaltung ihres Elternhauses zu beraten. Bei all dieser ungeheuerlichen Brutalität grenzt es an ein Wunder, dass die beiden Töchter unserer Gründerväter am Leben sind und hier vor uns stehen, wenn auch zu einem hohen Preis.«

Die letzten Worte Thoks gingen in tumultähnlichem Gedränge unter, denn alle stürzten sich auf die beiden Frauen. Dabei wäre Walcher beinahe eine vertraute Gestalt entgangen, die plötzlich vor ihm stand, ihn umarmte und ihm seinen Dank ins Ohr flüsterte. Jürgen, sein Wahl-Italiener, verriet ihm, dass er zusammen mit Caroline angereist war, gewissermaßen auf Wolken, und dabei ganz große Gefühle im Spiel seien.

»Und dann habe ich noch eine wichtige Information, vor allem für unseren tapferen Freund«, schallte wieder Thoks Stimme durch den Saal, der sich mittlerweile ein kleines Mikrophon angesteckt hatte. Josef Vomweg hat sich verleiten lassen, im großen Machtspiel mitzumischen. Aber er hat nichts mit den Morden und mit dem Anschlag auf das Sanatorium zu tun. Seine sogenannten ›Inkassohelfer‹ standen im Dienste Deluccas, und zwar schon seit Jahren. Vomweg ist ein exzellenter Kenner der Immobilienbranche und unsere Company wächst und braucht Fachleute. Nicht ganz uneigennützig haben wir deshalb mit ihm vereinbart, dass er weiterhin der Verantwortliche für Deutschland bleiben wird. Reichen Sie ihm bitte die Hand«, wandte Thok sich an Walcher. »Er hat uns frühzeitig von Ihnen berichtet und uns davon in Kenntnis gesetzt, dass Delucca hinter den grässlichen Geschehnissen steckt und sich klar von ihm und seinen Machenschaften distanziert. Josef Vomweg konnte nicht wissen, dass hinter Delucca ein noch gerissenerer Verbündeter und erbarmungsloser Schlächter stand, Phillipe Manrova.«

Walcher reichte Vomweg nicht die Hand, starrte ihn nur an. Auch wenn Josef Vomweg die Seiten gewechselt haben mochte, es war in jedem Fall nicht rechtzeitig genug geschehen, um Lisas Tod zu verhindern. Nie würde er den Moment vergessen, an dem er Lisas Foto auf der Ledercouch in Josefs Konzertsaal entdeckte und niemals das Bild seiner geschundenen Freundin in dem Kellerloch. In Walcher begann es zu brodeln. Gerechtigkeit! Auch in dieser Company schien es nur eine Floskel. Man brauchte Vomweg und bot ihm deshalb die Hand, gab ihm die Chance, sich zu rehabilitieren. Walcher gehörte nicht zu diesem Verein, musste so einem Typen also auch nicht vergeben oder gar mit ihm zusammenarbeiten. Lisa. Walchers Gedanken wanderten zurück. Er wandte sich ab und ging aus dem Saal.

Die Tochter

Bereits am folgenden Morgen flog Walcher ins Allgäu zurück und saß am späten Nachmittag in seinem Wagen, den er auf dem Parkplatz vor dem Friedrichshafener Flughafen abgestellt hatte. Eine knappe Stunde später wurde er von Irmi umarmt, als ob er nicht nur zwei Tage, sondern eine Ewigkeit weg gewesen wäre.

Auf dem Hof der Armbrusters war die Trauer greifbar – was nicht allein daran lag, dass sich der gläubige Teil der Verwandtschaft zum Rosenkranz getroffen hatte. Lisa würde am nächsten Tag auf dem Friedhof von Weiler beerdigt werden. Walcher graute davor. Beerdigungen empfand er an sich schon als schmerzliches Ritual der Endgültigkeit – und dieses Mal würde nicht irgendjemand begraben werden, sondern Lisa.

Irmi und er würden in der nächsten Zeit noch häufig mit Lisas Tod konfrontiert werden. So wollten sie gegen Ende der Woche Irmis Sachen aus Lisas Haus holen und das leere Zimmer im ersten Stock von Walchers Hof einrichten, gleich neben seinem Wohnbüro. Bis dahin sollte Irmi wechselnd bei den Brettschneiders und den Armbrusters bleiben.

Es war gegen Mitternacht, als Walcher auf seinen Hof fuhr. Er fühlte sich zum ersten Mal einsam in diesem großen Haus. Aber das würde sich bald ändern, wenn das Jugendamt positiv seine Vaterrolle und damit Irmis Wunsch und den ihrer Großeltern unterstützte. Als er die Haustür schließen wollte, huschte ein Schatten durch den Spalt und ein schnurrendes Güllefässchen drängelte an sein Hosenbein. Kater Bärendreck freute sich offensichtlich über die Rückkehr des Zweibeiners. Gemeinsam guckten sie sich die Postsendungen an, die durch den Türschlitz in den Flur gesegelt waren. Die Analyse der Wein- und Pralinenproben aus dem Geschenkpaket lag obenauf. Walcher legte sie achtlos beiseite. Jürgen hatte am vergangenen Abend wissen wollen, ob sein Dankespaket auch angekommen sei, das er einem Bekannten mit der Bitte mitgegeben hatte, es vor Walchers Tür abzulegen. Schade, dachte sich Walcher, die Analyse würde allenfalls Weinpanscherei aufdecken und zudem unnötiges Geld kosten.

In dem nächsten dicken Briefumschlag fand Walcher die Kopien der Blätter aus dem Mayer'schen Ordner, die ihm sein Freund aus Hamburg zurückgeschickt hatte. Der beigefügte Kommentar des Wirtschaftsjournalisten lautete lapidar: *Lass die Finger davon, wenn du dich nicht lächerlich machen willst. Das kann sich nur um die Marotte eines Bekloppten handeln oder um eine raffinierte Fälschung. Denke an die Hitler-Tagebücher! Herzlich Michael*

Ein anderer Umschlag weckte Walchers Interesse, ein Brief vom Jugendamt. Mit dem Einverständnis der leiblichen Großeltern und unter der Bedingung der begleitenden Betreuung durch das Jugendamt, sei nichts gegen die Übernahme der Elternpflichten durch Robert Walcher einzuwenden, da dieser ohnehin als Lebenspartner von Lisa Armbruster eingetragen war, was faktisch bereits die Vaterschaft bedeute.

Walcher ging noch einmal vors Haus, atmete tief durch und sah in den Nachthimmel. Schrecken und Grauen begannen sich allmählich aufzulösen und er hatte eine neue, wunderbare Aufgabe – die wohl wichtigste dieser Welt.

Nachwort

Die Handlung dieses Romans und alle darin vorkommenden Personen, Unternehmen, Beschreibungen von Örtlichkeiten, Rezepte, Reflexionen, Visionen und Abfahrtszeiten der Deutschen Bahn sind Fiktion.

Eine Namensgleichheit mit lebenden Personen ist nicht gewollt. Sollte es, was Personen und/oder den Inhalt anbetrifft, dennoch Übereinstimmungen mit der Realität geben, so wäre dies reiner Zufall. Auch möchte ich niemanden der Hoffnung auf einen Millionengewinn im Lotto berauben.

Joachim Rangnick

Glossar

Mundart kann immer nur annäherungsweise wiedergegeben werden, denn ein Dorf, ein Tal, eine Generation weiter, hört sich der gleiche Begriff schon wieder etwas anders an.

Austragshaus/Austragshäusl (bayr.), Ausgedinghaus (österr.) = Austrag, Ausgedinge oder Altenteil wurde die Regelung der Altersversorgung im ländlichen Raum bezeichnet. Nach der Übergabe des Hofes an die Erben, zogen die Altbauern in ein kleines, ebenfalls am Hof stehendes Häuschen.
Bandelteppich/Fleckerlteppich/Allgäuer Teppich = Stoffreste/Gewebestreifen werden als Schussfäden in kräftige, grobe Kettfäden eingewoben; es entsteht ein Flickenteppich, auch »Arme-Leute-Teppich« genannt.
eis, eisr = unser, unsere;
Handlerin = wurde die Kauffrau genannt, die in einer »Handlung« arbeitete;
Hiesiger = eine am Ort/in der Gegend aufgewachsene Person;
Hoimet = kleineres landwirtschaftliches Anwesen;
Milchkammer = meist ein kleiner, gekachelter Raum, in dem die frisch gemolkene Milch kühl zwischengelagert wird, bevor sie in die Molkerei kommt; ferner werden hier die Milchkannen, Siebe, Trichter und dergleichen Arbeitsgerät gesäubert.
mier = wir;
no = dann, später;

Wie hosch'es? = Wie geht es dir?

Zuagroaster = eine Person, die neu in die Gegend gezogen ist;

Schweizer Küchendeutsch

Härdöpfel/Bodabira = Kartoffeln (wörtlich: Erdäpfel bzw. Bodenbirnen)

Härdöpfelsalat = in Salzwasser gekochte Kartoffeln, zu einem einfachen Kartoffelsalat verarbeitet;

Navets = weiße Rüben;

Poulet = Huhn, Hühnchen;

Romadur = ursprünglich aus Belgien stammender Weichkäse mit Rotschmiere, der aus Kuhmilch hergestellt wird;

Suuri Schibli = saure Kartoffeln (wörtlich: saure Kartoffelscheibchen); in Scheiben geschnittene Kartoffeln, werden in leicht gesalzenem Milchwasser mit einem Lorbeerblatt und etwas Nelke gekocht. Sind die Kartoffelscheiben bissfest, wird der Kochflüssigkeit etwas Mehl zugefügt, verrührt und so lange weiter gekocht, bis die Kartoffeln gar sind. Das Ganze wird mit Salz, Essig und Safran abgeschmeckt.

Weißlacker = halbfester Schnittkäse aus dem Oberallgäu mit weißlicher, lackartiger Schmiere; geschmacklich ist er sehr pikant und leicht scharf.

JEDEN MONAT NEU DAS LESEN GENIESSEN

Entdecken Sie die schönen
Seiten des Lesens mit unseren
List-Taschenbüchern!

Ein altes Bauernhaus im Allgäu birgt
ein tödliches Geheimnis

Joachim Rangnick

Der Ahnhof

Ein Allgäu-Krimi,

ISBN 978-3-548-60992-8

Immer wieder verschwinden Frauen und Männer in der Nähe des alten Korbach-Hofes. Die seit Generationen dort ansässige Familie steht unter Verdacht, etwas mit den Vermisstenfällen zu tun zu haben. Beweise wurden nie gefunden. Als der Hof zum Verkauf steht, ahnen Journalist Robert Walcher und seine kauzig-liebenswerte Haushälterin Mathilde, dass die Auflösung der Fälle endlich näher gerückt ist. Sie beginnen zu recherchieren und stoßen auf eine Familiengeschichte, die über Generationen zahlreiche Opfer gefordert hat – und bald geraten auch sie selbst in das Visier des Täters.

Brunners Recherche

Am folgenden Morgen fuhr Kommissar Brunner auf den Hof und schreckte dabei die Hühner auf, die Mathilde gerade aus dem Gehege gelassen hatte.

Mit angedeutetem Handkuss und einer Verbeugung überreichte der Kommissar, ganz Kavalier der alten Schule, Mathilde einen Schnellhefter, den er aus seiner Aktentasche gezogen hatte. »Damit hat meine Mitarbeiterin einige Tage das Geld der Steuerzahler verplempert«, meinte er und verbesserte sich, als er Mathildes gekränkten Blick richtig interpretierte, »äh, natürlich ›sinnvoll eingesetzt‹. Ich soll ausrichten«, fügte Brunner hinzu, »dass meine Mitarbeiterin, Frau Müller, unbedingt wissen will, ob Sie für *Aktenzeichen XY ... ungelöst* arbeiten oder an einem Krimi schreiben.«

Mathildes Antwort machte Brunners Hoffnung zunichte, dass sie vielleicht doch nur an der Aufklärung vergangener, ganz normaler Verbrechen interessiert wäre.

»Nix davon, ich möchte nur, dass arme Geister endlich ihre Ruhe finden«, erklärte Mathilde und nahm den Hefter mit einem dankbaren Lächeln an sich. »Bin ganz aufgeregt«, gestand sie, »ich werd aber erst am Abend reinschauen, sonst komm ich den ganzen Tag zu nix mehr. Ganz herzlichen Dank.« Mathilde schien sichtlich froh darüber, dass in diesem Moment Walcher um die Hausecke kam und sie sich nach einem kurzen »Nochmals, vergelt's Gott« verabschieden konnte.

Auch wenn Mathilde den Kommissar inzwischen recht gut kannte und mochte und in diesem Fall die Verbindung zwischen ihm und Walcher genutzt hatte, konnte sie ihr distanziertes Verhalten gegenüber einem Vertreter der »Obrigkeit«, das sie als urwüchsige Allgäuerin nun einmal besaß, nicht gänzlich ablegen. Vielleicht trug dazu aber auch bei, dass Walcher mit dem Kommissar immer noch per Sie war und ihn trotz freundschaftlicher Gefühle ebenfalls auf Distanz hielt. »Ein Journalist und ein Kommissar dürfen sich sympathisch sein, aber zwischen sich keine Freundschaft entstehen lassen. Wie könnten sie sich sonst auf die Füße treten?«, lautete dazu sein Standardspruch.

»So früh am Tag?«, begrüßte Walcher den Kommissar und stellte den Benzinkanister ab, aus dem er hinter dem Haus gerade den Rasenmähertank befüllt hatte. Er deutete einladend auf die Bank neben der Haustür: »Da kann ich Ihnen ja bestenfalls einen Kaffee anbieten.« Walchers Füße steckten in abgeschnittenen, nur noch halbhohen Stiefeln, die zu seiner verdreckten Kordhose und dem löchrigen Pulli passten.

»Nicht mal das brauchen Sie, außerdem sehen Sie so richtig nach Arbeit aus, da will ich Sie nicht abhalten.« Brunner schüttelte den Kopf und deutete auf seinen Wagen. »Ich hab Termine und bin nur vorbeigekommen, weil Ihre Frau Brom einen dringenden Rechercheauftrag hatte.« Brunner drückte Walcher die dargebotene Hand und flüsterte in vertraulichem Ton: »Warum haben Sie denn Mathilde vorgeschoben, habe ich Sie irgendwie gekränkt?«

»Klären Sie mich doch bitte auf«, bat Walcher, »ich habe keine Ahnung von irgendeiner Recherche.« Er musste dabei gar nicht den Überraschten spielen, denn Mathilde hatte ihn tatsächlich nicht eingeweiht, was ihn nachträglich ziemlich wunderte. Brunner sah ihn etwas skeptisch an, legte dann aber Walcher seine Hand auf die Schulter und erzählte, während er ihn mit zu seinem Wagen zog, worum Mathilde ihn gebeten hatte. Dabei schilderte er in den buntesten Farben die mangelnde Kooperationsbereitschaft der Kollegen, wenn man sich in deren Belange einmischte, noch dazu, wenn es sich um unaufgeklärte Fälle handle. »Und Sie haben wirklich nichts davon gewusst?«

»Habe ich Sie jemals wegen einer Lappalie angelogen?« Walchers leicht süffisanter Ton provozierte eine deutliche Vertiefung der Runzeln auf Brunners Stirn, was Walcher nicht davon abhielt, noch einen draufzusetzen. »Mathilde muss mich doch nicht informieren, wenn sie sich als kritische Bürgerin darüber Gedanken macht, dass es bei der Kripo eine derart lange Liste vermisster Personen und somit ungeklärter Fälle gibt.«

»Sie haben ja keine Ahnung«, platzte der Kommissar heraus, der selbst zwar nur zu gerne seine eigenen Kollegen kritisierte, alle Angriffe von außen aber sofort abblockte, »bei der Polizei herrschte immer schon Personalnot, und heute werden die Beamten ständig versetzt und wie Marionetten hin und her geschoben, wo es eben grade wieder mal brennt. Da kann sich kein Langzeitgedächtnis herausbilden, wie es die alten Landpolizisten noch hatten, die in ihrem Dienststellenbereich auch wohnten. Hinzu kommen noch die Landesgrenzen: Leutkirch gehört zur Polizeidirektion Ravensburg, und was glauben Sie, was da los ist, wenn einer aus Bayern …«

»Das mag ja alles so sein, wie Sie sagen«, unterbrach Walcher den Kommissar, »aber laden Sie Ihren Frust nicht bei mir ab. Ich habe mit dieser Sache wirklich nichts zu tun.«

Wie schnell Brunner umschalten konnte, erstaunte Walcher auch dieses Mal wieder. Der Kommissar sah ihn nur kurz an, grinste dabei, als wäre er bei einem Bubenstreich ertappt worden, und sprach dann in ganz normalen Ton weiter.

»Kein Polizist«, erklärte er, »hat es besonders gern, wenn er von Zivilisten auf Fälle aufmerksam gemacht wird, mit denen er nicht weitergekommen ist. Ich hatte ein Gespräch mit Hornrich, Polizeiobermeister a. D. Alfons Hornrich. Er stammt aus Herlazhofen und hat in der Polizeidienststelle Leutkirch beinahe vierzig Jahre Dienst geschoben. Ein Dinosaurier. Ich hatte mal vor Jahren bei einem Fall mit ihm zu tun. Er war ein Polizist, der das Zeug zu einem herausragenden Kriminalisten gehabt hätte, aber er wollte einfach nicht aus seinem Dorf weg. Er lebt immer noch mit seiner Frau in Herlazhofen, inmitten einer wunderbaren Obstwiese, brennt einen hervorragenden Obstler, den Sie unbedingt einmal probieren müssen, und betreibt so eine Art Kleinlandwirtschaft. Hühner, zwei Schweine, zwei Schafe …«

Walcher hatte sein Handy herausgezogen, es aufgeklappt, einen Blick drauf geworfen, es wieder zusammengeklappt, in seine Hosentasche zurückgesteckt und damit erreicht, dass Brunner mit gekränkter Miene seinen begonnenen Satz in der Mitte abbrach. Nach zwei oder drei Sekunden räusperte er sich: »Ja, vielleicht interessiert Sie das nicht sonderlich. Aber als ich Hornrich von Mathildes Anfrage erzählte, nannte er mir sofort einige ungelöste Fälle, für die er zwar einen Verdächtigen nennen könne, aber von den Kripoleuten in Ravensburg damit immer abgebügelt worden war, bis er es aufgegeben hatte – offiziell jedenfalls.«

»Und inoffiziell?«, drängelte Walcher. Er hätte Theresa in diesen Minuten viel lieber in deren Unterrichtspause angerufen.

»Vertraulich, streng vertraulich!«, entgegnete Brunner mit geheimnisvoller Miene, mit der er durchaus einem Politiker hätte Konkurrenz machen können. »Nein, im Ernst, das steht alles viel genauer in meiner Zusammenfassung für Ihren Journalistenlehrling. Außerdem würde Ihnen der Name Korbach, ohne Hintergrundinformationen, vermutlich sowieso nicht viel sagen.«

Walcher sagte der Name wirklich nichts, er kam aber nicht

dazu, Brunners Vermutung zu bestätigen, denn sowohl sein Handy als auch das von Brunner klingelten fast gleichzeitig. Seines mit dem Angelusgeläut des Petersdoms – eine besonders tiefsinnige Wahl von Irmi, die ihn mit ständig wechselnden Klingeltönen erfreute –, das Diensthandy von Brunner hingegen mit dem nicht weniger treffend gewählten Ton einer Feuerwehrsirene.

Beim Kommissar musste der Anruf wohl furchtbar dringend sein, denn er winkte Walcher nur kurz zu, sprang in seinen Wagen und brauste Sekunden später schon vom Hof.

Walcher hatte dem Kommissar geistesabwesend zurückgewunken und wanderte nun auf dem Feldweg in Richtung Wald, das Handy fest ans Ohr gedrückt, als könne er dadurch einen engeren Kontakt zu Theresa herstellen.

Walchers Einsatz

Vielleicht hätte er Mathilde doch klarmachen sollen, dass er sich eher für Recherchen in der realen Welt eignete, aber es ging schließlich um ihre Verwandtschaft, und inzwischen gehörte Mathilde zur Familie. Außerdem hatte ihn das Gespräch mit dem Kommissar neugierig gemacht.

Wenn er Mathilde richtig verstanden hatte, dann konnten Flüche und Verwünschungen nur dadurch aufgehoben werden, dass begangenes Unrecht gesühnt wurde. Und ebenso kämen die Seelen ermordeter Menschen erst dann zur Ruhe, wenn man den Täter zur Rechenschaft zog oder zumindest als solchen benannte. Dabei sei ein Schuldeingeständnis des Mörders gar nicht unbedingt erforderlich … wenn er das richtig verstanden hatte.

Beim gemeinsamen Mittagessen hatte Mathilde nochmals ausführlich von dem alten Bauernhof erzählt, den ihre Base Daniela und deren Mann kaufen wollten. Äußerst zurückhaltend beschrieb sie dabei ihre Empfindungen bei der Begehung des Anwesens, machte aber keinen Hehl aus ihrer festen Überzeugung, dass auf diesem Hof furchtbare Dinge geschehen seien. Noch niemals habe sie derart intensiv die Präsenz einer so großen Anzahl gemarterter Seelen verspürt, die allesamt auf Erlösung hofften. Dieser Ort sei verflucht und keine Heimstatt für ein junges Paar. Aber die beiden seien ja unbelehrbar, »diese jungen Leut'«. Aus diesem Grund habe sie den Kommissar um eine Namensliste vermisster Personen aus der Gegend gebeten. Vielleicht könne ja herausgefunden werden, ob es darunter welche gab, die etwas mit den Korbachs zu tun gehabt hatten.

Ganz schön starker Tobak, hatte sich Walcher bei ihren Schilderungen gedacht und dabei Irmi angesehen, als erhoffe er sich von ihr Unterstützung. Aber sie hatte zu Mathildes Ausführungen nur mit dem Kopf genickt, so, als handle es sich dabei um einen fachkundigen Kommentar zu irgendwelchen Songtexten der Gruppe Radiohead, die derzeit gerade Irmis Musikgeschmack entsprach. Typisch, dieser jugendliche Hang zum Okkulten, stöhnte Walcher innerlich, fügte sich aber in sein Schicksal und die Übermacht der beiden Frauen und machte sich am Nachmittag auf den Weg in die Leutkircher Haid, um zu erkunden, ob er durch eigene Recherchen noch Weiteres herausfinden könne.

Die Korbachs hatten den alten Familiensitz schon seit Jahren aufgegeben und lebten auf ihrem neu gebauten Hof, der nichts mehr mit romantisch verklärtem Landleben zu tun hatte, sondern den Normen moderner Wirtschaftlichkeit entsprach und verkehrsgünstig an der Bundesstraße lag. Maschinen beaufsichtigten und steuerten nun sowohl die Nahrungsaufnahme der Kühe als auch die Abgabe ihrer Milch. Dafür trugen die Tiere Sender am Halsband, um Daten, wie zum Beispiel Körpertemperatur oder Bewegungsaktivität, an die Zentrale zu funken und dort jederzeit die jeweilige Produktionsleistung ablesbar zu machen. Orwells Überwachungsstaat hatte offensichtlich längst auch auf die Landwirtschaft übergegriffen. Funktional und hygienisch absolut einwandfrei sah auch der neue Laufstall aus, offen und gut belüftet, darin ein Melkroboterstand für sechs Kühe gleichzeitig – natürlich ebenso automatisch wie die Fütterungsanlage, die von zwei mächtigen Silos beschickt wurde. Da blieb wenig Raum für Zuneigung zwischen Mensch und Tier und sonstige Sentimentalitäten, und schon gar nicht für die Namensgeber des Hornviehs, seine Hörner. Mit denen hätten sich die Milchproduzentinnen bei ihren Rangkämpfen um die vordersten Plätze am Futterautomaten ja nur verletzen oder gar versuchen können, ihren Aggressionsstau am Melkroboter abzureagieren. Deshalb verödete man ihnen bereits im zarten Babyalter die Hornwurzeln und verlieh ihnen damit das Aussehen von hirnlosen Melkeimern.

Walcher stimmte es immer traurig, wenn er die um ihre Hörner beraubten Tiere sah. Vermutlich würden irgendwann Gentechniker die Horn-Gene einfach aus ihrem Bausatz entfernen und nur noch Gras fressende Euter kreieren. Schließlich gab es für gläubige Christen dafür einen Freibrief im Ersten Buch Mose, Genesis 1,26–28: »Macht euch die Erde untertan.«

Walcher hatte seinen Wagen vor dem Stall geparkt und stand, da er außer den Kühen niemanden entdeckt hatte, nach seinem Rundgang vor dem Wohnhaus und drückte den Klingelknopf.

Das Echo der Türglocke schien aus den entferntesten Winkeln der Hofanlage zu schallen, weshalb sich Walcher unwillkürlich umgedreht hatte. Erst als er hinter sich ein mürrisches »Was wendr?«, hörte, wandte er sich wieder der Tür und der Frau zu, die diese Frage gestellt – oder treffender ausgedrückt – gefaucht hatte.

»Frau Korbach?«, versuchte sich Walcher ein Lächeln abzuringen, was er sich angesichts ihrer unverkennbar schlechten Laune hätte sparen können. Weder bejahte noch verneinte sie, sondern wiederholte nur ihre Frage, diesmal noch deutlich aggressiver.

Die Teigreste an ihren Händen stimmten Walcher verständnisvoll, weshalb er sich, immer noch freundlich lächelnd, als Beauftragter des Nachlassgerichts Ravensburg vorstellte und als Erklärung hinzufügte, dass er den Herrn Korbach in einer quasi amtlichen Angelegenheit sprechen müsse. Walcher hatte fest mit einer Nachfrage zu dieser Angelegenheit gerechnet und war überrascht, dass Frau Korbach keinerlei Interesse zeigte. Sie kratzte sich lediglich ausgiebig die Handrücken, einmal links, einmal rechts. Vermutlich begann bereits der Teig auf der Haut zu trocknen. Dazwischen deutete sie in Richtung Süden und erklärte ihm den Weg zu dem Feld, auf dem ihr Mann gerade das Gras für die Abendfütterung mähte.

Als Walcher vom Hof fuhr, sah er ihren Schatten hinter der Gardine. Auf dem Land war man stets misstrauisch gegenüber Fremden, besonders, wenn sie etwas mit der Obrigkeit zu tun hatten – oder war Frau Korbachs Desinteresse nur gespielt? Jedenfalls stimmte ihre Wegbeschreibung.

Walcher fand das genannte Feld auf Anhieb, zumal darauf ein Traktor röhrte, dessen Größe eher auf die Anbauflächen in Amerikas Mittlerem Westen passte oder in die Kornkammer der

Ukraine. Hier, auf überschaubaren Allgäuwiesen, wirkte das Gerät wie ein Monster, weshalb Walcher das Riesenspielzeug in Gedanken denn auch gleich einen Wiesenpanzer taufte. Vergleichbar laut dröhnte das Antriebsaggregat und stieß aus dem hochgelegten Auspuffrohr dichte, dunkle Abgaswolken aus.

Wohl des weichen Untergrunds wegen waren die drei Meter hohen Räder mit jeweils einem zusätzlichen Rad bestückt, was dem ohnehin mächtigen Fahrzeug noch eine weitere, geradezu beängstigende Dimension verlieh. Mit ziemlich hohem Tempo donnerte der Koloss samt Ladewagen über die Wiese und ließ sauber gemähte Bahnen zurück.

Walcher war von der Landstraße auf den Feldweg abgebogen, der zur Wiese führte, und hielt dort an, wo der Traktor nach der nächsten Bahn ankommen würde. Er war ausgestiegen und hatte dem Monster als Ganzes zugewunken, denn die verspiegelte Glasfront ließ nicht erkennen, ob überhaupt jemand am Steuer dieses Ungetüms saß. Der Traktor wummerte jedoch an ihm vorbei und verwandelte noch eine weitere Bahn in kurzgeschorenes Hellgrün. Erst dann wurde gestoppt, die Tür öffnete sich, und ein Mann, so massig wie das Gerät selbst, kletterte vom Hochsitz auf die Erde hinunter und stapfte auf den Wartenden zu.

Noch bevor Walcher einen Ton sagen konnte, fuhr ihn Korbach schon mürrisch an – Walcher hatte keinen Zweifel, dass es sich bei dem Mann um Korbach handeln musste, denn der passte zu seinem Ungetüm von Traktor ebenso wie zu seinem klotzigen Hof: »Was schtosch so bleed umanand, willsch onderd Räder komma, hä?«

Walcher tat einen Blick in Korbachs Augen und nahm sich vor, diesem Menschen nie den Rücken zuzudrehen und sich ihm nie wieder ohne Begleitung zu nähern, allenfalls bewaffnet mit einer entsicherten Panzerfaust. Korbach strahlte eine derart massive Bösartigkeit und Gewaltbereitschaft aus, dass sich Walchers Puls schlagartig erhöhte und er sich insgeheim wegen seines Leichtsinns verfluchte.

Fluchen, das tat auch Korbach, allerdings laut. »Bisch bleed, aufs Maul gfalla odr hotma dir ins Hirn gschissa?«, brüllte er, blieb dann aber doch in einem Abstand von zwei Metern vor Walcher stehen.

Walcher bemühte sich um eine leicht herablassende Miene, hob die rechte Augenbraue und begann, in Behördendeutsch herunterzuleiern, was er mit Mathilde durchgesprochen hatte: »Sie sind Herr Korbach, Martin-Hermann Korbach?«

»Bisch idd von doo, odr?«

»Ich ermittle für das Nachlassgericht, also das Notariat Ravensburg«, wiederholte Walcher zum zweiten Mal seine Notlüge an diesem Nachmittag, »den Verbleib der Hermine Mender.«

»Soo«, machte Korbach, zog die Schildmütze herunter und kratzte sich am Kopf. Bei dieser Gelegenheit war zu sehen, dass an Korbachs Haarschnitt kein Friseur verdiente. Vermutlich mähte er seinen Schädel selbst. Deutlich wurde auch, dass mit seinem von Narben, Pickeln und Schorf übersäten Rübenschädel kein Schönheitswettbewerb zu gewinnen war.

»Frau Mender war bei Ihnen von 2003 bis 2006 als beschäftigt gemeldet. Wissen Sie, wo sie sich aufhalten könnte? Es geht um eine größere Erbsache«, warf Walcher den Köder aus.

»Ja, soo«, Korbach kratzte sich wieder.

»Also, wissen Sie, wo wir sie erreichen können? Wohnort, Straße, Telefon und so weiter?«

»Noi«, Korbach musterte Walcher, wie man eine erschlagene Wespe mustert, misstrauisch und wachsam, ob sie auch wirklich hinüber war. »Um wiafiel gohts nochr?«, fragte er, Daumen und Zeigefinger aneinanderreibend.

Walcher lächelte säuerlich und meinte: »Das hat nur Frau Mender zu interessieren.«

Korbach nickte: »Di isch noch Amerika, domols, und gschdohla hodd se au.«

»Wollen Sie damit sagen, dass Frau Mender Ihnen noch etwas schuldig ist und Sie ein Anrecht auf das Erbe hätten?«, lockte ihn Walcher.

»Genau«, nickte Korbach und zog eine Grimasse, die so etwas Ähnliches wie ein Lächeln hätte sein können.

Walcher dachte an Mathilde und war überzeugt, dass sie diesen Korbach noch nie gesehen hatte. Niemals hätte sie ihn sonst gebeten, sich in die Nähe dieses Menschen zu begeben. »Ja dann, ich hätte da noch ein Erbe für die Magd Ottilie Küster, die bei Ihrem Vater angestellt war und die sich, laut der Aussage Ihres Vaters, ebenfalls nach Amerika abgesetzt haben soll. Vermutlich auch mit Diebesgut. Überhaupt ein beliebter Fluchtweg für Knechte und Mägde in der Familiengeschichte der Korbachs. Auch ihr Großvater meldete nämlich eine Veronika Maiser und einen Großknecht der Polizei als Diebe und Amerikagänger. Selbst ein Hütebub, Josef Wammer, soll im Alter von neun Jahren nach Amerika ausgewandert sein, und das sogar ohne Papiere. Also, da gibt es noch eine Menge Fragen.«

Korbach glotzte Walcher mit leeren Augen an. Dabei hing ihm das Kinn herab, was ihm das Aussehen eines Idioten verlieh. Dann machte er einen Schritt auf Walcher zu, blieb stehen, drehte sich abrupt um und stapfte zurück zu seinem Ackerpanzer. Walcher sah zu, wie Korbach in die Steuerzentrale hinaufkletterte, und hörte, wie der Diesel aufheulte. Im selben Moment blitzte in seinem Kopf eine sehr unschöne Vision auf, deshalb spurtete er zu seinem Wagen, startete den Motor, legte, ohne noch einen Blick auf Korbachs Traktor zu werfen, den Gang ein und gab Gas – keine Sekunde zu früh, denn im Rückspiegel sah er die Radnaben des Traktors vorbeijagen. Korbach war mit Vollgas auf den parkenden Wagen zugerast und hätte ihn todsicher plattgemacht.

Unwillkürlich schüttelte Walcher den Kopf und sah sich um, soweit Tempo und Feldweg das erlaubten. Sehen konnte er dabei nicht mehr viel, denn der Weg machte eine Linkskurve und war ab dieser Biegung auf beiden Seiten mit Sträuchern bewachsen, die eine dichte Hecke bildeten.

Walcher entspannte sich, reduzierte die Geschwindigkeit und beglückwünschte sich zu dieser Entscheidung, denn keine drei Meter vor ihm durchbrach Korbach die Hecke, raste über den Weg und rauschte auch auf der gegenüberliegenden Seite durch die Büsche, samt dem gefährlich schlingernden und hüpfenden Ladewagen. Diesem Menschen war scheinbar nicht einmal sein Gerät heilig, dachte Walcher und gab wieder Gas.

Und das war gut so, denn durch die lichter werdende Buschreihe konnte er den Weg des Traktors verfolgen, mit dem Korbach einen Bogen fuhr, um vermutlich erneut anzugreifen. Irgendwie erinnerte Walcher diese Situation an einen Film, in dem ein schwarzer Truck einen harmlosen PKW-Fahrer durch halb Arizona verfolgte.

Als Walcher auf die höher liegende Landstraße einbog, sah er den Traktor, der zwar abgeschlagen war, aber immer noch in seine Richtung donnerte. Walcher konnte sich den fluchenden Korbach gut vorstellen, der hoffentlich in dem wild schwankenden Gefährt ordentlich durchgeschüttelt wurde und vermutlich bedauerte, dass es an seinem Wiesenpanzer kein Geschütz gab.

— LESEPROBE —

Die Seitenscheibe herunterzufahren und seine Hand mit dem gestreckten Mittelfinger hinauszuhalten empfand Walcher als minimale Genugtuung. Und außerdem entsprach es ja auch Mathildes Auftrag, den Bauern Korbach ein wenig aus der Reserve zu locken.

Siegfried Langer
Vater, Mutter, Tod

Thriller
ISBN 978-3-548-61051-1

Kommissar Martin Manthey ist erschüttert, als er vor der Leiche des kleinen Robin steht. Die Mutter wird vermisst. Sie soll einen anderen Jungen entführt haben. Als Manthey sie endlich aufspürt, ist die Frau zutiefst verstört. Der Arzt spricht von Wahnvorstellungen. Von dem Jungen fehlt jede Spur. Manthey versucht verzweifelt, das Kind zu finden.

»Spannung pur, Nervenkitzel garantiert und bis zum Schluss ein flüssig zu lesender Pageturner mit einer klaren, eingängigen Sprache, bei dem keine Sekunde Langeweile aufkommt.« *Nele Neuhaus*

List

www.list-taschenbuch.de